하나님을 예배하는 삶에서 음악은 아주 중요하다. 특별히 교회라는 맥락에서 행해지는 음악의 다양한 형식과 의미에 관해 역사의 틀 안에서 일목요연하게 정리해 놓은 책이 있다는 점이 놀랍고 감사하다. 이 책은 초기 기독교 그 이전의 시기부터 최근의 가스펠까지 아우르는 교회음악의 역사를 다채로운 이야기로 풀어놓았다. 다루는 내용이 방대함에도 신학자인 저자의 해박한 지식과 탁월한 글솜씨 덕분에 쉽고 흥미롭게 읽을 수 있다. 이 분야에서 목회 자료를 찾는 설교자들과 교회음악 전공자뿐만 아니라 교회에서 그리고 삶 가운데 음악이라는 수단으로 하나님을 찬양하고픈 모든 이들에게 기쁨으로 권하고 싶은 책이다.

고형원 찬양사역자, 부흥한국 대표

본서의 저자 요한 힌리히 클라우센은 조직신학자요 목회자로서 풍부한 감성과 영성을 소유한 시대의 지성이다. 그가 남긴 불멸의 저서들이 이를 증명해 준다. 어쩌면 그가 음악만을 전공한 음악가가 아니었기에 음악을 창조하신 하나님을 더 깊이 대면하며 신학과 목회적 관점에서 교회음악의 역사를 보다 폭넓게 조명할 수 있었을 것이다. 음악은 천국의 신비와 계시를 담은 영적 밧모섬이기에 신학으로 완성되고 신학 또한 음악으로 완성되는 학문이 아닐까 생각해 보게 한다. 각 시대마다 횃불을 밝히는 음악, 환난 중에도 어려움을 헤쳐 나간, 신이 인간에게 주신 가장 위대한 선물을, 교회음악사적으로 잘 풀어낸 책이다.

김은희 횃불트리니티신학대학원대학교 실천신학/예배음악 교수

한글로 된 교회 음악사 서적이 별로 없었는데, 이번에 반가운 책이 출간됐다. 이 책은 평범한 교회 음악사 서적이 아니다. 구약시대부터 20세기까지의 교회 음악사를 다루지만, 단지 지식을 전달하는 데 그치지 않고 시대 배경과 이면의 깊은 내용까지 설명한다. 관련된 신학 내용도 다룬다. 신학자인 저자의 박학다식함이 놀랍다. 게다가 이 책은 딱딱한 교과서가 아니다. 수필집처럼 내용이 흥미롭고 저자의 탁월한 글쓰기 실력이 두드러진다. 질문을 많이 던지고 독자의 상상력을 자극한다. 생각하면서 읽게 한다. 교회음악에 관해 전문적인 내용이 있긴 하지만, 번역 또한 아주 매끄럽고 훌륭해서 읽기 좋다. 교회음악인뿐 아니라 목회자와 교회음악에 관심 있는 모든 이에게 일독을 권한다. 이 책을 읽는 독자는, 저자의 바람처럼, 교회음악을 더 친밀하게 느끼고 스스로 경험해 보고 싶은 마음이 들 것이다.

이상일 장로회신학대학교 교회음악과 교수, 한국교회음악학회 회장

이런 책을 정말 오래 기다렸다! 한 권의 책에 찬송의 역사 중 성도들이 알아야 할 핵심적인 내용이 풍부하게 다 담겨 있다니 놀라울 뿐이다. 이 책은 앞으로 상당 기간 이 분야의 표준서로 자리매김할 것이다. 학교에서 교회 정치를 가르치는 신학교수로서 찬송을 지도하는 것이 목사의 직무 중 하나라는 것을 강조하고 싶다. 소경이 소경을 인도하지 못하듯, 찬송의 기본을 모르고 어떻게 찬송을 지도할 수 있겠는가? 최근까지 한국 교회는 열정적으로 찬양을 부르는 일에만 지나치게 많은 관심을 가졌다. 이와 동시에 소위 '경배와 찬양' 형태의 음악이 교회를 지배하면서 찬양이 천편일률적으로 변하게 되었다. 이 책을 통해 찬송의 역사를 추적해 보면 우리가 가진 찬송에 대한 이해가 얼마나 일천한지 깨달을 수 있다. 이제는 차분히 찬송을 이해하고 공부하는 일에도 관심을 가져야 할 때가 되었다. 이 책을 통해 한국 교회 안에서 찬송의 풍성함이 회복되기를 소망한다.

이성호 고려신학대학원 역사신학 교수, 『바른 예배를 위한 찬송 해설』 저자

교회음악 관련 서적이 적은 우리 교계에 모처럼 특별한 책이 출간되어 기쁜 마음으로 추천한다. 고대 음악에서 가스펠 음악까지 교회음악의 역사를 쉬우면서도 매우 흥미롭게 다룬 이 책은 일종의 교과서적인 저술이라기보다는 역사적인 음악 에세이나 소설처럼 읽힌다. 저자가 구술하듯 풀어놓는 지적(知的)이고 풍부한 교회음악 이야기는 독자들의 마음을 금방 사로잡아 재미있고 유익한 시간 여행을 하게 한다. 한 가지 아쉬운 점은 저자가 루터교 신학자이자 목회자여서 그랬는지 '종교개혁과 회중 찬송'에서 루터와 코랄을 중심으로 서술하고 회중찬송의 다른 한 주류라고 할 수 있는 '시편가'에 대해서는 거의 다루지 않은 것이다. 하지만 독자들은 이 책을 읽기 시작하자마자 저자의 상세하고 흡입력 있는 안내에 따라 교회음악의 긴 역사를 매우 만족스럽게 탐구하게 될 것이다.

하재송 총신대학교 교회음악과 교수, 『교회음악의 이해』 저자

신을 위한 음악

Gottes Klänge
Eine Geschichte der Kirchenmusik

by *Johann Hinrich Claussen*

신을 위한 음악

요한 힌리히 클라우센 지음
홍은정 옮김

교회 음악의 역사, 고대 이스라엘에서 현대 가스펠까지

좋은씨앗

※ 이 책에 실린 성경 본문은 새번역이며 필요에 따라 다른 역본을 사용했습니다. 그런 경우 역본을 표기했습니다.
※ 이 책에서 언급하는 음악의 작품명, 곡명은 〈 〉, 책이나 글 제목은 『 』로 표기했습니다.
※ 본문 아래에 달린 각주는 옮긴이 주입니다.

"내가 음악을 사랑하는 이유는,
그것이 인간이 아닌 신의 선물이고
영혼을 기쁘게 만들고 악마를 물리치고
순수한 환희를 일깨우기 때문이다."

_마르틴 루터, 1530

목차

들어가는 말 • 11

1. 고대 이스라엘과 고대 교회의 잃어버린 기원
알려진 바가 거의 없다 • 19
고대 이스라엘 음악에서 남은 것 • 23
시편 - 노래하는 기도 • 35
초기 기독교 노래들 • 41

2. 그레고리오 성가와 중세 교회
숨겨진 근원, 잃어버린 뿌리 • 51
제국의 건설과 전례 개혁 • 53
성가 합창과 학교 교육 • 63
성무일도 • 72
뿌리의 소생? • 81

3. 루터와 종교개혁의 회중 찬송
옛것을 새것으로 • 85
종교적 유행가와 저항의 노래 • 87
루터의 음악 신학 • 94
루터의 찬송가 • 101
회중 찬송 문화 • 109
종교개혁가들의 고요한 개혁 • 116
제2의 성경인 찬송가집 • 122

4. 팔레스트리나와 가톨릭 종교개혁의 다성음악
진정한 전설 • 129
다성음악의 등장 • 136
미사의 개혁 • 143
팔레스트리나의 미사 음악 • 152
음악적 에큐메니즘 - 팔레스트리나에서 쉬츠까지 • 164

5. 오르간, 영원의 악기
체칠리아, 교회음악의 수호성인? • 171
문제의 오르간 • 178
예술의 기술과 기술의 예술 • 186
북스테후데, 뤼베크의 교회 음악적 생활 방식 • 191
오르간과 경건함 • 201

6. 바흐, 시간의 중심
바흐 이전 세계의 침묵 • 205
일요일마다 울리는 칸타타 • 212
바흐의 예수 그리스도 수난 이야기 • 229
멘델스존을 통한 〈마태 수난곡〉의 재발견 • 244

7. 헨델과 교회를 벗어난 종교 음악
경계에서의 삶 • 255
오페라에서 오라토리오로 • 262
〈메시아〉, 공손한 구세주 • 266
자선사업과 음악의 사회성 • 274
헨델 숭배 • 278

8. 모차르트와 레퀴엠의 예술
비참한 세상, 기쁨에 찬 음악 · 281
죽은 이를 위한 음악 · 285
신의 이미지에 대한 프로테스탄트의 깨달음 · 290
모차르트의 마지막 작곡 - 허구와 진실 · 292
모차르트의 교회음악과 종교성 · 297
'디에스 이레' - 진노의 음악 · 303
미켈란젤로 〈최후의 심판〉과의 비교 · 307
가톨릭 종교 음악의 테두리에서 벗어난 레퀴엠 · 315

9. 멘델스존과 계몽주의 프로테스탄티즘의 음악
펠릭스, 행운아? · 321
교회를 벗어난 교회음악 · 332
〈엘리야〉, 질투의 분노에서 침묵의 자비까지 · 338
오라토리오의 상승과 추락 · 350
브람스의 레퀴엠, 새로운 위로 · 356

10. 토머스 앤드루 도르시와 아프로아메리칸 가스펠 음악
처음부터 다시 · 365
노예제도, 내전, 인종차별 · 369
흑인 영가와 가스펠 송 · 377
도르시의 전향: 블루스에서 가스펠로 · 383
〈귀하신 주님〉 · 392
위대한 여가수들, 로제타 타프와 머핼리아 잭슨 · 398
메이비스 스테이플스, 늙지 않는 음악 · 405

나오는 말 · 411
참고문헌 · 421
이미지 출처 · 430
색인 · 431

들어가는 말

기독교는 지금도 여전히 힘이 있는가? 이 문제를 놓고 학자들만 논쟁을 벌이는 건 아니다. 각자의 관심과 가치관에 따라 사회학자, 신학자, 정치가, 오피니언 리더도 기독교가 여전히 우리 사회의 문화적 바탕을 이루고 있다거나 그 의미가 이제 사라져 버렸다는 견해를 펼친다. 끊임없이 반복되는 이 찬반 논쟁 속에서 우리가 간과하는 사실이 한 가지 있다. 기독교가 '공기처럼 언제나 우리 곁에 있다'라는 사실이다. 사람들은 굳이 신앙과 결부하지 않아도 기독교를 음악의 한 장르로 받아들이고 즐기며 노래한다. 오늘날 기독교는 음악의 한 형태로 존재한다. 교회음악은 예술이고, 그래서 자유롭다. 교회음악은 종종 교회에 얽매이지 않고 신학적 범주를 넘어서며 듣는 사람들을 강제하지도 않는다. 듣는 사람들은 교회음악에 감동하고 그에 적절한 마음의 반응을 드러내기도 한다. 강림절 노래와 크리스마스 오라토리오, 시편과 찬가, 레퀴엠과 수난곡, 미사곡과 찬송가, 가스펠과 팝 성가. 이미 익숙한 것들이지만, 잘 듣다 보면 놀랍게도 그 안에서 무언가 새로운 것을 발견하게 된다. 이는 놀라운 예술적 경험이며, 때로는 예기치 않게 우리의 믿음과 신앙을 돈독하게 하는 계기가 되기도 한다.

이 책이 교회음악을 향한 여러분의 즐거움을 심화하고 확장하는 데 도움이 되었으면 좋겠다. 이 책은 다양한 예를 통해 교회음악의 역사를 서술해 간다. 알다시피 음악에 관해 말하고 쓰는 것은 어려운 일이다. 음악이 말로 쉽게 전달할 수 없는 음향으로 이루어진 세계이기 때문이다. 하지만 사람들은 음악을 이해하고 싶어 하고, 음악은 사람들을 이해시켜야 한다. 그런 점에서 보면, 음악은 일종의 언어인 셈이다. 교회음악에서 음악의 이러한 특성이 특히 두드러지는데, 교회음악이 성경 구절을 부르고 기도로 읊조리고 이야기를 들려주고 메시지를 전하는 언어적 음악인 까닭이다. 교회음악은 단순히 즐기는 대상이 아니다. 그저 소비되고 마는 게 아니라 사람들에게 의식을 갖게 한다. 사람들이 이해하고 따라 하게 하고 반응을 보이고 응답하게 만드는 것이 교회음악의 목표이다. 따라서 교회음악은 단순히 연습해서 실행하거나 듣는 것에 그쳐서는 안 된다. 그에 관해 이야기할 수 있어야 한다. 그러기 위해서는 우리가 무엇을 듣는지, 그것이 어떤 의미를 지니는지 알아야 한다. 그 안에는 설명하고 전달해야 하고 알아두면 도움이 될 만한 것들이 많이 들어 있다. 물론 설명이 전부는 아니다. 음악이 수학과 관련이 깊다고는 하지만, 그렇다고 음악이 수식과 하나의 정답이 존재하는 계산 문제는 아니지 않은가. 음악은 듣는 사람들 모두가 각자의 방식으로 경험하고 이해할 수 있어야 한다. 음악에 관해 말하고 쓰는 것 역시 개방적이어야 하며 자극을 주고 영향력을 발휘할 수 있어야 한다. 이는 설명을 통해서가 아니라, 이야기를 풀어나감으로써 얻을 수 있는 것이다. 이제 이 책을 통해 교회음악의 역사라는 이야기보따리를 풀어나가려고 한다. 특정 작품들이 어떤 세상에서 생겨났는지, 누가 그것들을 작곡했는지, 누가 무슨 이유로 그 작품들을 처음 연주했는지, 그 음악이 예전 사람들에게 어떻게 들렸는지, 사람들이 그 음악을 어떻게 수용했는지 등을 살펴볼 것이다.

역사는 의문점에 접근할 기회를 열어주기도 하지만 반대로 더 어렵게 만들기도 한다. 역사의 이해가 늘 낯선 경험과 얽혀 있는 탓이다. 오래된 예술 작품을 이해하려면 우선 그 배경과 역사를 알아야 한다. 하지만 깊이 파고들면 들수록 점점 더 낯설게 느껴지고, 시간이 우리의 것이 아님을 깨닫게 된다. 과거와 현재 사이에는 깊은 골이 패어 있다. 게다가 그 골은 하나가 아니라 둘인데, 첫 번째 것은 '무지'이다. 교회음악의 역사를 파고들면 들수록 지금은 알 수 없고 경험할 수 없는 것들이 점점 더 뚜렷하게 드러난다. 두 번째 것은 '차이'인데, 교회음악의 역사를 파고들면 들수록 예전과 지금의 음악이 얼마나 다르게 작곡되고 연주되고 활용되고 들려지고 향유되는지 더 확실하게 깨달을 수 있다. 우리의 음악 생활과 경험이 시대를 초월할 거라는 생각은 편협한 것일 수 있다. 음악이 의미하는 바를 우리가 항상 알고 있다는 생각 또한 고루한 것일 수 있다. 음악이 역사와 더불어 변화한다는 사실을 분명하게 인식해야 한다. 종교 음악 역시 마찬가지다. 이를 통해 우리는 겸손함을 배우고 호기심을 품을 수 있다. 우리가 모든 것을 알 수는 없으며, 우리는 그저 시작점에 서 있을 뿐이다. 역사적인 이질감을 통해 혼란스러움을 경험하는 것은 중요하다. 그래야 비로소 우리는 이 오래된 옛 음악이 그 자체로 존재 의미를 지닌다는 사실을 놀란 가슴으로 받아들일 수 있을 것이다. 이러한 동시성의 순간은 소중한 것이다. 그러나 그것을 당연하게 여기지 않아야만 그런 순간들이 성립될 수 있다. 이게 바로 역사의 역설이다. 종교적 예술 작품을 역사적으로 깊이 알면 알수록 이질감은 점점 더 커진다. 하지만 과거의 신앙과 음악이 현재의 순간에 접목되어 멋진 동시성을 깨닫게 되는 순간은 분명히 존재한다.

니체의 말을 살짝 바꾸면, 음악 없는 신앙은 착각에 지나지 않으며 절반의 가치밖에 지니지 않는다고 말할 수 있다. 교회음악 속에 진실의 순간은 존재한다. 교회음악은 자기 방식으로 통찰에 이르게 하는데, 이에 적합한 단어가 있다면 '귀의 통찰' 정도가 되지 않을까 싶다. 교회음악은 우리에게 확실한 깨달음을 줄 수 있다. 교회음악은 인식을 감각적인 현실로 전환케 해서 우리 스스로가 인지하고 들을 수 있게 한다. 우리는 우리에게 영혼이 있으며 우리의 영혼이 무한한 가치를 지녔음을 깨닫는다. 신이 그 영혼을 창조했고 그를 통해 영혼은 충만함을 얻을 수 있기 때문이다. 이렇듯 교회음악은 바로 신앙으로 이어질 수도 있다. 혹자는 이것이 지나친 억측이라고 할 수도 있겠지만, 그래도 교회음악이 특별한 방식으로 사람들의 깨달음을 자극할 수 있다는 사실만큼은 인정하지 않을 수 없을 것이다. 이 음악이 울리는 공간에서는 우리가 누구인지, 우리 자신이 어떤 세계에서 사는지, 그 세계가 얼마나 넓고 얼마나 깊은지, 지금 우리에게 어떤 종교적 기회가 주어졌고 더는 주어지지 않을지가 확실해진다.

　기독교 음악은 전통의 보고(寶庫)이다. 그러나 보물과 마찬가지로 우리가 그 음악을 의도적으로 취할 수 있어야 그것은 비로소 우리 것이 된다. 기독교 음악에 대해 알아야 하고, 무엇보다 그 음악을 직접 경험해 봐야 한다. 이 과정에서 우리는 긴장, 비판, 갈등을 겪게 된다. 기독교 음악은 온전히 평화의 영역이 아니며 언제나 분쟁이 이는 대상이다. 기본적으로 음악에 유효한 것이 교회음악에도 적용되는데, 그것도 한층 더 강력한 방식으로 작동한다. 음악은 사람들을 강하게 결속시키기도 하지만, 정반대로 도리어 갈라놓을 수도 있다. 음악은 개인을 공동체로 묶고 경계를 극복하게 하지만, 그렇게 함으로써 또 다른 새로운 경계, 즉 취향, 나이, 교육, 사회적 계급, 세계관, 신앙심의 경계를 설정한다. 교회음악의 역사 역시도 갈등의 역사이다. 이러한 갈등은 성가신 게 아니라 오히려 유용한 것인데, 그것이 필연적으로 논쟁을 불러오기 때문이다. 이 책의 스토리텔링에는 여러 가지 갈등이 얽혀 있다. 예를 들어 교회 내에서는 예술 애호가들과 그 반대자들의 다툼이 끊이질 않았다. 음악이 예배에서 얼마나 많은 자리를 차지해야 하는지, 음악이 감각적이어도 되는지 아니면 성스러워야 하는지, 음악이 기교적이어도 되는지 아니면 소박해야 하는지, 음악적으로 자유로워도 좋은지 아니면 언어에 구속되어야 하는지. 이 질문들에 대한 대답과 결론을 어느 한쪽에만 치우쳐서 내릴 수는 없는 노릇이다. 예배의 본질이 양쪽 모두에 의해 규정되기 때문이다. 음악은 믿음에 형상을 부여하면서 신앙을 아름다운 언어와 화려한 선율로 표출하게 되는데, 이때 음악은 단순히 신학적 논리에만 복종하는 게 아니라 예술적 논리도 따라야 한다. 이렇듯 교회음악의 역사에는 기본적으로 특별한 긴장감이 내재해 있고, 그 긴장감은 듣는 사람을 그냥 내버려 두지 않고 그에게 자기 입장을 갖도록 요구한다.

신약에는 다음과 같은 이야기가 등장한다. 어느 날 에티오피아인 하나가 예루살렘으로 왔다. 그는 왕실의 재정을 관리하는 고관으로 에티오피아 왕의 내시였다. 그가 예루살렘까지 온 목적은 성전에서 기도드리고 제물을 바치기 위해서였다. 그가 성전의 음악도 듣고 싶어 했는지는 알 수 없다. 돌아가는 길에 이 독실한 이방인은 성경을 읽었다. 마차에 앉아서 당시의 관례대로 큰 소리로 읽었다. 마침 예수의 사도 중 하나인 빌립이 길을 가다가 이 소리를 들었다. 빌립은 에티오피아인이 성경을 읽는 소리를 듣고는 그에게 물었다. "지금 읽으시는 것을 이해하십니까?" 그러자 고관은 "나를 지도해 주는 사람이 없으니 내가 어떻게 깨달을 수 있겠습니까?"라고 대답했다. 그러고는 빌립을 마차에 타게 했다. 마차가 천천히 남쪽으로 이동하는 사이 사도는 그에게 그가 읽은 내용을 설명해 주었다. 내시가 고개를 들어 길 가장자리에서 물을 발견하고는 이렇게 말했다. "보십시오. 여기 물이 있습니다. 내가 세례를 받는 데 무슨 거리낌이 되는 것이라도 있습니까?" 그들에게 방해가 될 건 아무것도 없었다. 그들은 마차를 세우고 물가로 갔고, 빌립은 그에게 세례를 주었다. 그러고는 이방인을 떠나 복음을 전하러 다른 곳으로 갔다. 이름이 알려지지 않은 에티오피아인의 이야기는 아름답고 순수하게 끝을 맺는다. "그는 기쁨에 차서 가던 길을 갔다."

오늘날 교회음악 연주회를 찾는 많은 이들에게 빌립이 내시에게 했던 것과 같은 질문을 던질 수 있을 것 같다. "당신이 들으시는 것을 이해하십니까?" 아마 적잖은 이들이 이렇게 대답할 것이다. "나를 지도해 주는 사람이 없으니 내가 어떻게 깨달을 수 있겠습니까?" 살아있는 사도를 대신할 수는 없겠지만, 이 책이 교회음악을 어떻게 듣고 이해할 수 있는지 안내하는 역할을 했으면 한다. 이 책을 읽는 즉시 독자들이 세례를 받는 일은 없을 것이다. 하지만 독자들이 교회음악을 조금이라도 더 친밀하게 느끼고 이 음악을 스스로 경험해 보고 싶고 기꺼이 그 길로 나아가고자 하는 마음이 생겼다면, 그것으로 충분하다.

1
고대 이스라엘과
고대 교회의 잃어버린 기원

알려진 바가 거의 없다

음악의 역사는 인류의 존재만큼이나 오래되었다. 음악이 없는 인류의 삶은 생각조차 하기 힘들다. 초기 인류는 잠자고 사냥하고 먹고 마셨을 뿐만 아니라 휘파람을 불고 혀를 차고 손뼉을 치고 발을 구르고 노래를 부르고 춤을 췄다. 귀는 우리가 마음대로 차단할 수 있는 감각기관이 아니다. 귀는 눈처럼 여닫을 수 있는 꺼풀이 없고 잘 때도 위험한 소음이나 적과 야생동물의 발소리를 듣는다. 물론 아름다운 소리를 향해서도 귀는 열려 있다. 오늘날에 비하면, 옛날에는 들을 거리가 별로 없었고 세상이 고요했다. 그래서였을까? 들을 거리가 많지는 않았지만, 그것은 인간에게 깊은 인상을 남겼다. 바람, 내리치는 비, 천둥,

뽀드득거리는 눈, 바작바작 타는 불, 지저귀는 새, 멀리서 들리는 길 잃은 양의 울음, 목동의 외침, 여인네의 팔과 목에서 찰그랑거리는 장신구와 목걸이, 바스락거리는 옷, 아이들의 웃음과 울음. 이들 소리가 음악으로 발전하지 않았을까? 그렇다면 그건 어떤 종류의 음악이었을까? 아마 주술이나 종교의 색을 지녔을 것이다. 초창기에는 모든 것이 종교였다. 이 주술 같은 시작에서부터 초기 문명의 음악 문화가 태동했을 것이다. 시간이 흐르면서 동굴과 움막이 궁과 사원으로 진화한 것처럼, 초기 인류가 춤추고 기도하며 내는 소리가 발전하여 노래와 기악이라는 보물을 탄생시켰다.

그러나 틀림없이 풍성했을 이 복잡한 이야기에 대해 우리는 아는 바가 거의 없다. 음악의 역사를 연구하고 그에 관해 이야기하려면, 문헌 자료들이 있어야 한다. 기보법 없이는 음악이 남겨지고 전해질 수 없다. 악보가 있어야 음이 어떤 순서로 배열되며 리듬이 어떠한지, 악기가 내는 소리의 세기가 어느 정도인지 가늠해 볼 수 있다. 따라서 과거의 음악은 기록될 수 있어야만 하고 기록되어야 한다. 그렇지 않으면 음악은 만들어지는 순간 그냥 사라지고 만다. 지금은 어떤 음악도 기술적으로 보존할 수 있으며 한 작품의 여러 해석까지도 보존할 수 있다. 이를 위해 완벽하고 무한한 용량을 지닌 기계들이 존재한다. 반면 과거에는 음악이 입에서 귀로, 스승에게서 제자로 전달되는 방법밖에 없었다. 이 방식은 놀라울 정도로 잘 작동하긴 했으나, 이는 사회 질서가 유지되는 동안만 유효했다. 질서가 무너지고 대가 끊기고 부족이 흩어지고 왕국이 멸망하면, 그 안에서 성행하던 음악 문화도 자취를 감추고 말았다.

고대의 적지 않은 문화들이 기보 방식의 실마리를 찾아내기는 했지만, 이들 대부분이 그저 기억을 보존하기 위한 수단에 지나지 않았고 즉흥적인 연주의 출발점이나 틀을 제공하는 정도에 불과했다. 반면 그리스인들은 제대로 된 기보법을 고안해 냈고, 지금은 이를 해독하는 게 가능해졌다. 그들은 음악 이론(피타고라스나 아리스토텔레스를 떠올려 보라), 철학적 기반의 음향학, 음향에 의해 촉발된 감정론 등을 발전시켜 서양 음악사의 토대를 마련했다. 이들이 만들어낸 많은 음악은 대부분이 단편적으로만 남아있는데, 기원전 2세기 묘비에 새겨진 '세이킬로스의 비문'은 유일하게 온전히 보전되어 있다. 아주 드문 경우이다. 얼마나 많은 고대 음악이 이런 방식으로 기록되었는지는 알 수 없다. 한 가지 확실한 것은, 대부분이 로마 제국의 멸망과 함께 역사의 뒤안길로 사라져 버렸고 그로부터 이백 년이 지난 뒤에는 과거에 악보가 존재했을 거라는 생각조차 안 하게 되었다는 사실이다. 7세기 초 세비야의 주교 이시도르가 한 말 속에도 이에 대한 암시가 들어있다. "사람들에 의해 기억되지 않으면 음향은 기록되지 않으므로 사라져 버릴 것이다." 2세기가 지난 9세기 중엽, 유럽에서는 수도원의 수사들이 기억하기 위해 성가를 위한 기보법을 개발해 냈다. 따라서 우리에게 알려진 음악의 역사는 그 무렵인 중세시대부터 시작한다.

그렇다고 우리가 고대 음악에 대해 아무것도 모른다고 할 수는 없다. 고고학적 유물과 기록이 약간의 정보를 제공하기 때문이다. 이를 활용하고 탐구하기에 앞서 먼저 우리가 절대 경험할 수 없는 것이 무엇인지 생각해 볼 필요가 있다. 발견의 기쁨을 맛보기 이전에, 우리는 잃어버린 음향과 리듬, 선율의 세계, 음악의 진정한 아틀란티스가 사라져 버린 것을 슬퍼해야 한다. 보존된 유물을 짜 맞추고 이해해 보려는 호기심을 갖기에 앞서 우리는 먼저 우리가 얻을 수 있는 지식의 한계를 깨달아야 한다. 과거 음악에 관한 우리의 견해는 숙명적으로 기록과 물적 증거에 의존할 수밖에 없기 때문이다. 이것이 사라진 상태라면, 우리의 귀와 눈은 먼 것과 진배없다. 설사 우리 앞에 이것이 놓여있다 해도 우리 지식은 단편적일 수밖에 없다. 고고학이 더 많은 걸 발견하면 할수록 우리가 모르는 것과 결코 알 수 없는 것이 무엇인지가 점점 더 명확해진다. 불완전한 기록, 도구의 잔재, 그림의 파편에서 우리는 과연 무엇을 파악할 수 있을까? 그것들을 통해 우리가 들을 수 있는 것은 무엇일까? 별로 많진 않을 것이다. 고대 건축물의 돌무더기, 부서진 기둥, 깨진 주춧돌에서 당시 건축의 모양새나 기능과 관련된 그럴듯한 생각을 발전시킬 수 있다. 그렇다면 고대 음악의 경우는 어떨까? 고대 음악은 어떤 건축적 양식을 지녔을까? 자연 그대로의 동굴이나 즉석에서 지은 유목민의 천막에 가까웠을까? 대강 지어 올린 움막이었을까? 아니면 돌과 나무로 제대로 지은 집이었을까? 혹은 왕궁이나 신전과 비슷했을까? 고대 음악은 어떤 형태를 띠었고 무슨 역할을 했을까? 사람들이 그것을 어떻게 이용했을까? 고대 건축물과 회화의 잔재는 모든 문화적 위기와 시대를 뛰어넘어 긴 세월 동안 영향력을 행사했고, 지금까지도 유럽 건축과 예술의 토대를 이루고 있다. 그러나 유럽의 고대 음악과 고대 그리스인들이 어떤 영향을 미치고 있는가에 대해서는 그리 할 말이 많지 않다. 우리는 고대가 끝난 뒤에 어떤 전통이 계승되었고 어떤 전통이 사라졌는지를 알지 못한다. 이렇게 묘한 불균형이 생겨났다. 우리 문화의 뿌리는 오래전에 사라져 버렸고 우리의 음악사는 중세부터 새롭게 시작한 듯 보인다. 모든 분야의 뮤즈가 다 나이가 같고 똑같이 오래 사는 건 아닌 모양이다.

고대 이스라엘 음악에서 남은 것

고대 이스라엘의 세계도 음악으로 채워졌을 것이다. 들판과 작업장에서 행해지는 일상의 노동, 성전에서 치러지는 희생 제의, 출정과 승전 축하, 장례식과 결혼식, 제사장들의 황홀경과 성직자들의 제례에 노래와 기악이 함께했을 것이다. 어머니가 자장가를 불러 아이를 재웠을 테고, 연인들이 노래를 통해 자신의 감정을 드러냈을 것이다. 솔로몬의 아가서가 바로 그 후자의 예인데, 선율은 비록 오래전에 잊혔으나 여전히 매력적이다.

> 도장 새기듯, 임의 마음에 나를 새기세요.
> 도장 새기듯, 임의 팔에 나를 새기세요.
> 사랑은 죽음처럼 강한 것,
> 사랑의 시샘은 저승처럼 잔혹한 것,
> 사랑은 타오르는 불길, 아무도 못 끄는 거센 불길입니다.
> 바닷물도 그 사랑의 불길 끄지 못하고, 강물도 그 불길 잡지 못합니다.

> 남자가 자기 집 재산을 다 바친다고 사랑을 얻을 수 있을까요?
> 오히려 웃음거리만 되고 말겠지요. (아가 8:6~7)

　이 같은 사랑과 삶과 죽음의 노래들이 어떻게 들렸을지 지금으로선 확인할 길이 없다. 아마 이웃 민족의 음악과 크게 다르지 않았을 것이다. 고대 이스라엘의 문화나 성전 제의는 고대 오리엔트의 한 부분이었다. 이스라엘 음악은 5음 음계로 추정되는데, 발굴된 악기에서 고고학자들이 현의 수를 보고 밝혀냈다. 하지만 이 역시도 추측에 불과하다. 그들의 가정을 진지하게 받아들이면, 당시 음악은 더욱 낯설게 느껴진다. 그보다 나중에 출현한 유럽 음악이 7음 음계에 기반하고 있기 때문이다. 그에 비해 반음이 없는 다섯 개의 온음 체계로 이루어진 음악은 차분하고 움직임이 덜하고 보다 원시적으로 들린다. 오늘날 유럽 사람들에게 고대 이스라엘 음악은 틀림없이 낯설게 들릴 것이다. 그렇지만 그것만으로는 별로 할 이야기가 많지 않다.

　당시에 사용된 악기들에 관한 고고학적, 문헌학적 자료가 좀 더 상세한 정보를 제공해 줄 수 있을 것이다. 구약은 악기들에 대한 정보를 제공해 주는 고대의 가장 중요한 문헌이다. 그런데 대부분의 구약이 쓰인 시기가 기원전 515년에 완공된 제2의 성전 시대임을 잊지 말아야 한다. 즉 구약은 세월이 많은 흐른 시점에서 그 이전으로 한참 거슬러 올라가며 작성된 것이다. 따라서 구약을 읽을 때는 대단히 신중해야 한다. 성경에서 음악에 관해 언급하고 있는 구절은 800개 정도인데, 그중에서 146개가 악기에 관한 것이다. 여기서도 주의를 기울여야 하는데,

히브리어를 번역하는 과정에서 '거문고', '수금', '소구', '나팔' 같은 명칭이 현대적으로 이해되어 오해를 불러올 수 있기 때문이다. 실제로 이들 악기의 구조나 연주 방식, 음향에 관해서는 거의 알려진 바가 없다.

가장 중요한 악기는 수금의 일종인 '키노르(kinnor)'였던 것 같다. 현이 6~10개 정도인 키노르는 픽으로 튕겨서 연주하는데, 연주는 주로 전문적인 음악가 길드 소속의 연주자가 맡았다. 이 악기는 광범위하게 활용되었다. 장례식에서 연주되기도 하고 군대 행사나 종교적 기념 축제에서 연주되기도 했다. 그것은 매춘부, 주술사의 악기일 뿐만 아니라 선지자의 악기로도 여겨졌다. '네벨(nevel)'이라는 악기도 있는데, 12개의 현과 가죽으로 만든 주머니 모양의 울림통이 달린 이 악기는 손가락으로 연주했다. 그 때문인지 종종 '하프'라고 지칭되기도 하는데, 아마 수금 계열에 속하는 악기였을 것이다. 이와 함께 자주 언급되는 또 하나의 악기가 있다. 그것은 '우가브(ugav)'인데, 이에 대해서는 의견이 분분하다. 플루트나 파이프에 가까운 악기가 아니었을까 한다. 현악기 말고도 다양한 관악기나 타악기가 사용되었다. 성경에서 자주 등장하는 또 다른 악기가 있는데, 이것이 정말로 음악적 목적을 위해 쓰였는지는 확실치 않다. 오늘날 유럽인들도 이에 대해 많은 궁금증을 품고 있고 지금까지 유대인의 전례에서 살아남은 유일한 악기이다. '쇼파르(schofar)'는 숫염소나 숫양의 곧거나 굽은 뿔로 만들고, 두세 음만 낼 수 있다. 원시적인 형태의 부부젤라라고 보면 될 것 같다. 이 뿔들은 전쟁 중 의사소통의 수단이었고 환호성과 함께 울렸으며 제의에서 특별한 이벤트를 위해 쓰이기도 했다. 과연 그 소리는 음악이었을

고대 음악은 이미 오래전에 사라졌지만, 고대 악기들의 모습은 아직 남아 있다.
이 그림은 기원전 2천 년 전 초엽 바빌론의 수금 연주자를 묘사한 것이다.

까? 아니면 그저 신호음에 불과했을까? 이것 말고도 아직 해결하지 못한 많은 질문이 있다. 대체 누가 이 악기들을 발명하고 제작하고 유지했을까? 악기들은 어디에서 거래되었으며 그 가격은 얼마나 됐을까? 누가 이것들을 연주하고 다른 이들에게 가르쳤을까?

이외에도 구약에는 짤막하고 구체적인 이야기들이 단편적으로 등장한다. 가령 창세기 4장에서는 기악의 창시자가 언급되고 있다. 아우를 죽인 가인의 6대손인 유발인데, 그는 수금을 타고 퉁소를 부는 모든 사람의 조상이다. 그의 아버지 라멕은 노래를 후대에 남긴 최초의 인간이었다. 그의 노래는 다음과 같다.

> 아다와 씰라는 내 말을 들어라,
> 라멕의 아내들은, 내가 말할 때에 귀를 기울여라.
> 나에게 상처를 입힌 남자를 내가 죽였다.
> 나를 상하게 한 젊은 남자를 내가 죽였다.
> 가인을 해친 벌이 일곱 갑절이면,
> 라멕을 해치는 벌은 일흔일곱 갑절이다. (창세기 4:23~24)

이 끔찍한 노래는 복수심에 불타는 마음을 거침없이 드러내고 있다. 이 구절을 읽은 사람이라면, '눈에는 눈, 이에는 이'라는 무자비해 보이는 규범의 목적이 사실은 폭력을 제한하기 위한 것임을 깨닫게 된다. 라멕의 노래가 폭력의 소용돌이로 몰아가는 반면, 정확히 불의와 일치하는 형벌을 내려야 한다는 성서적 규범은 해를 입은 한 개의 치

1. 고대 이스라엘과 고대 교회의 잃어버린 기원

아에 일곱이나 일흔일곱이 아닌, 하나의 치아로만 대항해야 함을 규정하고 있기 때문이다.

성경 첫머리에 묘사된 초창기 노래는 아직 국가가 세워지지 않은 시기라서 대단히 폭력적인데, 그런 사실에 굳이 놀랄 필요는 없다. 그 뒤로 계속해서 전쟁 노래들이 등장한다. 이집트 군대가 홍해에 빠져 몰살당했을 때 아론의 누이 미리암이 손에 소구를 들고 이렇게 노래했고, 그 사이에 모든 여성이 그녀를 따라 함께 춤을 추었다.

주님을 찬송하여라.
그지없이 높으신 분,
말과 기병을 바다에 던져 넣으셨다. (출애굽기 15:21)

이 노래는 미리암이 직접 지었을 테고, 그러니 그녀는 말하자면 몇 안 되는 초창기 교회음악의 여성 작곡가였던 셈이다. 그리고 토마스 만의 말처럼 "그 노래가 소구로 반주 되었다는 사실을 기억해야 한다." 여성 예언자인 드보라가 전하는 전쟁 노래도 있다. 가나안 땅에서 적들을 물리치고 거둔 승리를 축하하는 노래로 그 안에는 이런 구절이 등장한다.

이스라엘의 영도자들은 앞장서서 이끌고,
백성은 기꺼이 헌신하니,
주님을 찬양하여라.

너희 왕들아, 들어라.

너희 통치자들아, 귀를 기울여라.

나 곧 내가 주님을 노래하련다.

주 이스라엘의 하나님을 찬양하련다. (사사기 5:2~3)

주님, 주님의 원수들은

이처럼 모두 망하고,

주님을 사랑하는 사람들은

힘차게 떠오르는 해처럼 되게 하여 주십시오. (사사기 5:31)

   이 시에선 호기로운 행진 음악이 들리는 듯하다.

   이스라엘 왕국의 탄생을 들려주는 이야기 속에서 음악은 놀라운 역할을 한다. 우연치 않게 지도자로 뽑힌 '사사'들이 오랫동안 이스라엘을 통치했다. 그러다가 다른 이웃 왕국들과 마찬가지로 이스라엘 역시 확고한 통치 체제의 확립이 필요해졌다. 사울이 첫 번째 왕이 되었다(기원전 1000년경). 그는 음악과 운명적으로 결합해 있었는데, 성경에서는 사울에게 영이 강하게 내려 그가 "거문고를 뜯고 소구를 치고 피리를 불고 수금을 뜯는" 예언자의 무리와 함께 황홀경에 빠져들었다고 전한다. 머지않아 신의 영이 그를 떠났고, 그 대신 악한 영이 사울을 괴롭혔다. 악한 영은 도무지 떨쳐지지 않았다. 신하들이 '수금'을 잘 타는 사람을 수소문했고, 결국 다윗을 찾아내 왕궁으로 데려왔다. 사울에게 악한 영이 내릴 때마다 다윗은 '수금'을 들고 연주했다. 그러면 사울은 제정신을 차릴 수 있었다. 수금 연주가 그에게서 악한 영을 몰아냈기 때문이다.

장기적으로 보면 이 음악 요법이 사울에게 축복을 안겨준 건 아니었다. 결과적으로 다윗이 사울을 왕좌에서 끌어내렸고, 그 자리에 자신이 앉았다. 다윗은 완전한 승리의 징표로 '언약궤'를 예루살렘으로 가져오게 했다. 그것은 이스라엘의 가장 오래된 유산으로 이스라엘 민족이 광야에서 유랑 생활을 하고 약속의 땅을 차지하는 동안 늘 함께했던, 신화를 간직한 상자다. 그 안에는 모세의 율법을 기록한 석판이 들어 있었다고 전해진다. 이 궤의 예루살렘 이전과 더불어 다윗의 거주지는 왕국에서 종교의 거점이 되었다. 궤가 도성으로 옮겨질 때 새로운 왕 다윗과 그의 가문은 신 앞에서 온 힘을 다해 노래 부르고 "수금과 거문고를 타며 소구와 꽹과리와 심벌즈를 치면서" 춤을 추었고, 환호성을 울렸으며 "나팔 소리"도 우렁찼다. 다윗의 아내이기도 했던 사울의 딸은 왕이 부끄러운 줄도 모르고 길 위에서 춤추는 모습을 보고는 우습게 여겼는데, 그것이 고대 오리엔트에서는 그리 희한한 광경은 아니었다.

왕정 시대는 이스라엘의 음악 생활에 결정적인 변화를 가져왔다. 그러나 그 변화가 찾아온 것은, 사울이나 다윗 때가 아니라 다윗의 아들인 솔로몬 시대였다. 솔로몬 왕은 예루살렘에 성전을 짓게 했고, 그곳이 종교 음악의 구심점이 되었다(기원전 950년경). 솔로몬의 성전과 그곳의 종교 의례에 관해서는 구체적으로 알려진 바가 거의 없다. 아마도 성서적 진술이 제2 성전기 이후에 시작된 탓이리라. 어쨌든 솔로몬 성전과 더불어 왕정의 제사장 의례가 본격화되기 시작한 것 같고,

성전 음악가도 이때 등장했을 것이다. 성전에서 활동한 첫 성직자 음악가들은 레위 족속으로 구성된 그룹이었다. 그들의 임무는 성전 안에서 제물이 바쳐지고 의식이 치러지는 동안 성전에서 음악을 행하는 것이었다. 이들 성직자 음악가는 놀랄 정도로 뛰어난 실력을 지녔던 모양이다. 그들은 "심벌즈와 거문고와 수금을 들고" 연주했으며, 악기가 어우러져 한 사람이 연주하는 듯했고 한목소리로 주님께 찬양과 감사를 드리는 것처럼 들렸다. 그들은 과연 스스로 예술가라고 여겼을까? 아니면 자신들은 그저 성직자일 뿐이라고 생각했을까? 어쩌면 이런 질문 자체가 그들에겐 이해되지 않을 수도 있다. 그들이 만들어낸 소리가 진정 음악이었을까 라는 질문 역시 마찬가지다. 예를 들어 뿔나팔 소리는 우리에게 음악이라기 보다는 격렬한 계시의 소리, 신성한 소음으로 들렸을 수 있다. 레위 족속이 성전에서 무엇을 연주했는지, 그것이 다른 사람들에게 어떤 영향을 미쳤는지, 사람들이 그것을 제대로 이해했는지는 우리로선 전혀 알 길이 없다.

레위 족속에게 연주는 성스러운 것, 지상과 천상의 경계를 허무는 힘, 영원한 성전에서 천사들이 행하는 음악의 메아리였다. 예언자 이사야는 이를 직접 듣고 본 적이 있었다. 이사야는 높이 들린 보좌에 앉아 계신 주님을 보았는데, 그의 옷자락이 성전에 가득 차 있었고 그분 위에는 저마다 여섯 개의 날개를 지닌 스랍들이 서 있었다. 그들은 큰소리로 노래 부르며 화답했다.

거룩하시다, 거룩하시다, 거룩하시다. 만군의 주님!

온 땅에 그의 영광이 가득하다. (이사야 6:3)

우렁찬 노랫소리에 성전의 문지방 터가 흔들렸고, 이사야는 "재앙이 나에게 닥치겠구나! 이제 나는 죽게 되었구나!"라고 생각했다. 그것은 천상의 보좌로부터 예루살렘의 성전에 울려 퍼지는, 영혼을 고양함과 동시에 두려움을 갖게 하는 천사들의 노래였다. 저 먼 천상의 메아리인 '상투스'는 지금도 여전히 가톨릭과 개신교의 성찬 전례에서 불리고 있다.

예언자들은 천상의 노래를 듣고 다듬어지지 않은 거친 곡으로 스스로와 다른 이들을 매료시키기만 한 게 아니다. 그들은 최초의 음악 비평가였다. 이스라엘 백성이 주님을 믿지 않고 그의 계명을 따르지 않는다면, 성전을 채우는 이 아름다운 음악이 다 무슨 소용이란 말인가? 하나님께서는 그 음악을 더는 듣고 싶어 하지 않으셨고 예언자들의 입을 빌려 레위인들에게 고하셨다. "시끄러운 너의 노랫소리를 나의 앞에서 집어치워라! 너의 거문고 소리도 나는 듣지 않겠다. 너희는, 다만 공의가 물처럼 흐르게 하고, 정의가 마르지 않는 강처럼 흐르게 하여라"(아모스 5:23~24). 아모스와 그 후임들 역시 성전의 신성한 음악에 대한 예언자적 비판을 음악 형식으로 담아냈다. 그들은 하나님에게 등을 돌린 백성들과 정치적, 종교적 지도자들을 비난하고 이들의 참혹한 최후를 예견하는 최초의 저항 노래를 지어 불렀다. 아모스의 씁쓸한 노래를 들어보자.

이스라엘 가문아, 이 말을 들어라.

이것은 너희를 두고, 내가 지은 애가다.

"처녀 이스라엘이 쓰러져서, 다시 일어날 수 없구나.

제 땅에서 버려졌어도, 일으켜 줄 사람이 하나도 없구나!"

주 하나님이 이렇게 말씀하신다.

"이스라엘 가문 가운데서 천 명이 싸우러 나간 성읍에는

백 명만이 살아남고,

백 명이 싸우러 나간 성읍에는 열 명만이 살아남을 것이다."

(아모스 5:1~3)

예언자의 노래가 그대로 이루어졌다. 이방 제국이 이스라엘을 여러 차례 휩쓸었다. 기원전 597년까지 바빌로니아가 이스라엘(남유다 왕국)을 3차에 걸쳐 침공했다. 그들은 다윗의 왕국을 무너뜨리고 솔로몬의 성전을 파괴했고, 지도층을 비롯한 많은 백성을 포로로 끌고 갔다. 결국 기원전 586년에 이스라엘은 완전히 무너졌다. 고대 이스라엘의 송교도 큰 타격을 입고 교회음악의 근간이 흔들렸다. 이제 누가 신 앞에서 음악을 행할까? 성직자 음악가들은 설 자리를 잃었고, 그들의 의무도 사라져 버렸다. 그들의 노래는 왕, 고향, 성전에 묶여 있었으니 사실상 의미를 잃고 말았다. 다음의 슬픈 노래가 이를 증명해 준다.

우리가 바빌론의 강변 곳곳에 앉아서,

시온을 생각하면서 울었다.

> 그 강변 버드나무 가지에
>
> 우리의 수금을 걸어 두었더니,
>
> 우리를 사로잡아 온 자들이
>
> 거기에서 우리에게 노래를 청하고,
>
> 우리를 짓밟아 끌고 온 자들이 저희들 흥을 돋우어 주기를 요구하며,
>
> 시온의 노래 한 가락을 저희들을 위해 불러 보라고 하는구나.
>
> 우리가 어찌 이방 땅에서 주님의 노래를 부를 수 있으랴.
>
> (시편 137:1~4)

하지만 바빌로니아 유수가 영원히 계속되진 않았다. 페르시아 덕에 포로로 끌려온 이들은 예루살렘으로 돌아갈 수 있게 되었고, 그들은 성전을 다시 세웠다. 기원전 516년, 두 번째 성전이 완공되어 신께 바쳐졌다. 음악도 다시 행해졌는데, 편성 규모는 작아지고 예전과 같은 활기도 찾아보기 어려웠다. 제2 성전기 음악은 전보다 의기소침하고 처량하게 들렸을 것이다. 그리고 그로부터 오백 년 뒤에 종말이 찾아왔다. 수많은 동요와 격변을 겪고 난 뒤 기원후 70년 로마가 거룩한 도시와 성전을 완전히 파괴해 버린 것이다. 이로써 이스라엘의 종교 음악은 영원히 끝이 났다. 레위인들은 살해당하거나 사방으로 흩어졌고, 그들의 악기는 파괴되고 불타 없어졌다. 노래는 그들과 함께 무덤에 묻히거나 잊혔다. 이제 고대 음악은 아무것도 남지 않게 되었다.

그래도 무언가가 다른 형태를 띠고, 변화된 음역, 새로운 선율과 악기로 새로운 장소에서 연주되지 않았을까? 무너진 성전은 회당(시나고

그)이 대신했고, 고대 이스라엘 민족에게선 유대교가 싹트기 시작했다. 이 새로운 형태의 종교 역시 자신들만의 음악을 만들고 보존해 나갔을 것이다. 유감스럽게도 그 원형에 관해선 거의 알려진 바가 없다. 원래의 성전 음악은 새로운 회당에서 거의 살아남지 못했을 것으로 추정된다. 살아남았다 하더라도 그 의미를 상실했을 것이다. 회당에서는 제사장이 희생 제물을 바치는 것이 아니라 학자들이 경전을 해석하고 회중과 함께 기도를 올렸다. 이를 위해 고대 이스라엘의 핵심적인 유산인 시편에 많이 의존했을 것이다.

시편 - 노래하는 기도

구약성서에 전해지는 150편의 시편은 이스라엘과 유대교의 고전적인 기도들을 모아놓은 것이다. 다윗 왕이 대부분의 시의 시인이자 작곡가라고 전해진다. 그가 왕궁의 무용수이자 음악 치료사 역할도 맡았을 수 있는데, 이는 역시적으로 확인된 사실은 아니다. 탄식과 간구, 감사와 찬양, 신실한 묵상이 담긴 이 기도들은 사실 여러 단계의 창작과 편집을 거치며 오랫동안 천천히 발전해 온 집단 창작물로 보는 게 맞다. 그것이 음악 작품인 경우도 있고 그 흔적을 찾을 수도 있다. 어떤 시편은 현악기나 피리 반주에 따라 불러야 하고, 또 어떤 시편은 특정 선율에 따라, 가령 "뭇랍벤에 맞추어"(시편 9) 혹은 "새벽 암사슴의 가락으로"(시편 22) 부르도록 명시되어 있다. 그러나 이것이 어떤 종류의 노래이며 어떤 음색, 선율, 리듬을 지녔는지는 구체적으로 알 수 없다.

시편을 읽으며 기도하는 걸 배웠고 그것에 익숙해 있는 사람이라면, 시편이 원래 노래로 불려야 한다는 사실 정도는 알아야 한다. 그리고 더는 그렇게 하지 않는 현실을 안타까워할 줄도 알아야 한다. 노래로 불리던 시편의 후반부 절반은 누락되었다. 불행이 아닐 수 없다. 고대 그리스와 로마의 조각과 비슷한 면이 있는 것 같다. 고대의 조각은 언제나 아름다움의 전형으로 여겨졌으며 유럽 예술 전체의 역사적 기반이 되었다. 부족한 것이 전혀 없을 정도로 완벽해 보였다. 그러다가 몇 년 전에 이들 조각이 원래는 채색된 것이었다는 사실이 밝혀졌다. 본래 색을 복원하려는 고고학자들의 노력이 우리를 혼란에 빠뜨렸다. 그간 놓치고 있던 것이 무엇인지조차 전혀 알아채지 못했으니 말이다. 예전에는 백색이었던 신, 영웅, 왕, 귀족 여성이 한순간에 화려하게 채색된 것을 보게 되면, 그 긴 세월 동안 잘못된 *그림* 앞에서 경탄하던 우리 자신에게 부끄러움을 느끼게 된다. 그만큼 고대 그리스와 로마의 조각은 색 없이도 최상의 예술적 기준을 충족시켜 주었다는 소리다. 비록 색은 없지만, 남겨진 것에 우리는 안심하고 만족할 수 있었다. 그것으로 충분하다. 노래였던 시편 또한 마찬가지다. 고대 조각에서 색을 빼앗겼듯, 시편에서는 음악을 빼앗겼다. 그렇지만 우리에겐 여전히 생생한 시구가 남아 있다.

시편의 생생함은 무엇보다 단순하고 원시적이고 강렬한 언어적 이미지, 즉 절망과 고양, 두려움과 신뢰, 증오와 정화의 본연에서 기인한다. "주님은 나의 피난처", "나의 입은 옹기처럼 말라버렸고", "주님은

네 오른쪽에 서서 너를 보호하는 그늘이 되어 주시니", "내가 비록 죽음의 그늘 골짜기로 다닐지라도", "우리는 꿈꾸는 사람들 같았다", "죽음의 먼지 속에 내던져진 이 몸", "하늘을 천막처럼 펼치신 분" 같은 구절을 보라.

이런 이미지로 신 앞에서 우리 삶의 깊이와 폭, 높이를 측정하는 구절들은 이른바 평행 구절(parallelismus membrorum)이라는 단순하나 효과적인 형태를 띠고 있다. 연속적으로 등장하는 두 개의 절이 비슷한 내용을 말하기도 하고, 아니면 같은 구조로 내용이 더욱 강화되거나 혹은 대조를 이루기도 한다.

> 주님께서 너를 모든 재난에서 지켜 주시며,
> 네 생명을 지켜 주실 것이다. (시편 121:7)

> 내 영혼아, 주님을 찬송하여라.
> 마음을 다하여 그 거룩하신 이름을 찬송하여라. (시편 103:1)

> 하나님, 사슴이 시냇물 바닥에서 물을 찾아 헐떡이듯이,
> 내 영혼이 주님을 찾아 헐떡입니다.
> 내 영혼이 하나님,
> 곧 살아계신 하나님을 갈망하니,
> 내가 언제 하나님께로 나아가
> 그 얼굴을 뵈올 수 있을까? (시편 42:1~2)

그 덕택에 우리는 음악 없이 그저 읽는 것만으로도 리듬을 감지할 수 있다.

아쉽게도 누가, 언제, 무슨 목적으로 이들 시편을 부르고 읊었는지 확실하게 밝혀지지 않았다. 시편은 합창이나 교창(交唱)으로 낭송되기도 하고, 독창으로 불리기도 했을 것이다. 어떤 시편은 성전으로 향하는 행렬에서 쓰였을 테고, 또 어떤 건 축제 기간에 이용되었을 것이다. 아니면 전쟁, 가뭄, 전염병 같은 집단적인 재앙에 직면했을 때 낭송되거나 개인의 치유와 정화를 위해 활용되는 시편도 있었을 것이다. 어떤 경우에 불렀는지 분명치 않은 시편도 많다. 한편 지금 듣기에도 혼자서 낭송해야 할 만큼 은밀해 보이는 시편도 있다. 마치 원래 사적인 용도를 위해 만들어진 것처럼 말이다. 실제로 고대 이스라엘에는, 고대 오리엔트와 마찬가지로, 개별적인 신심이 존재했다. 개별 신심이 오늘날처럼 '주관적'이거나 '다원적'이지는 않았지만, 주어진 형식에 따라 정해진 텍스트로 표현되었다. 상투적일 수는 있지만, 그 안에는 개인의 진심이 담겨 있었다. 지금도 고스란히 느껴질 정도이다. 어떤 시편에서는 영혼이 고스란히 표현된 듯 보인다. 그 충만함 덕분에 시편이 오늘날까지 긴 수명을 이어올 수 있었던 게 아닐까. 종교적으로 영혼의 구원과 성취를 원하는 사람들에게는 지금도 여전히 그 구절들이 필요하다.

음악적 속성을 아주 명확하게 느낄 수 있는 시편들도 있는데, 이들 시편은 오늘날 우리가 보기에 다소 낯설 수 있다. 개인의 내면과 별반 관련이 없어 보이기 때문이다. 그 안에는 개별 영혼이 소유하거나 그가 동경하는 믿음이 표현되어 있지 않다. 그 대신 한 집단, 민족 전체가 행복감에 빠져 노래한다. 유럽인에게는 이것이 지나치게 과한 것일 수 있다. 여기서 다뤄지는 찬양이 서유럽에서 자취를 감춘 지는 이미 오래되었으며, 이와 더불어 찬가, 대(大) 할렐루야, 음악의 기원 또한 사라져 버렸다.

> 할렐루야. 주님의 성소에서 하나님을 찬양하여라,
> 하늘 웅장한 창공에서 찬양하여라.
> 주님이 위대한 일을 하셨으니, 주님을 찬양하여라.
> 주님은 더없이 위대하시니, 주님을 찬양하여라.
> 나팔 소리를 울리면서 주님을 찬양하고,
> 거문고와 수금을 타면서 주님을 찬양하여라.
> 소구 치며 춤추면서 주님을 찬양하고,
> 현금을 뜯고 피리 불면서 주님을 찬양하여라.
> 오묘한 소리 나는 제금을 치면서 주님을 찬양하고,
> 큰소리 나는 제금을 치면서 주님을 찬양하여라.
> 숨쉬는 사람마다 주님을 찬양하여라.
> 할렐루야. (시편 150)

이 시편에는 고대 이스라엘에 있었던 거의 모든 악기가 나열되어 있다. 모든 현악기, 관악기, 타악기와 모든 목청에서 신을 찬양하는 음향이 울려 나오고 지상의 경계를 뚫고 올라가 천상의 보좌에 앉은 만군의 주님께 도달하고 천사의 노랫소리와 어우러진다. 누가 연주자들에게 그들이 무엇을 어떻게 연주해야 하는지 설명해 주었을까? 누가 그들과 함께 시편을 탐구하며 연습했을까? 과연 지휘자는 존재했을까? 그렇지 않았더라면, 이 할렐루야는 지금과 같은 의미로 아름답거나 예술적으로 음악이라 부를 만한 성스러운 교향악이 아니라 천둥, 지진, 불을 예고하는 신호에 불과했을 것이다.

2008년, 고음악의 대가 조르디 사발이 예루살렘의 역사를 음악적으로 풀어낸 책을 두 장의 CD와 함께 출판했다. 유대교, 이슬람교, 기독교가 교차하는 도시의 역사가 초기 기독교의 찬송가, 이슬람 노래, 십자군의 팡파르, 순례자의 곡조, 코란 낭송, 이슬람 행진곡, 유배 시절의 노래, 시편이 어우러지며 펼쳐진다. 이 음악들은 어딘가 모르게 낯설고 어두우며 동양적으로 들린다. 이 중에서 과연 역사적인 사실에 근거한 것은 무엇이고 오늘날의 상상력에서 비롯된 것은 무엇일까? 우리는 오래된 시편들이 어떻게 울렸을지 알 방도가 없다. 결과적으로 이는 손실이라기보다는 이득에 가까웠다. 곡조 없이 텍스트만 남겨졌기에 시편이 새로운 다양한 작곡의 기반을 형성할 수 있었기 때문이다. 고풍스러운 고대 음향은 사라져 버렸다. 시편이 이렇듯 날것의 상태였기 때문에 후대 작곡가들은 오히려 음악적으로 자신들의 시대에 어울리는 새로운 음향을 입히도록 자극받을 수 있었다. 그런 점에서 손실은 곧 이득이 되었다. 시편에는 고대 이스라엘의 종교를 관통하는 상징성이 어려 있다. 왕국과 사원 숭배라는 고대 오리엔트의 포장을 벗겨낸 뒤에야 비로소 시편에 내재해 있는 예언적이고 역사 신학적인 사상을 새롭고 적절한 형태로 취할 수 있다. 예루살렘이 멸망해도 예언자, 율법학자, 역사학자, 성현이 전하는 성경 구절이 살아남았듯이, 시편 구절은 음악의 소실을 이겨내고 새로운 곡조와 리듬을 찾아낼 자유를 획득했다.

초기 기독교 노래들

고대 이스라엘의 폐허 속에서 새로운 유대교가 싹텄다. 그뿐이 아니다. 고대 소아시아의 어둡고 황폐한 세계에서도 작은 종파가 자리를 잡아나가기 시작했다. 시간이 한참 흐른 뒤에야 이들의 존재가 세상에 알려졌고, 사람들은 이 종교 집단을 쉽사리 이해하지 못했다. 이제까지와는 다른 방식의 음악을 행하는 그 집단이 새롭고 낯설게 보였다. 초기 기독교에 관한 역사적인 진술 가운데 두드러지는 것은, 노래와 관련된 것이다. 110년경 소아시아의 총독이던 소(小) 플리니우스가 로마 황제 트라야누스에게 기독교의 기묘한 회합을 알리는 편지를 보냈다. "그들(기독교도)은 정해진 날 동트기 전에 만나 유일신이신 그리스도께 번갈아 가며 노래를 부릅니다." 이 편지에는 놀라움이 서려 있다. 대체 그들은 남들이 자는 시간에 모여서 무엇을 한단 말인가? 특별한 건 없었다. 복잡한 의식을 행하거나 거창하고 피범벅 된 제물을 바치지도 않았고, 신비하고 비밀스러운 주술에 몰두하는 것도 아니었다. 그저 함께 노래를 부르는 게 다였다. 바로 이점이 놀라워 보였다. 기독교인들은 함께 모여 자신들의 구세주에게 번갈아 가며 노래를 바쳤다. 그 당

초기 기독교는 악기를 사용하지 않았고 예배에서 노래만 불렀다. 로마 산 칼리스토의 카타콤베 벽화에 그려진, 기도드리는 성자의 모습이다. (기원후 4세기 초)

시 종교계에서는 전혀 찾아볼 수 없는 광경이었다. 일반적으로는 제사장이 사원 안에서 희생 제의를 치르는 동안 신도들은 앞마당에서 기다렸고, 그 사이에 성스러운 음악이 울려 퍼졌다. 그런데 초기 기독교에는 희생 제물도 제사장도 없었을 뿐만 아니라 전례도 전혀 다른 방식으로 치러졌다. 신도들이 한자리에 모여 노래를 불렀다.

그 자리에서 무슨 노래를 불렀는지는 알 수 없다. 초창기 기독교 음악에 관한 문헌은 남아 있는 게 없다. 교회음악에 관한 최초의 기록은 4세기 후반에야 나왔다. 그러나 이 노래들이 불린 장소가 어디였는지 생각해 보면, 대략적으로나마 추정할 수는 있을 것 같다. 초기 기독교도들에게는 아직 이교도의 사원이나 유대교의 회당 같은 건축물이 없었다. 따라서 그들은 야외나 집에서 모임을 가져야 했다. 대가족처럼 부유한 신도의 집에 모여 함께 식사하고 노래도 같이 불렀다. 말하자면, 초기 기독교 음악은 가정 음악이었다. 성전 음악이 아니었다. 엄격하게 말해서 그 음악에는 종교적 기능이 없었으며, 음악이 공개적으로 행해진 것도 아니었다. 게다가 직업 음악가가 연주하지도 않았다. 그보다는 훨씬 더 사적이고 자율적이었다. 초기 기독교 신도들은 자신들의 노래에 진실한 마음을 담았고, 스스로가 이 음악의 주체이자 주인이었다. 그들은 어둠에서 벗어나 빛의 자녀로 살아갔고, 세례를 받은 뒤에는 무분별한 행위나 실없는 소리, 폭음을 삼가고 에베소서에서 언급된 것처럼 "시와 찬미와 신령한 노래로" 서로를 격려하고 "가슴으로 주님께 노래하며 찬송"했다.

그들의 전례는 전체가 음악으로 채워졌다. 경전은 노래 부르듯이 낭송되었을 것이다. 구약 성경의 시편은 한 사람에 의해 낭송되거나 신도들에 의해 돌아가면서 불렸을 것이다. 사이사이에 신도들은, 아프리카인이나 아프리카계 미국인이 하는 것처럼 혹은 지금도 오순절 교회의 예배에서 그런 것처럼, 아람어로 "마라나타(우리 주님, 오십시오)" 혹은 "예수는 주님이시다" 같은 짧은 문구를 반복해서 외쳤을 것이다.

초기 기독교의 이름 없는 신도 중에는 시와 작곡에 능한 이도 있었을 테고, 그 덕에 새로 지은 찬가가 불리기도 했을 것이다. 그중 하나가 바울이 빌립보 성도들에게 보내는 편지 속에 보존되어 있다.

> 그는 하나님의 모습을 지니셨으나,
> 하나님과 동등함을
> 당연하게 생각하지 않으시고,
> 오히려 자기를 비워서
> 종의 모습을 취하시고,
> 사람과 같이 되셨습니다.
> 그는 사람의 모양으로 나타나셔서,
> 자기를 낮추시고,
> 죽기까지 순종하셨으니,
> 곧 십자가에 죽기까지 하셨습니다.
> 그러므로 하나님께서는 그를 지극히 높이시고,
> 모든 이름 위에
> 뛰어난 이름을 그에게 주셨습니다.
> 그리하여 하늘과 땅 위와
> 땅 아래 있는 모든 것들이
> 예수의 이름 앞에 무릎을 꿇고
> 모두가 예수 그리스도는 주님이시라고 고백하여,
> 하나님 아버지께 영광을 돌리게 하셨습니다. (빌립보서 2:6~11)

안타깝게도 사도 바울이 선율과 리듬, 음조를 기록하지는 않았다. 그렇지만 이 구절을 읽는 것만으로도 이 신학적 내용이 품은 음률의 높낮이가 그대로 느껴지지 않는가. 몇 줄 안 되는 짧은 문구 속에서 극한의 굴곡이 펼쳐지고 있다. 하나님의 본체인 분이 인간이 되어 인간 존재의 가장 밑바닥까지 내려가 고통스럽고 치욕스럽게 처형당하고, 다시 하늘로 들어 올려져 모든 인간이 찬양의 노래를 바치는 신성한 왕국으로 들어간다.

그러나 초기 기독교의 가정 음악이 영원히 유지되지는 않았다. 신도들은 점차 성장하여 인구의 다수를 차지하게 되었고, '콘스탄티누스의 전환' 이후에 기독교는 마침내 국교가 되었다. 예배는 이제 개인 집이 아닌, 거대한 성전에서 치러졌다. 성직자 계층이 예배를 책임졌으며, 예배는 엄격한 형식에 따라 행해졌다. 이에 일반인들의 참여와 역할이 줄어들게 되었다. 가정 음악은 이제 교회의 음악이 되었다. 낭송에는 음악의 기본 요소가 그대로 적용되었다. 큰 건물 안에서 큰 소리로 낭독하면, 저절로 낭독에 선율과 리듬이 더해지기 마련이다. 즉, 자연스럽게 노래화 과정을 밟는 것이다. 낭독이 단순한 '읽기'로 정착한 현상은 근대 유럽의 산물이었고, 이 변화를 쇠락으로 받아들일 수도 있다. 집전자, 선창자, 낭송자(종종 한 사람이 기도문을 읽고 선창하고 낭독하기도 함)는 낭독과 기도를 사전에 암기한 패턴에 따라 '노래로 불렀다.' 5세기부터는 이 임무를 사제 계층이 떠안았고, 이로써 직업적인 교회음악가가 탄생하게 되었다.

시편 낭송은 여전히 중요한 역할을 했다. 3세기 이후로 그 중요성은 더욱 커졌다. 그 무렵 이단 집단이 등장해서 스스로 찬가를 지어 부르며 하나된 기존 교회를 위협했는데, 그들은 분명 성서적으로 검증된 시편 구절에 많이 의존했을 것이다. 게다가 수도승 운동이 일어나며 시편의 중요성이 새롭게 강조되기도 했다. 4세기부터는 많은 사람이 특히 이집트에서 홀로 혹은 작은 무리를 지어 광야를 돌아다니며 기도에 의존해서 살아갔다. 그런 그들에게 현악기는 좋은 도구였다. 이 방랑자들은 현악기를 뜯으며 시편을 낭송했다. 어느덧 시편 낭창은 수도승 삶의 전형이 되었다. 비록 음악적으로는 큰 관심을 끌지는 못했지만, 어쨌든 그들의 낭송은 예배에까지 영향을 미쳤다.

시편과 더불어 찬가도 중요했다. 360년경에 라오디게아 공의회가 예배에서는 성경 구절만 허용한다고 선언했지만, 소용이 없었다. 새 노래를 지어 부르려는 사람들의 욕구를 완전히 막을 수는 없었다. 그러나 세월이 흐르면서 많은 그리스어, 시리아어, 라틴어 찬가가 예배에서 제 역할과 지위를 잃게 되었다. 오랫동안 성도들의 단합, 공동체와 주교의 합일을 아름답게 드러내던 찬가는 뒤로 밀려나고 그 대신 전문적인 성직자 음악가가 부르는 전례 성가가 전면에 등장하게 되었다. 이 현상은 교회음악의 '남성화'와도 연결되어 있다. 원래는 예배에서 여성들도 함께 노래를 부를 수 있었는데, 일반 신도들이 음악적으로 참여할 기회가 점차 사라졌고 게다가 여성은 성직자가 될 수 없었기에 완전히 목소리를 잃게 되었다.

고대 교회에서 음악이 신앙에서 차지하는 의미와 역할에 대한 논쟁이 활발하게 벌어지지 않은 사실이 그저 놀라울 따름이다. 교회 내에서 교리의 세부적인 사항까지 철저하게 파고들며 논쟁을 벌였던 점을 생각하고 또 동방교회에서의 성상 숭배 여부와 그 방식을 놓고 내전과 비슷한 상황까지 갔던 점을 떠올리면, 교회음악의 존재와 역할에 관해 의견의 일치를 봤다는 사실이 놀랍기만 하다. 교회음악은 언어의 음악이라는 암묵적인 합의가 존재했다. 교회음악은 성서의 텍스트와 그리스도의 메시지를 특별한 방식으로 표출시키는 역할을 했다. 교부인 카이사레아(가이사랴)의 바실리우스는 이런 말을 남겼다. "성령께서는 말씀에 담긴 이로운 것들을 우리가 들음으로써 자연스럽게 받아들일 수 있도록 믿음의 교리에 선율의 사랑스러움을 더하셨다. 시편의 선율은, 아직 나이와 이해력이 미숙한 자들이 스스로 음악을 행하고 있다고 믿게 하면서 실제로는 그들의 영혼을 선의 세계로 인도할 수 있도록 고안된 것이다."

그 결과, 순수하게 예술적인 것과 온갖 기교에 대한 거부감이 생겨났다. 이는 빠르게 인간의 허영심과 이 세상의 덧없음에 대한 비판으로 이어졌다. 바실리우스의 말을 또 한 번 인용해 보자. "영혼의 순결함은, 감각적인 즐거움을 경멸하고 귀를 통해 영혼까지 파고들 수 있는 느슨한 선율을 경계함으로써 지켜질 수 있다. 왜냐하면 이러한 종류의 음악에서 굴종과 비열함의 산물인 열정이 싹터나기 때문이다. 우리는 신성한 노래의 시인인 다윗이 행했던, 더 좋게 만들어진 다른 부류의 음악을 사랑하려고 한다. 거기서 지금 유행하는 것과 같은 음악을 찾을 수는 없다. 그것은 파렴치한 행위이다."

교회음악은 자기 목소리를 내세워서는 안 되며 가사의 시녀가 되어야 한다. 따라서 고대 교회에서 기악이 금지되었다. 요하네스 크리소스토무스가 보기에 관현악 연주는 "악마의 오물"에 지나지 않았다. 알렉산드리아의 교부 클레멘스는 그보다 더 상세한 설명을 내놓았다. "피리, 현악기, 이집트 딸랑이, 원무, 춤으로 경박하고 야단스럽게 굴면, 경박함과 무례함에 금방 젖게 된다. 심벌즈와 소구로 시끄러운 소리를 내면, 이 악기들로 인해 이교도의 광기에 빠져들게 된다. 우리의 소박한 성찬에서 이들 악기를 완전히 몰아내야 한다. 우리에게 필요한 한 가지는 평화를 안겨주는 경전이다. 전쟁을 수행하는 자들이나 좋아하는 나팔, 소구, 피리는 필요 없다." 그에 따라 3세기의 교회 규율은 전문적으로 교육받은 연주자들을 교회 공동체에서 배제하게 된다.

기악의 금지로 음악이 지닌 감각적인 힘을 무너뜨릴 수 있다고 믿었던 사람들은, 노래하는 음성의 매혹적인 힘을 과소평가했다. 고대 교회음악에 관한 몇 안 되는 증언을 통해 공동체의 찬송이 얼마나 매혹적인 전도의 힘을 발휘할 수 있었는지 알 수 있다. 그중 하나가 교부 아우구스티누스의 증언이다. 385년, 오랫동안 구원의 길을 찾아 방황하던 아우구스티누스가 암브로시우스가 주교로 있는 밀라노 교회에 들어섰다. 이 교회에는 흥분한 신도들이 대거 모여 있었다. 밖에는 황후 유스티나의 군인들이 교회를 에워싸고 있었다. 황후는 신학자 아리우스의 추종자였고 정교회의 지도자인 암브로시우스와 격렬하게 싸웠다. 이 교회의 대립에서 밀라노 회중은 무기가 아니라 노래로 저항했다. 그 노래 대부분은 암브로시우스가 직접 작곡한 것이다. 아우구스티누스는 이 저항의 노래에 빠져들었고, "형제들이 온 정성을 다해 한목소리, 하나의 영혼으로 노래하는 모습"을 보고 감탄했다. "그 무렵 찬가와 시편을 부르는 동방교회의 방식이 도입되어 회중이 과하게 우울함에 빠져들지 않게 하고 지치지 않게 했다." 아우구스티누스는 함께 부르는 노래의 힘에 압도당했다. "하나님 당신을 향한 찬가와 노래에 내가 얼마나 깊은 눈물을 흘렸던가! 당신 교회가 부르는 이 아름다운 곡조에 얼마나 벅찬 감동을 느꼈던가! 선율이 내 귀를 파고들었고, 진리가 내 가슴으로 흘러들었으며, 신심이 넘쳐났고, 눈물이 흘렀고, 나는 그 속에서 편안함을 느꼈다." 이것이 바로 기독교 노래의 힘이다. 기독교 노래는 눈물을 자아내게 하고 마음을 움직이고 사로잡고 설득하고 진리로 이끌어 주고 행복으로 인도한다. 그게 다가 아니다. 더 나아가 싸우고 저항하고 순교할 힘까지 준다.

암브로시우스의 찬가는 지금도 여전히 교회에서 불리고 있다. 매년 반복해서 불린다. 1524년에 마르틴 루터가 이 찬가를 독일어로 번역했고, 이는 가장 아름다운 대림절 노래 중 하나로 꼽힌다.

이제 오소서, 이방인의 구세주여,
동정녀의 아들로 나타나신 이여,
온 세상이 놀라는 가운데
신이 그에게 탄생을 명하셨도다.

그는 방을 나섰고,
왕국을 완전히 벗어났고,

자연과 인간의 신, 영웅인
그는 자신의 길을 서둘러 간다네.

아버지로부터 왔다가
다시 아버지께 돌아간다네,
지옥에 떨어졌다가
다시 하나님의 권좌로 돌아간다네.

당신의 구유가 밝게 빛나고,
밤은 새로운 빛을 비추네.
어둠은 찾아오지 않고,
믿음은 언제나 빛 속에서 머무르리.

하나님 아버지를 찬양하라,
하나뿐인 그의 아들을 찬양하라,
성령을 찬양하라
항상 그리고 영원히.

2
그레고리오 성가와 중세 교회

숨겨진 근원, 잃어버린 뿌리

나무가 커갈수록 뿌리는 더 풍성하고 싶어지기 마련이다. 나무가 높고 넓게 자라고 아름다워질수록 뿌리는 더 넓게 뻗고 더 깊이 파고든다. 땅속에서 더 깊이 뻗어 나간다. 우리는 커다란 나무를 보며 감탄하지만, 그 뿌리가 어느 정도인지 가늠할 수는 없다. 어떻게 해서 한 뿌리에서 다른 뿌리가 뻗어 나오고 또 영양분을 얻어 내는지 추적할 수는 없다. 덩이뿌리는 땅 밑에서 성장하기 시작해서 표면을 뚫고 싹이 올라오게 한다. 몇 미터 자라는 동안 뿌리는 계속해서 나뉘면서 뻗어 가고 점점 더 촘촘하게 얽힌 모양을 띠게 된다. 어떤 뿌리가 오래됐고 어떤 뿌리가 새로 자란 것인지, 어떤 게 강하고 어떤 게 약한지, 어떤 게 죽었고 어떤 게 살아남았는지 아무도 모른다. 오래된 것 중에서 여전히 나무에 영양분을 공급하는 뿌리가 있는가 하면, 이미 오래전에 그 기능을 상실한 뿌리도 있다.

유럽 음악의 뿌리는 중세 음악이다. 더 정확히 말하면, 중세의 교회 음악이다. 중세 음악을 처음 접한 현대인은 고대 수메르의 신전 음악을 들은 것처럼 낯설게 느껴질 수 있지만, 그것이 바로 지금 우리가 음악이라 여기는 것의 시초를 형성한다. 유럽 음악의 본질은 여기서 시작된 것이다. 음악은 한 문화의 핵심이다. 그것을 행하는 사람들이 철저하게 교육받아야 하고 일생을 헌신해야 하며 음악을 기록할 수 있어야 한다. 하지만 중세 음악의 많은 부분이 이미 사라져 버렸으며 그와는 다른 전혀 새로운 것으로 대체되었고 더는 소생할 수 없다는 사실을 솔직하게 시인하지 않을 수 없다. 그렇다고 모든 게 죽었다는 의미는 아니다. 하지만 일반적으로는 그 차이를 식별해 내기가 어렵다. 근대 음악의 빠른 변화와 엄청난 발명에 현혹되어 그것의 기원을 헤아리지 못하는 경솔함에 빠지지 말아야 한다. 반대로 한껏 부풀려진 중세의 이미지와 낯설고 매력적인 상상의 세계에 매몰되어서도 안 된다. 그것은 시장에서 잘 팔릴 수는 있으나 역사적인 실재와는 별 상관이 없는 것이다. 부주의한 망각과 성급한 이미지화, 이 두 가지 모두 경계해야 한다. 실제 상황이 어땠는지 이해하려고 노력해야 한다. 중세 초기 귀가 먹먹할 정도의 소란과 끔찍한 전쟁의 소음, 민족 대이동의 소용돌이 뒤에 찾아온 폐허의 고요함을 겪고 난 뒤 음악이 다시 울리게 되었을 무렵의 유럽이 어떠했는지 이해해야 한다.

제국의 건설과 전례 개혁

음악은 언제나 정치적이다. 음악의 정치성은 무엇보다 전근대 시대의 종교 음악에서 특히 두드러진다. 가장 신성한 음악도 그 정치적 소임을 파악해야 제대로 이해할 수 있다. 왜냐하면 그 속에서 살고 성장하기 때문이다.

서로마 제국이 멸망하고 난 뒤 게르만족의 여러 왕국을 거쳐 8세기에 새로운 권력의 중심이 등장한다. 바로 프랑크 왕국이다. 그 첫 기반을 다진 것은 메로빙거 왕조이지만, 제국의 진정한 확립은 카롤링거 왕조에 의해 이뤄졌다. 754년, 카롤링거의 궁재(宮宰) 피핀이 아내와 두 아들 카를, 카를로만과 함께 교황 스테파노 2세의 축성으로 왕위에 올랐다. 이는 새로운 협력 관계의 성립을 뜻했다. 당시 교황권은 매우 약해진 상태로 새로운 제국의 도움이 필요했고, 제국은 정당성을 인정받아야 했다. 기독교의 전통만이 아니라 로마 제국 전통의 수호자이기도 한 교황만이 그 정당성을 부여할 수 있었다. 새로운 통치자들은 현명했고, 따라서 자신들의 제국이 무력에만 의존하는 것이 아니라 교황의 축성을 통해 형식적인 정당성을 확보할 수 있도록 했다. 서로 다른 부족과 민족을 하나로 융합해 내기 위해서는 내적 결속력을 다질 무언가가 필요했고, 예배가 그 역할을 했다. 예배는 곧 노래를 의미했다. 교회음악이 정치 권력이 달성할 수 없는 내부적인 단합을 이뤄내야 했다. 결국 프랑크 왕국은 음향으로 성사된 제국이라는 모습을 띠게 되었다.

문제는 예배 문화가 황량하고 쓸쓸한 정원과 다를 바 없었다는 사실이다. 평신도는 말할 것도 없고 성직자 대부분도 예배에 관해 따로 교육받은 게 없었다. 예배가 특정 형식에 따라 치러진다 해도 그 전통은 지역마다 제각각이었다. 예배라는 정원을 처음부터 완전히 새롭게 가꾸어나가야 할 판이었다. 프랑크족은 교황이 나서서 도와주기를 기대했다. 먼저 거룩한 로마 교회가 미사 전례를 통일하고, 프랑크 왕국이 그 규정을 따를 수 있게 되기를 바랐다. 그러나 로마 교회 역시 황무지였다. 당장 북서쪽의 프랑크 왕국에 보낼 만한 미사 교본조차 없었다. 이에 교황은 칸토르* 집단을 파견했다. 그 수는 성경에서처럼 열두 명이었다. 하지만 이들로 인해 새로운 문제가 발생하고 만다. 열두 명의 교회음악가는 예수의 열두 사도처럼 일치된 견해를 갖고 있었던 게 아니기 때문이다. 그들은 어떤 방식으로 예배를 치러야 하는지에 대해 저마다 의견이 달랐다. 게다가 그들 중 누구도 게르만족에게 들어가서 제대로 가르칠 만한 접점을 찾지 못했다. 그들은 어떤 조성, 선율, 리듬으로 무슨 기도를 어떤 순서에 따라 불러야 할지 서로 합의를 보지도 못했고, 프랑크족이 이해하는 음악에 제대로 대응하지도 못했다. 로마인들의 음악은 동로마와 동방의 사고에서 영향을 받아 음정 간격이 엄격하고 촘촘한 선형적 특성을 가진 데 비해 프랑크족의 노

---

* 칸토르(cantor)는 라틴어(cantare: 노래하다, cantor: 노래하는 사람)에서 파생된 말로 교회에서 합창을 선도하고 교회음악을 책임지는 역할을 하는 사람을 가리킨다.

래 스타일은 더 입체적이고 선율적이고 굴곡이 심했다.

870년경 교황청의 역사가 요하네스 디아코누스는 실패한 교육 과정을 이렇게 정리했다. "갈리아 사람들은 로마에서 도입된 선율의 달콤함을 그대로 보존할 수 없었다. 그들이 경솔했기 때문이 아니라 그레고리오 성가에 그들 본연의 거친 특성을 가미했기 때문이다. 요란하고 시끄럽고 큰 목소리를 지닌 알프스 너머의 사람들은 로마 선율 특유의 감미로움을 재현할 수 없었다. 태생적으로 균열이 생긴 그들의 거친 후두가 마치 통제를 잃은 화물 마차가 계단 아래로 굴러 내려가는 듯한 소음을 냈기 때문이다. 몹시 거칠고 시끄럽게 내지르는 그들의 노랫소리가 달래야 할 청중의 영혼을 도리어 깜짝 놀라게 했다."

프랑크족은 로마에서 온 음악가들의 거만함에 분개했고 이들이 새로운 왕국에 대해 그저 역사적 패배자로서의 시기심과 부러움을 품었을 것으로 추측했다. 둘 사이의 문화 장벽은 높기만 했다. 만약 교황청에서 합의를 이룬 통일된 형태의 가르침이 있었다면, 프랑크 왕국은 그나마 로마 전통을 수용했을 것이다. 하지만 가르치는 사람들이 서로 다른 음악을 풍요로운 자극으로 받아들이지 못한 채 예배 음악을 그저 '올바른 것'과 '그른 것', '진정한 기독교적인 것'과 '거짓이며 비기독교적인 것'으로만 분류하려 들었기 때문에, 실질적으로 전례 발전에 도움이 될 만한 의미 있는 결과를 내지 못하고 교황청의 시도는 실패로 돌아가고 말았다.

다행히 초기 프랑크 왕국에도 독자적인 음악 문화를 만들어 갈 능력 있는 음악가들이 존재했다. 가장 대표적인 이가 메츠의 주교 크로

그레고리오 1세는 위대한 교황이자 중세 기독교 음악의 창시자로
추앙받는 인물이다. 9세기 후반에 만들어진 이 상아 판에는 세 명의
조수와 함께 무언가를 기록하는 그의 모습이 새겨져 있다.
아마도 그레고리오 성가를 기록하는 게 아니었을까?

데강(715?~766)이었다. 그가 있는 메츠는 프랑크 왕국에서 교회음악의 중심지로 성장했다. 그곳에서 8세기 후반에 오늘날 '그레고리오 성가'라고 불리는 노래가 등장했다. 다양한 요소들이 거기로 흘러 들어갔다. 서로마 제국이 멸망하고 프랑크 왕국이 강성해지던 시기에 교회를 통치하던 교황 그레고리오 1세(540?~604)가 이 노래들을 작곡했기 때문에 그렇게 불린 것이 아니다. 그레고리오 1세는 그레고리오 성가의 작곡자가 아니다. 로마 교황청에서 새로운 노래들을 지었으므로 그레고리오 성가로 불린 게 아니다. 그러기엔 교황청의 세력은 너무 약했다. 다만 교황청이 왕국 내부의 결속과 통합을 강화하고 옛 전례의 이상향을 제시한다는 의미에서 이들 노래에 '그레고리오'라는 명칭이 붙었을 뿐이다. '그레고리오 성가'는 사실 프랑크족의 것이다. 그것이 새로운 프랑크 왕국의 지배자들이 요구하는 정치적 과제를 채워주었을 뿐만 아니라 프랑크족 칸토르들이 지었기 때문이다. 따라서 그레고리오 성가는 원래 '프랑크 성가'라고 불려야 한다. 아니, 그보다는 '프랑크 그레고리오 성가'라고 부르는 편이 더 낫겠다.

상황은 그보다 훨씬 더 복잡했다. 프랑크 왕국 교회의 많은 부분이 아일랜드 수도사들에 의해 형성되었기 때문이다. 그들은 로마나 제국 중심부의 통제를 받지 않고 주변부에서 스스로 꾸려나갔다. 민족 대이동이라는 혼란 속에서 옛 로마 문화가 스러져 가는 동안, 세계의 가장 끄트머리인 아일랜드에서는 교양 넘치는 독특한 수도원 문화가 발전하고 있었다. 아일랜드의 수도원은 본래 로마에 뿌리를 두고 있지만 거기서 떨어져 나와 완전한 자립을 이루었으며, 새로운 음악의 양성소가 되었다. 아일랜드 수도사들은 자기만의 독창적인 시편 노래 스타일을 발전시켰고, 더 나아가 고대 그리스의 음악 이론을 새롭게 습득하기 시작했다. 7세기 중엽 그들이 대륙에 정착할 무렵부터 그들의 음악은 이교도들을 포교하는 강력한 도구가 됐다. 프랑크족의 성가가 로마의 것보다 더 극적이고 표현력이 풍부한 것은, 무엇보다 아일랜드의 영향 때문이다. 그러니 너무 번거롭지만 않다면, '아일랜드 프랑크 그레고리오 성가'라고 불러야 옳을 듯하다.

그레고리오 성가는 카롤링거 왕조의 끈질긴 노력 덕에 발전할 수 있었다. 카를 대제(샤를마뉴 대제)는 아버지 피핀이 768년 세상을 뜬 뒤에도 전례와 교회음악을 통일하려던 아버지의 뜻을 이어갔다. 그런 그를 보좌하던 핵심 관리가 앵글로색슨족의 알퀸이었다. 789년, 이 문화 정책관은 왕을 위해 모든 성직자가 로마 성가를 신중하고 완벽하게 습득하고 노래로써 올리는 기도를 제대로 수행하라고 권고하는 『일반적 경고(Admonition generalis)』를 작성했다. 카를 대제의 아들, 경건왕 루트비히(루이)는 816년 아헨 공의회에서 수도 생활을 하지 않는 모든 수도사에게 예배와 일상생활에서의 행위를 본격적으로 규제하는 공식적인 『규범적 지침(Institutio canonicorum)』을 마련했다. 거기서 음악의 지위는 매우 중요했다. 지침에는 이런 내용이 있다. "칸토르는 목소리뿐 아니라 예술적 능력이 탁월하고 유명해야 한다. 칸토르는 재능을 타고났다고 해서 오만하게 굴어서는 안 되며 다른 동료 형제들 앞에서 겸손함을 잃지 말아야 한다. 그는 성직자의 수, 축일의 규모, 시간을 고려하여 성가를 확장하고 다른 사람들의 목소리를 이끄는 역할을 해야 한다. 노래할 때 음색이 선명하고 우아하게 들리도록 해야 한다. 이런 기술이 아직 익숙지 않다면 이를 습득할 때까지 침묵하는 편이 낫다. 급하거나 강하고 다듬어지지 않은 목소리가 아닌, 곱씹는 마음으로 단순하고 분명하게 시편을 불러서 부르는 자신의 마음에도 자양분이 되고 듣는 이들의 귀도 즐겁게 해야 한다. 그리고 노련하고 경험이 많은 칸토르가 음악 수업에 교대로 참여하여 배우는 이들이 잡담을 나누거나 게으름을 피우지 못하도록 신경 써야 한다. 신이 내려주신 재능을 나누는 일에 소홀한 칸토르는 엄벌을 받아야 한다."

한편 음악에서 진정한 카롤링거 르네상스는 카를 대제와 경건왕 루트비히가 다져놓은 기반 위에서 대머리왕 카를이 통치하던 시기(823~877)에 일어났다. 지금은 자세하게 재구성하기가 어렵지만, 이때 핵심적인 그레고리오 레퍼토리가 형성되었다. 처음에 이 레퍼토리는 개방적이었을 것이다. 쉽게 암기해서 입을 통해 전달할 수 있는 폐쇄된 형태는 아니었다. 또 주어진 가사에 선율을 즉흥적으로 붙이는 경우도 잦았다. 이미 잘 알려진 선율은 예술적으로 더 확장되어 나갔다. 게다가 교회력이 발전하면서 새로운 축일이 등장하고 그에 따라 새로운 노래들이 필요하게 되었다. 건축의 발전이 음악에 변화를 안겨주기도 했다. 교회 건물이 커짐에 따라 그 안에서 불리는 음악 또한 새로운 도전에 직면하게 되었기 때문이다. 이 시대의 삶이 얼마나 척박했고 거리가 얼마나 멀고 교육 수준이 얼마나 형편없었는지 생각한다면, 그레고리오 성가의 형성은 짧은 시간에 이룩한 대단한 성과이다.

레퍼토리는 매우 복잡하고 방대했다. 그것을 유지하고 법처럼 지켜야 했기에 어떻게든 기록할 방법을 찾아야만 했다. 옛날처럼 음악을 입에서 입으로 전달하는 방식으로는 충분하지 않았다. 기보법을 발명해야 했다. 기보법의 발명은 중세 초기에 이룩한 가장 큰 성과이다. 어떤 과정을 거쳐 그렇게 되었는지 상세히 알 수는 없다. 음악을 기록하려는 다양한 시도들이 9세기에 처음 생겨나기 시작했고, 마침내 네우마(neuma) 기보법이 등장했다. 비록 이 기보법이 오랫동안 일관된 형식을 갖추지는 못했으나 개별 음과 여러 음의 조합을 기록할 수는 있었다. 네우마가 그리스어로 '기호'나 '제스처'를 뜻하므로 네우마 기보는 칸토르들의 손짓이나 손놀림에서 파생된 것으로 설명할 수 있다. 이는 카이로노미(cheironomie: 손 모양을 이용한 지휘)라고 불리기도 했는데, 이를 오늘날의 지휘와 혼동해서는 안 된다. 칸토르는 허공에 대고 선율의 움직임을 그려냈다. 그가 손으로 그려낸 것이 음악적 문자로 발전한 게 아니었을까?

처음에는 네우마 기보가 선율을 기억하기 위한 보조 수단의 역할만 했을 것이다. 낯선 곡을 보고 부를 수 있게 하는 악보의 기능을 충족시키지는 못했다. 앞이나 뒤에 나오는 음과 비교하여 상대적인 높낮이만 규정할 뿐이지 정확한 음높이를 기록할 수 없었기 때문이다. 정확한 음높이를 기록하는 방식의 물꼬를 튼 이는 폼포사의 베네딕토회 수사인 귀도 다레초(992?~1050)였다. 그 이전에 사용되던 선을 이용한 기보법에서는 선 사이의 공간에 음높이가 다른 많은 음을 수용했지만, 귀도는 각 줄과 칸에 온음계의 한 음만을 나타내도록 했고 선은 이제 정확히 3도의 간격으로 배열되었다. C(다)와 F(바) 음에 해당하는

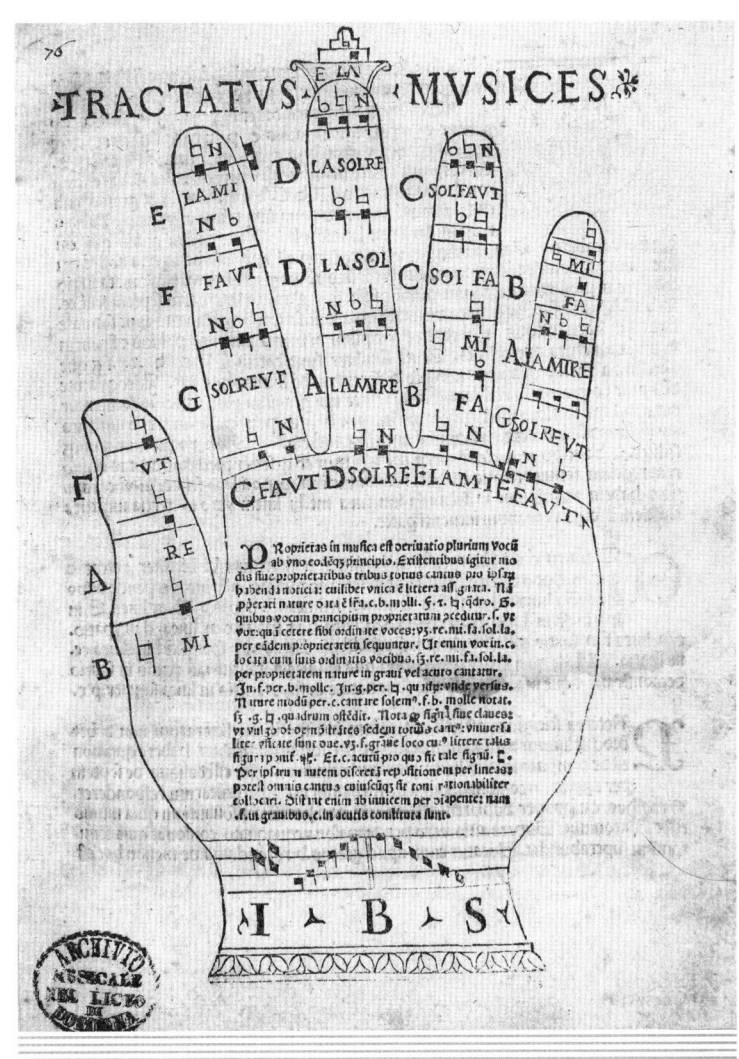

'귀도의 손'은 음악사에서 가장 중요한 발명 중 하나이다. 합창을 지도할 때 이 손을 이용해서 가수들에게 음의 배열을 가르쳤다. 이 그림은 한참 뒤인 1482년에 그린 것이다.

선들에 음이름을 적어 넣었고 색깔까지 입혔다. 이는 훗날 가온음자리표(C음자리표)와 낮은음자리표(F음자리표)로 발전하게 된다. 반음계는 아직 등장하기 전으로 고정적인 온음-반음 배열에 기반한 6음 음계가 사용되었고, 모든 음높이를 확실하게 표기할 수 있었다. 이를 위한 유용한 수단이 하나 더 있었는데, 바로 '귀도의 손'(귀도 혼자서 고안해 낸 건 아니다)이다. 귀도는 왼손의 각 손가락 마디에 음이름을 대입했고, 오른손 검지가 그것을 가리키는 지시봉 역할을 했다. 게다가 그는 임의로 조옮김이 가능한 6음 음계 내의 개별 음 위치를 음절을 사용하여 나타내는 계명창법을 고안해 냈으며, 합창을 지도할 때 기보 체계나 손을 활용하여 모르는 노래도 습득할 수 있게 했다.

악보의 발명으로 음악 작업이 한층 수월해졌다. 이제는 가사, 곡조, 선율, 리듬 등 많은 정보를 굳이 기억에서 불러올 필요가 없었다. 책을 들춰보고 확실하게 기억해 내면서 노래할 수 있었다. 모르는 성가들도 악보를 통해 빨리 익히고 바로 부를 수 있었다. 또 원래 알던 노래를 단순히 기록하는 데 그치지 않고 적으면서 새로운 걸 작곡할 수도 있었다. 기보법으로 인간은 중요한 도구를 얻었을 뿐만 아니라 음악을 행하는 방식 자체에 변화가 생겼다. 음악은 이제 더는 보이지 않는 소리가 아니었다. 음악은 이제 눈에 보이는 기호가 되었고, 문자와의 연관 관계가 생겨났다. 음악은 청각의 대상인 동시에 시각의 대상이 되었다.

성가 합창과 학교 교육

숭배(cult)와 문화(culture)는 서로 연관되어 있다. 이미 단어 자체에서 그 연관성이 드러난다. 그레고리오 성가의 발전은 음악만의 사안이 아니라 광범위한 교육 프로그램과 밀접한 관련이 있었다. 이는 역사를 통해 확인할 수 있는 사실이다. 기본적으로 그레고리오 성가는 읽기, 쓰기와 관련이 깊었고, 이를 행하기 위해서는 무엇보다 성직자 계층이 글자를 깨쳐야 했다. 따라서 카롤링거 왕조의 전례 개혁에서 학교 설립은 핵심 사안이었다. 이 둘의 결합은 789년에 작성된 카를 대제의 『일반적 경고』를 관통하는 중요한 관점이기도 했다. 그것은 문화 정치적으로 시급한 문제였을 뿐만 아니라 역사가 아인하르트가 지적했듯이 카를에게는 개인적으로도 절실한 문제였다. "그는 교회에서의 낭독과 노래의 향상을 위해 큰 노력을 기울였다. 비록 그가 공개적으로 낭독하는 일은 없고 공동체 안에서 조용히 노래했지만, 대제는 이 두 가지 모두를 잘 이해했다."

카롤링거 왕조는 프랑크족의 이교도적 습성과 야만성을 극복해야 했다. 그런데 교회 측에서는 교육에 대해 그리 적극적이지 않았다. 세습 귀족 출신으로 고대의 교육을 받고 자란 교황 대(大) 그레고리오는 개종한 이후로 전통 유산에 전혀 관심을 두지 않았다. 그가 습득한 고대 그리스-로마의 이교도적 요소는 기독교인이 된 교황에게는 아무 의미도 없었다. 정작 기독교 세계의 야만성을 극복해 낸 이들은 문명을 철저히 등지고 살아가는 사람들이었다. 멋진 아이러니이지 않은가.

지금은 상상도 할 수 없을 만큼 모든 안락함을 포기한 채 온전히 기도에만 전념하며 살았던 아일랜드 수도사들이 중세 초기 유럽의 가장 중요한 교사가 되었다. 학교 시스템은 아일랜드와 영국에서 7세기 후반에, 프랑크 왕국에서 9세기에 등장했다. 아일랜드 수도사들은 이미 은둔 생활을 하고 있던 터라 로마의 그레고리오 교황에 의해 결정된 사항들에 대해 굳이 거리를 두려는 노력도, 부담감을 가질 필요도 없었을 것이다. 그들은 배움을 꺼리지 않았으며 많진 않아도 손에 넣을 수 있는 온갖 책을 섭렵했다. 이를 통해 아일랜드 수도사들은 신실한 기독교인이 되었다.

 그보다 더 중요한 또 하나의 이유가 있는데, 아일랜드 수도사들에게 교육이 자연스럽게 삶의 중심에 자리했다는 사실이다. 기도가 겨자씨 역할을 했다. 겨자씨는 작고 눈에 잘 띄진 않지만, 그것을 잘 돌보고 싹을 틔우게 하면 자라서 커다란 나무로 성장하게 된다. 금욕 생활을 하는 수도사들이 신성한 내용이 담긴 기도에서 아무런 배움도 얻지 않았을 리는 없다. 그들은 기도문을 통해 상상력을 키워나가고 그에 맞는 언어도 발전시켜 나갔다. 그들의 사고와 그에 어울리는 표현력은 점점 더 확장했고 더 훌륭하고 정확하고 풍부하고 멋진 형태를 갖춰 나갔다. 큰 공동체가 형성되고 그 안에서 개별 기도자들이 생겨나기 시작했다. 공동체가 그렇게 하도록 사람들에게 자극을 주었다. 기도는 그냥 그 자체로 존재하는 게 아니다. 교회 내에서 영향력을 발휘하여 다른 사람들이 기도를 따라 하게 하고 실천하게 만들 수 있어야 한다. 그러려면 기도를 글로 적고 읽을 수 있어야 했다. 그리하여 교육의 세계는 자연스럽게 기도로부터 출발하여 성장해 나가게 되었다.

카롤링거 왕조에서는 궁정 학교 이외에 수도원 학교, 주교좌 성당의 부속 학교, 작은 교구 학교들이 생겨났다. 나중에는 시 학교와 대학까지 등장했다. 예배와 사회적으로 새롭게 정립된 생활을 위해 국민 전체가 교육을 받는 것이 마땅했지만, 이러한 학교 체계는 부득이하게 성직자 계급에 한정되어 있었다. 교육받지 못한 사제들을 읽고 쓸 줄 알며 라틴어에 능하고 기독교 교리와 교회 전통에 정통하고 바른 삶을 살고 노래할 줄 아는 전문가로 키워내는 것이 급선무였기 때문이다. 즉 제대로 예배를 치러낼 전문가 집단을 키워야 했다. 예배와 교회 음악은 전문성을 띤 영역이 되었고, 이를 전담하는 직책이 생겨났으며 그에 맞는 교육이 행해졌다. 안타깝게도 이 과정에서 일반 사람들은 성직자들에게 밀려났다. 평신도들은 예배 시간에 침묵을 지켜야 했고 아무런 역할도 맡지 못했다. 이러한 전개를 확실한 분업을 불러온 발전이라고 볼 수도 있다. 당시 교육의 혜택을 받은 소수는 그럴 조건과 여유와 시간이 없는 다른 이들을 대신해 종교 업무를 수행했다.

음악에서는 메츠의 성가 학교가 특히 중요했는데, 그 학교는 새로운 라틴어 성가의 전파를 위한 중요한 출발점이 되었다. 그곳에는 급여를 받는 여덟 명의 전문적인 선창자가 있었다. 학교 합창단에도 보수를 받는 가수들이 있었다. 반면 학교에서 교육을 받는 소년들은 돈을 받지 않고 임무를 수행해야 했다. 임무가 곧 교육의 한 부분이었기 때문이다. 적지 않은 소년들이 큰 희망을 안고 새로 설립된 학교에 들어왔다. 그들에게 안전한 울타리가 생겼고, 그곳에서 음식과 교육이

10세기의 필사본에 실려 있는 세밀화.
'그라마티카 부인'이 청소년을 가르치는 장면이 그려져 있다.

제공되었다. 학교는 사회화가 이루어지는 장소였고, 때로는 높은 직책과 그에 따른 명예를 누릴 기회가 생길 수 있었고, 무엇보다 영원한 구원이라는 특권을 누릴 수 있었다. 아이들은 엄격한 통제하에 때로는 착취와 괴롭힘을 당하기도 했지만, 가진 게 없는 부모들은 자신들의 아들을 거기로 데려왔다. 그곳이 어려운 시절에 아이를 노예로 팔거나 굶주리게 하거나 버리거나 태어난 뒤에 죽게 내버려 두지 않을 수 있는 대안이 될 수 있었기 때문이다.

소년들의 교육은 칸토르가 책임졌다. 칸토르는 광범위한 지식을 소유하고 예배 순서, 신학, 축일, 성경에 정통해야 했다. 또 음악 이론에 관한 기본 지식도 갖추고 있어야 했고, 발성 훈련을 비롯해 교육 경험도 있어야 했다. 결국 칸토르는 모든 성가, 그 가사와 선율과 곡조에 통달해야 했다. 물론 그에게 오늘날과 같은 교육적 사고나 공감 능력은 없었을 것이다. 교사와 학생을 가르는 뿌리 깊은 봉건주의에 가로막혀 그런 게 발전할 턱이 없었다. 이렇게 열악한 상황에서도 전혀 교육받지 못한 아이들을 재능 있는 가수들로 키워낸 훌륭한 교사들이 있었다. 당시만 해도 그들이 참고할 만한 정해진 커리큘럼은 없었다. 교사들은 노래와 악기 연주에 대한 기본 교육의 방법과 시기를 스스로 결정해야 했다. 본격적인 훈련 및 음악 이론과 관련해서도 마찬가지였다.

여기서 배움은 언제나 실제로 행하는 것을 의미했다. 이론만을 배우는 게 아니었고, 예배가 바로 수업 시간이었다. 교육의 중심에는 예배가 있었다. 그것은 교육의 목적이자 내용이고 동시에 교육 수단이었다. 수업 시간에 학생들의 개성을 계발할 수 있는 멋진 기교나 자유로운 연주는 절대 허용되지 않았다. 가장 중요한 것은 신을 섬기는 인간의 가장 중요한 임무를 실현하는 거였다. 이 임무는 공동으로 행해졌으므로 교육은 곧 생활 공동체로의 진입을 의미했다. 학교는 실제 삶으로 나아가기 위해 준비하는 교육을 받는 장소가 아니었다. 학생들은 학교에서 학교를 위한 교육을 받았다. 수도원을 한번 선택하면 그곳을 떠날 수 없는 것과 같은 이치였다. 그런 점에서 학교는 삶 자체였다.

학교의 공동생활은 밤낮으로 엄격하게 통제된 시간에 따랐으며 성무일도*를 중심으로 구성되었다. 그 시간은 사계절에 따라 조정되었다. 낮은 언제나 12시간이었는데, 이 12시간은 여름이 겨울보다 훨씬 길었다. 매일 밤 2시경에 깨어 새벽기도(Vigil/Matutinum)를 드렸고, 조용한 명상의 시간을 갖다가 5시에 아침기도(Laudes)를, 6시에 일시경(Prima)을 바쳤다. 그 이후에도 9시의 삼시경(Tertia), 12시의 육시경(Sextia), 오후 3시의 구시경(Nova)으로 인해 수도사들의 일과 학생들의 수업이 잠시 중단되었다. 낮이 긴 여름날에는 식사 시간 이외에 휴식시간이 주어지기도 했다. 오후 6시에 저녁기도(Vesper)를 올리고 늦어도 8시에는 끝기도(Completorium)로 하루를 정리했다. 매년, 매일 그렇게 했다. 소년들은 이를 어떻게 겪었을까? 때로는 혹독한 추위와 어둠 속에서 그 많은 기도를 어떻게 견뎌냈을까? 그곳에서의 음식과 잠자리는 어떠했을까? 아이들이 가족, 함께 뛰놀던 형제들, 자연, 고향 생활을 그리워하지 않았을까? 열악한 위생 상태로 어려움을 겪지는 않았을까? 당시 수도원에서 목욕은 이교도적인 것으로 여겨져 금기시되고 오직

---

*   가톨릭교회에서 매일 정해진 시간에 하나님을 찬미하는 공적이고 공통적인 일련의 기도를 말한다. 성직자, 수도자의 의무로 8개의 정시과(定時課)로 되어 있다.

병자에게만 허락되었다. 또 소년들은 성가 수업을 즐거운 마음으로 받았을까?

학생들은 10명 정도의 작은 그룹으로 나뉘어 수업을 받았다. 선생과의 친밀한 관계를 위해 그렇게 했을 것 같다. 아니, 어쩌면 그 때문이 아니었는지도 모른다. 학생들은 선생으로부터 라틴어 성경을 읽는 법을 배웠는데, 언제나 노래를 통해 익혔다. 텍스트는 선율을 붙여 불리게 했고, 내용은 이해될 수 있어야 했다. 그러니 교사는 발성 훈련과 가창 기술을 가르치는 데 그치지 않고 내용과 분위기도 설명해야 했다. 교과서나 큰 칠판 같은 도구는 없었고, 작은 석판이 전부였다. 그것으로 학생들은 무엇보다 시편을 배웠다. 9세기에 한 수도원장이 했던 말이다. "매일 시편집에서 한 부분을 우리에게 읽어주었다. 우리는 석판 위에 그것을 썼고 짝과 서로 틀린 부분을 고쳐주었고, 문법을 공부한 상급생 중 한 명이 우리가 쓴 내용을 검토해 주었다. 단어 하나하나를 일일이 확인하며 설명을 달아주었고, 우리는 다음 날 아침까지 그것을 외워야 했다. 그런 식으로 우리는 겨울과 이듬해 여름까지 시편집 전체를 공부하고 암기했다. 이제 우리는 다른 학생들처럼 수도사들의 합창에 동참할 수 있었다. 수도원 소속이 아닌 외부 학교 학생들인 우리는 일요일과 축일에만 함께할 수 있었던 반면에 수도원 부속 학교의 학생들은 수도사들과 함께 종일 찬미가를 부를 수 있었다. 그들은 합창단에 설 수 있었지만, 수도회 제복을 입지 않은 우리는 따로 마련된 자리에 있어야 했다. 제복을 입지 않은 사람은 합창단에도, 수도회의 밀실에도 들어갈 수 없었다."

학생들은 150개의 시편을 모두 외워야 했다. 보통 이 시편을 처음부터 끝까지 일주일에 한 번씩 부르기 때문에 끊임없는 반복을 통해 머릿속에 박힐 수 있었다. 수도사들은 이를 마치 되새김질과 같다고 여겼다. 이런 식으로 영혼의 양식을 계속해서 받아들이고 소화해 나갔다. 레퍼토리는 점점 더 늘어났다. 시편에 까다로운 미사곡, 성탄절에서 부활절에 이르는 교회 축일과 성인 축일에 부르는 찬가들이 더해졌다. 가사만이 아니라 선율과 곡조도 기억해야 했다. 책은 칸토르만 가지고 있었다. 칸토르의 손짓(카이로노미)이 기억을 도와주는 역할을 했다.

고대 그리스 악기인 모노코드(monochord)의 역할이 아주 중요했다. 단순한 이 악기는 큰 도움이 되었다. 공명통 역할을 하는 나무상자 위에 줄 하나가 매어져 있었다. 줄 아래에 양피지를 여러 장 붙이고 그 위에 음이름을 적어 놓았다. 움직일 수 있는 브리지로 진동하는 현의 비율을 늘리거나 줄일 수 있었고, 음의 위치가 양피지로 고정된 상태였으므로 선율을 연주하는 게 가능했다. 한 문헌에는 모노코드를 다음과 같이 설명해 놓았다. "현 아래의 공명통 위에 선이 그려진 양피지 조각이 부착되어 있다. 이 선에는 왼쪽에서 오른쪽으로 음이름들이 적혀 있다. 음정의 분할을 명확하게 하려면, 모노코드의 측량을 정확히 해야 한다. 그러면 모르는 선율도 음이름에 맞게 울리게 할 수 있다. 보통은 첫 수업에서 음높이와 중요한 음정을 제시할 목적으로 모노코드가 사용되었다." 모노코드는 기본음을 비롯해 음계의 배열과 음정을 나타낼 수 있는 일종의 소리굽쇠였다.

가장 아름답고 까다로운 솔로 부분은 되도록 소년들이 부르게 했다. 그들의 목소리가 천사의 음성에 가까웠기 때문인데, 이 과정에서 소년들이 얼마나 힘들어하고 과도한 긴장을 견뎌야 하는지는 고려되지 않았다. 그들에게서 천상의 음성을 끌어내기 위해 매도 아끼지 않았다. 그들에게 천사의 노래를 우격다짐으로 가르쳤다. 회초리는 선생에게 모노코드만큼 중요한 도구였다. 중세 음악 교육에서 미성년자에 대한 폭력은 지극히 자연스러운 것이었다. 교육은 대체 무엇이고 조련과 다른 점은 무엇일까? 소년들은 그 과정에서 놀고 싶은 충동, 웃고 싶은 마음을 가질 수 있었을까? 모든 것이 금지되고 외면당해야 했을까? 이런 질문은 중세의 칸토르만을 겨냥한 것이 아니다. 지금도 여전히 음악 교육을 고도의 훈련을 전제로 하는 스포츠로 이해하는 모든 이들에게 던질 수 있는 질문이다.

그렇다고 여기서 이 시대의 어두운 교육학만 작동하는 건 아니었다. 진실함과 종교적 진지함도 그레고리오 성가 학교를 지탱해 주는 힘이었다. 모든 것이 중요했다. 성가에는 교회와 왕국의 통합뿐만 아니라 영혼의 영생도 걸려 있었다. 실수 없는 노래는 성령의 인도로 모두의 목소리가 하나로 통합됨을 의미했다. 반면 실수한다는 것은, 형제들의 영적 공동체에서 벗어나고 조화에 타격을 주며 성령에 죄를 짓는다는 의미였다. 이에 대해서는 이미 6세기 베네딕트 수도사들의 규정에 명시되어 있었다. "노래를 부르다가 실수를 하고도 그 자리에서 바로 참회하지 않는다면, 그에게 큰 형벌이 내려질 것이다." 그 형벌이 무엇인지는 알 수 없다. 소년들도, 성인 수도사들도 성가를 부를 때 분명 압박감을 느꼈을 것이다. 중세의 교육, 무엇보다 음악 교육을 현대와는 전혀 다른 의미로 이해해야 한다는 점을 명심하라. 즉 교육의 초점은 개성의 자유로운 발현이 아닌, 개인의 계층적 질서로의 확실한 통합에 맞춰져 있었다. 자유는 포기해야 했지만, 대신 방향성은 확보할 수 있었다.

그러나 노래가 소년들에게 고되고 엄하기만 한 의무였다고 볼 수는 없을 것 같다. 그들은 자신들이 노래한 것을 이해하고 내적으로 동조하며 그에 따라 살아가야 했다. 중세의 교회음악에서 규범적이고 권위적인 요소는 낯설 수 있었지만, 내적으로 음악에 참여하고 동조하려는 욕구는 낯선 게 아닐 수 있다. 누가 알겠는가? 어쩌면 쾌락의 악마가 그새 수도원과 교회로 들어왔고 소년들은 자신들이 부르는 노래에서 짜릿함을 느꼈을지도 모를 일이다. 현재로선 당시의 소년 성가대원들이 괴로워했을지 아니면 즐거워했을지 알 수 없다. 또한 소녀들이 이런 음악 교육의 혜택을 받지 못했음을 안타까워해야 할지 아니면 다행이라 여겨야 할지도 모르겠다.

성무일도

그레고리오 성가의 역사적 뿌리에 대해서는 여전히 많은 부분이 베일에 싸여있다. 아마 앞으로도 쭉 그럴 것이다. 그레고리오 성가는 그리스, 로마, 프랑크, 아일랜드의 영향으로 생겨난 게 맞는가? 초기 기독교나 유대교의 영향도 있었을까? 그레고리오 성가가 어떻게 성장했고 내용상 어떤 신학적, 음악적 논리에 기반하고 있는지 밝혀낼 수 있다면, 이 질문들에 대한 대답이 훨씬 더 분명해질 것이다.

그레고리오 성가를 지탱하는 생명선은 두 가지, 즉 성경과 기도이다. 기독교 전례에서는 성경에 기록된 하나님의 말씀이 크게 울려 퍼지고 회중이 기도로써 그 말씀에 응답한다. 아득한 옛날부터 이 두 언어 행위는 언제나 음악적 행위였다. 성경 낭독은 단순한 낭독이 아닌 서창(敍唱)이었고, 시편에 기반한 기도는 노래였다. 말은 처음부터 존재했다. 그러나 그 말은 텍스트에 불과한 게 아니라 음악적 형태를 띠고 있었다. 낭송과 기도는 항상 노래하듯이 치러졌다. 현재의 시각에서 보면 이중적인 낯섦이 느껴지는데, 텍스트가 순수하게 말하는 형식을 취하는 것도 아니고 선율과 리듬을 지닌 음악이 확실하게 돋보이는 것도 아니기 때문이다. 엄격한 의미에서 그레고리오 성가는 말-음악 혹은 음악-말이다. 어느 쪽인지는 오늘날 이 성가를 듣는 우리에 의해 결정된다. 중세의 명상적인 음향을 단순히 즐기는 게 아니라 불리는 구절에 귀 기울이는 것이 중요하다. 저어도 현대적인 의미에서는 그레고리오 성가가 음악이 아니기 때문이다. 그것은 음향으로 울리는 말이다.

따라서 텍스트에 곡조를 붙이는 일은 작곡가 개인의 독자적인 작업이 아니었다. 텍스트의 강세나 억양에 따라 자연스럽게 낭독과 노래 사이를 오가는 서창이 싹터났다. 이는 당시 고위급 칸토르들이 따르던 음악 이론의 상당 부분이 기본적으로는 고대 그리스의 음악 교리에 기반하고 있었다는 사실과 모순되지 않는다. 그들은 노래의 법칙을 인식하고 그것을 따르고자 했고 적절하고 올바른 선율과 곡조를 찾고자 했다. 그들은 자신을 결코 즉흥적인 아이디어를 따르는 작곡가라 여기지 않았다. 그뿐 아니라 의식적으로 세속적인 시인들과 거리를 두려고 했다. 그들은 스스로 학자나 음향 물리학자라고 생각했지, 새처럼 여기저기서 이런저런 노래를 부르는 민네징거나 트루바도르* 라고 여기지는 않았다.

그레고리오 성가의 시발점은 텍스트를 한 음으로 읊조리는 거였다. 이것이 발전하여 인상적인 선형의 선율 라인이 생겨났고, 단순한 라인이 창의적으로 확장해 나가고 장식이 더해졌으며, 즉흥적인 것들도 등장했다. 그레고리오 성가는 예배에서 악기 반주 없이 성경 구절을 단선율로 부르는 것이다. 단선율의 음악은 어두운 중세와 진보성의 결여를 뜻하지 않으며 성경 구절과 예배에서의 역할에서 비롯된 결과일 뿐이다. 음악의 독자성이 확보되지 않은 상태에서 의도된 단순함이 순식간에 풍부한 스타일, 복잡한 형태로 발전했다는 사실이 놀랍기만 하다. 가사의 한 음절을 한 음으로 부르는 단음적 양식(실러블 양식) 이외에 한 음절에 두세 음이 붙여진 과음적 양식(네우마 양식)과 한 음절에 여러 음이 붙여진 다음적 양식(멜리스마 양식)이 등장했다. 음조가 이렇게 발전하고 확장했지만, 여전히 가사가 중심이었고 가사에 더 집중하고 가사를 더 잘 들리게 하는 것이 중요했다. 어쨌든, 이때부터 벌

---

* 중세 유럽에는 여러 지방을 떠돌아다니면서 시를 지어 부르던 시인 겸 작곡가가 있었다. 지역마다 부르는 명칭이 달랐는데, 남프랑스의 트루바두르, 북프랑스의 트루베르, 독일의 민네징거 등이 유명했다.

써 다성음악의 싹이 트고 있었다.

우리 귀에 그레고리오 성가에서 두드러지는 것은 음조의 차분한 상승과 하강이다. 정확하면서 신중한 걸음으로 큰 변화 없이 오르락내리락한다. 그렇다고 해서 이 음악을 단조롭다고 할 수 있을까? 그레고리오 성가는 지금과 같은 음악의 오락적 요구는 완전히 거부한 채 무언가 전혀 다른 것, 영원함을 지향하는 듯하다. 이 음악은 바다처럼 영원한 이미지를 품고 있다. 그것의 음조와 가사는 길고 큰 파도처럼 높고 넓은 교회를 채운다. 천천히 위아래로 넘실거리고 앞뒤로 흘러간다. 그 속으로 빠져들고 침잠하면, 그레고리오 성가는 그렇게 영원히 흘러갈 수 있을 것 같다. 이 음악은 폭풍우는 물론이고 잔물결 하나 없는 고요한 바다이다.

이 무한의 느낌을 만들어내려면, 새로운 자극 없이도 긴장을 유지하며 한 음을 오랫동안 끌 수 있는 특별한 음악적 재능과 능력이 필요하다. 목소리가 단조로움 속으로 가라앉거나 늘어지지 않고 활력을 유지하고 지탱하기 위해서는 추가적인 음악적 사건이나 극적인 아이디어, 놀라운 전환이 아니라 무한의 음향에 초점을 맞춘 고도의 집중력과 내적 긴장감이 필요하다. 기본적으로 노래는 가수가 지닌 목소리의 힘과 내적 마음가짐, 명상적 집중에 의존한다. 가수는 마치 기도를 올리듯 성가를 부른다. 게다가 혼자서 부르는 게 아니라 합창으로 혹은 서로 대화하듯 주고받으며 부른다. 표면적인 단조로움으로 인해 그레고리오 성가가 사회적 현상이며 소통의 요소를 많이 품고 있다는 사실을 간과해서는 안 된다. 그것은 선창자와 합창단이 혹은 두 그룹이 서로 번갈아 가면서 부르는 노래이다. 시편 구절을 번갈아 가며 낭송하거나 한쪽이 일부를 낭송하면 다른 쪽이 짧게 응답하는 식이다. 이는 하나의 파도가 아니라 여러 개의 파도가 겹쳐지는 바다의 모습과 일치한다.

그레고리오 성가는 두 가지 전례, 즉 미사와 성무일도에서 불렸다. 후자는 특히 수도원에서 꾸준히 지켜온 성직자들의 의무였다. 수도사들은 고대의 사막을 떠돌던 교부들처럼 사도 바울의 요구를 온전히 지켜야 한다고 느꼈다. "끊임없이 기도하십시오."(데살로니가전서 5:17) 그렇다고 쉴새 없이 기도만 할 수는 없는 노릇이다. 일도 해야 했고, 먹고 자는 것도 필요했다. 따라서 그들은 하루를 일곱 등분해서 기도 시간을 가졌고 추가로 밤에도 기도를 올렸다. 시간은 이렇듯 기도로 나뉘며 영적이면서 음악적인 리듬을 갖게 되었다. 그것은 시간을 알리고 노래도 하는 독특한 방식이었다. 무한한 시간 속에서 영원히 반복되는, 노래하는 달력이 시간, 낮과 밤, 교회 축일을 알렸다.

가령 새벽기도는 자정과 새벽 사이에 불린다. 베네딕트 수도회 규정에 따라 지금도 기도자를 준비시켜 달라고 하나님께 요청하는 짧은 시작 기도로 시작한다.

> 주님, 내 입술을 열어주십시오.
> 주님을 찬양하는 노래를 내 입술로 전파하렵니다. (시편 51:15)

그 뒤를 이어 초대송(대부분 시편 95)이 독창으로 불리는데, 후렴구

신을 위한 음악
Gottes Klänge

는 나머지 수사들이 합창으로 부른다.

오너라, 우리가 주님께 즐거이 노래하자.
우리를 구원하시는 반석을 보고, 소리 높여 외치자.
찬송을 부르며 그의 앞으로 나아가서, 노랫가락에 맞추어,
그분께 즐겁게 소리 높여 외치자.

주님은 크신 하나님이시요,
모든 신 위에 뛰어나신 왕이시다.
땅의 깊은 곳도 그 손안에 있고,
산의 높은 꼭대기도 그의 것이다.
바다도 그의 것이며, 그가 지으신 것이다.
마른 땅도 그가 손으로 빚으신 것이다.

오너라, 우리가 엎드려 경배하자.
우리를 지으신 주님 앞에 무릎을 꿇자.
그는 우리의 하나님이시요,
우리는 그가 기르시는 백성이며,
그가 손수 이끄시는 양 떼다.

오늘, 너희는 그의 음성을 들어보아라.
"므라바에서처럼,

맛사 광야에 있을 때처럼,

너희의 마음을 완고하게 하지 말아라.

너희의 조상들은 그때 내가 한 일을 보고서도,

나를 시험하고 또 시험하였다."

"사십 년을 지나면서, 나는 그 세대를 보고 싫증이 나서

'그들은 마음이 빗나간 백성이요,

나의 길을 깨닫지 못하는 자들이구나' 하였고,

내가 화가 나서

'그들은 나의 안식에 들어오지 못할 것이다' 하고 맹세까지 하였다."

(시편 95)

그리고 나서 찬미가가 불리고, 보통은 두 개의 녹턴—주일과 축일에는 세 개의 녹턴—이 이어진다. 각각의 녹턴은 시편과 독서로 구성되며, 독서로는 성서 구절이나 교부들의 말씀이 서창으로 불렸다. 영광송과 또 다른 찬미가를 부른 다음에 마침 기도로 전체가 마무리된다.

평화의 하나님께서 여러분을 온전히 거룩한 사람으로 만들어 주시기를 빕니다. 또 여러분의 영과 혼과 몸을 우리 주 예수 그리스도께서 다시 오시는 날까지 흠 없이 완전하게 지켜 주시기를 빕니다. 아멘.

주일과 대축일에는 세 번째 녹턴에서 시편이 아닌 다른 성서 구절에 기반한 찬가인 칸티클(canticle)이 불렸다.

하지만 이러한 딱딱한 서술만으로는 기도로 올리는 노래들이 어떤지, 아름다운지 감동적인지 행복감을 주는지 알 수가 없다. 단조로운 듯 보이는 이 노래들이 지닌 매력은 대체 무엇일까? 무엇보다 엄격함 속에서도 저마다 은밀한 기쁨을 누릴 수 있다는 점을 꼽을 수 있을 것 같다. 정해진 일상의 틀과 결합한 음악적 질서에 편입하면, 개인이 자신의 삶과 음악을 직접 조직하고 구성해야 한다는 부담감에서 벗어날 수 있다. 기도자는 온전히 자신에게 몰두하고 헌신할 수 있다. 힘을 모아 오롯이 한 가지, 즉 기도, 노래, 독서에만 집중할 수 있다. 다른 모든 것, 일상의 일, 의무, 걱정을 벗어던지고 무한의 세계에만 전념하면 된다. 이는 긴장과 집중 속에서 행복감을 느낄 수 있는 독특한 경험이며, 많은 경우에 특이하게도 정신적 자각을 동반한다. 다른 감각과 행동 자극이 배제되면 눈, 귀, 정신은 더욱 예민해진다. 육체가 잠을 원하는 한밤중에도 그렇게 된다. 수동적인 수용이 긴장된 활동의 동기가 되는 경우이다. 기도를 올리는 자는 실수하지 않고 곡조에서 처지지 않고 노래 공동체에서 이탈하지 않기 위해 정신을 바싹 차리고 깨어 있어야 한다. 그러면 그는 단조로움과 혼동해서는 안 되는, 고르고 평탄한 음악 속에서 일상에서 맛보기 힘든 평정, 몰입감, 편안함을 경험하게 된다. 그렇게 되면, 그는 전혀 다른 시간, 자신의 삶과 영원한 구원의 시간이 하나가 된 완벽한 시간을 만끽할 수 있다. 그러나 그 시간이 신비로운 공허함이나 저세상의 단조로움으로 표현되지는 않는다. 노래로 채워진 구원의 시간은 내용상 꽉 차 있다. 이미지도 없는 추상적인 무한함이 아니다. 그 안에는 사람들에 관한 이야기와 기억, 무엇보다 예수 그리스도의 삶과 고통, 그의 부활이 담겨 있다.

이 기도 노래들의 시간적 리듬에 따라 일과 일상생활, 그리고 정적의 순간이 서로 교차한다. 정적의 순간은 노래를 준비하는 역할을 하고 메아리 공간을 형성한다. 그 순간에는 전에 들었던 기도와 자신이 불렀던 기도가 반향을 만들어낼 수 있다. 오늘날 우리에게는 잘 이해되지 않지만 그레고리오 성가의 세계에서는 무시할 수 없는 중요한 것이다. 음악은 확실한 침묵의 틀 안에서만 존재하고, 노래는 침묵 속에서 살아간다. 때로는 이 침묵이 힘든 의무로 다가오기도 하지만, 그것이 있기에 노래가 기쁨으로 느껴질 수 있다. 수도사들은 되도록 웃지 않으려 했고, 춤은 그들에게 금지사항이었다. 그렇다고 그들의 음악이 진지하다고만 단정해선 안 된다. 노래는 수도사들이 누릴 수 있는 기쁨이었다. 그들은 노래할 때 언제나 즐거운 마음으로 한다고 여겼다. 혼자만을 위해서가 아니라 공동체에서, 일체감이 드러나는 생활과 노래 공동체 안에서 그래야 했다. 모두가 한목소리로 노래하면, 믿음으로써 고백한 '성도의 교통'이 단순한 주장에 머물지 않고 음악적 경험이 된다. 그리고 이 공동체는 자기 울타리를 뛰어넘는다. 한자리에 모인 그들의 노래는 전 세계의 기도 공동체에, 세계 각지에 영향력을 발휘하게 된다. 더 나아가 죽은 이들과의 기도 공동체, 즉 위대한 수도사, 성자, 교부, 사도, 예언자를 아우르는 신앙 공동체를 형성하고, 그것은 천상의 예루살렘에서 울리는 천사들의 노래로 이어진다.

평범한 중세의 수도사가 노래를 통해 얼마나 자주, 얼마나 강렬하게 이런 경험을 했을지는 알 수 없다. 노래가 그에게는 제례의 의무, 힘든 과업, 어쩔 수 없는 삶의 희생이었을 수도 있다. 매일의 연습, 끊임없는 단련, 엄격한 훈련, 고된 집중, 이 모두는 천상의 기쁨을 맛보기 위한 전제조건이다. 대가는 절대로 싸지 않았다. 그레고리오 성가가 현대적인 의미의 음악이 아니라 노래가 곁들여진 명상이라는 인상이 더욱 강해진다. 음악회에서 감상하거나 집에서 오디오 시스템으로 들어서는 그 의미와 아름다움을 제대로 파악할 수 없다는 의미다. 그레고리오 성가는 함께 노래하고 함께 기도하는 공동체 생활을 위한 것이지, 공연이나 연주를 위한 것이 아니다. 이 기도를 바치는 신 이외에 다른 청중은 처음부터 고려되지도 않았다. 음악회장이나 소파에서 듣기만 하는 게 아니라 교회에서 전례 시간에 함께 불러야 한다. 베네딕트 수도회에서는 지금도 그렇게 하고 있다. 이 음악은 세속화되지 않았으며 세상으로 퍼져 나가지도 않았다. 세상에서는 이 음악이 아무런 존재감도 발휘하지 못한 채 그저 단조롭고 지루하게만 여겨졌을 것이다.

뿌리의 소생?

그레고리오 성가가 교회의 유일하고 진정한 공식적인 노래로 여겨졌지만, 놀랍게도 그것이 성행했던 기간은 매우 짧았다. 100년이 조금 지난 뒤부터 벌써 쇠퇴하기 시작했다. 단성부 성가는 의미를 잃었고,

새로운 다성부 음악이 기반을 잡아 나가기 시작했다. 그 변화는 13세기에 거의 종결되었다. 소중할 것 같은 그레고리오 성가의 전통이 교회음악 내부에서는 그리 중요하지 않았던 모양이다. 그레고리오 성가의 레퍼토리가 도입된 지 천 년이 지나고 나서야 비로소 교회음악의 정상적이고 규범적인 형태를 복구하려는 진지한 시도가 행해졌다. 이 복구 작업은 19세기에 시도된 프랑스의 수도원 생활을 되살리려는 프로젝트의 일환이었다. 특히 프랑스 베네딕트회 소속인 솔렘의 생 피에르 수도원에서는 옛 문헌을 수집하고 연구했다. 이를 통해 진정한 그레고리오 성가를 되살려 예배에 다시 투입하려고 했다. 그레고리오 성가의 복구는 고문서학, 전례 고고학, 음악 역사학적 작업이면서 동시에 의도적이든 그렇지 않든 현대적인 프로젝트였다. 현대 학문의 도움 없이는 오래전에 잃어버린 옛것의 재구성과 재해석이 힘들기 때문이다. 그러나 이 성가의 진정한 원형을 되살리려는 바람은 이상에 불과하다는 사실이 분명하게 확인되었다. 따라서 그레고리오 성가의 복원은 단순한 회복의 문제가 아니라 진정한 개혁이 되어야 했다. 교회 당국에서는 솔렘 수도원의 이러한 활동을 반가워했는데, 이는 전혀 도움이 되지 않았다. 학문적으로 아직 불확실하고 부정확한데도 윗선의 압력으로 성가집이 너무 빨리 출판되었기 때문이다. 그리하여 의문점이 많은 신 그레고리오 성가는 20세기 초에 널리 소개되었고, 그것은 새로운 시대의 정치적, 이념적, 음악적 유혹에 맞서는 반 현대적인 요새의 역할을 했다.

　여기서 미처 생각하지 못한 게 있었다. 옛 음악을 되살리고 싶다면,

필사본을 판독하고 악보를 해독하고 음악가를 새로 양성하는 것만이 아니라, 어떤 사회적 장소에서 이 음악이 행해져야 하는지도 고려했어야 한다. 그레고리오 성가가 불리던 장소는 프랑크 왕국의 수도원과 교회였다. 그렇다면 과연 19, 20세기 유럽 가톨릭계에서 수도원 이외에 어디가 적합한 장소일까? 지금까지도 가톨릭교회는 그 해답을 찾지 못하고 있다. 한편 그레고리오 성가의 음악학적 연구는 20세기 후반부터 큰 진전을 이루었다. 반대로 실연에서는 엄청난 퇴보를 맛보았다. 제2차 바티칸 공의회가 그레고리오 성가를 "로마 전례 고유의 성가"라고 지칭했지만, 살아남지 못할 위험은 여전히 존재했다. 성가를 맡아 부를 집단도, 그것이 불릴 적절한 장소도 없었다. 수도원은 비어 있었고, 일반 교회 공동체의 예배에는 적합하지 않았다. 라틴어 가사의 각국 언어로의 번역도 별반 도움이 되지 못했다.

전체적으로 보면 그레고리오 성가의 복원은 헛된 노력이 되고 말았다. 하지만 그건 그 누구의 탓도 아니다. 이미 잘리고 죽은 뿌리를 때워서 다시 살아나게 할 수는 없는 노릇이다. 이 음악은 몇몇 수도원에서만 간신히 살아남았었는데, 이미 오래전에 그마저도 사라져 버리고 말았다. 이 사실은 우리 시대와 (가톨릭만이 아닌) 기독교 전체에 어떤 의미를 지닐까? 오늘날 기독교인들에게는 노래하는 기도에 헌신하는 삶을 위한 감각이 없단 말인가? 그레고리오 성가가 원래 교회음악이 지녔어야 할 권위와 형식을 갖추지 못했다는 말인가? 그레고리오 성가는 전성기에도 선택된 장소에서만 육성되었다. 다른 곳은 교육적 여건이 뒷받침되지 못했다. 오래지 않아 그것은 내적 긴장감을 잃어버리고 다른 음악적 가능성과 양식에 밀려났다. 유일하게 순수한 이 교회 음악이 교회에 제대로 정착하지 못한 채 짧은 역사를 누리는 데 그치고 말았다는 점이 그레고리오 성가의 비극이다. 어쩌면 그 비극에는 또 다른 속사정이 숨겨져 있을 수도 있다. 이 음악은 극단적으로 경건한 특성 탓에 이 세상에 머무를 수 없는 하나의 이상향이 아니었을까.

어쨌든 그레고리오 성가에 열광하는 사람들은 지금도 여전히 존재한다. 가톨릭 수도사들만이 아니다. 다른 종단의 신도들도 미사와 성무일도에 노래로써 참여하기 위해 수도원을 찾아온다. 그 수가 얼마 안 되긴 하지만 말이다. 운동이라고 부르기에도 무리가 있어 보인다. 그렇다고 기독교도들이 두려움을 가질 필요는 없다. 적은 수로 지키며 살아가는 데 익숙해져야 한다.

3

루터와 종교개혁의
회중 찬송

옛것을 새것으로

역사적 시기를 구분하고 이름 붙이는 것은, 무의미하긴 하나 불가피한 일이다. 사실 '중세'라는 시기는 따로 존재하지 않았다. 그 명칭은 복잡하게 얽히고설킨 시간과 공간, 발전과 역사를 하나의 개념으로 묶으려는 어쩔 수 없는 시도일 뿐이다. 7~15세기에 일어난 일들을 어떤 식으로든 그 이전, 이후의 것과 구분해야 했고, 그래서 '중세'라는 단어를 쓰게 되었다. 그러나 이 명칭을 쓸 때는 시대 구분의 낡은 틀에 빠져들지 않게 조심해야 한다. 중세는 절대로 어둡지도 않고 비음악적이지도 않았다. 지금까지 빛을 발하는 신성한 건축물로 평가받는 고딕 대성당이 세워진 것도 중세였고, 그레고리오 성가로 종교 음악의 기틀을 마련한 것도 중세였다. 한편 그레고리오 성가가 빛을 잃고 나서 종교 음악의 새로운 추진력이 자라났는데, 영적인 민요와 다성음악이 그것이다. 이 둘에 관해서는 나중에 다시 언급하기로 하겠다.

'중세'와 마찬가지로 '종교개혁'의 시대도 따로 존재했던 게 아니다. 그 명칭 역시 매우 다른 양상을 보이던, 독일과 유럽의 복잡하고 다양한 정신적, 종교적, 사회적, 정치적, 문화적 변동의 총칭일 뿐이다. '종교개혁'에는 사실 16, 17세기의 가톨릭 개혁까지 포함해야 한다. 그뿐만 아니라 이 모든 개혁이 '근대'로 편입된다고 여겨서는 안 된다. 종교개혁에는 여전히 '중세적' 요소들이 내포해 있다. 그렇다고 '개혁'이라는 명칭을 버릴 수도 없는데, 그것이 무언가 새로운 것의 등장을 의미하는 개념인 까닭이다. 새로운 것은 무(無)에서 창조되지 않는다. 일반적으로 종교에서 새로운 것이 아무것도 없는 무에서 생겨나는 일은 없었다. 이미 존재하던 것이 새롭게 조명되고 더 중요한 의미를 지니게 되는 경우가 많았다. 이웃을 사랑하라는 계명은 나사렛 예수가 처음 생각해 낸 게 아니다. 그 계명은 이미 모세의 율법에 포함되어 있었고, 그 안에는 그것 이외에도 다른 많은 계명이 있었다. 예수의 독창성은 이 오래된 계명을 끄집어내어 다른 계명들보다 더 중요하게 설파한 데 있다. 그 결과, 기존에 없던 새로운 것이 생겨났다. 하지만 그 선행 모델은 이미 존재하고 있었다. 마르틴 루터의 종교개혁도 이와 비슷하다. 루터의 종교개혁은 혁신적이었다. 새로운 종교 사상과 신앙을 불러일으킨 것은 물론이고, 복잡하고 다양한 전통 속에서 기본적인 몇 가지 사고를 끄집어냈고 거기에 전혀 새로운 의미를 부여하여 이제껏 존재하지 않던 무언가를 만들어냈다. 종교개혁의 음악에서도 이와 비슷한 양상을 관찰할 수 있다.

종교적 유행가와 저항의 노래

마르틴 루터가 비텐베르크 대학 부속 교회의 정문에 95개조 반박문을 붙인 지 7년 만인 1524년, 마그데부르크에서 벌어진 일이다. 걸인 하나가 이곳으로 와서 도로와 광장에서 큰 소리로 루터의 새로운 찬송가(코랄*)를 불러댔다. 그는 혼자 부르는 데 그치지 않고 다른 사람들, 특히 젊은이들에게 코랄을 가르쳤다. 많은 이들이 루터의 찬송가를 부르게 되었고, 결국은 그것이 금지되어 있던 정통 교회의 사제들 앞에서까지 새로운 코랄이 불렸다. 시의회는 이를 그냥 묵과할 수 없었고 걸인을 체포하여 시청의 새로운 지하 감옥에 가두었다. 그런데도 사태는 잠잠해지지 않았다. 600~800명가량이 시청 앞에 모여들어 무력으로 감금자를 빼냈다. 문헌으로 전해지지는 않지만, 그 과정에서 아마 마그데부르크 시민들은 루터의 노래를 불렀을 것이다.

 종교개혁은 근대에 벌어진 최초의 대규모 노래운동이었다. 종교개혁의 성공과 메시지 전파에서 중요한 역할을 한 건 새로운 방식의 설교나 인쇄술의 발견만이 아니었다. 코랄의 역할 또한 컸다. 코랄은 구체적으로 루터 교리를 널리 알리고 신교도를 한 세력으로 뭉쳐 새로

---

* 코랄(Choral)은 원래 그레고리오 성가(Gregorianische Choral)의 약칭이었는데 16세기 말부터는 개별 언어로 불리던 프로테스탄트 찬송가를 일컫는 말로 쓰이기 시작했다.

운 신앙을 형성하게 한 놀라운 교회 투쟁의 사건을 전달하는 성가이자 발라드였고, 시편 노래였다. 그 노래들은 사제와 수도사가 부르던 그레고리오 성가와는 완전히 달랐다. 세상과 동떨어져 있지도 않았고, 신성한 시간과 공간을 위한 것도 아니었고, 천사들의 노래에 대한 메아리도 아니었다. 루터의 코랄은 유행가에 가까웠다. 길거리와 광장에서 크게, 때로는 귀가 먹먹할 정도로 큰 소리로 불렸다. 교회는 물론이고 최신 정보를 전달하는 역할도 했고, 도시의 혼란스러운 견해들 속에서 무기 역할도 했다. 떠돌아다니는 걸인 가수, 파계한 수도사, 유랑하는 장인(특히 피륙과 모피 직공), 정치와 종교개혁 선동가들은 이 노래로 대중을 자기편으로 끌어들여 과거의 권위를 무너뜨리고자 했다. 전투력을 갖춘 이 떠돌이들은 스스로 고귀하다 여기지 않았으며 고상함과 엄숙함을 내세우지도 않았다. 그런 그들이 새로운 교회의 출현에 크게 이바지했다.

물론 코랄 역시 무에서 탄생한 건 아니었다. 그것은 중세의 다양한 세속적, 종교적 민요로부터 성장한 것이다. 마르틴 루터가 기존의 노래 형식과 선율에 새로운 가사와 과제를 부여하여 전혀 새로운 것을 만들어냈다. 놀라운 독창성을 발휘한 루터는 작곡가라기보다는 시인에 가까웠다.

옛 신앙을 고수하던 한 동시대인이 이런 진술을 남겼다. "루터의 작업실에서 쏟아져 나온 독일어 노래들이 집, 일터, 시장, 거리, 들판 곳곳에서 불리며 루터교를 얼마나 무섭게 전파해 나갔는지 그저 놀라울 따름이다." 놀랍게도 이 언급에서 교회는 빠져 있다. 초기에 가장 중요한 전파 장소는 일하고 놀고 휴식을 취하는 지극히 평범한 곳, 일상생활의 터전이었다. 가톨릭 관찰자는 여기서 여관과 식당을 언급하는 걸 잊었다. 이 장소들은 새로운 코랄의 전파를 위해 지대한 역할을 했고, 교회 권위에 대한 배신과 명예훼손을 다룬 수많은 소송기록이 이를 입증해 준다. 여관에서는 여행자와 거주민이 자연스럽게 어울렸고 거리낌 없이 노래를 불렀다. 물론 술도 이에 한몫했을 것이고, 새로운 가사가 적힌 벽보도 큰 역할을 했다.

종교개혁은 말하자면 음악으로 치르는 게릴라전이었다. 노래는 비유적인 의미에서의 무기가 아니라 의사소통을 위한 직접적이고 강력한 도구였다. 전하는 바에 따르면, 뤼네부르크에서는 더 큰 소리로 더 길게 찬송가가 불리면 불릴수록 교회 당국이 시민들을 옛 신앙에 더 강하게 묶어두려 했다고 한다. 괴팅겐에서의 종교개혁은 노래 바리케이드로 시작되었다. 즉 새로운 개신교는 구교 세력에 저항하며 끈질기게 〈깊은 곤경에서 주께 부르짖나이다〉 같은 루터의 코랄을 불렀다. 이른바 '종교개혁의 라 마르세예즈(대표곡)'으로 불리는 〈내 주는 강한 성이요〉는 미사 전례나 사제의 설교를 방해하는 데 적합한 노래였다. 이 같은 저항 노래는 새로운 신앙을 공개적으로 알리고 관철하기 위해 꼭 필요한 수단이었다. 사제들의 강론이 저지되었고 사순절 금식이 중단되었고 성직자들이 결혼하기 시작했다. '바보짓거리' 시기도 아닌데 개신교의 카니발 행진*이 진행되어 교황의 교회를 조롱했고 교회가

---

* 사순절은 라마단과 유사한 절기로 금식과 절제를 강조했다. 카니발은 그 직전에 실컷 놀아보자는 뜻으로 진행되며 그 절정을 가리켜 '바보짓거리'라고 부른다.-편집자

〈내 주는 강한 성이요〉는 마르틴 루터의 유명한 찬송가다. 하인리히 하이네는 이를 '종교개혁의 라마르세예즈'라고 불렀다. 19세기 후반, 20세기 초 이 노래는 독일 프로테스탄티즘의 투쟁가가 되었다. 이것은 루터와 작곡가인 요한 발터의 자필 악보이다.

습격당했고 성화가 파괴되었다. 그때마다 늘 종교개혁의 코랄이 울려 퍼졌다.

코랄의 가장 대중적인 형식은 기존 노래의 가사만 바꿔 부르는 콘트라팍툼(Contrafactum)이었다. 선율은 그대로 두고 가사만 바꾸면, 익숙한 노래가 새로운 신학적 내용이 담긴 유익한 찬송가, 종교개혁의 특정 사건을 다룬 발라드, 풍자 노래로 변했다. 풍자 노래는 흥미로웠기 때문에 특히 많은 사랑을 받았다. 가령 1525년경 비텐베르크에는 오래된 성탄절 노래에 새로운 가사를 붙여 아이들이 집마다 찾아다니며 불렀던 노래가 있다. 이 노래는 이후 다른 지역에서도 불렸다.

> 작센주의 한 박사가
> 로마로 가서
> 교황, 추기경, 주교의 추악함을 보았네.
> 내가 진실을 말하노니
> 성경을 주시하라,
> 교황은 그리스도의 적이다.
> 예쁘장한 소년들을 옆에 끼고
> 천국을 돈으로 사게 하면서
> 교황이 세상을 속이고 있네.
> 그 피해는 고스란히 우리에게 온다네.

또 다른 풍자 노래도 있다. 1524년에 나온 〈교황이 왕과 황제에게 간청하네〉이다. 시구를 완성한 시인은 틀림없이 배꼽을 잡고 웃었을 것이다. 면벌부의 실체를 루터에게 폭로 당한 채 무능하고 우스꽝스럽게 서 있는 교황의 모습이 재미있다. 그중 몇 개 구절만 살펴보자.

> 교황이 왕과 황제에게 간청한다네.

저 아래 작센주의

어떤 사람이 그의 모든 오점을 폭로하려 하니

그를 몰아내 달라고.

저런, 저런.

그가 말하길, "난 그를 막을 수 없다네,

그는 내 모든 영광을 뒤집으려 하네,

그에겐 납, 밀랍, 금속 봉인도 통하지 않고

잔인한 파문도 소용없네.

저런, 저런.

면벌부는 내 통제하에 있었고,

그것을 얻으려고 사람들이 내게 은과 금을 주었네,

이제껏 그렇게 흘러왔네.

이제 많은 이들이 말하네, '당신한테 똥을 싸겠소'"

저런, 저런.

설교보다 노래의 파급력이 훨씬 더 컸다. 노래는 한번 듣고 마는 게 아니라 외워서 직접 부를 수 있었다. 읽을 사람이 거의 없는 새로 인쇄된 책이나 그나마 비용이 싸게 먹히는 전단보다는 글을 몰라도 부를 수 있는 노래가 훨씬 더 유리했다.

인쇄술의 발명은 성공적이었으나 높은 문맹률로 인해 그 성과는 그리 크지 않았다. 인터넷이 보급되기 시작한 초창기의 상황과 비슷했다. 기술적으로 많은 가능성이 있었지만, 이를 활용할 수 있는 사람은 소수에 불과했다. 그러나 노래는 누구나 듣고 배우고 부를 수 있었다. 게다가 노래는 자유로웠고 굳이 기록하고 배포하고 소각할 수 있는 종이에 인쇄하지 않아도 되었다. 노래는 온 백성의 것이었고 모든 계층이 차별 없이 불렀다. 길거리는 말할 것도 없고 종교개혁에 가담한 제후들의 궁에서도 노래를 불렀다. 게다가 노래는 직접 만들 수 있었다. 이미 알고 있는 노래를 선택해서 취향에 따라 가사만 바꾸면 되었다. 누구나 할 수 있었다. 지금도 가족이나 회사 행사에서 그리하곤 한다. 1545년, 누군가가 사순절 네 번째 주일에 아이들이 겨울을 몰아내기 위해 불렀던 옛 민요를 종말론적 색채가 물씬 풍기는 저항 노래로 탈바꿈시켰다. 나이든 루터는 그 노래에 대단히 흡족해 했다.

> 이제 교황을 몰아내세,
> 그리스도의 교회와 허니님의 집에서.
> 거기서 그는 잔인하게 통치했고,
> 수많은 영혼을 유혹했네.
>
> 썩 물렀거라, 망할 놈의 자식아,
> 바빌론의 붉은 신부(창녀)야.
> 너는 거짓말, 살인 음모로 꽉 찬
> 가증스러운 적그리스도다.

사랑스러운 여름이 다가오네,

우리 기독교도들에게 평화와 안식을 주소서.

주님께서 풍요로운 한 해를 주시고,

교황과 투르크인으로부터 우리를 보호하소서.

아이들의 천진난만한 노래는 증오의 노래로 바뀌었다. 교황의 교회에 대해 분노를 품을 만한 충분한 이유가 있었으니, 언짢은 마음이 가감 없이 표출된 이들 시구에는 30년 전쟁(1618~1648년 독일을 무대로 신교와 구교 간에 벌어진 종교전쟁)의 공포가 서려 있었다. 사람들은 이 구절을 다시는 입에 담고 싶지 않았을 뿐 아니라 무엇보다 아이들에게 부르게 할 마음은 절대로 없었다.

루터의 음악 신학

마르틴 루터는 노래를 매우 즐겨 불렀다. 적어도 칸토르 요한 발터의 증언에 따르면 그러하다. "진실로 내가 아는 바를 이야기하건대, 독일의 예언자이자 사도이며 하나님의 성자인 루터는 단성부와 다성부 성가를 대단히 즐겨 불렀다. 나는 많은 시간을 그와 함께 노래했으며, 그 고귀한 사람이 노래하면서 얼마나 기뻐하고 즐거워하는지, 또 노래에 지치지도 질리지도 않으며 음악에 관해 얼마나 멋지게 이야기할 수 있는지 자주 목격했다." 루터는 어렸을 때부터 노래를 즐겨 불렀고 음악 활동도 활발히 했다. 10대에는 합창단원의 일원이 되어 집집이 다니며 성가를 불렀다. 이를 통해 그는 중세 말엽의 종교 민요를 깊이 섭렵할 수 있었다. 이 성탄절 민요는 그가 가장 좋아하던 노래다.

> 우리 가난한 이들을 위로하기 위해
> 순결한 동정녀가
> 감사하게도 오늘 우리에게
> 갓난아이를 낳아주었네.
> 이 갓난아이가 태어나지 않았더라면
> 우리 모두 길을 잃었을 텐데,
> 구원은 우리 모두의 것이네.
> 아, 사랑스러운 예수 그리스도,
> 그대가 인간이 되었으니,
> 우리를 악에서 지켜 주소서.

이후 아우구스투스 수도회 소속이 수도사가 된 루터는 전례 노래와 그레고리오 성가를 배웠다. 그는 섬세하고 탁월한 음악적 감각을 지닌 데다가 목소리가 맑은 훌륭한 테너였다. 결혼해서 가정을 이룬 다음에는 아이들을 데리고 류트와 플루트도 연주하면서 한층 풍성한 음악 활동을 했다. 그의 관심과 흥미는 종교 음악과 전통 음악에만 국한되어 있지 않았다. 루터는 동시대 작곡가들에 관해서도 잘 알았고 스스로 그 대열에 동참하기도 했다.

루터는 1522년 신약을 독일어로 번역하고 난 다음부터 찬송가를 짓기 시작했다. 1523년 안트베르펜 출신의 아우구스투스 수도회 수도사 두 명이 브뤼셀의 광장에서 화형당하는 사건이 벌어졌다. 그들이 루터의 교리에 동조했다는 게 이유였다. 루터는 종교개혁의 이 첫 순교자들에게 자신의 처녀작을 헌정했다. 발라드 〈새 노래로 찬양하나이다〉였다. 중세 노래를 토대로 삼은 이 발라드는 그 끔찍한 사건을 노래했다. 그 뒤로 루터가 지은 다른 많은 노래가 등장했다. 이 노래들로 그는 자신의 메시지를 널리 알리고 개인의 신앙심을 독려했으며, 예배를 더욱 풍요롭게 만들고자 했다. 그 과정에서 루터는 기존 노래, 즉, 시편, 전례음악, 전통 찬미가나 민요를 표본으로 삼았다. 그는 작곡가라기보다는 노래의 시인이었다. 텍스트와 운율을 결합하는 그의 섬세한 감각이 돋보였다. 어려운 신학적 통찰을 간단하고 쉽게 표현해 내는 그만의 독특한 재능도 돋보였다. 성공의 비결은 그가 신학적 사상가일 뿐만 아니라 대중적인 작가이기도 했다는 점에서 찾을 수 있을 것 같다. 루터는 상아탑에 갇힌 신학자가 아니었다. 분란을 크게 일으키지 않고 조용히 이단으로 낙인찍혀 무시당하는 것으로 그칠 부류의 사람이 아니었다. 그는 설교, 대중적인 저술, 소책자, 편지, 교리문답, 노래를 통해 대중 속으로 파고들었다. 특히 '노래'는 그가 전하는 메시지에 아주 잘 어울리는 이상적인 매체였다. 왜냐하면 "원래 그리스 단어인 복음(Evangelium)은 독일어로 좋은 소식, 좋은 메시지, 새로운 뉴스, 선량한 외침을 뜻하며, 사람들이 기쁜 마음으로 그것을 이야기하고 노래하는 것"이기 때문이다. 복음은 활자로 기록된 죽은 글자가 아니라 활발하게 움직이며 활기를 띠고 생동감을 유지해야 하는 살아있는 말이다. 게다가 그 어떤 말도 노래보다 더 생생할 수는 없다.

　루터에게 음악은 놀라운 창조의 순간이 담긴 거울이었으며 거기서 천국의 기운이 울려 나왔다. "진심으로 이 귀하고 아름다운 신의 선물, 음악이라는 자유 예술을 높이 찬양하고 찬미하고 싶다. 이 예술은 세상이 창조되던 순간에 신이 모든 피조물에 선사한 것으로 처음부터 피조물과 함께 있었다. 이 세상에 소리를 내지 않는 건 아무것도 없다. 보이지도, 잡히지도 않는 공기조차 음악을 품고 있다. 침묵하고 있고 아무것도 들리지 않는 듯 보이지만, 그것은 아름다운 음향이고 소리이다. 무언가에 의해 공기가 흔들리고 움직이게 되면, 그것은 자신의 음악과 음향을 갖게 된다. 이제껏 침묵을 지키던 공기는 스스로 소리를 내기 시작하고 놀라운 영혼과 거대한 비밀을 드러내는 음악이 된다." 천지 창조는 모든 것, 인간의 노래만이 아니라 동물의 울음과 바람까지도 음악이 되게 하는 종합 예술 작품이다. 낙원에서 추방당하고 이 세상을 눈물의 골짜기로 만든 인간의 원죄도 음악을 사라지게 할 수는 없었다. 인간은 여전히 음악을 만들고 즐기면서 삶을 충족시켜 나간다. 인간은 듣는 것에서 기쁨과 행복을 느낀다.

　중세의 신학자들도 음악의 중요하고 근본적인 본질을 주장하기는 했다. 그러나 루터는 이들과 달리 음악의 수학적 구조나 형이상학적 배경 같은 사변적인 이론에는 관심을 두지 않았다. 그의 흥미를 끈 것은 구체적인 음향과 그것이 인간의 영혼에 미치는 영향이었다. 음악이 인간을 근본적으로 변화시킬 수 있었기 때문이다. 무엇보다 음악은 인간을 기쁘게 만들 수 있었다. 루터가 보기에 음악은 인간을 절망에서 기쁨으로 인도하는 믿음과 일치했다. 인간은 진노하지 않고 은혜로운 신이 있음을 스스로 느끼고 만끽할 수 있어야 비로소 내면에서 믿음이 작동하기 시작하고 자기 믿음을 갖게 된다. 믿음은 단순히 신학적 교리를 진리로 받아들이는 것을 넘어서는, 인간의 영적이고 신체적인 변화를 의미했다. 인간은 이성으로만 살아가지 않고 감정도 있어야 한다. 바로 여기서 루터는 감정에 관한 전혀 새로운 이해를 도출해 냈다. 감정은 충동적이고 즉흥적이며 육체적으로 강렬하게 다가오는 감각의 흐름이고 사람을 한순간에 사로잡는 열정이다. 고대인들, 특히 고대 철학자들은 감정 안에 인간의 이성을 빼앗고 자유를 위협하게 만드는 위험이 도사리고 있다고 생각했다. 그래서 그들은 이성의 도움으로 감정을 통제하거나 가능하면 완전히 차단하는 방법을 고심했다. 스토아학파의 이러한 유산은 중세 교회에서 주도적인 역할을 했다. 반면 루터는 새로운 믿음 개념을 토대로 감정에 대한 다른 긍정적인 관심을 지니게 되었다. 그가 보기에 믿음은 결국 감정의 과정이었다. 믿음은 죄짓고 참회한 자를 절망 속에서 신 앞으로 인도하며 의로움을 얻은 다음에는 신의 은총에 감사하고 그 사랑 안에서 자유로운 삶을 누리게 한다. 감정적으로 신에게서 멀어지거나 아니면 신에게 귀의한다. 사람들은 믿음을 감정적으로 체험하고 그에 따라 믿음은 그 자신의 것이 된다. 여기서 믿음은 단순한 주장에 불과한 것이 아니며 영혼의 실재임이 드러난다. 따라서 루터의 관심은 감정을 통제하고 잠재우는 게 아니라 감정을 올바른 방향으로 인도하는 것에 쏠렸다. 루터는 인간을 바퀴가 네 개 달린 마차에 비유했다. 이때 바퀴는 상반되는 두 감정이 각기 쌍을 이루고 있는 형태를 띠었다. 두려움과 희망, 고통과 기쁨. 바퀴가 넷인 마차가 두 바퀴만으로는 운행할 수 없다는 것을 생각하면, 이 비유는 적절치 않을지도 모른다. 어쨌거나 이를 통해 신앙의 삶이 역동적일 뿐만 아니라 그 안에는 긴장감이 깃들어 있다는 사실이 분명해졌다. 마치 한 편의 음악과 같다. 믿음은 음악처럼 인간의 감정을 새로운 방향으로, 두려움에서 희망으로 혹은 고통에서 기쁨으로 이끈다. 성경을 읽거나 설교를 듣는 것만으로는 충분하지 않다. "책에는 이미 많은 게 들어있지만, 그렇다고 그 모든 것이 마음에 새겨지는 것은 아니다." 믿는 자들이 신앙의 기쁨을 직접 경험하기 위해서는 새로운 노래도 불러야 한다.

 루터에게 음악은 믿는 자들이 복음을 마음으로 받아들일 수 있도록 "인간의 마음을 다스리는 주인이자 인도자"였다. 음악은 인간의 마음을 변화시킬 수 있다. 음악의 정서적 힘을 호소하는 루터가 남긴 유명한 문장이 있다. "내가 말하건대, 이 땅 위의 그 무엇도 음악만큼 강렬하게 슬퍼하는 자를 기쁘게 하거나 기뻐하는 자를 슬프게 만들 수 없으며, 소심한 자들에게 용기를 줄 수도, 시기와 증오를 억누를 수도 없다. 그 누구도 음악만큼 강렬하게 사람의 마음을 완전히 움직이게 할 수 없으며, 그 무엇도 음악만큼 강렬하게 미덕을 행하거나 악덕을 저지르도록 사람을 움직일 수도, 그런 마음을 억제하거나 통제하도록 설득할 수도 없다." 루터에게 음악은 단순히 감정을 증폭시키는 데 그치는 게 아니라 새로운 다른 감각을 일깨우고 감정을 자연스럽게 변화시키며 그것을 뛰어넘어 전혀 다른 감정으로 전환하고 더 나은 것으로 이끄는, 독립적인 힘이었다. 이때 음악은 미적인 힘일 뿐 아니라 윤리적인 힘이기도 했다. 음악이 인간을 형성하고, 옳은 방향으로 인도하며 조절하고 변화하게 만들기 때문이다. 따라서 음악은 성경과 신학 다음으로 존경받을 만하다.

루터는 음악이 제공할 감각적인 향락을 걱정하지 않았다. 정말로 그가 두려운 것은, 종교적이고 실존적인 절망—끝내 신의 은총을 발견하지 못하는 것—이었다. 음악이 신의 은총을 접하고 터득할 수 있는 최고의 수단이라 여겼기에 그는 기독교 전통에서 유례를 찾아보기 힘들 정도로 아름다운 곡조들을 조금의 주저함도 없이 편안하게 받아들였다. 기악이나 다성음악을 꺼리는 마음도 없었다. 신학자 대부분과는 달리 루터는 심지어 춤에 대해서도 개방적이고 우호적이었다. 다만 음악은 종교적 시련과 절망을 어루만져주는 최고의 치료제였으므로 너무 자주, 지나치게 크게 울려서는 안 되었다.

루터는 1530년에 이런 기록을 남겼다. "내가 음악을 사랑하는 이유는, 그것이 1. 인간이 아닌 신의 선물이고 2. 영혼을 기쁘게 만들고 3. 악마를 물리치고 4. 순수한 환희를 일깨우기 때문이다." 악마 운운하는 것이 우리에겐 좀 낯설게 느껴질 수 있는데, 루터가 말하는 건 지극히 인간적인 측면에서 말하는 퇴치이다. 즉 삶에 대한 불안과 하나님에 대한 절망의 악귀를 몰아내기 위해서는 어떤 주술적인 강제 조치가 필요한 게 아니다. 음악만 있으면 된다. "알다시피 악마는 음악을 혐오하고 들을 수도 없다." 음악은 "신학만이 할 수 있는 것, 즉 감정을 가라앉히고 행복감을 느끼게 할 수 있으며, 음악의 목소리는 우울한 걱정과 불안한 생각의 장본인인 악마를 물리칠 수 있다." 우울해 하는 한 친구에게 루터가 이런 글을 써서 보낸 적이 있었다. "우울하고 거기서 벗어나고 싶다면, 스스로 이렇게 말하게. '일어나서 책장을 뒤져 노래를 골라 우리 주 하나님께 바치자. 테데움도 좋고, 베네딕투스도 좋다. 성서에서도 주님이 기쁨의 노래와 현악을 즐겨 듣는다고 가르치지 않았는가.' 그리고 리듬 스틱을 잡고 나쁜 생각이 없어질 때까지 자유롭게 노래하게. 다시 악마가 찾아오면, 새롭게 마음을 다잡고 다시 말하게. '물렀거라, 악마야! 난 지금 주 하나님께 노래와 연주를 바칠 것이다!'" 이는 중세의 악령 퇴치라기보다는 초기 형태의 음악 치료에 더 가까운 것 같다.

이러한 이유로 루터는 교회에서 음악을 몰아내려는 자기 진영의 열성분자들과 경건한 엄숙주의자들에게 강력하게 맞섰다. "몇몇 아류 종교인들이 주장하는 것처럼, 복음에 의해 모든 예술이 무너지고 소멸해야 한다고 생각하지 않는다. 오히려 모든 예술, 특히 음악이 그것을 창조하고 선물해 주신 분을 위해 쓰이는 것을 보고 싶다."

루터의 찬송가

한 연구자의 추정에 따르면, 16, 17세기에 대략 만여 편에 이르는 찬송가가 만들어졌다. 루터 역시 여기에 한몫했는데, 그중 가장 유명한 노래가 〈내 주는 강한 성이요〉이다. 선율도 그가 직접 만들었다. 루터는 이미 첫 구절에서 종교개혁의 핵심을 함축적으로 드러냈다. 신앙은 신과 영혼, 영원에 관한 교리의 진리를 보존하는 게 아니며 하나님에 대한 무조건적 신뢰이다. 신에 대한 개인적인 신뢰로부터 놀라운 투지가 싹트고 성장한다. 그 결과, 이 노래는 수 세기에 걸쳐 많은 기독교인이 외부의 모든 저항에 맞서 자신의 믿음을 굳건히 지키도록 힘을 주는 찬송가가 되었다. 음악적으로도 오랫동안 영향력을 행사했다.

> 내 주는 강한 성이요,
> 방패와 병기되시니.
> 큰 환난에서 우리를
> 구하여 내시리로다.
> 옛 원수 마귀는
> **이때도 힘을 써**
> 모략과 권세로
> 무기를 삼으니,
> 천하에 누가 당하랴.

지금 들으면, 이 '믿음의 투쟁가에서 어딘가 모르게 불편한 행진곡 곡조가 울려 나오는 듯하다. 확신에 찬 제국기독교도나 1차 세계대전 때의 군국주의를 연상케 한다. 교리만 올바르다면 다른 건 아무래도 상관없다며 남성적인 자부심을 뿜어대는 4절은 입에 올리고 싶지 않을 정도이다.

내 가족, 내 재물

내 명예, 내 생명

다 빼앗긴 대도

진리는 살아서

그 나라 영원하리라.

    차라리 루터가 자기 아이들을 위해 쓴 순수한 성탄절 노래, 〈하늘 높은 곳에서 내가 왔노라〉를 부르는 편이 더 나을 것 같다. 한편 신학적으로 중요한 의미를 지니는 루터의 코랄은 〈그리스도인들이여, 함께 기뻐하여라〉이다. 가사의 출처는 정확하지 않지만, 아마 루터가 직접 썼을 것이다. 세속적인 사랑 노래처럼 들리는데, 선율 형식도 루터에게서 기인한 듯하다. 1523년에 낱장으로 인쇄된 이 코랄은 곧 종교개혁의 가장 중요한 찬가가 되었다. 루터파 칸토르인 요한 발터가 이 노래에 대해 한 말을 보자. "〈그리스도인들이여, 함께 기뻐하여라〉라는 루터의 작은 노래가 그의 이름을 진히 들어본 적이 없는 수백의 사람들을 기독교 신앙으로 인도하리라는 데에 의심의 여지가 없었다. 이 노래에 담긴 고귀한 말들이 그들의 마음을 사로잡았으며 사람들은 그것이 진리라고 믿게 되었다. 내가 보기엔 복음 전파에 영적인 노래들이 큰 도움이 되었다. 죽음의 순간에 성령의 노래를 통해 위안을 얻은 기독교인들은 수없이 많을 것이다." 바로 이런 이유로 여러 구교도가 이 코랄을 "창녀의 노래, 악동의 노래, 악마의 노래"라고 헐뜯었다.

    선율은 리듬에 따라 움직이며 거의 극적이다. 각 행은 8분음표로 시작하고, 첫 행에서는 4도 도약이 세 차례 등장한다. 그 결과 경쾌하고 발랄한 움직임이 생겨났는데, 그것은 기쁨의 도약을 의미했다. 다른 노래들처럼 이 코랄도 처음부터 청중에, 기독교 공동체에 말을 건넨다. 기쁜 마음으로 성대하고 좋은 소식을 함께 노래하자고 초청한다.

> 그리스도인들이여, 함께 기뻐하여라,
> 우리를 기뻐서 뛰어오르게 하니,
> 기운차게 하나 되어
> 열정과 사랑으로 노래하리,
> 하나님이 우리에게 베풀어주신 것과
> 그의 달콤한 기적,
> 아주 귀하게 그가 얻은 것일세.

그러고 나서 기쁨의 이유를 드러낸 멋진 이야기가 나온다. 그 이야기는 일인칭 시점으로 기술되어 있다. 여기서 '나'는 마르틴 루터 개인이 아니라 죄지은 전형적인 인간, 하나님에게서 멀어진 채 절망하는 모든 인간이다.

> 악마에게 사로잡힌 나는
> 죽음 속에서 길을 잃었네,
> 내 죄가 밤낮으로 나를 괴롭혔고,
> 그 안에서 내가 태어났네.

Ein Christenlichs lyed Doctoris Martini
Luthers/die vnausspiechliche gnad Gottes vnd des rechttenn glauwbens begreyffenndt.

Nun frewdt euch lieben Christenn gemayn.

❡ Nun frewdt euch lieben Christen gemayn/ Vnd laßt vns frölich spryngen/ Das wir getröst vnnd all in eyn/ Mit lust vñ lyebe singen/ Was gott an vnns gewendet hatt/ Vnd seyn syesse wunder thatt/ Gar theüwr hatt ers erworben/

❡ Dem teuffel ich gefanngen lag/ Ym todt wardt ich verlorenn/ Mein sünd mich quellet nacht vnd tag/ Darinn ich war gepoin/ Ich fiel auch ymmer tieffer dreyn/ Es war kain gutts am lebenn meyn/ Die sünd hatt mich besessen.

❡ Mein gütte werck die golten nicht/ Es war mit inn verdorbē/ Der frey will hasset gots gericht/ Er war zūm gutt erstorbē/ Dye angst mich zū verzweyflen trib/ Das nichts dann sterben bey mir blyb/ Zūr hellen müßt ich sincken.

❡ Da yammert Gott in ewigkait/ Mein ellend über massen/ Er

1523년에 나온 〈그리스도인들여, 함께 기뻐하여라〉는 루터의 교리를 훌륭하게 요약한 노래로 최초로 펴낸 루터의 종교개혁 찬송가집인 『몇 개의 기독교 노래, 찬양, 시편』(1524)에 실려 있다.

나는 점점 더 깊이 빠져들었고,
내 인생에서 좋은 건 없었네,
죄가 나를 사로잡았네.

구원에 이르는 예전의 길은 끊겼다. 더는 수도사의 선행으로 죄의 감옥에서 벗어날 수 없다. 오히려 낡은 신앙이 죽음을 향한 죄인의 절망만을 키울 뿐이다.

내 선행은 소용없으며,
그들과 더불어 몰락했고,
자유 의지는 하나님의 심판을 증오하고,
선을 위해 소멸했네.
두려움이 나를 절망으로 내몰고,
내게는 죽음뿐이며,
지옥의 나락으로 떨어지리.

이 크나큰 불행 한가운데서 놀라운 전환이 일어난다. 신의 마음에 격동이 인 것이다. 예수가 자신을 찾아온 병자와 장애인의 곤궁을 '비탄했던' 것처럼, 하나님이 죄인의 불행에 '비탄'의 마음을 품게 된다. 그는 한순간에 '나'를 불쌍히 여기게 되고 은총을 떠올린다.

하나님께서는 영원토록

> 내 불행을 비탄하셨고,
> 자신의 자비를 떠올리고는
> 나를 도와주려 하셨네.
> 내게 아버지의 마음을 열어주셨고,
> 그냥 장난이 아니라
> 최선을 다하려고 하셨네.

신은 영원히 구원하기로 결의를 다진다. 이로써 구원의 역사가 시작된다. 그것은 아주 오래전에 계획되고 수 세기 전에 일어난 일이었는데, 이제 먼 역사가 아니라 직접 '나'를 겨냥한 새로운 역사로서 시작된다.

> 그가 사랑하는 아들에게 말하기를,
> 자비를 베풀 때가 왔노라,
> 가거라, 나의 소중한 영장아,
> 가난한 이들을 구원하고
> 죄의 환난에서 구하라,
> 죽음의 순간에서 그들을 구하고
> 너와 더불어 살게 하라!

다음 연에서 예수 그리스도는 그가 이 땅에 왔을 때처럼 '내' 형제가 되고 '나를 위해' 희생하겠노라고 선언한다. 그는 모든 죄악에서 '나를' 구하고 '나에게' 구원을 안겨줄 자기 죽음을 예견한다. 모든 것이 지금, 바로 이 순간에 이루어진다. 이 노래가 울리는 순간 놀라운 이 이야기가 부르는 사람들의 인생이 되기 때문이다.

노래는 예수의 마지막 언급, 교훈으로 끝이 난다. '나는' 이 복음만을 지켜야 하며 다른 어떤 율법, 특히 다른 종교적 율법을 따르지 않아야 한다.

> 내가 행하고 가르친 바를,
> 너희도 행하고 가르쳐라.
> 하나님의 왕국을 더더욱
> 찬미하고 숭배하게 하고,
> 고귀한 보물을 손상케 하는
> 사람의 법을 삼가게 하라!
> 너희에게 이를 마지막으로 맡기노라.

새로운 기독교의 자유는 찬송, 특히 이 노래의 기쁨과 들썩거림과 춤의 즐거움으로 표현되고 있다. 루터의 신학적 프로그램을 이 정도로 인상 깊은 언어와 곡조로 전달한 코랄은 없는 것 같다. 그런데 오늘날 개신교에서는 이 코랄이 거의 불리지 않는다. 전체적인 맥락을 파괴하지 않으려면 노래 전체를 온전히 불러야 하기 때문일 것이다. 회중이 10개의 연을 모두 부르는 것은 무리이다. 게다가 어떤 이들에게는 루터의 칭의 교리가 낯설게 여겨질 수 있다. 어쨌든 경건한 신앙을 이렇게 부드럽고 아름다운 언어로 표현한 노래는 없을 것 같다.

> 그가 내게 말하기를, "나를 붙잡아라,
> 그렇게 되리니,
> 너희를 위해 나를 바쳤고,
> 너희를 위해 싸우리라.
> 나는 너희 것이요, 너희는 내 것이니,
> 내 결백이 너희의 죄를 짊어지고,
> 그러면 너희는 구원을 받으리라."

회중 찬송 문화

종교개혁 이전에도 물론 기독교 노래가 불렸다. 중세 말엽에는 영적인 민요가 성행했는데, 순례, 축제 행렬, 대축일, 소규모의 기도나 예배, 성인 축일과 성전 봉헌 축제 때 많이 불렸고 떠돌아다니는 음유시인들이 큰 도움이 되곤 했다. 기독교 노래의 첫 씨앗은 경건한 가정 음악에서 싹텄다. 여신도들의 공동체인 베긴 수녀회나 16세기 수녀원에서는 예배 시간 이외에 자신들의 사적인 공간에서 찬가와 찬송을 부르는 관습이 생겨났다. 1501년에는 종교개혁 이전에 개혁 운동을 벌이던 보헤미아 형제단이 최초의 기독교 찬송가집을 펴내기도 했다. 르네상스 초기에도 가정 내에서의 음악 활동과 종교적 음악 행위가 장려되었다. 독일 지역만이 아니라 유럽 전역에서 노래와 연주를 향한 새로운 충동이 샘솟기 시작했다. 이처럼 음악이 성행하던 시기에 루터의 종교개혁이 무르익어 갔다. 루터의 종교개혁은 옛 노래와 새로운 노래를 다양한 방식으로 활용했고 전혀 새로운 노래도 탄생시켰다. 이제 노래는 예배에서 핵심적인 부분이 되었다.

루터는 자기만의 고유한 방식으로 개혁적인 특성과 보수적인 특성을 결합했다. 중요한 문제에 관해서는 지금까지의 질서를 뒤집었지만, 그리 중요하지 않은 문제들은 옛 방식 그대로 두게 했다. 그렇다 해도 그의 입장은 기본적으로 급진적이었으며 개혁에 있어 타협을 허용하지는 않았다. 이는 예배에서 특히 확연하게 드러난다. 루터는 예배의 개념을 새로 정립하는 데 온 관심을 쏟았다. 구교에서는 미사를 희생의 전례, 즉 십자가 위 예수의 희생을 반복하는 제의로 이해했다. 피를 흘리지 않는 이 희생은 고대 전례에 따라 성직자만이 수행할 수 있었고, 구교의 미사 전례는 성직자가 도맡아 했다. 한편 루터는 성직자의 제의에 반대하고 자기 방식으로 저항했다. 그에게는 사람들을 예배에 모이게 하고 개인이 각자 자기 신앙을 확인하고 윤리적인 방향을 따르게 하는 것이 중요했다. 예배는 전례자와 설교자가 이끌지만, 전체 회중이 함께 참여하며 거행하는 것이었다. 개혁가 루터와 그의 추종자들은 새로운 예배 규정을 통해 '희생', '선행', '공적' 같은 언급을 완전히 삭제해 버렸다. 이렇게 전통과의 단절을 선언했지만, 많은 관습적인 형식과 전통은 손대지 않았다. 루터식 예배에서 말하거나 노래하는 내용에 일일이 신경 쓰지 않는다면, 구교의 미사와 크게 다른 점은 발견하기 힘들다. 크고 분명한 변화가 있었던 부분은 두 가지였다. 바로 설교의 격상과 회중 찬송의 도입이다.

  종교개혁 이전과 종교개혁 시기에도 기독교 노래가 신나게 자주 불리곤 했는데, 대부분이 예배 밖에서였다. 거리나 광장, 들판, 집에서 불렸다. 가톨릭 미사에는 평신도가 음악 행위에 참여할 만한 여지가 전혀 없었다. 미사는 성직자의 일이었고, 신도들에게는 듣고 지켜보는 것만 허락되었다. 종교개혁 당시의 구식 가톨릭 미사가 그랬고, 오늘날의 동방 교회도 그와 거의 비슷하다. 고대 정교회, 특히 시리아의 경우는 기독교 찬가의 근원지였지만, 시간이 지나면서 신도들은 교회 안에서 점점 목소리를 잃어갔다. 그 이유 중 하나는 노래들이 너무 까다로운 탓에 황궁 소속의 직업 가수나 수도사 정도만이 부를 수 있었기 때문이다. 게다가 음악과 전례의 발전은 수도원과 평신도를 배제한 채 교회 중심으로 이루어졌다. 지금도 동방 교회의 예배에서는 대부분 성직자나 성가대만 노래를 부르고, 신도들은 짧은 찬가를 부르는 게 전부이다.

  가톨릭교회에서는 18세기에 계몽주의와 더불어 회중 찬양이 미사에 도입되긴 했는데, 주요 미사는 아니고 새벽이나 저녁 미사에만 해당했다. 신부가 홀로 제단에서 정해진 기도를 조용히 읊조리는 동안 신도들이 성가를 불렀다. 그러나 회중 전체가 아닌, 합창단이 부르는 경우가 많았는데, 이 합창단은 스스로 회중의 대표자라 여겼다. 이는 복음주의 관점에 어긋나는 일이었다. 제2차 바티칸 공의회로 1960년대부터는 회중 찬송이 가톨릭교회에서 미사의 중요하고 필수적인 부분이 되었다. 이 결정에 루터의 종교개혁이 어느 정도 영향을 끼쳤을 수도 있다.

회중 노래라는 관점에서 본다면, 종교개혁은 획기적인 진보인 동시에 과거로의 회귀였다. 개혁자들이 회중 찬송을 도입함으로써 초기 기독교 가창으로 되돌아갔지만, 이로써 성직자의 독점권을 배제하는 새로운 시대를 열 수 있었다. 한편 설교는 여전히 한 사람, 이를 위해 교육받고 임명된 목회자만이 할 수 있었다. 마땅히 그래야 했다. 평신도들은 과거의 가톨릭교회나 정교회와는 달리 찬송을 통해 신성한 의식에 직접 참여했다.

신도들의 참여로 예배의 성격이 달라졌다. 노래를 통해 처음으로 '복음 공동체'가 형성되었다. 합창에 참여하는 순간 신도들은 더는 제단이라는 공동의 목표를 위해 존재하는 단순한 청중이 아니며 입과 귀의 공동체, 하나의 음향체를 형성했다. 노래를 통해 예배는 더욱 대중화되었다. 루터는 종교 민요까지 수용했다. 이제 기억하기 쉽고 역동적이고 감정적으로 활기찬 선율, 때로는 직설적이고 때로는 동화 같은 분위기의 토속적인 가락이 신성한 교회 안으로 들어왔다. 일반 대중들은 마침내 그들의 고유한 음악적, 언어적 수단으로 자신을 표현할 수 있게 되었다. 그들은 설교를 듣는 것만이 아니라 노래를 직접 부름으로써 자기 신앙을 확인했다. 루터가 가장 중요하게 생각한 것, 즉 복음에 '생기를 불어넣어' 각자에게 복음이 살아있는 말로 받아들여지게 하는 것은 노래를 함께 부르는 과정에서 자연스럽게 실현되었다. 이로써 훈련받은 전문가가 부르는 고상하고 예술적인 라틴어 성가는 밀려났다. 그리고 예배의 통일성도 무너졌다. 지금도 루터식 예배에서는 이를 감지할 수 있다. 사실 신도들의 찬송이 예배의식의 완전한 통합을 방해하는 측면이 있긴 하다. 회중 찬송은 설교와 더불어 신성한 행위에 틈새를 만드는 요소였다. 독일에서는 개신교식 회중 찬송이 가톨릭 미사에 비교적 일찍 도입되었는데, 바로 이 점 때문에 가톨릭의 많은 순수주의자가 회중 찬송을 비판했다. 그들의 비판이 부당하다고만은 볼 수 없다. 회중 찬송의 도입으로 오랜 전통을 지닌 미사가 미적 완결성을 상실했기 때문이다. 하지만 회중 찬송은 '보기에 아름다운 것은 없고 듣기 좋은 것만 있을 뿐'이라는 낡고 진부한 표현이 얼마나 잘못된 것인지가 드러났다.

듣기는 루터교 예배에서 중심 역할을 차지했고 항상 노래와 결합해 있었다. 노래는 가장 강렬한 형태의 말이었다. 교리는 노래를 통해 선포되고 가르쳐지는데, 언제나 듣기 좋은 곡조로 구현되어야 한다. 그게 원칙이지만, 항상 그럴 수는 없었다. 교리 내용을 구현하고 새로운 노래를 연습하는 과정은 지루하고 힘들었다. 루터는 1529년에 비텐베르크 사람들이 주요 찬송을 여전히 배우지 못하고 있다며 한탄했다. 목회자로서 그는 무력감을 느꼈을 것이다. 그러므로 새로운 교회에서는 다른 직책, 즉 칸토르의 역할이 한층 더 중요해졌다. 다행히도 루터에게는 요한 발터(1496~1570)라는 이상적인 교회음악가 동료가 있었다. 발터는 전문 교육을 받은 가수였고 토르가우에서 작센 선제후인 현자 프리드리히 3세의 궁정 악단을 이끌었다. 적어도 1524년부터 그는 자신이 종교개혁의 지지자임을 깨달았고 개신교 음악의 발전에 결정적인 자극을 주었다. 찬송가집을 펴냈을 뿐만 아니라 루터가 『독일 미사와 예배 규정』을 작성하는 데 음악적으로 도움을 주었다. 게다가 발터는 새로운 학교 음악의 모델까지 만들었다. 선제후가 세상을 떠나고 나서 비용 문제로 궁정 악단이 해체되자 그는 토르가우 학교 설립에 힘을 보탰고 시 성가대의 지휘자가 되었다.

새로운 학교의 설립은 종교개혁이 직면한 가장 중요한 요구 중 하나였다. 수도원과 수도원 학교의 쇠락으로 인해 지금까지의 교육 체계가 무너졌기 때문이다. 예배를 제대로 행하기 위해서라도 다른 대안이 필요했다. 회중 찬양은 교육과 직결된 문제였다. 신도들에게 새로운 노래를 가르치고 연습하게 해야 했다. 그러려면 지도할 만한 칸토르가 있어야 하고 이를 뒷받침할 만한 성가대도 필요했다. 이제 성직자 합창단이나 소년 합창단은 더는 존재하지 않았다. 소수의 궁정 악단만으로 그 틈새를 다 메울 수 없었고, 새로 설립되는 학교의 도움이 절실히 필요했다. 의식하지는 못했지만, 개혁가들의 사고는 예배 개혁을 언제나 음악적인 것으로 이해하고 교육 프로그램과 연관시켰던 카를 대제의 생각과 맞닿아 있었다.

종교개혁이 실행된 곳마다 새로운 학교가 세워졌다. 인본주의의 영향도 적지 않았을 것이다. 구교의 교육기관에 비해 그곳의 학생들은 확실히 노래를 덜 불렀다. 잦은 성무일도와 예기치 않고 치러지는 장례미사는 사라졌다. 그 덕에 세속적인 다른 수업 과목이 추가될 수 있었다. 그래도 음악이 여전히 새로운 학교의 주요과목이었고, 적어도 하루에 한 시간, 대부분 점심시간 후에 음악 수업이 진행되었다. 재능 있는 아이들만이 아니라 모든 학생이 노래를 배우고 불렀다. 학교 합창단이 예배에서 맡은 소임이 있었기 때문이다. 물론 그 이유 때문만은 아니었다. 루터는 교회만이 아니라 학교에서도 기쁨을 누릴 수 있어야 한다고 주장했다. "젊은이들은 흥겨울 수 있어야 하고 적어도 무언가 즐길 수 있는 일을 해야 한다. 만약 내가 아이를 가질 수 있다면, 아이들은 내게서 여러 언어와 이야기를 듣고 수학을 포함해 노래와 음악까지 배웠을 것이다."

성가대는 칸토르가 이끌었고, 칸토르가 교사직을 겸하는 경우도 많았다. 칸토르는 이제 성직자 신분이 아니었으며 사법이나 국방의 임무를 맡는 시 공무원에 견줄 만했다. 학교 음악가의 전신인 이 직책은 보통 시의회를 통해 선출되었고, 교회를 위해 책임을 다했듯 이제는 시민들에 대해 책임감을 지녀야 했다. 칸토르는 공부를 게을리하지 않았으며 본인의 직책을 경력을 위한 첫 단계로 활용했다. 이 시기에 칸토르와 더불어 성직자가 주축이었던 지금까지의 교회음악이 세속적인 형태를 띠게 되었다. 성가대도 '세속화'되었다. 이제 성가대는 학생, 교사, 성직자, 시민으로 구성되었다. 하지만 오늘날의 성가내와 달리 규모는 작았다. 보통 소년 소프라노 아홉 명과 테너, 베이스, 알토 내지는 카운터테너를 맡은 열두 명의 성인 가수로 구성되었다. 성가대는 협회와 비슷한 조직 체계를 갖추었고 재단과 정부 보조금, 그리고 합창 축제, 결혼식, 장례식 등으로 벌어들인 수입으로 자금을 충당했다. 예배에서는 성가대가 선창자 역할을 했다. 오르간이 회중 찬양을 인도하는 일은 아직 흔치 않았다. 성가대는 회중과 번갈아 가며 새로운 찬송가를 불렀다. 이를 통해 둘로 나뉘어 교대로 노래하는 방식과 음악적 대화가 발전할 수 있었다. 노래는 주로 여러 성부로 불렸으며 종종 오르간이나 시 악사들의 도움을 받기도 했다. 프로테스탄트 학교의 음악은 예배를 더욱 풍성하게 만들었을 뿐만 아니라 도시 음악 문화의 주축이 되었다. 하지만 초기 종교개혁 때처럼 요한 발터 같은 주요 음악가가 교육 활동에 적극적으로 참여한 적은 없었다. 게다가 16세기 말이 되면, 벌써 학교 음악이 예배의 임무를 상실할 위기에 처하게 되었고 음악 수업도 줄어들었다. 음악이 더 중요한 과목을 위한 시간을 뺏지 말아야 했다. 이런 입장은 안타깝게도 널리 퍼져 나갔다. 지금까지 과거의 영광을 간직하고 있는 학교로는 라이프치히의 성 토마스 학교와 드레스덴의 성 십자가 학교가 있다.

종교개혁가들의 고요한 개혁

종교개혁을 주도하는 세력이 하나만 있지는 않았고, 개혁가가 루터만 있었던 것도 아니다. 제국의 남서쪽, 특히 스위스에서도 중요한 종교개혁 운동이 일어났다. 이들이 음악을 이해하는 시각은 독자적이고 완고했다. 예배의 재편과 관련해서 기본적으로 루터보다 훨씬 더 일관된 입장을 내세웠는데, 어떤 경우에는 교회음악을 완전히 혹은 대부분 포기해야 했다. 언뜻 보면 논리적인 듯 보이지만, 자세히 들여다보면 수수께끼투성이였다.

가장 큰 수수께끼는 취리히의 개혁가 울리히 츠빙글리였다. 그는 교육받았고 음악적인 재능이 뛰어난 사람이었다. 그 시대의 거의 모든 악기를 다룰 줄 알았으며 노래도 대단히 아름답게 불렀다. 시인과 작곡가로서도 많은 주목을 받았다. 게다가 그는 실내악과 가정 음악의 헌신적인 지지자이기도 했다. 음악성이 루터보다 월등히 뛰어났음에도 츠빙글리는 하나님을 섬기는 일에서 음악을 완전히 금했다. 이해가 잘 가지 않는다. 그는 쾌락을 적대시하는 엄숙주의자나 음악을 멀리하는 금욕주의자가 아니었다. 본인이 이 문제에 대해 직접 아무런 기록도 남기지 않았으므로 우리는 그저 그의 입장을 추정해 볼 뿐이다. 츠빙글리는 루터처럼 기쁨이 아니라 경외심이 신앙에서 중요한 감정이라고 여겼던 것 같다. 그래서 그가 주장하는 개혁의 방향과 일치하는 정적과 집중의 필요성이 중요하게 대두되었다.

　예배는 성경 말씀의 표출이고 설교를 통한 해석이다. 신자들은 말씀에 조용히 귀 기울이고 침묵 속에서 기도로 응답하면 된다. 전례 성가나 회중 찬송은 도리어 분위기를 산만하게 만든다. 기악에 대해서는 입에 올릴 필요조차 없다. 성경 말씀에 기반하지도 않은 데다가 적대적인 교황청과도 관련이 있으니, 처음부터 기악은 배제되었다. 어쩌면 츠빙글리에게는 음악의 포기가 음색이나 스타일의 문제와 같은 것이었는지도 모른다. 언젠가 그가 이런 말을 한 적이 있다. "큰 소리로 울리고 시끌벅적한 와중에 명상에 잠기고 경건할 수 있다는 것은, 모든 인간의 이성에 어긋난다." 이 문장에서 우리는 자연스럽게 안식과 경건한 두뇌 활동을 위해 예배를 찾는 점잖고 교양 있는 신사의 모습을 떠올리게 된다. 츠빙글리는 음악을 잘 알았기 때문에 미개한 대중이 노래를 그저 목청껏 부르게 될까 봐 두려웠을 것이다. 전문적인 가수들로 구성된 소규모 합창단이 부르는 노래의 가치는 인정했지만, '보통 사람들의 부르짖음'은 혐오스러워했다. 그랬기 때문에, 그의 예배는 조용했다. 침묵은 어떻게 들렸을까? 집중하게 만드는 소규모 전문 성가대의 노래처럼, 침묵 또한 품위 있는 음향이다. 훈련되지 않은 대중의 노래에 반대하는 츠빙글리의 입장에 공감이 가긴 하나, 취리히 대중의 침묵이 정말로 더 나은 선택이었을까? 예배를 지배한 건 진정으로 경건한 침묵이었을까? 은밀한 속삭임, 꼴깍거리고 훌쩍이는 소리, 기침 소리에 방해를 받으니 차라리 노래와 오르간 음향이 이런 소음을 덮어주는 편이 더 낫지 않았을까? 언제나 그렇듯 츠빙글리의 엄숙함은 그리 오래 가지 않았다. 스스로 노래하고 싶어 하는 취리히 신도들의 열망이 그만큼 강했기 때문이다. 1598년—츠빙글리의 죽음 이후 두 세대 정도가 지난 시점—에 시편 성가들이 수록된 새로운 찬송가집이 등장했다. 처음에는 예배가 시작하기 전과 끝난 후에 학생 성가대가 이 노래들을 불렀는데, 결국은 예배 중에 회중이 함께 부르게 되었다. 선창자가 회중을 인도했고, 오르간은 연주되지 않았다.

츠빙글리 이후 세대에 속하는 제네바의 젊은 개혁가는 좀 달랐다. 장 칼뱅이 보기에 음악에 이렇듯 소극적으로 접근하는 방식은 옳지 않은 것 같았다. 그는 음악의 힘을 감지했고 이를 자신의 새로운 교회를 위해 이용하기로 했다. 그러나 한편으로는 그 힘이 미심쩍기도 했으므로 음악에 어느 정도는 제한을 두려 했다. 음악의 물리적이고 정서적인 힘을 통제하기 어렵다고 판단했기 때문이다. "모든 나쁜 말은 미풍양속을 파괴한다. 여기에 선율까지 더해지면, 깔때기로 포도주를 병에 들이붓듯이 그 말이 심장 깊숙이 파고들 것이다. 선율에 의해 독과 타락이 영혼 깊숙이 스며들 것이다." 끔찍하지 않은가. 이를 통해 칼뱅이 음악의 비이성적인 작용을 얼마나 명확하게 파악하고 있는지, 또 그로 인해 그가 얼마나 자유롭지 못한지가 여실히 드러났다.

칼뱅은 음악을 향해 무엇보다 두려움과 의혹을 느꼈고 음악으로 인해 애써 확립한 공동체의 종교적, 윤리적 규율이 깨질 수도 있다고 생각했다. "인간은 먹고 마시고 편안하게 빈둥대기 위해서가 아니라 하나님께 순종하고 하나님을 경외하며 존경하고 그의 선함을 깨닫고 그에게 감사하기 위해 세상에 태어났다. 그런데 인간이 탐닉에 빠져들고 흥겹게 흥얼거리고 춤추고 인생을 즐기는 데 빠져 아무 생각도 못 하게 된다면, 그건 짐승보다 못한 일이다." 이런 발언을 보면 칼뱅이 루터보다 훨씬 더 경계심이 강하고 신중한 것 같다. "노래는 품위를 갖추어야 할 뿐만 아니라 거룩해야 한다. 그 점이 중요하다. 노래는 기도하고 하나님을 찬미하고 그의 업적에 대해 곱씹어보도록 우리를 자극하며, 그래서 결국에는 우리가 하나님을 경외하고 존경하고 찬양하게 될 것이다. 우리가 원하는 곳이면 어디서든 노래할 수 있는데, 다윗의 시편보다 더 훌륭하고 안성맞춤인 노래는 없는 것 같다. 시편은 성령이 다윗에게 임하셔서 지으신 노래이다. 우리가 시편을 부르면, 하나님이 그의 영광을 높이기 위해 우리 입에 말씀을 넣어주신 것 같은 확신이 든다."

품위 있고 거룩한 노래를 최대한 안정적으로 부르는 게 중요한데, 그렇다고 그것이 자유, 자발성, 창의성과 완전히 동떨어진 것은 아니다. 반가톨릭주의 정서가 아무리 강하다 해도 그레고리오 성가와의 연속성은 은연중에 드러났다. 그레고리오 성가에서도, 제네바 개혁주의자의 시편 찬송에서도 경외심으로 가득 찬 분위기를 조성하기 위해 성경 구절에 감성적인 단선율의 곡조를 붙였다. 칼뱅 자신도 교회 음악을 대하는 자신의 관점이 비텐베르크의 종교개혁가보다는 가톨릭의 종교개혁에 더 가깝다는 사실을 알고 있었을까? 1562년 트리엔트 공의회는 가톨릭교회를 재정비하기 위해 이렇게 선언했다. "합창과 다성음악으로 처리지는 전례의 모든 부분이 분명하고 이해하기 쉽고 어려움 없이 듣는 이의 귀와 심장을 파고들 수 있도록 만반의 준비를 해야 한다. 하나님을 찬양하는 모든 음악은 그 어떤 헛된 간지러움도 의도해서는 안 되고 텍스트에 대한 분명한 이해, 천상과의 화합을 향한 갈망, 성인의 행복을 기리는 성찰을 겨냥해야 한다." 제네바와 트리엔트의 중요한 차이는 성직자만이 아니라 회중 전체가 노래한다는 점에 있었다. 이 둘에 비하면 루터는 놀랄 정도로 일관성이 없어 보인다. 하지만 바로 그 때문에 루터의 종교개혁이 음악적으로 더 풍성한 결실을 볼 수 있었을 것이다. 칼뱅은 음악을 엄격히 제한하고 전례 성가만이 아니라 오르간과 기악을 예배에서 허용하지 않았지만, 단선율의 시편 찬송은 중요하게 생각했고, 그것은 아름다운 '위엄과 장중함'을 충분히 발산할 수 있었다.

칼뱅은 음악의 유혹만이 아니라 음악의 이점까지도 정확하게 꿰뚫어 보았다. 음악은 개인 교육과 사회적 연계에 도움이 될 뿐만 아니라 개별 교육과 공동체 형성을 위해 꼭 필요한 것이었다. 따라서 칼뱅은 학교에서의 음악 교육과 합창 활동을 권장했다. 츠빙글리보다는 덜 급진적인 입장이었지만, 그 역시도 교회에서는 음악을 자유 예술로 인정하거나 허용하려 들지 않았다. 이를 어떻게 이해해야 할까? 음악을 신성한 공간에서 몰아내려는 단순한 거부에 불과한 것이었을까? 아니면 음악을 시민 사회에서 더 자유롭게 뻗어 나가게 하려는 기반을 마련하기 위함이었을까? 둘 다 맞는 것 같다. 어쨌든 음악은 이제 교회가 아닌 새로운 공간을 찾아야 했고, 가정이 그런 장소가 되었다. 종교개혁으로 인해 결혼은 귀한 것으로 여겨지게 되었다. 믿음은 저절로 생기거나 예배를 통해서만 실현되는 게 아니라 무엇보다 일상생활에서, 일터와 가정에서 구현되어야 했다. 가정은 그리스도인의 삶이 실행되는 새로운 '수도원'이 되었다. 게다가 이곳에서는 음악도 할 수 있었다. 세속적인 노래도 종교적인 노래도 부를 수 있었고, 단성음악도 다성음악도 가능했다. 악기 연주가 곁들여져도 되고 아니어도 상관없었다. 교회음악의 상실은 세속적이고 종교적인 가정 음악의 성장, 학교 음악과 시가 주관하는 음악의 발전으로 이어졌다. 이러한 변화는 회화예술의 역사를 떠올리게 한다. 종교개혁이 일어난 지역에서는 그림이 교회에서 사라졌고, 화가들에게는 새로운 제단화, 성화, 마리아의 초상화를 그려달라는 의뢰가 들어오지 않게 되었다. 그러자 가령 네덜란드에서처럼 세속화와 풍속화가 예기치 못한 붐을 일으키는 현상이 발생했다. 신학은 문화를 벗어날 수 없다. 문화를 포기하는 것조차 아름다운 문화적 자극이 되기 때문이다.

제2의 성경인 찬송가집

혁명이 홀로 진행되는 경우는 거의 없다. 종교개혁은 서적 인쇄술의 발명과 밀접하게 연결되어 있다. 종교개혁과 서적 인쇄술은 함께 교회 음악의 새 시대를 열었다. 노래책의 발명으로 새로운 종류의 책이 등장했고, 음악 기록을 위한 또 하나의 획기적인 발판이 마련되었다. 이제부터는 칸토르와 직업 음악가만 책장을 들추며 노래하는 게 아니라 글을 읽을 줄 알고 책을 살 형편이 되는 많은 일반인이 노래할 수 있게 되었다.

종교개혁 이전에도 노래가 인쇄되기는 했다. 그러나 대부분이 낱장 인쇄인 데다가 악보는 실리지 않았다. 루터도 자신의 노래를 이런 식으로 세상에 알렸다. 낱장으로 인쇄된 노래들을 모아보니 작은 레퍼토리가 만들어졌고, 이는 1524년에 책『몇 개의 기독교 노래, 찬양, 시편』으로 탄생했다. 얼마 뒤에는 에르푸르트에서 루터가 지은 24개의 노래가 실린『에르푸르트 소책자』가 두 가지 판본으로 발간되었다. 그리고 루터의 측근인 칸토르 요한 발터가 편집한『교회 찬송 소책자』도 비텐베르크에서 출판되었다. 1545년에 출간된『밥스트의 찬송』서문에서 밝힌 것처럼, 루터는 성가집의 발행을 적극 지지했다. "인쇄업자들은 좋은 노래들을 부지런히 인쇄하고 온갖 멋진 장식으로 사람들에게 좋은 인상을 주어 사람들이 신앙의 기쁨에 젖어 즐거이 노래할 수 있도록 힘써야 한다."

이 새로운 종류의 책은 놀랄 만한 성공을 거두었다. 얇은 책으로 시작했다가 점차 더 광범위하고 다양한 서적이 나오기 시작했다. 새로운 종파마다 도시나 지역마다 독자적인 노래집을 발행하려는 야심이 생겨났다. 지금은 상상하기 힘든 일이지만, 17세기에는 찬송가집이 가장 중요한 책 장르에 속했다. 만약 당시에 베스트셀러 목록이 있었다면, 적어도 찬송가집 하나 정도는 순위에 올랐을 것이다. 초반에는 성직자나 칸토르 혹은 글을 읽을 줄 아는 부유한 시민 계층만이 성가집을 소유할 수 있었다. 17세기까지만 해도 신자 대다수는 찬송가를 암기해서 불러야 했다. 그러다가 18세기가 되면서 문해력과 구매력의 확장으로 예배 참가자 전원이 찬송가집을 손에 들 수 있게 되었다.

성가집은 단순한 교회음악 서적이 아니었다. 적어도 한 권씩은 거의 모든 가정에 있었다. 찬송가가 예배에서만 불렸던 게 아니며, 그에 못지않게 가정에서의 쓰임도 중요했다. 가장이 인도하는 가족 기도회에서 아이들, 하인들, 하녀들 할 것 없이 다 같이 찬송가를 불렀고, 조용한 방에서 조용히 찬송가 시구를 읽으며 명상에 잠기기도 했다. 게다가 성가집은 독일인들에게 시를 가르치는 스승이었다. 많은 이들이 어린 시절부터 그것을 통해 시를 접했다. 기독교의 찬송가집을 빼놓고는 독일 시의 역사를 제대로 이해할 수 없을 정도이다. 과장이 아니라 찬송가집은 곧 제2의 성서였다. 이 두 권의 책은 거의 집마다 있었고, 찬송가집은 성서와 마찬가지로 사람들의 마음에 신앙심을 심어주었다. 오히려 제2의 성서가 제1의 성서보다 더 많이 활용되고 더 많은 사랑을 받았다.

찬송가집은 여러 대를 거쳐 끊임없이 변화를 겪으며 쓰여 온 열린

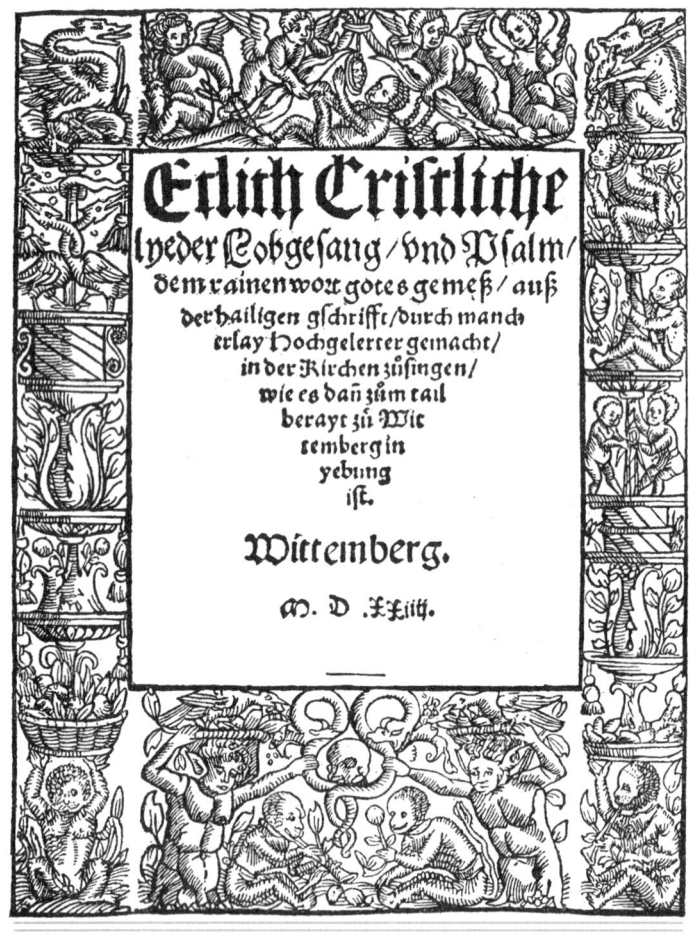

종교개혁은 서적 운동이기도 했다. 독일어로 번역된 성서와 전단 이외에 찬송가집도 종교개혁의 성공에 결정적인 역할을 했다. 16, 17세기에는 찬송가집이 중요한 책에 속했다. 여기 실린 그림은 1524년 비텐베르크에서 출판한 루터의 찬송가집 『몇 개의 기독교 노래, 찬양, 시편』의 표지이다.

예술 작품이다. 새로운 노래들이 덧붙여지고 옛 노래들이 추려졌다. 노래 생산이 가장 활발했던 시기는 종교개혁 이후인 17세기 개신교 정통주의 시대였다. 좀 더 설명이 필요해 보인다. 오늘날 시각에서 볼 때 뒤진 듯하고 답답해 보이는 시대에 가장 아름답고 오래 보존될 만한 노래들 대부분이 탄생한 이유는 무엇일까? 그건 아마도 교회와 문화가 아직 분리되지 않았기 때문일 것이다.

창작자들은 여전히 신앙을 시적 형태로 표현하는 방식에 익숙했고, 게다가 루터가 독일어로 번역한 시편을 마음껏 활용할 수 있었다. 시편을 기반으로 한 창작, 그것이 바로 멋진 교회음악이 탄생하게 된 비밀 열쇠였다. 그게 다가 아니다. 정통주의 찬송 창작자들에게는 분명하고 내용상으로도 성숙한 기독교 신앙이 있었다. 그들은 단순히 종교적 감정을 품는 데 그치지 않았으며 그들에게는 신학이 있었다. 게다가 그 감정도 얄팍한 것이 아니었다. 그들이 살았던 시대는 고되고 혹독했다. 무엇보다 30년 전쟁이 안겨준 엄청난 고난은 진지한 신앙, 인간의 타락, 인생의 덧없음을 너욱 절실히 깨닫게 해줬다. 그렇다고 믿음의 노래에서 초월적인 기쁨을 맛볼 힘을 앗아가지는 않았다.

루터 다음으로 중요한 찬송 시인으로 꼽히는 정통주의자 파울 게르하르트는 성탄절 찬송 〈나 당신의 구유 옆에 서 있나이다〉(1642), 창세기 찬양 〈내 마음아, 나가서 기쁨을 구하라〉(1653), 수난절 찬송 〈오, 피와 상처로 가득한 주님〉(1656) 같은 모범적인 코랄을 지었다. 함부르크의 목사 필리프 니콜라이는 평생 걸려 썼을 만한 코랄 두 곡, 〈이 얼마나 아름답게 빛나는 샛별인가〉와 〈눈 뜨라고 부르는 소리 있어〉

(1599)를 1년 만에 완성했다. 게오르크 노이마르크도 〈주의 손길 받아들이는 자〉(1642)로 믿을 만한 코랄 창작자 대열에 합류했다. 대림절 예배 때마다 불리는, 가톨릭 예수회 사제 프리드리히 슈페가 지은 〈오 주여, 천국 문을 활짝 열어주소서〉(1622)도 빠뜨려서는 안 된다.

정통주의는 복음주의 부흥 운동인 경건주의로 이어졌다. 경건주의는 무수히 많은 찬송가를 탄생시켰지만, 그중 살아남은 곡은 얼마 되지 않는다. 새로운 노래들이 과도하게 달콤한 경건에 흠뻑 취했던 탓이다. 18세기 코랄 중에서 게르하르트 테르슈테겐(〈하나님이 친히〉(1729), 〈사랑의 힘을 구하오니〉(1757))이나 마티아스 클라우디우스(〈달이 떴네〉(1782), 추수감사절 노래 〈우리가 땅을 갈고 씨를 뿌리네〉(1783)) 같은 소수의 사람이 남긴 몇 개의 구절들만 살아남았을 뿐이다. 그다음으로 선구적 역할을 한 찬송 시인으로는 20세기의 요헨 클레퍼를 꼽을 수 있다. 신실한 기독교 작가였던 클레퍼는 유대인 여성과 결혼해서 고통받다가 끝내 자살했다. 오늘날 그의 소설과 단편은 거의 잊혔다. 코랄 중에서도 대림절 성가 〈밤이 가까웠네〉(1938)와 〈그가 매일 아침 나를 깨우네〉(1938) 같은 몇 곡만 간신히 살아남았다.

모든 시기에는 저마다 사랑받고 유행하는 노래들이 있기 마련이다. 그레고리오 성가나 정교회 성가와는 전혀 다른 방식이지만, 회중 찬양의 역사에서도 유행이 달라지고 취향이 변했다. 이러한 변화는 아마도 각 부류 교회음악의 대중성과 관련이 깊을 것이다. 기독교든 천주교든 회중 찬송을 책임지는 사람들의 역할은 시대에 적합한 새로운 노래를 만드는 것만이 아니다. 이전 노래들을 검토하고 추려 설득력 있는 레퍼토리를 구성하는 것도 그들이 해야 할 일이다. 따라서 찬송가의 역사는 언제나 개정의 역사였다. 찬송가집 개정은 늘 정치적으로 중요한 의미를 지녔으며 공의회, 교회 지도부, 교회 공동체의 끈질긴 다툼과 관련이 있었다.

가장 큰 변화를 가져온 건 계몽주의였다. 사실 계몽주의는 종종 점잖치 못한 구절들이 포함된 찬송을 정리하고 근대화하려던 진보적인 신학자들의 선의의 프로젝트였다. 말하기 힘든 것을 노래로 부르고 싶지 않은 건 당연한 일이다. 불행히도 이러한 노력은 간혹 선의의 야만이 되기도 했다. 개신교에서는 상식에 맞지 않은 무분별한 선별이 뒤따르곤 했다. 안타깝게도 그 과정에서 신비하고 시적인 노래가 상당수 사라졌는데, 이에 대해 후회하지도 않는 것 같고 심지어 알아차리지조차 못하는 것 같다. 가령 파울 게르하르트의 유명한 아름다운 저녁 노래는 새로 밝혀낸 자연과학에 반하기 때문에 더는 불려서는 안 되었다. "이제 모든 숲이 안식하네, / 짐승도, 인간도, 도시와 들판도, / 온 세상이 잠드네." 지구가 평평하지 않고 둥글다는 사실, 지구의 절반만 밤이고 나머지 절반은 해가 비친다는 사실이 밝혀졌기 때문이다. 이제 "온 세상이 잠드네"라는 구절은 부를 수 없었다. 개정된 찬송가집에는 시적 정서가 파괴된 채 수정된, 과학적으로 올바른 문구가 실렸다. "이제 지친 세상의 일부가 숲, 도시, 들판에서 안식하네."

한편 요한 고트프리트 헤르더는 이 같은 폭력 조치에 반대했다. 그역시 계몽주의자이긴 했으나 그는 비이성적이고 대중적인 것의 시적인 힘을 간파했다. 그가 지은 아름다운 주현절 찬송가 〈그대 샛별이

여, 빛 중의 빛)을 보라. "루터의 모든 찬송가가 그런 것처럼, 타인이 마음을 울리는 진실한 노래를 자기 입맛대로 바꿔버린다면 그것은 더는 처음과 같은 노래가 아니다. 지나가던 사람이 우리 얼굴을 보고 마음대로 자르고 붙여 변화를 준다면 그것은 처음 것 그대로가 아닌 것과 같은 이치이다." 헤르더는 영적인 노래들이 한정적인 믿음을 확장할 수 있는 계기가 되어야 한다고 주장했다. 그는 영적인 노래들이 꼭 논리적일 필요는 없다고 보았으며, 논리보다는 종교적, 음악적 힘을 지녀야 한다고 믿었기에 자신의 신학적 신념에 부합하지 않아도 옛 노래를 있는 그대로 보존하려 했다. "나는 어떤 나라, 어떤 지역이 됐든 과거의 신과 예배, 낡은 성가집이 허용되고 매일 혹은 일요일마다 신도 전체가 개정에 시달리지 않는 곳이라면 행복하다고 여긴다."

찬송가집은 19세기까지도 기독교인이 읽고 노래하기 위해 즐겨 찾고 애용하던 인쇄물이었다. 찬송가집은 신자들의 평생 동반자였고, 그들이 부르는 아침, 점심, 저녁 노래가 하루의 리듬을 결정했으며, 한 주를 평일과 주일로 나누는 것도, 사계절을 알려주고 축제를 완성하는 것도 찬송가집이었다. 찬송가집은 또한 사람들에게 읽기와 노래, 기도를 가르쳤고, 독일어의 아름다움과 신앙의 풍부함도 알려주었다. 지금 교회에는 지나칠 정도로 많은 성가집이 곳곳에 놓여있다. 신자들이 이 성가집을 손에 들고 노래하게 하는 것이 기독교 생존의 문제이기 때문이다. 종교 역시 정치와 비슷한데, 참여권은 행사하지 않으면 자연스레 소멸하게 된다. 찬송가집은 물론 교회에만이 아니라 가정에도 있다.

4
팔레스트리나와
가톨릭 종교개혁의 다성음악

진정한 전설

사실이 아닌 줄 알지만, 너무 멋져서 말하지 않고는 못 배기게 만드는 이야기들이 있다. 너무 훌륭해서 진실이라고 믿고 싶다. 잔뜩 뒤엉켜 있는 사건들을 잘 정리해서 복잡한 전개 속에서도 기억날 만한 윤곽을 만들어낸다. 이렇게 만들어진 이미지는 계속해서 영향을 미치고 스스로 역사적인 힘을 갖게 된다. 훗날 성실한 연구자들이 기록 보관소나 도서관을 샅샅이 뒤져도 이에 관한 어떤 증거도 찾을 수 없으며 어떤 문헌이나 자료도 발견할 수 없다고 주장해도 아무 소용이 없다. 때로는 역사보다 전설이 더 많은 걸 알고 있다. 사람들은 그냥 그 전설을 받아들인다.

지금부터 하려는 이야기 또한 전설이다. 16세기 중반 로마와 트리엔트에서 벌어졌던 일이다. 비텐베르크, 제네바, 취리히에서 출발한 종교개혁은 교황권이 득세하던 북유럽 지역을 잠식해 들어갔고, 구교가 살아남은 지역, 특히 가장 가톨릭적인 국가인 교황령*에서는 혼란과 무질서가 난무했다. 구할 수 있는 것은 구하기 위해 대규모의 트리엔트 공의회**가 소집되었다. 수년에 걸쳐 교회의 거의 모든 조직을 재정비하고 새롭게 재편했다. 교회에서 가장 중요한 것은 예배이므로 긴 토론과 협상을 거쳐 개혁이 추진되었다. 과연 무엇이 올바른 교회음악인가라는 문제도 제기되었다. 일부 엄격한 개혁 세력은 음악이 많이 부패하고 세속적인 영향을 너무 많이 받았고 본질적인 의미가 사라졌으며 불필요한 장식이 만연하고 특히 유행하는 다성음악이 옛 성가를 압도해 버렸으니, 가지치기하여 교회음악을 다시 원래의 단성음악으로 되돌려야 한다고 주장했다. 만약 이 주장이 관철되었더라면, 로마의 작곡가 조반니 피에를루이지 다 팔레스트리나가 반대 진영의 말문을 막히게 할 정도로 아름답고 경건한 다성부 미사곡을 선보이는 일은 없었을 것이다. 팔레스트리나는 〈교황 마르첼로의 미사〉로 교회에서 예술의 자유를 지켜냈고 동시에 새로운 가톨릭 교회음악을 창조했다.

---

* 교황령(Papal states)은 8세기 중엽에 형성되어 1870년까지 존속했던, 교황의 세속적인 지배권이 미치는 영토를 말한다.
** 1545~1563년까지 세 차례에 걸쳐 이탈리아 북부의 트리엔트(현 트렌토)에서 개최된 로마가톨릭 교회의 공의회이다.

바로크 시대의 음악 이론가이자 작곡가인 아고스티노 아가차리가 1607년에 처음으로 이 전설적인 인물을 언급했다. "조반니 팔레스트리나가 실수와 오류는 음악이 아니라 작곡가의 탓이라는 걸 보여줄 해결책을 찾지 못했더라면", 교회는 "혼란스러운 가사와 길고 복잡한 모방 기법"으로 인해 타락한 다성음악을 추방하려 했을 것이다. "그는 미사곡 〈교황 마르첼로의 미사〉로 이를 증명해 보였다."

그리고 19세기 독일의 위대한 역사가인 레오폴트 폰 랑케가 이 전설을 다시 입에 올렸다. 결혼했다는 이유로 교황청에서 쫓겨난 팔레스트리나는 초라한 오두막에서 살았고 사람들에게 잊힌 채 은둔 생활을 하며 경건한 명상과 음악 작업에 매진하고 있었다. 그곳에서 그는 세상을 떠난 교황 마르첼로 2세를 위한 미사곡을 작곡했는데, 마르첼로 2세는 한치의 비난도 받지 않을 만큼 신앙심이 두터우며 선량하고 교회 개혁을 위해 헌신한 사람이었다. 마르첼로 2세는 "교회가 이제 이교도적 생각을 근절하고 악습과 부패한 생활을 종식하고 건강해져 재결합할 수 있을 것"이라고 굳게 믿었다. 그러나 이 세상과 교회에 그는 너무 선한 사람이었던 모양이다. 고작 재위 22일만인 1555년 5월 1일에 세상을 등지고 말았다. 팔레스트리나는 세상을 등진 교황을 기리기 위해 "선율은 지극히 단조로우나 이전의 미사곡들에 비해 다채로운" 미사를 작곡했다. "합창은 나뉘었다가 다시 합쳐지고, 가사를 표현하는 감각은 타의 추종을 불허한다. 키리에는 복종을 드러내고, 아뉴스 데이는 겸손 그 자체이며, 크레도는 위엄을 내세운다. 교황 비오 4세는 여기에 완전히 매료되었다. 그는 이 미사곡을 사도 요한이 황홀

동시대의 무명 화가가 그린 가톨릭 미사 음악의 새로운 창시자
조반니 피에를루이지 다 팔레스트리나의 초상화.

경에 빠져서 들었을 법한 천상의 선율에 비유했다." 이 미사곡은 획기적이었다. "문헌의 깊은 의미와 상징적 의미를 파악하고 그 의미를 정신적, 종교적으로 폭넓게 이해할 수 있는 음악가는 아마 없을 것이다. 누군가 이러한 방식을 미사라는 포괄적인 작품에 적용하려고 시도했다면, 바로 그가 대가이다."

한스 피츠너는 이 이야기를 자신의 오페라 〈팔레스트리나〉에서 멋진 음악으로 그려냈다. 오페라는 1차 세계대전이 끝나기 한 해 전인 1917년 6월 12일에 초연되었다. 피츠너는 독일 낭만주의의 한참 늦은 후예로 진취적인 작곡가였지만, 지나치게 진보적인 것에는 반대했다. 한편 그는 용납하기 어려운 사람이기도 했는데, 나치 독일에 협력하려던 전력 때문이었다. 특히 그는 음악을 가지고 식민지 폴란드의 총독 한스 프랑크의 비위를 맞추려 했다. 프랑크는 가장 잔인한 도살자 중 하나로 손꼽히는 자였다. 그러나 피츠너의 오페라는 훌륭하고 놀랍다. 음악은 바그너와 비슷하지만, 바그너만큼 열정적이거나 강렬하지 않고 대단히 부드럽고 아름답다. 노래가 없다면 더 아름다울 텐데, 그렇게 되면 팔레스트리나 전설을 들려주지 못할 것이다. 이 오페라가 노래하는 전설은 과연 어떤 것일까.

어두운 밤, 팔레스트리나가 궁색한 방에 홀로 앉아 있다. 그때 보로메오 추기경이 나타나서 노래한다.

> 그대는 아오, 신성한 트리엔트 공의회가
> 경건한 종말을 향해 가고 있다는 것을.

18년이라는 긴 세월 동안

방해받고 위협받고 저지당하며

폭풍과 역경을 힘겹게 견뎌냈소.

이제 교황이 단호하게 말하오,

올해가 다 가기 전에

공의회가 끝나는 걸 보고 싶다고.

특히 교회음악을 개혁해야 하고 가사와 음악에서 모든 세속적이고 불필요한 요소를 제거해야 한다며 걱정했다.

열성과 지략으로 걸러내고

몸통에서 썩은 팔다리를 떼어내기보다는,

비오는 줄기와 그루터기를 포함해서

몸통 전체를 한 번에 부숴버리려 하오.

그레고리오 성가로

모든 걸 되돌리려 하오.

온갖 음형들,

무수한 대작들,

전부를 불길이 집어삼키기를!

전통의 보물과 진보의 가능성을 조화롭게 결합할 수 있는 새로운 대작만이 살아남게 될 것이다. 처음에 팔레스트리나는 거절한다. 자신이 천재성을 잃었다고 생각했다. 그러나 추기경은 그런 그에게 화를 내면서 감옥에 보내겠다고 위협한다. 자포자기한 팔레스트리나는 홀로 남아 칠흑 같은 밤을 보낸다. 그때 한 줄기 기이한 빛이 비치더니 특정 형상들이 모습을 드러낸다. 옛 거장들이다. 그들은 스페인, 이탈리아, 네덜란드, 독일, 프랑스 복장을 하고 있다. 거장들은 그에게 좋은 작품을 쓰라고 권하며 행운을 약속하고는 사라졌다. 깜짝 놀란 팔레스트리나 앞에 천사들이 나타나서 미사 전례의 핵심인 키리에, 글로리아, 크레도를 부른다. 그가 어찌 이 완벽한 미사곡을 기록하지 않고 잠들 수 있겠는가? 이렇게 1막이 끝나고, 공의회에서 복잡한 토론이 벌어지는 긴 2막이 이어진다. 새로운 미사곡이 공의회 교부들 앞에서 울려 퍼진다. 모두가 열광하고 신념을 갖게 된다. 그들은 '음악의 구원자'를 높이 칭송하고, 교황은 당장 팔레스트리나의 오두막으로 찾아가 그에게 감사의 말을 전한다.

 이 전설에서 많은 부분은 사실이 아니다. 공의회에서 교회음악은 그렇게까지 중요한 역할을 하지도 않았고, 다성음악을 둘러싼 논쟁이 이렇게 극적으로 한순간에 해결되지도 않았다. 무엇보다 팔레스트리나는 강력한 교회 정치에 대항해서 예술의 순수성을 옹호하는 외로운 천재가 아니었다. 교황 마르첼로 2세를 위한 미사곡도 공의회에서 음악 문제를 다루기 훨씬 이전에 쓰였다. 그렇다면 이 전설에서 진실은 무엇일까? 다성음악에 관한 문제가 기본적으로 교회음악 역사에서 중요한 문제였으며 신학적 혁신이나 정치적 전환만큼 중대한 의미를 지녔다는 사실이다. 차라리 공의회가 이 문제를 공식 일정에 올리고 신학적, 음악적, 교회 정책적 규범에 따라 해결하도록 하는 편이 나았을 것 같다. 그러나 그렇게 하지는 않았다. 아마 그랬기에 전설이 역사적 실제보다 더 그럴듯해 보이는 것인지도 모른다. 결론적으로 팔레스트리나는 자신을 근대적인 예술 천재라고 여기지 않았으나 그가 완성한 한 작품으로 인해 독자적인 인격체로 인정받고 역사의 기억 속에 남겨진 최초의 작곡가 중 한 명이 되었다.

다성음악의 등장

교회음악은 적어도 두 가지 동력을 갖고 있다. 첫째로 교회음악의 발전을 이끄는 것은 새로운 신학적 사고와 교회의 변화된 요구이다. 여기에 예술 자체의 논리와 새로운 기술적, 미학적 가능성의 힘이 더해진다. 가령 고딕식 대성당은 벽, 기둥, 천장, 지붕의 압력을 분산시키는 방법을 찾아낸 덕에 건물을 더 높이 세우고 더 큰 창문을 설치해서 지금까지와는 전혀 다른, 혁신적인 공간 신학과 결부된 조명 구조를 탄생시켰다. 교회음악도 마찬가지이다. 신학적 원칙과 예배를 위한 지침이 교회음악의 발전을 주도한다. 그렇지만 교회음악이 거기에만 얽매이지는 않으며 예술적 집요함으로 꿋꿋이 자기 길을 간다. 그중에서 가장 중요한 것이 다성음악이었다. 하나의 성부, 하나의 합창이 같은 선율과 리듬으로 노래하는 게 아니라 여러 성부가 독자성을 지닌 채 함께 어우러져 전체를 구성하는 것이다. 이는 인류 음악 역사상 획기적인 진보였다. 고대나 비유럽권 문화에서는 이런 식의 발전을 이루지 못했다. 다성음악의 전제가 어쩌면 정교한 교육, 다양한 사회였는지도 모른다. 무엇보다 음악과 그것의 무한한 가능성에 대한 폭넓은 감각, 음악을 자유롭게 다룰 수 있는 감각이 중요했다. 그래야만 교회의 다성음악이 진정한 의미의 음악이 될 수 있었을 것이다. 단선율의 교회음악도 아름답고 멋지긴 하지만, 돌이켜 비교해 보면 그것은 노래라기보다는 말에, 음조라기보다는 어조에 가까웠다. 여러 개의 성부와 선율, 리듬이 펼쳐지고 서로 조화를 이룰 수 있어야 교회음악은 진정한 음악이 될 수 있는 자유를 갖게 된다. 한편 이는 창의성을 증대시키는 동시에 더 많은 갈등을 일으키게 된다. 하지만 갈등이 나쁘기만 한 건 아니다. 교회음악이라는 단어 역시 복합어이다. 두 단어는 각자 자기 힘을 발휘하면서 동시에 서로에 순응해 나가는 과정이 필요하다. 이때 긴장과 다툼이 작용하는 것은 당연한 일이다.

모든 획기적인 도약이 그렇듯, 다성음악의 발전도 오랜 기간에 걸쳐 준비되었고 여러 가지에 의해 길이 열렸다. 많은 연구자의 주장대로 다성음악의 조짐은 이미 9세기부터 엿볼 수 있다. 중세 초기의 종교음악, 세속 음악에서도 그 조짐이 감지되었다. 처음에는 다성음악이 미리 고안되거나 구성된 게 아니었으며 즉흥적인 장식이었다. 프랑크 그레고리오 성가는 원래 단성음악이었는데, 자연스럽게 하나의 선율을 넘어섰다. 성가를 풍성하게 만들어 줄 트로푸스(tropus)가 생겨났다. 트로푸스는 가사나 선율을 첨가함으로써 기존 성가를 보완하고 확장하는 일종의 장식이다. 같거나 새로운 가사가 같은 선율 혹은 더 복잡한 다른 선율 위에 얹혀졌다. 특별한 트로푸스인 세쿠엔티아(sequentia)는 미사 전례의 알렐루야에 부속되어 있다가 떨어져 나와 독립 성가로 발전했다. 트로푸스와 세쿠엔티아는 프랑크 그레고리오 성가에 내재해 있던 선율의 발전과 전개를 위한 출발점이었다.

더 나아가 오르가눔(organum)이 행해졌다. 이는 악기 오르간을 뜻하는 라틴어와 같지만, 오르간과는 아무 상관이 없다. 지금은 오르간이 다성음악 악기이지만, 중세 때만 해도 기술적으로 그만큼 발전한 상태는 아니었다. 여기서 '오르가눔'은 기존 전례 성가의 선율 위에 덧붙여진 성부(聲部)를 뜻한다. 성가는 한목소리로 시작했다가 서로 갈라져 병행해서 진행되다가 마지막에 다시 합쳐졌다. 각 성부의 리듬은 고르고 같았다. 각 선율이 독립성을 갖는 진정한 다성음악이라기보다는 성부의 중복에 가까웠다. 따라서 오르가눔은 아직 정교한 짜임새와 구성을 요구하지 않았으며 그냥 즉흥으로 만들어졌다.

12세기에 들어서면서 변화가 생기기 시작했다. 오르가눔의 최고 성부가 고정 선율인 칸투스 피르무스(cantus firmus, 정선율)에 단순히 평행을 이루는 게 아니라 여기에서 벗어나 디스칸투스로서 대조를 형성했다. 이는 '음표 대 음표'라는 원칙에 따라 이루어졌는데, 14세기부터는 이를 가리켜 '대위법'이라고 불렀으며 중세 후기와 르네상스 시대에 고급 예술 형식으로 발전을 거듭했고 바로크 시대, 특히 요한 제바스티안 바흐에 의해 절정에 이르렀다. 그것은 과거의 폴리포니(다성음악)—여러 성부가 있긴 하나 독립적이지는 않으므로 차라리 호모포니(단성음악)라고 지칭하는 게 맞을 것 같은 폴리포니—를 능가하는 것이었다. 대위법으로 인해 대선율(對旋律)은 더 큰 자율성을 확보하게 되었고, 기저에 깔린 정선율은 힘을 잃어갔다. 새로운 종류의 다성음악은 어떤 음정이 맞고 허용되고 아름다운지를 규정하는 더 정확하고 높은 수준의 계산을 요구하게 되었고, 따라서 기존의 즉흥연주는 밀려날 수밖에 없었다. 칸토르들은 이제 계획을 세워 치밀하게 작곡해야 했다. 음악의 창작과 재현은 서로 분리되기 시작했다. 이것이 가수에게는 자발성의 상실을 의미하는 것일 수 있었다. 그러나 음악 전체로 봤을 때는 예기치 못한 새로운 발전의 가능성이 열린 것이다.

중세의 폴리포니는 파리 노트르담에서 시작했다. 프랑스의 왕정 도시가 다성음악의 구(舊) 예술, 아르스 안티콰(ars antiqua)의 중심지였다. 정확한 음높이만이 아니라 다양한 음표들의 결합 시스템인 리가투라(ligatura)를 통해 리듬적, 시간적 진행을 악보에 기록하게 되면서 다성음악이 탄생할 수 있었다. 고딕 양식의 대성당에서 웅장하고 체계적으로 구성된, 풍부한 형식과 음색을 지닌 음악이 독창과 합창 사이를, 혹은 하나, 둘, 셋, 그 이상의 성부를 자유롭게 넘나들면서 펼쳐졌다. 그중에서도 특히 미사 집전자가 입장하고 퇴장할 때 부르는 콘둑투스(conductus)가 중요했는데, 콘둑투스는 모든 성부가 동시에 같은 음절로 부르는 구절에 리듬에 주의하며 선율을 붙인 것이다. 축제일에 불리는 성가에서 점차 각 성부는 자기 리듬을 찾아 나가기 시작했고, 이로써 처음으로 일종의 폴리리듬이 형성되기에 이르렀다. 이제 음악과 말은 분리되기 시작했고, 음악은 노예처럼 가사의 리듬을 따라가지 않았다.

이를 보여주는 중요한 성과는 13세기 모테트(motet)의 출현이었다.

옛 오르가눔에서 주선율을 담당하던 성부의 길게 늘어지는 한 음절 위에 장식으로 덧붙여지는 멜리스마(melisma)—단일 음절 위에 길게 이어지는 여러 음—에 가사가 붙여졌다. 그렇게 되자 개별 음마다 음절이 놓이게 되었다. 이를 트로푸스 기법이라고도 부른다. 기존 선율에 가사가 새로 만들어져서 더해진 것이기 때문에, 모테트의 창작은 사실 시적인 창작이라고 할 수 있다. 새로운 가사가 지역어인 경우도 많았는데, 이로 인해 미사를 내용상 제대로 이해하고 지닐 수 있게 되었고 로마 전례를 프랑크 플랑드르 문화권에 정착시키는 효과도 볼 수 있었다. 처음에는 예배의 특별한 장식에 불과하던 것이 시간이 지나면서 독자적인 장르로 발전했다. 모테트는 오르가눔이 안고 있던 문제를 해결했다. 오르가눔에서는 때때로 복잡한 멜리스마 때문에 가사의 명료함이 위협받는 일이 있었다. 집중력이 좋은 회중도 방향을 쉽게 잃곤 했다. 반면 모테트('mot'는 프랑스어로 낱말, 단어라는 뜻)에서는 가사의 음절이 충분히 이해되도록 시간적인 흐름에 따라 제시되었다. 음악적으로 더 세련될 뿐만 아니라 내용도 한층 명확하게 전달되었다. 더군다나 모테트는 늘 똑같은 전례 텍스트를 넘어서 교회력이나 대축일의 주제, 종교적 가르침, 도덕적 교훈을 담아낼 새로운 독자적인 가사를 쓸 기회도 제공했다. 그리하여 새로운 다른 내용이 예배 음악에 유입될 수 있었다. 모테트가 발생 시기를 훨씬 넘어서까지 영향을 미쳤고 지금까지도 살아남은 중세 교회음악의 유일한 형식인 이유도 아마 그 때문일 것이다.

14세기 프랑스에서는 아르스 안티콰가 아르스 노바(ars nova, 신[新]

예술)로 대체되었다. 아르스 노바는 기보법의 발전을 더욱 촉진했다. 이제 리듬 값이 기보의 맥락에 따라 결정되는 게 아니라 서로 다른 박자 체계에서도 개별 음표가 확실한 시가(時價)를 갖게 되었다. 이것이 바로 정량 기보법이다. 시간 현상에 대한 완전히 새로운 이해를 동반하고 최초의 기계식 시계의 발명과 궤를 같이하는 이 성과는 더 복잡하고 긴 리듬 구성을 가능하게 했고, 아이소리듬(isorhythm, 동형리듬) 모테트의 등장으로 절정에 달했다. 더 짧아지고 더 길어진 리듬 패턴들이 같은 형태로 반복되고 더욱 합리적인 구조를 형성하게 되었다. 이를 가리켜 아르스 숩틸리오르(ars subtilior, 기교적 예술)라 불렸다. 그렇게 되자 노래에서 귀의 역할은 한층 더 중요해졌고, 특히 르네상스 초기에 그 방향으로 변해 갔다. 그 과정에서 청취 습관에도 변화가 생겼다. 예배의 음악 형식이 화려해질수록 이를 다듬고 줄여야 한다는 목소리도 커졌다. 무언가 새로운 움직임이 일고 있었다. 신학자들은 종종 '다채로운 선율을 향한 한심한 욕구'에 불만을 털어놓았고, 성전에서 울리는 음악이 너무 세속적이어서 정신 집중을 방해하고 감각적으로 자제심을 잃게 만들어 '소년들의 방종'과 '여자들의 분방함'을 조장한다고 불평했다. 그것은 아마도 아르스 노바가 종교적 텍스트만을 토대로 작곡하는 데 머무르지 않고 점차 세속적인 주제도 다루게 되었기 때문일 것이다. 계속해서 통제를 위한 규율이 발표되었다. 심지어 1324년에는 교황 요한 22세가 새로운 음악을 금지하기까지 했다. 그러나 별 효과는 없었다. 새로 일기 시작한 자유의 바람은 사그라들 줄 몰랐다. 거기다가 새로운 동맹군까지 등장했으니, 인본주의와 르네상스는 당시의 정신적 원동력이었고 공적인 영역은 말할 것도 없고 교회와 예배에까지 영향을 미쳤다. 그 원동력은 참신한 경쾌함과 즐거움을 추구하고 진보에 대해서도 훨씬 더 개방적이었다. 그러면서도 진지하고 경건했으며 신앙의 순수한 기원과 타당한 원리를 탐구했을 뿐 아니라 예배 음악에서 이를 표현할 수 있는 형식을 찾아내려고 했다. 거의 모든 유럽이 그러했다.

14세기에는 프랑스와 이탈리아가 창조적 의식의 각성이 두드러진 나라였다면, 15, 16세기에는 특히 네덜란드, 플랑드르, 브루고뉴가 음악적 혁신의 본거지였다. 여기에서 선율적이고 표현력이 풍부한 노래들이 대거 등장했다. 가사는 그대로 보존되거나 재해석되었다. 그 당시 전위적이던 세속 음악이 교회에서 펼쳐질 기회가 생겨났다. 점점 더 많은 개별 작곡가가 등장했고, 이들이 중세 예술가의 익명성을 대체했다. 1400~1474년에 살았던 작곡가 기욤 뒤페는 합창 소리가 마치 오르간의 연주처럼 들리는, 정교함과 세련된 폴리포니가 돋보이는 신비한 다성음악 작품들을 썼다. 요하네스 오케겜(1400~1474)이 작곡한 곡들도 커다란 음악적 즐거움을 안겨 주었다. 높은 음악-수학적 이해력과 더불어 흥미롭고 재치 넘치는 감각을 지닌 그는, 미사곡을 작곡할 때 군가나 사랑가를 차용하기도 했다. 이런 식의 비종교적인 교회 음악에 대해 당대의 유명한 인본주의자 로테르담의 에라스무스는 발끈했다. "트롬본, 트럼펫, 크룸호른, 피리, 오르간이 울리고 거기에 맞춰 사람들이 노래를 부른다. 창녀와 건달이 몸을 들썩일 정도로 수치스럽고 불경스러운 노래가 들려온다. 사람들은 신나고 유쾌한 노래를 들기 위해, 마치 도박장을 찾듯, 교회로 달려간다." 한편 오케겜의 제자 조스캥 데프레(1450~1521)가 작곡한 음악은 마르틴 루터에게 특히 높은 평가를 받았다. 아마 데프레가 감정에 더 많은 공간을 할애한 덕분일 것이다. 그의 음악은 인간의 감정을 새로운 방식으로 표현하고 끄집어냈다. 그렇다고 예전 음악에 감정이 전혀 담기지 않았다는 말은 아니지만, 예배의 기능에 충실한 음악은 더 객관적일 수밖에 없었고 수학적인 측면에서도 더 냉철했다. 예배 음악에서는 무엇보다 신성함과 초월성이 두드러져야 했고 실제로 그랬다. 그러나 이제는 달라져야 했다. 특히 개혁 운동의 음악에서 변화가 일어나야 했다.

미사의 개혁

종교개혁이 하나만 존재했던 건 아니다. 여러 흐름이 있었고, 가톨릭 종교개혁도 그중 하나였다. 종교개혁에 대한 단순한 반작용만은 아니었다. 가톨릭 종교개혁은 유럽 북부에서 일어난 신교도적 각성에 대한 단순한 반작용이 아닌, 자체 원칙에 따라 가톨릭교회를 정리, 정화하고 재정비하려는 움직임이었다. 그 시도가 극명하게 가시화된 것이 트리엔트 공의회였다. 교황과 교황청은 오랫동안 모든 교계의 거물이 한자리에 모이는 회합을 거부해 왔고, 이 교회 의회가 자기 힘을 갖고 커나가는 위험한 상황이 벌어지지 않을까 두려워했다. 그러나 개혁 공의회를 소집하라는 황제의 압박은 너무 컸다. 1545년, 드디어 가톨릭 교회 지도자들이 알프스 남부의 트리엔트에 모였다. 트리엔트가 독일의 개신교 지역에서 멀리 떨어져 있긴 했으나 그렇다고 로마 교황령의 영향 아래 있지도 않았다. '트리엔트'는 가톨릭교회의 수장과 조직을 개혁하기 위한 성공적인 시도의 상징이었다. 교황권은 몰락할 위험에 처해 있었다. 교회는 세속화되었고, 정치적, 종교적인 적대 세력도 막강했다. 반대파 정치 세력이 공의회에 막대한 영향을 미치긴 했으나 자기 회복을 꾀할 만한 종교적 힘과 구 교회 사제들의 충분한 관심이 있었다.

트리엔트 공의회의 역사는 길고 복잡하다. 여러 차례 중단되고 연기되고 변경되고 재개되다가 마침내 1563년 소집된 지 거의 20년 만에 마무리되었다. 1545~1549년의 첫 번째 시기가 가장 중요했다. 가톨릭교회의 신학적 토대를 확실히 한 것도 이때였다. 종교개혁파의 비판에도 불구하고 성경만이 아니라 성전(聖傳)도 계시의 원천으로 인정하기로 했다. 성경이 합법적인 해석 기관을 요구하는 데 비해 성전은 곧 교회 자체였기 때문이다. 이를 기반으로 가장 중요하고 가장 논란이 된 교리의 가톨릭식 해석—원죄, 칭의, 성사, 교회 개념—을 확정지었다. 그리고 그것은 교회 생활에 직접적이고 중대한 영향을 끼쳤다. 종교개혁이 예배의 의미를 새로 정의한 데 반해 가톨릭교회에서는 미사가 희생 제사임을 공고히 했다. "희생 제사가 단순히 찬미와 감사의 제사라고 말하는 사람, 희생 제사가 십자가 위에서의 희생을 기억하는 것일 뿐 속죄의 제사가 아니라고 말하는 사람, 희생 제사를 올리는 사람만이 혜택을 얻게 되리라고 말하는 사람, 죄와 형벌을 위해서가 아니라 다른 필요를 채우기 위해 희생 제사를 바쳐야 한다고 말하는 사람은, 저주받고 교회에서 파문당할 것이다."

　이것이 실제 예배에서 의미하는 바는 시간이 한참 흐른 뒤에야 확실해졌다. 무엇보다 시급한 문제는 서로 다른 전통의 통합이었다. 중세에는 전례가 지역마다, 심지어 교회마다 상이했다. 다양한 관습, 신앙 스타일, 언어 형태가 기록되지 않은 채 대부분 입으로만 전해지다 보니 발전과 성장이 제멋대로 이루어졌다. 모든 게 실전의 문제였고, 그러다 보니 거행되는 장소에 따라 현격한 차이를 보였다. 중세시대 미사의 가장 큰 특징은 다채로움이었다. 이는 형식의 풍부함을 넘어서서 심각한 과잉을 초래했다. 망자의 영혼을 돌보고 끝도 없는 염원을 기도로 바치기 위해 지나치게 많은 미사가 집전되고 행해졌다. 쉼 없이 계속되고 때로는 한 교회 내의 여러 제단에서 동시에 행해지기도 하는 전례는 미사만이 아니라 음악의 질까지 떨어뜨렸다. 전례 개혁의 권한은 개별 주교에게 있었지만, 정작 교구는 예배를 새로 정비할 만한 능력이 없었다. 특히 스페인, 포르투갈, 독일 지역에서는 미사의 통합을 요구하는 목소리가 커졌다. 갈 길은 여전히 멀기만 했다. 트리엔트 공의회는 마지막 회기에 극복할 문제들을 수집했다. 가장 심각한 문제는 새로운 형식과 특별 기도로 인해 고전적인 기도문이 지나치게 비대해진 것이었다. 목록을 작성하고 나서 위원회가 꾸려졌고, 공의회가 끝난 다음에는 새로운 『신성한 트리엔트 공의회에 따른 로마 미사 경본』이 작성되었다. 1570년, 교황 비오 5세가 이 미사 경본을 정식으로 승인했다. 그것은 가톨릭교회 전체에 유효한 것이었다.

　모든 개혁이 그런 것처럼, 새 미사 전례서는 보수적이면서 동시에 혁신적이었다. 경본은 초창기 고대 로마 미사로 거슬러 올라가서 그것을 새로운 순수함으로 재현해 냈다. 이 '근원으로의 회귀'는 전통에 대한 오랜 믿음의 표현이었고 가톨릭교회에도 영향을 미친 인본주의의 기본 취지이기도 했다. 잘 짜인 형식과 단순함을 향한 지향도 인본주의의 영향이었다. 그러나 트리엔트 공의회를 등에 업은, 새로운 미사 전례서의 획기적인 현대성은 전례의 통일에 있었다. 몇 가지 예외를 제외하고는 지금도 가톨릭교회에서 그렇게 시행되고 있다. 적어도 원칙상으로는 그렇다. 그런 점에서 보면, 개별 언어를 배제하고 라틴어만 허용한 것은 퇴보라기보다는 통일성을 확보하기 위한 불가피한 수단이었다. 통일된 미사 전례는 두 가지 혁신과 결합해 있었다. 첫째, 새로운 미사 전례가 모든 곳에 도입되고 잘 지켜지는지 중앙에서 감시할 조직이 있어야 했다. 그로 인해 교회 국가에서는 다른 나라들에 비해 훨씬 더 빨리 근대적인 관료제가 형성될 수 있었다. 둘째, 통일된 전례는 그 시대의 중요한 기술 발명과 관련이 깊었다. 종교개혁의 성공이 성경, 소책자, 전단, 낱장 찬송가를 배포할 수 있었던 인쇄술의 발전 덕택인 것처럼, 트리엔트 미사도 기록되고 인쇄되고 책으로 엮여 개별 교회로 보내진 덕분에 시행될 수 있었다. 모든 가톨릭교회에서 똑같은 예배가 행해지게 되자 신자들은 여행 중에도 아무 성당이나 찾아가 미사에 참여할 수 있게 되었다. 전례의 통일은 새로운 신학적 원칙과 사고를 근대적 조직 형태와 출판 방식의 수용과 결합해 낸 개혁 공의회의 멋진 결실이었다.

트리엔트 미사의 구조는 확실하고 분명했다. 다만 그 명칭이 적절한

가에 대해서는 논란의 여지가 있을 수 있다. 개최지의 이름을 내걸 정도로 완전히 새로운 미사 전례가 만들어지진 않았기 때문이다. 공의회의 성과는 전통 미사의 기본 요소들을 검토하고 정리한 데 있었다. 그 기본 요소들이 가톨릭 교단의 특별 전유물도 아니었다. '희생 제의'의 일부를 제외하고는 전통 루터파 예배에서도 찾아볼 수 있었다. 새로운 건 순서의 명확성과 일관성이었다. 이는 20세기까지 가톨릭 세계에 결정적인 영향력을 행사하고 넓은 의미에서 트리엔트 미사라고 지칭될 수 있는 미사 문화와 분위기를 형성했다.

미사에는 언제나 같은 부분과 교회 절기에 따라 달라지는 부분이 있다. 전자를 미사 통상문, 후자를 미사 고유문이라고 부르는데, 후자가 크게 줄고 특히 성인 축일에서 많이 감소했다. 미사는 크게 네 단계, 시작 예식, 말씀 전례, 성찬 전례, 마침 예식으로 구성된다. 시작 예식은 제단 앞 기도, 시편, 참회, 고백 기도의 순으로 진행된다. 이렇게 속죄하고 정화한 다음 집전자와 회중 간의 오랜 일련의 대창(對唱)으로 본격적인 미사가 시작한다. 고대 그리스부터 전해오는 키리에는 주 하나님과 그리스도께 자비를 구하는 기도이고("주님, 자비를 베푸소서. 그리스도님, 자비를 베푸소서. 주님, 자비를 베푸소서."), 대영광송은 지금까지 살아남은 가장 오래되고 아름다운 찬가이다("하늘 높은 데서는 하느님께 영광"). 그리고 회중을 향한 사제의 인사와 신자들의 뜻을 모아 사제가 바치는 본기도가 이어진다. 앞뒤로 성가가 불리고, 구약 성경, 사도들의 편지를 봉독한 다음에 복음 환호송으로 찬양한다. 독서가 끝나고 사제의 강론이 행해지는데, 이는 생략될 수도 있다. 강론이 신성한 향

4. 팔레스트리나와 가톨릭 종교개혁의 다성음악

연을 중단시키기 때문이다. 미사의 중심인 말씀 전례는 신앙고백과 오늘날의 보편 지향 기도에 해당하는 일반 기도로 마무리된다.

미사의 핵심은 성찬 전례이다. 성찬 전례는 세 단계로 진행되는데, 예물 준비와 봉헌, 성찬 기도와 실체 변화, 성체 분배와 영접이다. 첫 단계인 봉헌에서는 밀떡과 포도주를 제단으로 가져와 준비하는데, 사제는 손을 씻고 준비 기도를 올린다. 성찬 기도는 사제와 신자들의 대화와 감사송으로 시작하며 하나님께 구원에 대한 감사의 마음을 전하고 천사들의 찬송에 동참한다. 그리고 상투스, 세 번을 거듭 외치는 '거룩하시다'로 끝난다("거룩하시도다, 거룩하시도다, 거룩하시도다, 온 누리의 주 천주, 하늘과 땅에 가득한 그 영광"). 그 뒤에 이어지는 미사 전문은 굉장히 긴데, 여러 장에 걸쳐 여러 기도문이 실려 있다. 하나님께 예물을 바치며 기꺼이 받아주십사 간청하고, 마리아와 성인들을 기억하고, 제사를 받아주시고 밀떡과 포도주를 그리스도의 살과 피로 변화시켜 달라고 청원하고, 그리스도의 구원 성업을 기념한다. 제물이 되신 성체와 성혈을 성부께 봉헌하고 죽은 이를 위하여 성인들의 전구를 구한 다음에 마지막 영광송으로 이어진다. 그리고 주님의 기도, 아뉴스 데이("하느님의 어린양, 세상의 죄를 없애시는 주님, 자비를 베푸소서"), 다른 기도와 함께 성찬식이 시작된다. 사제가 먼저 밀떡과 포도주를 먹고 마신 다음에 신자들에게 밀떡을 배분한다.

희생 제사를 드리고 성체를 받아 모신 다음 회중은 작별을 고한다. "미사가 끝났으니 가십시오." 사제가 강복을 빌고 마지막으로 복음서의 구절—대부분은 요한복음서의 첫 구절("태초에 말씀이 계셨다. 그 말씀은 하나님과 함께 계셨다……")—이 불린다.

미사의 기본 형식은 달라질 수 있으며, 일반 미사 혹은 축일 미사로 구분할 수 있다. 주교가 집전하는 미사도 있고, 일반 사제가 거행하는 미사도 있고, 성가대와 부제들이 노래를 담당하는 장엄 미사도 있다. 그냥 일반적으로 치러지는 평범한 미사도 있고, 노래가 없는 낭독 미사나 은밀하게 치러지는 개인 미사도 있다. 아니면 동기에 따라 죽은 자를 위한 장송 미사, 수도원 미사, 주교좌 성당 미사, 본당 미사로 구분되기도 한다.

새로운 미사 전례 규정은 획기적인 성과였다. 신학적, 정치적, 조직적 재정비가 필요했던 가톨릭교회에 영적으로 통일된 외형을 부여했기 때문이다. 그와 동시에 그 규정은 진정한 신앙을 둘러싼 열띤 논쟁의 주제가 되었는데, 논쟁은 처음 적용될 때보다 19, 20세기 들어와서 더욱 격렬해졌다. 지금까지도 '트리엔트 미사'는 갈등의 상징이다. 보수적 신앙의 추종자들은 이 양식을 열렬히 지지하지만, 진보적이고 현대적인 입장의 교회주의자들은 이 양식을 날카롭게 비판한다. 비판하는 쪽에서는 트리엔트 미사의 반프로테스탄트적 기본 방침을 마땅치 않아 한다. 루터, 츠빙글리, 칼뱅이 원칙적으로 (예배 생활에서도) 만인의 사제화를 선언한 데 반해 트리엔트 미사는 결과적으로 신성한 행위를 전적으로 사제한테 집중하도록 했기 때문이다. 이 일관된 사제 중심의 특성은 개별 문구나 전례 규정에서만이 아니라 전체 분위기에서 더욱 분명하게 드러난다. 미사 형식과 결부된 고정 관념이 이를 잘 보여주는데, 성스러운 향내 구름에 둘러싸인 사제가 회중을 등지고 제단에 홀로 서서 자신을 위해 조용히 기도한다. 설사 소리 내어 기도하더라도 그가 읊조리는 라틴어는 도무지 이해할 수 없다. 멀찌감치 떨어져 신성한 광경을 경건하게 관조하라는 선고를 받은 신자들은, 신비로움 앞에 조용히 무릎을 꿇어야 한다. 그들은 영성체 때 밀떡을 손으로가 아니라 직접 입으로 맞아야 할 만큼 하찮은 존재이다. 이 모든 것은 몽매한 대중의 신심, 마리아와 성인들을 향한 열렬한 숭배, 숨 막히는 고해 성사, 웅장한 집단 순례 행렬, 금빛을 띤 우울한 바로크 교회, 긴 검은색 수단을 입은 강력한 성직자 집단과 같은 현상을 동반하면서 근대 세계에 대항하는 교회의 배타적인 이미지를 만들어냈다. 바로 이 반세계적인 경향을 트리엔트 미사의 예전 지지자들뿐만 아니라 새로운 추종자들도 중요하게 여긴다. 이는 문화 정치적, 미학적 동기와 연결된다. 트리엔트 미사는 어떤 해석이나 설명 없이 평신도의 참여와 비신자의 접근을 가로막는 폐쇄적인 표상을 제시함으로써 미학적 엄격함과 확실한 종교 스타일을 확보할 수 있었다. 당혹감을 안겨줄 수 있는 근대화된 예배의 요소들(종교적, 교육적 요구와 선의의 자기 계발, 유행의 추구)은 처음부터 배제되었다. 모든 것은 오롯이 경외감, 신성함, 몰입감에 초점이 맞춰져 있었다.

    반대자들은 말할 것도 없고 지지자들조차도 트리엔트 미사의 기본 취지를 확실히 이해하지 못하고, 근대의 정당성을 둘러싼 가톨릭교회 내부의 논쟁에 너무 휘둘리는 것 같다. 16세기 새로운 미사 규정을 만든 이들은 이런 추상적인 논쟁을 염두에 두지 않았다. 그들은 예배에서도 교회의 통일을 이뤄내고 실현하기를 바랐을 뿐이다. 이를 위해 순수함과 명료함이라는 이상적인 이념을 지향했고, 낡은 전통을 고수하면서도 망설임 없이 새로운 시대의 도구를 활용했다. 전례에 관한 그들의 업적이 대단하긴 하지만, 트리엔트 미사의 진정한 비극은 그것이 가톨릭 교파 내에서 통일적인 예배를 제공했으면서도 의도치 않게 교회 분열의 상징이 되었다는 점이다. 일관성 있게 구상되었지만, 유럽에서 기독교의 통합이 깨졌다는 사실이 여지없이 증명되었다.

트리엔트 미사에서 관심을 가져야 하는 것은, 올바른 신앙을 둘러싼 끝없는 다툼보다는 미사를 미적으로 어떻게 구현했으며 특히 어떤 음악이 사용되었는가의 문제이다. 이 미사는 어떻게 들렸을까? 안타깝게도 공의회는 거의 막바지인 1562년에 음악 문제를 다루었다. 시급하게 신경 써야 할 문제들이 많았기 때문일 것이다. 규모가 크고 실력을 갖춘 성가대와 칸토르를 감당할 수 있는 곳은, 힘 있는 대성당, 큰 수도원 교회, 왕궁, 풍족한 도시 국가뿐이었다. 기본적으로 교회음악은 중요했지만, 그것은 여전히 사치에 불과했다. 공의회가 끝나갈 무렵에서야 다성음악, 예술적 자유, 예배에서 교회음악의 역할에 대한 논의가 이루어졌다. 논의는 전혀 극적이지 않았다. 가톨릭 인본주의 견지에서 텍스트의 신뢰성이 가장 중요하다는 사실을 확인했을 뿐이다. 다성음악에서도 전례 텍스트는 이해될 수 있어야 하므로 과한 기교를 삼가야 했다. 그리고 작곡할 때 세속적인 선율을 활용하는 관례는 엄격하게 규제되었다. 성가는 가사에 충실하고 단순하고 순수하고 위엄 있게 불러야 했다. "성가와 다성음악으로 구성된 미사 전례의 모든 부분이 명료하고 이해될 수 있도록 행해져야 하며 어려움 없이 신도들의 귀와 마음을 파고들 수 있도록 해야 한다. 폴리포니 성가와 오르간 반주에 절대 세속적인 요소가 있어서는 안 되며, 오로지 영적인 노래와 하나님을 찬양하는 노래만 불려야 한다. 모든 찬양은 귀를 간지럽히려는 헛된 의도를 지녀서는 안 되며, 내용에 대한 전반적인 이해, 천상의 조화를 향한 동경, 성인들의 행복을 비는 마음을 목적으로 삼아야 한다."

음악적인 것보다 기능적이고 도덕적인 부분이 더 중요시되었다. 언어와의 결합, 전례적 가치, 단순함의 추구 같은 특성에서 드러나듯 어떤 것들은 개신교의 찬송가처럼 들린다. 교회 측의 규제가 도리어 음악 생활의 황폐화를 초래하지 않았는지, 미사 전례의 정착이 예술적 힘을 자유롭게 펼칠 수 있는 공간을 너무 제한한 것은 아닌지 질문을 던질 필요가 있다. 하지만 그와 정반대로 똑같은 텍스트에 기반한 엄격한 전례 형식이 음악적 해석과 풍부한 장식을 자극하기도 했다. 실제로 그런 음악이 등장하기 시작했고, 그중 가장 대표적인 예가 팔레스트리나의 작품이다.

팔레스트리나의 미사 음악

전설이 아닌 역사 속의 인물 팔레스트리나는 평범한 신분 출신이다. 출생연도는 명확하지 않고, 1514년, 1515년, 1524년, 1525년, 1529년 등 문헌마다 차이를 보인다. 반면 출생지는 알려져 있다. 로마 근처에 있는 작은 도시인데, 그의 성(姓) 팔레스트리나도 도시 이름에서 따온 것이다. 팔레스트리나는 일찌감치 교회와 교회음악의 중심지로 나갔고 로마의 산타 마리아 마조레 대성당의 소년 합창단원이 되었다. 그곳에서 교육과 훈련을 받은 그는 20세 무렵 고향에서 오르가니스트와 카펠마이스터(음악 총괄) 직책을 맡았다. 1544~1551년에 팔레스트리나에서 활동했으며, 이때 결혼도 하고 가정도 꾸렸다. 명성을 쌓은 그는 다시 중앙으로 진출할 기회를 얻었다. 로마 성 베드로 대성당의 카펠마이스터와 소년 합창단 교사가 되었고, 줄리아 성가대의 지휘자로 임명되었으며, 시스티나 성당의 합창단까지 맡게 되었다. 시스티나 성당 합창단은 성인 가수 열 명, 소년 두 명, 카스트라토* 한 명으로 구성되었다. 팔레스트리나는 합창단을 맡으면서 4성부와 5성부 미사곡이 실린 책을 펴냈다. 그때가 그의 화려한 음악 경력의 첫 번째 정점이었다. 절대주의 왕정에서는 상황이 급변하곤 했다. 통치자의 호의를 누리던 사람이 하루아침에 외면당할 수 있었다. 팔레스트리나가 성 베드로 대성당에서 활동한 지 4년 만인 1555년에 금욕적이고 엄격한 교황 바오로 4세가 권좌에 올랐고, 팔레스트리나는 교황청 교회를 떠나게 되었다. 궁정에서의 모종의 계략이 그 원인이었을 수 있는데, 그가 세속적인 마드리갈(세속 성악곡)을 작곡했다는 사실에 달가워하지 않는 사람들이 있었던 것 같다. 혹은 새로운 교황이 자기 교회에서 기혼자를 보고 싶지 않은 단순한 이유 때문이었을 수도 있다. 그래도 팔레스트리나는 깊이 낙담하지 않았다. 머지않아 그에게 또 다른 매력

---

* 카스트라토(castrato)는 변성기 이전의 사내아이를 거세시켜 소년의 맑은 목소리를 유지하게 한 남성 가수를 일컫는 말이다.

적인 제안이 주어졌다. 1561년, 그는 자신이 소년 성가대원으로 있으면서 영적인 노래를 배웠던 산타 마리아 마조레 대성당의 카펠마이스터가 되었다. 급여도 마음에 들었고 근무 조건도 좋았다. 그곳에는 무엇보다 그의 음악적 사고에 딱 들어맞는, 열한 명의 가수와 네 명의 소년으로 구성된 출중한 성가대가 있었다. 팔레스트리나는 다양하고 폭넓은 종교 음악을 작곡하고 출판했다. 그의 가치는 성 베드로 대성당에서도 인정받았으며, 마침내 1571년에 그는 교황청 교회의 작곡가, 성 베드로 대성당의 카펠마이스터로 임명되었다. 1580년 아내가 세상을 떠난 다음에 계획대로 성직자가 되지 않고 두 번째 결혼을 감행했음에도 그는 1592년 세상을 떠날 때까지 그 자리를 지켰다.

교회음악 역사에서 팔레스트리나는 작품, 스타일, 시대와 관련하여 자신의 이름을 내건 최초의 위대한 인물 중 하나였다. 하지만 그가 개인적으로 어떤 사람인지 파악하는 건 불가능하다. 그의 개인 신상이나 직업 이력에 관해서는 알려진 바가 많지 않지만, 그가 교황청과 긴밀한 협력 관계를 유지한 가톨릭 음악가라는 사실만큼은 확실하다. 그는 열 명의 교황 밑에서 살았으며 삶의 마지막 순간까지 분명 신심이 두터운 사람이었을 것이다. 문헌을 통해서는 그가 어떤 인간이고 성격은 어떠했고 그가 경험한 시대와 교회가 어땠는지 알아낼 수가 없다. 그가 남긴 음악에서도 들을 수 없다. 어쩌면 그가 파악하기 힘든 인물이었기에 훗날 주요 인물로 내세워져서 미화될 수 있었는지도 모른다. 특히 19세기의 복고 세력은 그를 본보기로 세우고 그의 음악을 가톨릭 음악의 전형으로 삼았다.

체칠리아주의는 고대 순교자이자 교회음악의 수호성인인 체칠리아의 비호 아래 예배 음악을 새로운 변형으로부터 해방하고 특히 오페라와 교향곡의 영향에서 벗어나게 하며 전통적인 무반주 다성부 노래의 순수성을 되찾으려는 운동이다. 19세기에 팔레스트리나 숭배를 주창한 그룹은 보수적인 체칠리아주의자들만이 아니었다. E.T.A. 호프만 같은 프로테스탄트 낭만주의 아방가르드 예술가들도 있었다. "어떤 장식도 선율의 도약도 없이 거의 완벽하게 잘 어우러지는 화음들이 잇따라 등장하여 말로 표현하기 힘든 강하고 과감한 힘으로 사람들의 마음을 휘어잡아 최고조로 끌어 올린다. 그 화음에는 사랑, 그리스도인들에게 약속된 모든 영적인 것의 조화가 담겨 있다. 소박하고 위엄 있는 팔레스트리나의 작품은 최고의 경건과 사랑으로 받아들여지며 권능과 영광으로 신성을 선포한다. 이것이야말로 진정 다른 세계에서 온 음악이다."

그 다른 세계는 광대했다. 팔레스트리나는 100개가 넘는 미사곡과 375개의 모테트를 작곡했다. 미사곡은 자그마치 열세 권, 모테트는 일곱 권에 이른다. 그는 거의 똑같은 전례 대목을 위해 100번도 넘게 새로운 선율을 창조하거나 옛 선율을 새롭게 변형했다. '키리에 엘레이손(주님, 자비를 베푸소서)'을 탐구하여 100번도 넘게 새로운 음악적 형상을 부여했다. '글로리아 인 엑셀시스 데오(하늘 높은 데서는 하느님께 영광)', '크레도 인 우눔 데움(오직 한 분뿐인 하느님을)', '아베 마리아', '상투스, 상투스, 상투스', '아뉴스 데이'도 100번 이상 작곡했다. 항상 같으면서도 또 항상 새로웠다. 팔레스트리나는 지루해할 틈도 없이 계속 작곡했다. 아니, 지루함은 부적절한 단어이다. 이 음악은 기분 전환이나 오락을 위한 것이 아니기 때문이다. 또 음악회장을 위한 것도, 즐거움을 원하는 청중을 위한 것도 아니었다. 매일 수행되는 그리스도의 희생에 어울리는 음향의 옷을 만들어야 했다. 하지만 엄격하게 규제된 미사에서 완전히 새로운 것을 기대할 수 없는 것처럼, 이 음악에서도 파격적인 놀라움을 기대할 수는 없었다.

팔레스트리나의 음악을 이해하려면, 그의 음악이 어떤 문제를 해결하려 했는지 알아야 한다. 그의 관심은 미사 음악에서 텍스트와 음악의 관계에 쏠려 있었다. 프랑크 그레고리오 성가는 낭독하거나 기도하면서 읊조리는 것이 노래라고 인식했지만, 중세 말과 새로운 근대의 네덜란드와 이탈리아 작곡가들은 시구보다 선율에 우위를 두었다. 팔레스트리나는 다시 텍스트에 집중하고자 했다. 그는 텍스트를 깊이 파고들어 관조적 태도로 신중하게 탐구하고 그것을 음향으로 표현하고 싶었다. 그렇다고 복음 설파처럼은 아니었다. 텍스트가 또박또박 읽히고 설명되고 해석되어 듣는 사람에 의해 받아들여지고 습득되는 게 아니라 음악을 통해 선포되도록 하고 싶었다. 음악은 설교하는 게 아니라 기도하는 것이며, 세상을 향해 이야기하지 않고 온전히 미사 전례 자체에 집중하게 한다. 음악이 미사 속으로 녹아드는 것이다. 이를 위해서는 외부와의 경계를 확실히 하고 내면을 다져야 하는데, 모든 부분을 섬세하게 조정해서 결합하고 상반된 분위기나 감각을 조율해야 한다. 팔레스트리나 음악이 자기 목적에 맞게 그 자체로 완벽한 하모니를 만들어내려면, 감정의 극적인 긴장에 기반한 프로테스탄트 개인주의가 지닌 감각적 강렬함과 정서적 분열을 피해야 한다. 그래야 음향으로 표출되는 하나님의 영광이 듣는 사람들의 영혼 깊숙이 형상화될 수 있다. 더 고귀한 하모니를 위해 모든 세속적이고 유한한 갈등과 모순, 분쟁은 지양된다. 하모니는 온 세상을 밝게 비추며, 그것을 듣는 이들은 적어도 미사 시간 동안만큼은 은혜로움이 충만한 상태로 끌어 올려진다. 이를 위해 팔레스트리나는 단성음악인 것 같은 인상을 주는 다성음악을 발전시켰다. 그러나 그것은 밋밋한 단조로움과는 거리가 멀었고, 모순되지 않는 다채로운 성부, 선율, 음높이, 음색이 정교하게 짜인 구조를 지녔다. 이 요소들은 서로 경쟁하거나 충돌하지 않으며 언제나 자연스럽게 일치를 이룬다. 팔레스트리나는 종종 선율 재료를 전통, 즉 프랑크 그레고리오 성가나 종교적이고 세속적인 민요에서 가져왔다. 그리고 취한 모든 것을 그의 음향적 사고에 맞게 변형해서 자신만의 음악으로 만들었다. 이렇듯 그는 변형하면서 작곡을 했고, 또 반대로 작곡하면서 변형했다.

그런 그가 아니면 대체 누구에게 교황 그레고리오 13세가 트리엔트 공의회와 새로운 미사 조례 규정에 따라 교회음악을 개혁하라고 위임할 수 있었겠는가? 교황은 교서를 통해 교회음악에서 "야만성, 불명료함, 모순, 온갖 장식을 제거해서 경외심을 갖고 더욱 경건한 마음으로 이해하면서 신의 이름을 찬양할 수 있도록 하라"고 요구했다. 가톨릭 인본주의 견지에서 팔레스트리나는 옛 성가로 회귀했고 그것을 변형했다. 그는 한 음절에 많은 음이 붙고 그 탓에 과도하게 늘어져 이해하기 힘든 멜리스마를 최대한 억제했다. 이제 전례 구절은 이해하기 쉬운 방식으로 낭송되었다. 팔레스트리나는 모든 움직임이 가능한 한 일정하고 도약이나 멜리스마가 전체 흐름을 손상하지 않도록 세심한 주의를 기울였다. 그렇게 되자 리듬에도 질서가 잡혔고, 빠른 움직임도 금방 다시 느린 움직임으로 이어질 수 있었다. 그러나 단순함으로의 회귀가 단조로움과 밋밋함을 초래하지는 않았다. 팔레스트리나의 음악은 차분하고 절제되어 있지만, 그 안에는 활기차고 유기적인 무언가가 있었다. 서로 교차하거나 평행하거나 반대되는 성부들의 모든 움직임이 하나로 이어지기 때문이다. 미사 음악은 전례를 염두에 둔 것이므로 대부분이 경직되고 단조롭고 반복적이고 딱딱하게 들릴 수 있는데, 팔레스트리나는 탁월한 화성 감각으로 이를 피해갔다. 그는 순화와 변형의 천재였고, 트리엔트 공의회의 기본 원칙을 교회음악에 적용하는 데 더없이 적합한 인물이었다.

그가 작곡한 〈교황 마르첼로의 미사〉는 나무랄 데 없는 예다. 이 곡은 공의회 논쟁에 극적인 반향을 불러일으키지는 않았다. 작곡 시기도 공의회가 끝나기 한참 전이었고, 어떤 정치적인 의도를 갖고 쓰인 곡도 아니었다. 그런데도 이 미사곡은 트리엔트 공의회가 원하는 신성한 음악이 어떠해야 하고 어떨 수 있는지 잘 보여주고 있다. 아마 팔레스트리나는 1555년에 일찍 세상을 등진 교황 마르첼로 2세를 기리기 위해 1560년대 초에 이 음악을 작곡했을 것이다. 출판은 1567년 로마에서 이루어졌다. 순수해 보이지만, 사실 그의 미사곡은 세속적인 사랑 노래에 기반을 두고 있다. 팔레스트리나가 샹송을 순수한 미사곡으로 변형한 것이다. 오르간이나 다른 악기 반주 없이 일반적인 전례

파올로 베로네세가 그린 〈영광의 마리아와 성인들〉(1565년경). 천상에서 음악이 행해진다면, 천사들이 행하는 음악의 메아리를 지상의 교회음악에서 들을 수 있을 것이다.

부분—키리에, 글로리아, 크레도, 상투스, 베네딕투스, 아뉴스 데이—를 서로 촘촘하게 얽힌 여섯 성부가 부른다. 베이스 두 그룹과 테너 두 그룹이 높은 성부인 알투스(알토)와 칸투스(소프라노)를 지지하고 있다. 한 성부가 부르다가 금방 다른 성부가 합류하곤 하는데, 그러면서 협화음과 불협화음이 촘촘하게 얽힌 네트워크가 형성된다. 그런데도 놀랄 만큼 가사가 명확하고 귀에 쏙쏙 들어온다. 이것은 팔레스트리나가 다성음악도 통일과 단순함의 이상에 부합할 수 있음을 증명해 낸 대단한 성과였다. 그는 각 성부의 선율 라인을 섬세하게 다듬어 잘 결합할 수 있게 했고, 한결같이 불필요한 걸 쳐내고 기본적인 것을 찾아내고 지키려고 애를 썼다. 팔레스트리나는 이런 식으로 음악 전통을 가다듬고 정화했다.

팔레스트리나의 이 미사곡이나 다른 곡들이 실제로 어떻게 들렸는지는 알 수 없다. 〈교황 마르첼로의 미사〉가 순수한 성악곡(특히 시스티나 성당에서 선보이는 경우)이긴 했으나 때로는 반주가 더해지기도 했다. 그렇다면 어떤 악기가 반주했을까? 그가 오르간에 특별한 의미를 두지는 않았던 것 같다. 합창의 편성도 정확하게 재구성하기는 어렵다. 규모가 작아도 분명 실력이 출중한 성악 앙상블이 불렀을 것이다. 그들은 어떻게 불렀을까? 그 당시에는 기록된 음악과 행해지는 음악이 서로 달랐다. 악보는 있는 그대로 따라 해야 하는 고정된 도안이 아니라 어느 정도 자유가 허용되는 울타리였다. 이 음악에서 두드러지는 특성은 고요함, 명확함, 단순함이었을 것이다.

〈교황 마르첼로의 미사〉에서는 미사 전례, 전례 가사, 음악이 완전한 하나를 이룬다. 다양한 성부가 어우러져 조화로운 전체를 구성하고, 그 전체는 절대 단조롭지 않으며 생생하고 풍요로운 변화가 돋보인다. 노래는 격정적으로 끓어오르지 않고 유유히 흘러간다. 언젠가 끝이 난다는 사실이 믿어지지 않을 정도이다. 영원히 그렇게 흘러갈 것만 같기 때문이다. 그런 점에서 이 곡은 영원을 향한 기독교적 희망을 잘 표현해 냈다. 성부들이 흩어졌다가 가까워지고 갈라섰다가 다시 합쳐지고, 각각 그리고 함께 어울리며 밀려났다가 밀려온다. 듣고 있으면, 일렁이는 파도의 물결이 눈앞에 보이는 듯하다. 성부들은 강하게 움직였다 약하게 움직였다 하고, 잔물결과 거품을 일으키기도 하고, 다시 가라앉고, 서로 겹쳐지고 이쪽으로 밀려왔다가 다시 물러난다. 완전히 평화로운 가운데 시작도 끝도 없이 계속해서 움직인다. 프랑코 그레고리오 성가도 바다에 비유할 수 있다. 토마스 만의 말대로, "바다는 단순한 경치가 아니라 영원, 공허, 죽음을 경험하게 해주는 형이상학적인 꿈"이기 때문이다. 팔레스트리나의 미사 음악이라는 바다는 덜 혹독하고 부드럽고 유쾌하고 밝은 진정한 태평양이다. 폭풍우도 없고, 흔들리며 춤추는 파도는 아무도 위협하지 않는다. 이 바다 앞에 서 있으면 한없이 작아지는 듯한 느낌이 든다. 두렵거나 부끄러운 게 아니라 더 높은 곳으로 들어 올려졌다고 느껴진다. 경외심이 느껴지고 어떤 숭고함에 매료되고 영원을 향한 강렬한 열정에 사로잡히며 두려움 없는 공포가 느껴진다. 이 음악에 빠져들면 멈출 수가 없다. 낭독이 시작돼도 좀처럼 음악에서 헤어나올 마음이 들지 않는다.

여기서 잠깐 딴 얘기를 해야겠다. 천상과 지옥이 존재하듯, 밝은 빛을 비추는 이 음악에도 어두운 면은 있다. 이런 종류의 이탈리아 교회 음악은 거세된 남자들에 의해 불리기도 했다. 중세시대만 해도 서유럽에는 동방 교회와 달리 카스트라토가 없었다. 16세기 말, 17세기에 와서 카스트라토는 이탈리아 고위 성직자들의 궁정 예배에 투입되고 오페라 무대에도 섰다. 이후 오페라에서는 자취를 감추었지만, 그 뒤로도 한참 동안 교회 성가대는 물론이고 바티칸에서도 카스트라토를 찾아볼 수 있었다. 이탈리아와 바티칸에서 거세가 엄중한 처벌을 받았음에도 말이다. 희한한 일이지 않은가. 잔인하게 거세당한 남자가 부르는 성스러운 음악을 별 거부감 없이 들을 수 있었다는 사실이 도무지 믿기지 않는다. 특권층 성직자들이 경건한 음악을 즐길 수 있도록 수많은 소년이 고통받아야 했다. 수천에 이르는 어린아이들이 납치당하거나 장사꾼에게 매수당한 가난한 부모에 의해 팔려서 은밀하게 거세당했고 다시 팔렸다. 수술 중간에 혹은 합병증으로 목숨을 잃는 아이도 부지기수였다. 재능을 살려 교육 혜택을 받고 음악 경력을 쌓을 수 있었던 아이들은 극소수에 불과했다. 대부분은 신체가 절단되고 훼손된 채 살아가야 했다. 1903년에 와서야 가톨릭 교회음악의 장려를 위해 교황이 이 야만적인 현상을 완전히 금지했다. 마지막 카스트라토는 1922년에 세상을 떠났다. 그의 이름은 알레산드로 모레스키였다. 팔레스트리나는 어땠을까? 이 불운한 사람 중 누군가와 같이 연습하고 음악을 선보이면서 그는 과연 무슨 생각을 했을까? 아마 그리 많은 생각을 하지는 않았을 것이다.

다시 음악 이야기로 돌아가 보자. 예배 참석자와 청취자가 음악에 귀 기울이고 음악을 통해 희생 제사에 몰두하게 되면, 음악은 자기 목적을 이룬 것이다. 음악이 굳이 가사 내용과 종교적 메시지의 지적인 습득을 위한 안내자 역할까지 자처할 필요는 없다. 종교개혁의 찬송가와 달리 이 음악에는 해석과 이해, 자기 수용, 내적인 파악을 위한 여지가 존재하지 않는다. 트리엔트 미사가 그렇듯, 이 음악도 적극적인 참여를 위해 구상된 것이 아니기 때문일 것이다. 바다는 그저 바라보는 대상이다. 사람들은 바다 앞에 서서 바라다보고 귀 기울이지만, 그것을 이해하거나 물결치는 파도에 올라타려 하지 않는다. 그 앞에서 휴식을 취하고 평화를 찾을 뿐이다. 사람들은 천국을 발견하고 한없이 빠져든다. 사람들이 기본적인 신념, 취향, 그날의 기분에 따라 그것을 어떻게 느끼고 판단하든, 이 음악은 자신이 추구하는 바가 분명하고 확실하다. 이것은 함께 기도하면서 듣는 음악이다. 이런 점에서 볼 때, 이 음악은 수도승들이 함께 부르기 위해 만들어진 프랑코 그레고리오 성가와는 근본적으로 다르다. 또 목사든 평신도든 상관없이 모든 성도가 함께 어우러져 하나님과 그의 구원 행위를 찬양하는 종교개혁의 찬송가와도 확연히 다르다. 팔레스트리나의 미사에서는 참여와 함께 노래하기가 허용되지 않는다. 왜냐하면 그것이 일반인에게 너무 까다로울 뿐더러 사제가 단독으로 수행하는 미사를 위한 음악이기 때문이다. 일반 신자들은 지켜보고 듣기만 한다. 신자들의 직접적인 참여 금지는 사회적인 이유 때문이기도 한데, 이것은 궁정 음악이었다.

음악적 에큐메니즘* - 팔레스트리나에서 쉬츠까지

조반니 피에를루이지 다 팔레스트리나를 고전적인 다성음악의 정점을 이루고 구(舊) 양식(stile antico)을 완성한 시대의 주역으로 소개하는 것은 당연한 일이다. 물론 그는 혼자가 아니었다. 그와 함께 혹은 그의 후대에 근대적인 가톨릭교회와 전례에 적절한 음악적 양식을 마련하기 위해 많은 이들이 노력했다. 그 많은 사람 중에서 대표적인 한 명을 꼽자면, 팔레스트리나와 거의 비슷한 시기에 살았던 오를란도 디 라소가 있다. 팔레스트리나보다 약간 어린 오를란도 디 라소는 1532년에 태어났지만, 세상을 떠난 해는 1594년으로 팔레스트리나와 같다. 팔레스트리나가 거의 전 생애를 로마에서 보낸 것처럼, 디 라소는 알프스 너머의 뮌헨 궁정에서 40년 넘게 카펠마이스터로 활동했다. 그 역시 광범위한 작품을 남겼다. 70개가 넘는 미사곡과 500개의 모테트, 100개가 넘는 마니피캇(성모 마리아 송가)이 있고, 그밖에 수난곡과 다른 종교곡도 있다. 로마의 동료 음악가와 달리 그는 세속 음악도 비슷한 정도로 남겼다. 그러나 그에게 주목해야 하는 이유는, 많은 작품 수 때문이 아니라 신성한 음악에 그에 적합한 순수성을 부여하고 텍스트를 극적으로 연출하고 해석해 내는 그의 능력 때문이다. 그는 팔레스트리나보다 더 대담했고, 그가 만들어낸 리듬과 선율은 더 창의적이었다. 더군다나 기악에 더 많은 자유를 허용했다. 그 덕에 극

---

* 에큐메니즘은 기독교의 다양한 교파를 초월하여 모든 교회의 보편적인 일치와 결속을 도모하는 신학적 운동이다.

적이고 외향적으로 느껴지는 음악 효과는 그를 팔레스트리나와 비교했을 때 기도자라기보다는 설교자처럼 보이게 한다. 그 결과, 오를란도 디 라소는 자신의 교회를 뛰어넘어 엄격한 스타일을 대표하는 음악가로 자리를 잡았고, 신흥 루터파 교회음악에까지 영감을 주고 큰 권위를 행사했다.

음악은 자신의 한계를 스스로 정한다. 외부의 권위에 의해 설정된 구역을 당당히 무시한 채 공식적인 입출국 규정, 수출입 규정을 신경도 안 쓰고 자유롭게 돌아다닌다. 교회음악은 일감과 생계를 제공하는 기관에 묶여 있을 수밖에 없지만, 거장들은 음악 자체의 논리가 자신을 따라오라고 명령한다거나 그렇게 느끼면 언제든 과감하게 종교적 틀을 벗어던진다. 이 당당함은 팔레스트리나와 적대적이면서 서로 보완적 역할을 하는, 개신교의 한 천재 음악가에게서도 발견되었다.

하인리히 쉬츠는 정확히 마르틴 루터와 요한 제바스티안 바흐의 중간에 있었다. 쉬츠는 루터보다 대략 100년 뒤, 바흐보다 정확히 100년 전인 1585년에 태어났다. 재능이 뛰어난 그는 카셀 궁정 학교에서 철저한 교육을 받았고, 그곳에서 막 음악에 눈뜰 시기에 팔레스트리나와 디 라소의 작품을 접하게 되었다. 이런 식으로 쉬츠는 음악적 에큐메니즘의 정신 속에서 자라났고, 청년 시절에는 교회음악의 또 다른 중심지인 이탈리아의 베네치아로 가서 꼬박 4년 동안 조반니 가브리엘리 곁에서 일하고 공부했다. 가브리엘리는 뮌헨에서 디 라소에게 음악을 배운 적이 있었다. 베네치아에서 쉬츠는 그곳의 다성음악 전통에 심취했는데, 로마의 팔레스트리나 음악보다 더 극적이고 표현력도 풍부했다. 이는 틀림없이 쉬츠에게도 결정적인 영향을 미쳤을 것이다. 그는 가톨릭 지역인 베네치아에서 작곡가가 되었다. 쉬츠는 독일 루터파에 속했지만, 그와 전혀 다른 방식의 음악으로 예배를 형상화하는 데 전혀 거리낌이 없었다. 고용주에게도 문제가 되지 않았던 모양이다. 베네치아에서 돌아온 쉬츠는 곧 드레스덴 궁정 예배당의 카펠마이스터가 되었고, 1672년 세상을 떠날 때까지 그 자리를 지켰다. 30년 전쟁마저도 이탈리아 가톨릭 교회음악을 향한 그의 사랑에 걸림돌이 되지 않았다. 전쟁이 일어나고 10년쯤 지난 뒤 그는 최신 음악 경향을 탐구하기 위해 베네치아를 두 번째로 방문했다. 그때 팔레스트리나와 디 라소 이후 최고의 가톨릭 작곡가인 클라우디오 몬테베르디를 만났을 가능성이 크다.

물론 프로테스탄트인 쉬츠가 작곡에서 중점을 두는 부분은 가톨릭계 스승들과는 달랐다. 그가 중요하게 생각한 것은, 미사 전례가 아니라 성경 말씀, 특히 시편이었다. 쉬츠는 예배에 광채와 깊이를 부여하고 개별 신도들이 이를 받아들이고 내면화할 수 있게끔 시편을 음악으로 옮기고자 했다. 그의 음악이 팔레스트리나의 음악보다 더 성경적이고 개별적이긴 해도 그 역시 예배를 위한 것이긴 했다. 다만, 다른 전례적인 아이디어를 제공할 뿐이었다. 그가 곡을 붙인 텍스트는 직접 전례의 형태를 띠지 않은, 개인적인 메시지, 믿음을 가진 자아의 고백, 기도하고 환호하고 불평하고 한탄하고 기뻐하는 영혼의 자기표현이었다. 쉬츠는 고전적인 다성음악에 기반을 둔 채 주관적인 새로운 예술의 길을 개척했다. 당시에는 교파의 경계를 넘어서는 이러한 경향이 팽배해 있었다. 한편 모든 성부가 동등하게 취급되던 기존의 폴리포니가 하나의 저음 성부 위에서 하나 혹은 둘의 높은 성부가 비교적 자유롭게 움직이는 새로운 폴리포니로 바뀌었다. 이로써 가사를 더 개인적이고 감정적이며 극적으로 해석할 수 있는 새로운 가능성이 열렸다. 이를 기반으로 몬테베르디는 큰 성과를 남겼고, 그것은 쉬츠에게로 이어졌다.

쉬츠는 루터파 교회가 절실히 필요로 하는 음악적 발전을 이끌었다. 마르틴 루터와 요한 발터 이후 종교개혁 음악은 침체기를 겪었고 여기서 회복하는 데 꼬박 한 세대가 걸렸다. 그렇다고 프로테스탄트 음악의 새로운 부흥이 쉬츠 혼자의 힘으로 이루어진 것은 아니었다. 그보다 앞서 요하네스 에카르트나 미하엘 프레토리우스 같은 음악가가 있었고, 쉬츠와 연령대가 비슷하고 성의 첫 세 글자가 같은 사무엘 샤이트와 요한 헤르만 샤인도 있었다. 이 '세 명의 Sch'보다 20년 정도 뒤에 출생한 시인 세대의 역할도 중요했는데, 파울 게르하르트, 요한 리스트, 파울 플레밍 등이 여기 해당한다. 이들 작곡가와 시인은 힘을 합쳐 라틴어로 된 옛 교회음악을 독일어로 낭송하고 노래하도록 인도하고 가르쳤다. 이를 통해 음악에는 더 무한한 가능성이 열리게 되었고, 쉬츠는 이를 시편, 오라토리오, 수난곡, 모테트, 협주곡을 아우르는 광범위한 작품으로 보여주었다. 그가 선보인 성악 폴리포니, 자유로워진 기악, 주관적인 가사 해석은 바로크와 르네상스를 이어주는 다리 역할을 했다. 쉬츠는 이렇게 진보적인 행보를 보이면서도 이탈리아의 스승인 가브리엘리, 모델로 삼은 팔레스트리나, 디 라소와의 연결의

끈을 놓지 않았다. 세상을 떠나기 2년 전에는 옛 팔레스트리나 스타일의 추모 음악을 직접 주문했다고 한다. 만약 이게 사실이라면, 팔레스트리나는 가톨릭 교단의 고전적 미사 음악 창시자일 뿐만 아니라 바흐 이전의 가장 중요한 루터파 작곡가를 위한 장례식에 음악적 영감을 준 음악가이기도 하다. 이는 공적인 경계에 구애받지 않고 음악이 자신의 선조, 형제, 스승, 친구를 자유롭게 선택하는 멋진 본보기가 되었다.

음악이 오래된 경계를 극복하는 데 성공했을지 모르나 그것을 통해 또 다른 경계가 생겨났다. 즉 루터-가톨릭 교회음악의 에큐메니즘 이면에는 어두운 면도 있었다. 프로테스탄트는 음악을 통해 루터파와 칼뱅파로 갈라지고 분열이 더욱 심화했다. 루터파 교회가 성찬식을 강조하고 화려한 양상의 가톨릭 교회음악에 더 가까워질수록 전례에 관심이 덜하고 음악적으로 빈약한 프로테스탄트 개혁 세력과는 점점 더 멀어졌다.

오해의 소지가 생기지 않도록 마지막으로 몇 가지 사항을 수정, 보완해야 할 것 같다. 팔레스트리나는 거의 평생을 미사 음악 작곡에 전념했지만, 회중이 부를 노래가 필요하다는 생각도 했다. 사제를 위한 대규모 전례의 연출에만 몰두한 게 아니라 성직자와 평신도의 구분이 의미가 없는 경건한 작은 모임을 위해서도 나름의 역할을 했다. 그는 공식적으로 교황청 작곡가였고, 개인적으로 필립보 네리의 친구였다. 네리는 상냥하고 명랑하며 대단히 훌륭한 성인이었다. 그는 가톨릭교회의 개혁이 교회 정책, 공의회 논쟁과 관련된 사항에만 머무르는 게 아니라 깊고 활력 넘치는 새로운 신심을 끌어낼 수 있다고 보았다. 이 사제에게는 사람들을 자기 곁으로 끌어모으는 재주가 있었다. 네리는 큰 교회를 떠나 작은 기도실, '오라토리오(oratorio)'를 마련했다. 눈에 띄지 않는 이 가정 교회로 그는 함께 성경을 읽고 읽은 내용에 관해 대화하기를 원하는 모든 이들을 초대했다. 사람들은 한자리에 모여 경전을 공부하고 성인 이야기를 서로 낭독하고 설교를 듣고 영적 수련에 몰두했다. 또 병들고 가난한 사람과 순례자를 도왔을 뿐만 아니라 음악을 듣고 직접 행하기도 했다. 물론 이 모든 건 대중들의 언어로 이루어졌다. 그것은 성당의 음울함이 끼어들 틈이 없는 즐거운 회합이었다. 교황청 소속 가수들도 여기에 합류했는데, 그중에는 팔레스트리나도 있었다. 팔레스트리나는 동년배인 네리를 자신의 고해 신부로 삼았고, 네리는 자신의 목적을 위해 팔레스트리나의 음악적 재능을 활용했다. 이탈리아 민요를 사랑했던 네리는 이를 이용하여 사람들을 감화시키고 싶었다. 그러기 위해선 이 민요를 더 높은 음악적, 영적 수준으로 끌어올릴 수 있는 팔레스트리나가 필요했다. 그리하여 서서히 새로운 교회음악 장르인 오라토리오가 탄생하게 되었다.

오라토리오는 처음에는 작은 규모였다가 점차 커졌으며, 주로 성경과 밀접한 관련이 있는 가사를 읊거나 불렀지만 때로는 가사를 자유롭게 창작해서 부르기도 했다. 네리가 직접 지은 텍스트도 많았다. 1571년부터는 팔레스트리나가 정기적으로 음악을 책임졌다. 그로부터 150년 이상이 지난 다음, 이 새로운 장르는 요한 제바스티안 바흐에게서 최고의 절정을 맞이하게 된다. 바흐의 크리스마스 오라토리오를 들을 때에는 현재 가장 널리 알려지고 사랑받는 개신교 교회음악이 실은 로마 가톨릭 종교개혁의 작은 신심 운동에 기원을 두고 있으며 그 음악적 토대를 마련한 사람이 팔레스트리나라는 사실을 잊지 말아야 한다.

5
오르간,
영원의 악기

체칠리아, 교회음악의 수호성인?

오르간은 교회음악의 전형적인 악기로 여겨진다. 오르간 없는 교회는 줄 없는 피아노와 다를 바 없어 보인다. 오르간은 설교단, 제단, 세례대에 이어 유럽의 모든 교회 건축에 속하는 네 번째 기본 요소이다. 한편 초창기 기독교도에게는 오르간이 이교도적이며 신과 무관한 것이었다. 그런 오르간을 교회 안으로 들여오기 위해서는 설득력 있는 특별한 수호자가 필요했다.

고대에 로마 명문가 출신의 젊은 여성이 있었다. 기원후 3세기 정도에 살았을 것으로 추정된다. 그녀의 믿음은 좀 특별했는데, 그녀는 음악과 사랑을 둘 다 증오했다. 그녀는 일찍이 평생 동정녀로 살기로 비밀리에 서약했지만, 그녀의 부모는 그녀를 강제로 이교도 청년과 결혼시켰다. 그녀는 결혼식이 끔찍하지 않은 척해야 했고 연회장에서 흥겹게 울리는 악기 소리를 견뎌야 했다. 이교도적 음향이 자신의 숨겨진 관능을 일깨울까 봐 두려웠지만 차마 순종적인 딸과 신부의 역할을 내팽개치고 떠날 수 없었던 그녀는, 세속적인 욕구를 등진 채 마음속으로 신을 향해 조용히 노래를 바쳤다. 겉으로 티 나지 않도록, 입으로가 아니라 마음으로 찬미가를 불렀다. 그녀의 소망은 실현되었다. 악기 소리는 그녀에게 닿지 않았고, 축제 음악은 그녀에게 들리지 않았다. 그녀는 순결을 지켰다. 그것만이 아니다. 그녀의 신심은 신랑에게도 전달되어 첫날밤에 그를 가톨릭으로 개종시켰고 두 사람이 함께 그녀의 순결을 지켜나가기로 했다. 전문용어로는 '영적 결혼'이라고도 한다. 그러나 이 신성한 결합은 오래가지 못했다. 신랑과 신부가 모두 순교 당했기 때문이다.

12세기 정도 지난 뒤, 체칠리아는 사람들의 기억 속으로 다시 소환되었다. 중세 말은 성인 숭배가 성행하던 시기였다. 모든 장소, 계층, 직종에는 저마다 수호자, 특별한 후원자가 있어야 했다. 떠돌이 음악가, 음악가 길드, 음악 단체도 이런 필요성을 느꼈다. 그러나 이를 실현하기는 쉽지 않았다. 고대 성인 순교자 중 음악을 향해 헌신적인 사랑을 품은 경우가 눈에 잘 띄지 않았기 때문이다. 때마침 음악가들이 체칠리아 전설에 대한 잘못된 정보와 해석을 접하게 되었는데, 체칠리아가 자기 결혼식에서 직접 오르간을 연주하며 노래를 불렀다는 것이다.

원래 초창기 기독교의 체칠리아는 모든 형태의 음악을 멀리했다.
그러나 전설은 그녀를 교회음악의 수호자로 둔갑시키고 오르가니스트로 만들었다.
뮌헨의 알테 피나코테크에 소장된 1501년의 성 바르톨로메오 제단 중앙에는
그런 체칠리아 성녀의 모습이 담겨 있다.

5. 오르간, 영원의 악기

사람들은 감지덕지하며 이 왜곡된 전설을 받아들였고 체칠리아를 교회음악의 수호성인으로 선언했다. 그때부터 회화에서는 순교자의 상징물로 검, 관, 종려나무 가지 이외에 오르간이 등장하게 된다. 체칠리아 성녀는 대부분 소형 오르간을 팔에 안고 있다. 그 때문에 그녀는 마치 하프를 연주하는 다윗 왕의 쌍둥이 누이처럼 보이고, 이로써 둘은 한 쌍을 이루게 되었다. 이제 다윗과 체칠리아는 교회음악의 성인, 성녀가 되었다.

중세의 성인 숭배에서 흔히 볼 수 있는 이러한 현상은 단순한 오해에서 비롯된 것이었을까? 아니면 고의적인 위조였을까? 혹은 이 두 가지가 혼합된 것이었을까? 다른 사람도 아닌 체칠리아를 성스러운 교회음악의 대리인으로 앉힌 것은, 완전한 잘못이다. 그러나 때로는 그 그릇됨 속에 깊은 의미가 숨겨져 있기도 하다. 여기서는 중세에서 근대로 넘어가는 시기에 음악이 형상화할 성인을 찾을 정도로 강해졌다는 사실에 주목해야 한다. 음악은 마침내 전통적인 미학적 금욕주의와 음악에 대한 적대감을 극복하고 교회 안에서 자기 권리를 주장할 정도가 되었다. 그것은 획기적인 진전이었다. 예술, 특히 음악이 교회를, 주변 문화 세계를 지나치게 경계하는 폐쇄된 공간으로 남아 있도록 내버려 두지 않았기 때문이다. 예술은 교회를 개방하고 교회가 외부 문화에 침투하여 다양한 상호 교류의 결실을 볼 수 있도록 만들었다. 체칠리아 성녀가 교회음악의 수호자가 되었으니, 음악이 교회 안으로 들어왔다는 사실을 이젠 누구도 부정할 수 없었다.

체칠리아 숭배는 15, 16세기에만 한정적으로 존재했던 게 아니다.

19세기에도 이 수호성인은 가톨릭 내에서 보수적인 음악관의 상징이었다. 교향악이 교회음악에 영향을 주지 못하게 억누르고 구 양식, 본래의 순수한 성악을 규범으로 삼으려는 사람들이 '체칠리아 운동'이라는 기치 아래 모여들었다. 한편 이 시기에 프랑스의 작곡가 샤를 구노는 합창, 독창, 오케스트라를 위한 〈성 체칠리아 미사〉를 작곡했다. 이 미사곡은 1855년 11월 22일, 성녀 체칠리아 축일에 파리의 생퇴스타슈 성당에서 초연되었다.

　진보적인 작가 중에도 체칠리아에 열광하는 이들이 있었다. 가령 하인리히 폰 클라이스트는 끔찍하면서도 경건한 『성 체칠리아 또는 음악의 힘』이라는 단편 소설을 썼는데, 성상 파괴가 횡행하던 시절에 벌어진 전대미문의 사건을 다룬 것이다. 이야기의 무대는 16세기 후반의 아헨이다. 네 명의 프로테스탄트 청년이 성 체칠리아 수도원을 습격하여 파괴하기로 약속한다. 교회와 힘없는 수녀들을 지켜 줄 사람은 아무도 없었지만, 수녀들은 한자리에 모여 미사를 바치고 오라토리오를 부른다. 그 순간 놀라운 기적이 일어난다. 누군가가 오르간을 반주하며 노래를 이끈 것이다. 대체 누구였을까? 반주할 만한 유일한 수녀는 아파서 누워 있었다. '천상의 소리'를 담은 너무나도 아름다운 이 음악에 체칠리아가 직접 참여한 게 틀림없다! 성녀의 음악이 프로테스탄트 교도들에게 위협받는 수도원과 교회를 무사히 지켜냈다. 희한하게도 방자한 네 청년은 그 뒤로 완전히 자취를 감춰 버렸다. 11년 뒤 그들은 한 정신병원에서 발견된다. 그들은 골방에서 함께 먹고 지내며 잠도 거의 안 자고 침묵한 채 쉬지 않고 기도를 올린다. 자정 무렵에는

'글로리아 인 엑셀시스 데오(지극히 높은 곳에서는 하나님께 영광)'를 부른다. 병원에서 그들은 수도원 생활의 황홀경을 즐겼고, 다른 삶은 상상조차 할 수 없었다. 결국 세월이 한참 흘러 고령에 이른 네 사람은 늘 그랬듯이 글로리아 인 엑셀시스 데오를 부른 뒤에 행복하고 평온한 죽음을 맞이한다.

교회음악의 힘을 드러낸 폰 클라이스트의 체칠리아 이야기는 오라토리오나 오페라로 만들어질 만했다. 오페라 〈팔레스트리나〉를 작곡한 한스 피츠너 같은 작곡가가 관심을 두지 않았을까? 20세기의 대표적인 작곡가 벤저민 브리튼이 교회음악의 수호성인에게 현대적인 찬가를 바쳤다. 이를 위해 브리튼은 오래된 영국 전통을 불러냈다. 17, 18세기 영국에서는 해마다 체칠리아 축제가 열렸고, 게오르크 프리드리히 헨델이나 헨리 퍼셀 같은 당대 거장들은 자신들이 작곡한 체칠리아 찬가를 축제에 희사했다. 체칠리아 축일에 태어난 브리튼은 오래전부터 그들의 뒤를 따르고 싶어 했다. 적절한 텍스트를 찾지 못하던 그가 마침내 시인 위스턴 휴 오든을 발견했다. 브리튼은 2차 세계대전 중에 이 노래를 작곡했고, 이는 그의 가장 인기 있는 합창곡이 되었다. 세 부분으로 구성된 오든의 시는 이해하기 쉽지 않았다. 수수께끼 같은 이미지가 음악, 신비로움, 동성애에 관한 사색적인 표현과 뒤섞여 도발적이고 어두운 분위기를 자아내는 시였다. 첫 번째 연에서 오든은 체칠리아의 새로운 전설을 들려준다.

그늘진 정원에서 이 성녀는

경건한 곡조와 절묘한 시편 낭송으로,

죽음이 가까이 온 혹조처럼

고요하게 자신의 노래를 쏟아냈네:

금발의 아프로디테는 자신의 기도를 강력하게 만들기 위해

밀물과 썰물의 도움으로 오르간을 만들었고,

이 거대한 기계에서 쏟아지는 끔찍한 음향이

로마의 공기를 요란하게 뒤흔들어 놓았네.

금발의 아프로디테는 선율에 기뻐하며

흥분해서 일어섰고,

난초처럼 새하얀 그녀는 벌거벗은 채

조개껍데기를 타고 바다 위로 미끄러졌네;

그 매혹적인 음향에 천사들은 춤을 추고

무아지경에서 다시 시간 속으로 돌아왔고,

지옥의 심연에 있는 사악한 자들 주위에서

거대한 불꽃을 깜박이며 그들의 고통을 덜어주었네.

오든과 브리튼은 교회음악의 수호신을 한순간에 오르간의 창시자로 만들고, 철저하게 금욕주의적인 그녀의 이미지를 그와 정반대인 이교도적 사랑의 여신과 결합해 버렸다. 가장 아름다운 노래를 부르는 혹조와 눈부시게 하얀 사랑의 여신이 하나가 되었다. 경건한 전설에 관능적인 비전이 담대하고 찬란하게 겹쳐졌고, 인간은 정신적 음악과 육체적 사랑을 통해 구원받는다. 이 체칠리아 찬가로 아름다움에 대

한 경건한 두려움은 완전히 극복되었으며, 음악과 사랑은 마침내 교회 안에서 자기 권리를 획득했다. 후렴구에서는 이 수호성인에게 신과의 중재를 요청하는 게 아니라 종교 음악이 모든 작곡가에게 영감을 주기를 기원한다.

> 복된 체칠리아여, 모든 음악가에게 모습을 드러내소서,
> 나타나서 영감을 주소서; 고귀한 딸이여, 내려와서
> 불멸의 불꽃으로 작곡하는 이들을 놀라게 하소서.

문제의 오르간

오르간이 누구에 의해 언제, 어떻게 제작되었는지는 아무도 모른다. 팬플루트로부터 발전한 것인가? 기원전 2세기 알렉산드리아에서 최초의 기록이 나왔는데, 물 오르간에 대한 것이다. 최초의 오르간은 어떤 형태를 띠었고 어떻게 작동했을까? 4세기부터는 풀무로 작동하는 오르간에 관한 증거들이 등장했다. 오르간의 음향은 어땠을까? 역할에 관해서는 어느 정도 알려져 있다. 고대 오르간은 축제나 연회, 스포츠 경기나 서커스 시합 같은 온갖 종류의 오락을 위해 사용되었다. 20세기 초의 극장 영화 오르간 시대를 떠올리면 될 듯하다. 한편 무엇보다 중요한 오르간의 역할은 황제의 궁중 의식을 장식하는 거였다. 악기에 적대적이었던 초기 기독교도들에게 오르간은 황제의 힘과 위용, 공포정치를 드러내는 악기이자 악마의 도구였다. 기독교도들은 원형

경기장에서 자신들이 도륙당할 때 울려 퍼지던 오르간 소리를 절대 잊을 수 없었다.

오르간은 콘스탄티누스적 전환을 견뎌내고 기독교 제국에서 가정 악기와 궁정 악기로 자리 잡았다. 서로마 제국이 멸망한 다음에는 동로마 제국에서 살아남아 사치스럽고 화려한 궁정 의식에 사용되었다. 오르간은 황실 혼례, 통치자의 생일이나 회견, 체육 축제를 더욱 빛나게 만들었다. 대중 앞에 선보이는 황권에는 언제나 종교적 특성이 어려 있었지만, 오르간은 신성한 악기가 아니었다. 예배에서는 오르간이 사용되지 않았다. 그 당시는 물론이고 동방 정교회를 계승한 오늘날의 교회에서는 여전히 오르간을 배척하고 있다. 초기 기독교 잔재가 아직도 남아 있는 모양이다.

오르간은 동로마 제국을 거쳐 다시 서유럽으로 돌아왔다. 8세기 말, 프랑크 왕국의 소(小) 피핀이 동로마 제국 황제 콘스탄티노스 코프로니모스로부터 오르간 한 대를 선물 받았다. 9세기 초에는 동로마 제국의 외교 사절단이 또 한 대의 오르간을 아헨으로 가져왔다. 아헨에서는 이를 본보기로 삼아 오르간 제작을 시도했다. 새로운 프랑크 왕국에서도 궁정 의식에 쓰이던 이 악기의 가치를 알아보았던 모양이다. 한편 이와는 별개로 확장해 가는 그레고리오 성가를 지지하기 위해 서쪽과 북쪽 지역의 몇몇 수도원에서 오르간이 사용되었다는 증거가 발견되기도 했다. 그러나 이 중세 초의 오르간들은 악기로서 독자성을 확보하지는 못했다. 그때만 해도 오르간에 성악을 단순히 지지하는 것 이상을 요구하지도 않았고 기술적으로도 가능하지도 않았다.

두 번째 밀레니엄에 접어들면서 예배에서 오르간의 쓰임은 점점 더 많아졌다. 큰 주교좌 성당에는 주로 수도원에서 제작된 오르간이 권위의 상징으로 설치되었다. 고대 교회의 음악적 금욕주의는 힘을 잃었다. 이는 아마 종교적 건축의 발전과 관련이 있을 것이다. 악기와 건축의 역사가 어떻게 상호작용을 미쳤는지 정확히 말하기는 어렵지만, 고딕 건축의 발전이 오르간이 예배의 중심 악기로 자리 잡는 데 한몫한 것 같다. 한편 이러한 전개에 반대하는 목소리도 있었다. 특히 엄격한 수도회에서는 초기 기독교의 비판적 관점을 다시 받아들였지만, 도덕적 항거는 번영과 권력의 증대 앞에 아무런 힘도 발휘하지 못했고 중세 말에 이르면 결국 주교좌 성당, 시 교회, 수도원 교회에서 저마다 오르간을 보유하게 되는 방향으로 역사가 흘러갔다. 고위 성직자만이 아니라 일반 사제들도 오르간의 주문자가 되었다. 오르간이 성행하게 된 데에는 신학적인 근거가 작용했다. 1120년경 보드리 드 돌 주교가 멋진 말로 오르간을 정당화했다. "오르간은 회중의 교화에 특별히 적합한 악기이다. 파이프의 크기, 모양, 음색이 각기 다른데도 모두가 같은 공기의 힘으로 하나의 공통된 노래를 만들어낸다. 이를 본받아 기독교인들도 서로의 차이를 극복하고 하나의 성령으로 감화받아 신앙고백을 함께하고 공동의 찬양을 드려야 한다."

다양한 요인으로 오르간은 크기가 점점 더 커지고 기술적으로 복잡해지고 음악적으로 다채로워져서 더 많은 교회에서 예배의 가치를 높여 주었다. 오르간은 점점 더 번창했고 제한이 줄었으며, 문화적 의미가 한층 섬세해졌고 기술적으로도 진보했다. 파이프의 수가 늘어나고 풀무가 커졌고, 페달의 발명으로 손만이 아니라 발로도 음을 낼 수 있게 되었다. 바람 상자의 발명으로 소리가 생성될 파이프 열의 선택이 가능해졌다. 파이프의 수만 늘어난 게 아니라 음색도 더 다양해졌다. 오르간은 이제 이동이 힘들어졌다. 중세 초기만 해도 포르타티브(휴대용 소형 오르간)만 있었는데, 그보다 큰 포지티브가 개발되었다. 오늘날 일반적으로 사용하는 하모늄과 비슷한 이 실내용 오르간은 교회에서 일정한 자리에 놓였지만, 아직 이동할 수는 있었다. 그러다가 세부적으로 더는 크게 개선할 점이 없을 정도로 오르간은 발전했고 설교대나 제단처럼 성례 가구로서 한 자리에 고정되기에 이르렀다. 크기가 커지고 기동력을 상실함에 따라 오르간을 예술적, 건축적으로 제작할 필요성과 기회가 늘어났다. 교회에서 오르간이 설 자리를 신중하게 선택하고 그 면적과 공간에 어울리게 오르간을 디자인해야 했다. 그 덕에 오르간은 웅장하고 멋진 외관을 갖추게 되었고 화려한 색이 입혀진 보호용 문이 더해졌다. 오르간은 이제 성가를 보조하는 역할에만 머무르지 않고 자신이 직접 예배와 교회음악의 주인공으로 나서기 시작했다. 이에 따라 오르가니스트도 독자적이고 존경받는 직업으로 발전했다. 오르가니스트 중에는 성직자도 있고 일반인도 있었다. 그들은 노래를 반주하고 음정을 맞추며 노래를 보조하는 데에 만족하지 않고 본인들의 연주를 선보였다. 그들의 연주는 예배에서만이 아니라 세속적인 음악회의 초기 형태로도 나타나기 시작했다.

   중세 말, 근대 초의 오르간이 아직은 원시적이었는지 아니면 이미 충분히 발달한 상태였는지에 대해서는 의견이 엇갈린다. 어떤 사람들은 '오르간을 때리다'라는 표현이 일반적이었던 것을 보면, 몇 안 되는 건반을 손 전체나 팔꿈치로 세게 눌러야 했고 따라서 빠르고 선율적이고 리드미컬한 연주는 불가능했을 거라고 주장한다. 반면 '때리다'라는 말을 글자 그대로 받아들여서는 안 되며 '류트를 때리다'라는 표현처럼 손가락 끝의 섬세한 감각으로 건반을 치는 것으로 이해해야 한다고 주장하는 사람들도 있다. 그 당시 오르간이 정확하게 어떻게 제작되었고 어떤 소리를 냈을까? 얼마나 다양한 음을 얼마나 오랫동안 낼 수 있었을까? 공기의 압력은 어느 정도였고 그 압력은 균일했을까? 선율은 얼마나 복잡했을까? 리듬은 단순했을까 아니면 까다로웠을까? 파이프에서 나오는 개별 음을 분명하게 들을 수 있었을까? 아니면 파이프가 동시에 울릴 때 거친 소리가 났을까? 확인할 수 없는 사실은 이것들 말고도 많다.

종교개혁은 오르간에 심각한 타격을 주었고, 극복했다고 믿었던 예술과 사치에 대한 반감을 또다시 불러왔다. 성상 파괴만이 아니라 오르간 파괴까지 초래했다. 1527년, 개신교의 열성 신도들이 취리히 그로스뮌스터의 오르간을 파괴했다. 종교개혁에 심취한 사람들은 츠빙글리의 말대로 오르간을 '교황을 위한 악마의 도구'라고 생각했다. 츠빙글리처럼 종교개혁가 칼뱅도 오르간에 대해서 그리 호의적이지 않았다. "오르간이나 이런 종류의 온갖 다른 장난감으로 신에 대한 숭배를 더욱 가치 있게 만들 수 있다고 믿고 그렇게 신전을 장식하는 것은, 교황권에서 유대교 숭배를 아주 우스꽝스럽고 어색하게 모방한 것이다. 그로 인해 하나님의 말씀과 품격이 더럽혀졌고, 대중은 하나님의 말씀을 이해하는 것보다는 외적인 의식에 더 치중하고 만족하게 되었다." 반면 루터는 그보다는 관대한 입장이었는데, 오르간에 그리 큰 관심을 두지 않았다. 예배에 관한 글 어디에서도 오르간을 직접 언급하지는 않았다. 어쨌든, 이 "유익하지 못한 교황의 리라"(한 종교개혁가가 오르간을 이렇게 불렀다)는 교회에서 추방당하거나 엄격하게 제한되었다. 오르가니스트에게는 회중 찬양을 시작하고 반주하는 임무만 주어졌다. 1532년 교회 규율이 정한 대로 그는 신도들이 '기도의 마음과 친밀감'을 갖도록 노래보다 조금 앞서 연주를 시작하고 조금 늦게 끝내야 했다.

오르가니스트는 명성과는 거리가 멀었다. 심지어 교사, 시의회 서기, 수공업자가 겸직하는 부수적인 직종으로 퇴보했다. 반면, 가톨릭 오르가니스트를 용인하는 곳도 많았다. 그럼에도 오르간에 대한 개신교의 반감은 꽤 오래갔다. 1665년에도 로스토크의 신학자 테오필루스 그로스게바우어가 공개적으로 거침없이 오르간을 비판하기도 했다. "오르가니스트가 저기 앉아 연주하며 예술을 선보이고 있다. 한 사람이 예술을 선보이는 동안, 예수 그리스도의 전체 회중은 그 자리에 앉아서 파이프 음향을 들어야 한다. 그 소리가 회중을 졸리고 게으르게 만든다. 누군가는 자고, 누군가는 떠들고, 누군가는 굳이 그럴 필요가 없는데 쳐다보고 있다. 또 누군가는 읽고 싶어 하지만, 글을 배우지 않았으므로 그럴 수가 없다. 회중 찬송가를 불렀다면, 이를 통해 잘 배울 수 있었을 텐데. 개중에는 기도하고 싶은 사람도 있지만, 오르간의 울림과 소리가 몰입을 방해하기에 그럴 수 없다."

그러나 오르간의 음향과 울림에는 제아무리 훌륭한 신학적 근거로도 떨쳐낼 수 없는 무언가가 있었다. 결국 오르간은 루터파 교회와 심지어 개혁파 교회에서까지 영구적인 입주권을 확보하는 데 성공했다. 오르간이 훌륭한 악기였으므로 무작정 분위기가 무르익을 때까지 기다리기만 했던 건 아니고, 나름의 음악적 접점을 찾아냈다. 루터파 교회에서는 그 접점이 회중 찬양이었다. 회중 찬양은 음악적으로 예배의 심장 같은 거였다. 그런데 회중은 아직 충분한 교육과 훈련이 이루어지지 않은 상태였으므로 찬양의 인도자가 필요했고, 그 역할을 오르간이 맡았다. 루터의 코랄은 전주와 후주에서 오르간에 음악적 확장과 변형을 기꺼이 허용했다.

한편 개혁파 교회의 경우는 좀 달랐는데, 그곳에서는 시편을 불렀으므로 굳이 반주가 필요치 않았다. 그런데도 많은 오르간이 명맥을 유지했다. 예배에서 아무 역할도 하지 않는 오르간으로 뭘 할 수 있었을까? 이동이 쉬운 악기는 시민들의 가정 음악으로 유입되어 새로운 전성기를 누릴 수 있었다. 그에 따라 오르간은 세속화되었다. 또 교회에 머무를 수밖에 없는 큰 오르간 역시 세속적인 악기로 변했다. 교회의 오르간은 세속적인 음악회를 위해 쓰이게 되었다. 많은 경우에 오르간은 시 소유였고, 오르가니스트는 시 소속이었다. 네덜란드에서는 지금도 그런 경우가 많다. 오르간 주자들은 예배 시간에는 할 일이 없었지만, 나중에 시민들의 흥을 돋우거나 광장의 청중들에게 즐거움을 선사하는 역할을 했다. 사람들은 기본적으로 음악을 좋아했다. 게다가 음악적 평판과 소문이 좋지 않은 레스토랑이나 여인숙을 대신할

15세기 휘호 판데르 휘스의 그림. 오르간은 천사를 위한 악기였는가?

만한 무언가 새로운 대안이 있어야 했다. 아직 시민들을 위한 음악회장은 없을 때였고, 그래서 그들의 음악적 욕구를 채워주기 위해 사람들을 교회로 초대했다. 17세기 초 네덜란드에서는 처음으로 교회 음악회, 정확히 말해 교회에서 열리는 세속 음악회가 생겨났다. 교회는 문화의 장이 되었고, 이 문화로부터 예배는 엄격하게 분리되어야 했다. 오르간 음악을 향한 사랑은 점점 더 커졌고, 18세기 네덜란드에서는 하우스 오르간을 갖춘 개별 주택들이 꽤 많았다. 시청과 같은 공공건물에도 오르간이 설치되곤 했다.

다른 형식의 음악이나 공연예술에서처럼, 오르간에서도 신학적으로 정당화된 예술에 대한 반감이 도리어 예술의 발전을 촉진하는 역설적인 현상이 나타났다.

예술의 기술과 기술의 예술

16세기, 오르간은 그간의 길고 뒤엉켰던 어두운 역사를 뒤로하고 멋진 음악을 뿜어내는 훌륭하고 세련된 악기로 탈바꿈했다. 이제는 오르간 자체가 하나의 예술품이었다. 그러다가 30년 전쟁이 일어났고 오르간의 음악적, 기술적 진보가 중단되었다. 17세기 말에 가서야 오르간 제작이 다시 시작할 수 있었다. 독일에서는 특히 아르프 슈니트거와 고트프리트 질버만이라는 이름이 유명했다. 대부분의 오르간 제작자들처럼 그들은 한 지역 전체를 자신들의 오르간 사운드로 채웠다. 아르프 슈니트거는 슈타데의 작업장과 함부르크의 노이엔펠데 작업장에서 100대가 넘는 오르간을 제작했다. 그의 오르간은 북독일 지역, 한자동맹 도시들, 북해와 발트해 연안, 올덴부르크, 네덜란드의 프리슬란트와 흐로닝언, 베를린, 마그데부르크 등지에 설치되었다. 때로는 외국으로 납품되기도 했다. 악기의 확산과 그의 수하로 들어온 많은 제자를 통해 슈니트거는 북독일의 오르간 제작에 지대한 영향을 끼쳤다. 그만의 독특한 오르간 음향을 엿볼 수 있는 악기들이 지금까지 많이 남아 있는데, 그중 가장 대표적인 것이 1986~1993년에 대대적인 복구 작업을 거친 함부르크 성 야코비 교회의 오르간이다.

고트프리트 질버만은 스트라스부르에서 그의 형 안드레아스 질버만에게 오르간 제작 기술을 배웠고, 이후 프라이부르크에서 자기 작업장을 설립했다. 질버만은 작센, 튀링겐 지역을 위해 모두 46개의 오르간을 제작했고, 그곳에서는 그의 이상적인 오르간 음향이 지배하는 환경이 만들어졌다. 1753년 드레스덴에서 세상을 떠난 뒤에도 그는 제자들을 통해 오랫동안 영향력을 행사했다. 슈니트거와 질버만은 개별 작업으로 오르간 제작과 음향의 지역 전통을 일구어낸 많은 소규모의 오르간 작업장을 대표하는 일례일 뿐이다. 오르간 제작은 전 유럽적인 현상이었다. 이탈리아와 프랑스가 중요한 근거지 역할을 했다. 20세기 네오 바로크 양식의 오르간 운동이 일어나기 전까지 19세기에 새로운 오르간을 탄생시킨 힘은 낭만주의였다.

독일어권에서 눈여겨봐야 할 사람이 있는데, 신학자 알베르트 슈바이처와 표현주의 작가 한스 헤니 얀이다. 잘 알려지지는 않았지만, 두 사람은 중요한 오르가니스트였다. 1906년, 슈바이처는 『경고: 진정한 오르간으로의 귀환』이라는 글을 발표하고 그 무렵 등장한 독일의 '기계식 오르간'을 비판했다. 그렇다고 그의 비판이 악기의 역사적인 복원 과정에서 광범위한 현대화의 진행을 가로막지는 않았다. 얀의 경우에도 역사적 오르간에 대한 깊은 관심과 현대적인 음향과 구조에 관한 생각이 뒤섞여 있었고, 때로는 그의 생각을 제대로 구현하지 못하거나 그럴 마음이 없는 오르간 제작자들과 갈등을 빚기도 했다. 얀은 1차 세계대전 직후부터 함부르크 성 야코비 교회의 거대한 아르프 슈니트거 오르간의 수리와 복원에 앞장섰으며, 그 경험을 통해 이후 오르간 개혁 운동에 큰 자극을 주었다.

개혁과 반개혁, 진보와 반동은 오르간 제작 역사에서 서로 교차하고 경쟁하고 얽혀들었다. 유행은 계속 바뀌었다. 때로는 유행이 새로운 보물을 탄생시키기도 하고 때로는 역사적인 유산을 무책임하게 파괴하기도 했다. 오르간 제작은 건축과 크게 다르지 않았다.

수 세기 동안 기술은 계속 발전하고 진보했고, 그에 따라 음악적 표현력도 훨씬 풍부해졌다. 오르간은 더 많은 새로운 음향과 음색을 얻었으며 자기만의 독특한 특성을 갖게 되었다. 사실 오르간은 고정된 소리를 지닌 악기로서 바이올린처럼 손가락에 살짝 변화를 주며 음향을 만들어 낼 수 없다. 그 대신 오르간에는 수많은 파이프가 장착되어 있기에 다른 모든 악기의 음역을 충분히 아우를 수 있다. 온갖 종류의 관악기를 재현할 수 있는 파이프들이 있는가 하면, 어떤 파이프들은 현악기 음향을 대신할 수 있다. 오르간 한 대가 거의 오케스트라 전체와 맞먹을 정도이다. 20세기에 와서는 프랑스 작곡가 올리비에 메시앙이 새소리를 묘사한 오르간 음악을 작곡했고, 이로써 음악적으로 인간의 경계를 뛰어넘었다.

　악기가 대체 어떻게 제작되었기에 이렇게 풍부하고 다채로운 음악을 만들어낼 수 있는 걸까? 건반악기와 관악기의 혼합종인 오르간에는 무엇보다 중요한 두 가지 부분이 있다. 하나는 바람을 생성하고 공급하는 부분이고, 또 다른 하나는 파이프와 스톱 장치이다. 오르간에 생명을 불어넣는 것이 바로 공기인데, 오르간 제작에서는 이를 바람이라고 부른다. 19세기 말까지만 해도 여러 명의 보조 인력이 발로 풀무를 작동시켜 바람을 공급했다. 지금은 전기식 송풍기로 대체되었다. 바람은 바람길을 통해 바람 상자로 보내진다. 바람 상자 위에 파이프가 꽂혀 있고, 아래쪽에는 오르가니스트가 건반을 통해 열었다 닫았다 하는 밸브가 있다. 오르가니스트는 연주대에서 손으로는 손 건반을, 발로는 발 건반을 작동시켜 바람이 파이프로 흘러 들어가 소리를 내게 한다. 스웰 박스의 개발로 파이프의 음향을 조절할 수 있게 되었다. 스웰 박스를 닫고 열어 소리를 작게 하거나 크게 할 수 있다.

　이제 파이프와 스톱 장치로 넘어가자. 오르간은 단순한 개별 파이프가 아니라 같은 유형의 파이프들이 모인 파이프 열로 이루어져 있다. 하나 이상의 파이프 열은 스톱으로 통합되는데, 스톱은 버튼이나 손잡이를 당기거나 밀면서 조절한다. 파이프가 꽂혀 있는 바람 상자 안에서 바람이 파이프로 공급되어야 소리가 난다. 이를 위해 파이프에 바람을 공급할 수 있도록 구멍을 낸 나무판으로 만든 슬라이더가 내장되어 있다. 스톱의 손잡이를 잡아당기면, 나무판과 파이프의 구

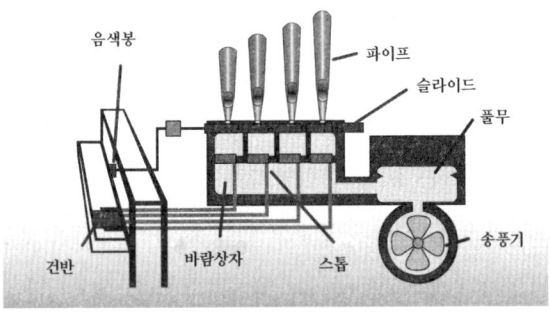

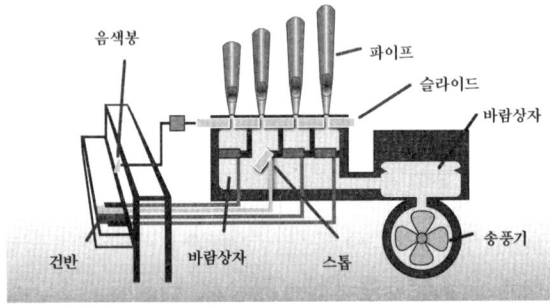

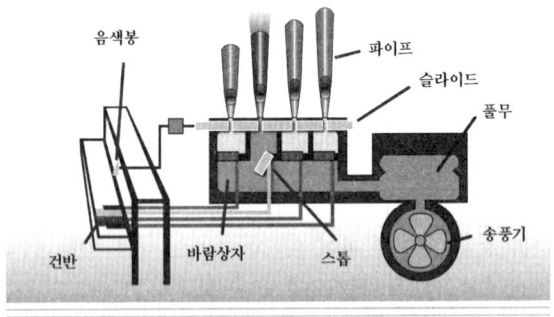

오르간은 모든 악기를 통틀어 가장 복잡한 악기이다. 단순하게 도식화된 세 개의 단면은 차례대로 오르간의 작동 원리를 보여준다. 첫 번째 단면도에서는 파이프가 꽂혀 있는 바람 상자가 닫혀 있다. 가운데 그림에서는 스톱이 열리고 건반을 눌러 개별 파이프의 밸브가 열리고, 세 번째에는 풀무와 송풍기에 의해 바람 상자에 공기가 채워지고 파이프가 소리를 내게 된다.

멍이 정확히 같은 높이에 오고 그러면 바람이 파이프를 울려서 소리가 난다. 스톱의 손잡이를 밀어 넣으면, 구멍이 서로 겹치지 않게 되고 이 스톱과 연결된 모든 파이프에서는 소리가 나지 않는다.

연주할 스톱의 선택 문제는 그 자체로 하나의 기술이며 진정한 오르간 예술로 나아가기 위해 오르가니스트가 통달해야 하는 첫 번째 관문이다. 오르가니스트는 매번 연주하기 전에 악기 상태가 어떤지, 악기가 어떤 소리를 내야 하는지, 어떤 파이프를 사용해야 다양한 음높이, 음색, 음량에서 조화로운 음향을 얻을 수 있는지 고민해야 한다. 이 첫 번째 기술을 제대로 응용하려면 오르가니스트는 악기에 대해 잘 알아야 하고 조합에 대한 감각도 탁월해야 한다. 그래야 제대로 오르간곡을 연주하고 즉흥연주도 할 수 있다. 그런 의미에서 오르가니스트의 예술은 이중적이라고 할 수 있다. 오르간 제작 기술에 대한 이해가 뒷받침되지 않는 예술은 성립할 수 없기 때문이다. 오르가니스트는 파이프의 비율과 크레셴도 페달, 트레몰로와 커플러, 윗입술과 아랫입술, 혼합 음색, 슈, 라켓, 크룸호른, 스르둔, 부르동 같은 전문용어를 확실히 인지하고 있어야 오르간 예술의 풍부하고 독창적인 매력을 충분히 활용할 수 있다.

북스테후데, 뤼베크의 교회 음악적 생활 방식

몇몇 오르가니스트는 국제적으로 유명해졌다. 예를 들어 뤼베크에는 디트리히 북스테후데가 있었다. 그의 생애에 관해서는 알려진 바가 별로 없다. 북스테후데는 1637년경 덴마크의 헬싱외르에서 출생한 것으로 추정된다. 햄릿의 배경이기도 한 이 도시에서 그는 성장했다. 아버지는 오르가니스트였고, 북스테후데는 라틴어 학교에 다녔던 것으로 보아 제대로 된 음악 교육을 받았을 것 같고 나중에 (아마 코펜하겐과 함부르크에서) 오르간 제작과 연주, 작곡과 관련해 더 깊이 있는 교육을 받았다. 1668년, 서른도 채 안 된 나이에 그는 뤼베크를 대표하는 성모 마리아 교회의 오르가니스트가 되었다. 그리고 1707년 세상을 떠날 때까지 거의 40년 동안 그 자리를 지켰다. 그는 젊은 나이에 이미 많은 걸 이루었다. 꽤 높은 임금을 받았을 뿐만 아니라 뤼베크 시민권을 획득했고, 전임 오르가니스트의 딸과 결혼했다. 이는 그리 이상한 일이 아니었는데, 당시만 해도 연애결혼이 없었고 후임자가 전임자의 후손을 돌보는 게 관례였다. 북스테후데 역시 마찬가지였고, 그의 후임자도 그의 딸과 결혼했다.

당시 뤼베크는 북동 유럽의 무역 중심지였다. 그러나 자랑스러운 옛 한자 도시의 전성기는 이미 한풀 꺾인 상태였고, 성벽 안에 우뚝 선 고딕 양식의 화려한 벽돌 건축물은 번영의 상징이었다. 한자동맹은 예전처럼 강력한 정치적, 경제적 힘을 발휘하지 못했으며 영국, 네덜란드와 경쟁하기에도 힘에 부쳤다. 게다가 그곳이 정통 루터파의 요새가 되기를 바라는 그릇된 욕망으로 인해 뤼베크 시민들은 도시에서 소수파를 몰아내는 치명적인 잘못을 저질렀다. 쫓겨난 유대인, 가톨릭교도, 영국인은 함부르크로 이주해서 그곳의 경제를 풍요롭게 만들었고, 뤼베크 문화는 돌이킬 수 없는 쇠락의 길로 접어들었다. 다행히 교회

음악만은 예외였는데, 그것은 교회음악의 눈부신 절정을 끌어낸 북스테후데 덕분이었다.

무엇보다 북스테후데의 '아벤트무지크(저녁 음악)'가 유명했는데, 이는 매년 강림절 기간에 성모 마리아 교회에서 열리는 큰 규모의 독특한 교회음악 음악회 시리즈였다. 다섯 번으로 나뉘어 열리는 아벤트무지크에서는 성경 이야기가 음악적으로 형상화되었다. 이 음악회의 기원에 대해서는 정확히 밝혀지지 않았다. 북스테후데의 전임자 역시 음악회를 이끌었다. 대체 어떻게 해서 교회에서 음악회가 열리게 되었을까? 아벤트무지크에서 선보이는 음악은 종교적이지만 그렇다고 그것이 예배 음악은 아니었다. 아마도 처음에는 시민들을 위한 종교적, 세속적인 평일 음악회로 시작했다가 점점 더 크고 세련된 형태로 발전했을 것이다. 이 새로운 형태의 교회음악이 당연하게 받아들여지지는 않았다. 많은 사람을 대신해서 한 동시대인은 이런 질문을 던졌다. "그것이 진정 하나님의 영광을 위한 것인가? 혹시 사리사욕을 채우기 위한 것이 아닌가? 아벤트무지크에 들이는 정성을 실제 교회음악에 쏟아 더 훌륭하고 멋진 결과물을 얻어 내는 편이 훨씬 더 낫지 않을까? 하나님도 이를 더 흡족해 하시지 않을까?" 재정적인 소모는 물론이고 조직적, 예술적으로도 상당한 노력이 들어갔다. 가령 북스테후데가 1678년에 성경에 나오는 지혜롭고 어리석은 처녀들의 비유를 기반으로 이미 알려진 성가들을 자유롭게 확장해서 작곡한 오라토리오 〈어린 양의 혼인〉이나 〈지상에서 누리는 영혼의 영원한 기쁨〉, 〈가장 끔찍하면서도 가장 기쁜 순간, 시간의 종말과 영원의 시작〉 같은 작품을 연주하려면, 여섯 명의 독창자, 바이올린 열한 대, 비올라 세 대, 비올라 다 감바 세 대, 트럼펫 두 대, 트롬본 두 대, 합창단이 필요했다. 심지어 성 카타리나 교회 학교의 가수들까지 동원되어야 했다. 음악회에 드는 비용은 처음에는 상인들이 부담했지만, 나중에는 교회 자금이 추가되었다. 이러한 후원 덕분에 음악회는 무료로 진행될 수 있었다. 높은 예술적 수준 덕에 춥고 어두워도 시청 경비대가 나서서 통제해야 할 정도로 많은 관객이 찾아왔다. 인근이나 함부르크에서만 이 음악회를 들으러 왔을까? 북독일 어디에도, 아니 독일 전체를 통틀어도 이런 종류의 음악회는 없었다. 교회 안에서 대규모로 연출되는 음악, 예배 시간 이외에 울려 퍼지는 자유로운 교회음악, 전례 기능과 무관한 종교 오페라를 감상할 수 있는 곳은 여기뿐이었다. 북스테후데의 저녁 음악회는 유럽에서 시민 계급을 위한 근대적인 음악회 문화로 나아가기 위한 중요한 발걸음이었다.

북스테후데의 연주 활동 역시 그에 못지않게 중요하고 대단했다. 그는 성모 마리아 교회에 있는 거대한 파이프 오르간을 사용했는데, 그 오르간은 1516~1518년에 설치된 이후로 여러 차례 확장되었다. 손건반이 세 개나 되고 외관은 장엄하고 화려했다. 그리 중요하지 않은 행사에선 작은 오르간이 쓰였다. 북스테후데의 주요 임무는 일요일 예배와 축일 예배에서 오르간을 연주하는 거였다. 그 시절에는 오전 예배와 오후 예배가 있었다. 한 시간가량 걸리는 설교의 앞뒤로 모두 해서 한 시간 남짓 되는 음악, 독서, 기도가 배치되었다. 오르가니스트들은 종종 설교가 시작하기 전에 교회를 나섰다가 끝날 무렵에 다시 돌아오곤 했는데, 신심이 부족해서가 아니라 추위를 견디기 힘들어서였다. 북스테후데는 오르간 옆에 석탄 난로를 놔두어야 했다. 전례는 16세기에 개혁가 요하네스 부겐하겐이 작성한 교회 규정에 따라 진행되었다. 예배의 핵심은 설교였고, 그 외에 전례의 다른 부분은 전통대로 유지되었다. 북스테후데는 오르간을 연주하며 전례와 찬송을 이끌었다. 오르가니스트로서 구체적인 그의 임무에 대해서는 자세히 알려지지 않았다. 정해진 규정 이외에 활발한 연주 활동을 펼칠 수 있을 만큼 그가 맡은 직책에서 상당한 자유를 누렸으리라고 추정할 뿐이다.

오르간의 유지와 관리는 제법 부담스러운 일이었다. 파이프 오르간은 거대한 음악 기계로 지속적인 돌봄이 필요했다. 오르간을 수선하고 청소하고 조율해야 했고 기술자들을 고용하고 감독하고 이들에게 돈도 지급해야 했다. 또 풀무질하는 인력이 부족하지 않은지 늘 신경 써야 했다. 이 모두를 위해 자금을 조달하고 관리도 해야 했다. 두꺼운 장부만 봐도 얼마나 큰 노력이 들어갔는지 짐작할 수 있다. 쥐가 특히 문제였다. 납으로 된 파이프가 부식하기 시작하면 단내가 나는 아세트산 납이 생성되었고, 쥐들이 파이프를 공격했다. 이를 막기 위해 덫과 독이 사용되곤 했다. 북스테후데는 예술가인 동시에 악기 관리인이었고, 성모 마리아 교회의 현장 감독이자 회계 책임자였다. 또 음표만큼이나 숫자도 안전하고 창의적으로 다룰 수 있는 관료이자 사업가이기도 했다. 틀림없이 그는 모순된 재능을 지닌 다층적인 인물이었을 것이다.

두 세기 반이라는 시간이 흐른 뒤, 뤼베크 출신의 또 다른 예술가가 안정성과 예술성의 결합을 '삶의 시민성'이라는 개념으로 제시했다. 조건이 좋은 한자 도시에서나 가능했던 일인데, 토마스 만은 이로써 예술이 그 자체만을 위한 것이 아니며 일상적인 직업의 의무, 사회적 책임과 얽혀 있는 삶의 방식임을 분명히 했다. "예술가는 예술을 인간의 절대적 섭리로만 받아들이지 말고 집과 가정을 꾸려나가야 하며 모험적인 정신적 삶을 위해 확고하고 가치 있는 시민적 기반을 마련해야 한다." 이런 관점에서 보면, 북스테후데는 새로운 시민적인 교회음악을 대표하는 인물이었다. 그는 종교적 숙명을 전적으로 따르는 수도사나 성직자도 아니었고, 마냥 자유롭기만 한 예술가도 아니었다. 그는 특별한 성직자나 예술가가 아니라 한 사람의 시민, 직업인, 한 가정의 가장이었고 제한적이기는 하나 사회적 울타리로 보호받았다. 종교적 깊이와 예술적 기교가 충분했지만, 그의 음악은 순수한 제례 음악도, 절대적인 예술 음악도 아니었다. 그의 음악은 종교성을 띠고 있으면서도 언제나 시민들을 위해 쓰였다.

북스테후데의 작품은 소야곡, 실내악, 오르간곡, 칸타타, 코랄 편곡 등 다양한 장르를 아우른다. 그중에서 코랄 편곡이 규모 면에서 우위를 차지하는데, 종교개혁 찬송가는 그의 편곡—코랄 변주곡, 코랄 모테트, 코랄 판타지, 코랄 전주곡 등—을 통해 예술품으로 승격했다. 그중 가장 중요한 게 전주곡이다. 이미 명칭에서도 드러나듯 전주곡은 원래 회중 찬양을 준비하는 음악이었는데, 하나의 독자적인 작품으로 발전했다. 북스테후데는 북독일 오르간의 음역을 충분히 활용하여 기교를 뽐내고 남유럽적인 과도함을 발산했다. 그 와중에도 그가 선보인 음악적 호사는 언제나 수학자적 엄격함과 결합해 있었다. 가장 핵심적인 작곡 원리는 음표 대 음표를 뜻하는 대위법이었다. 그렇다고 이 대위법이 경직된 방식으로 활용되지는 않았으며 다양한 스타일을 탄생시켰다. 북스테후데는 특히 '환상적 양식'의 대위법을 즐겨 사용했고, 그로 인해 그의 음악에서는 당시의 노래와 아주 유사한 감성적인 표현이 돋보였다.

즉흥연주는 작곡과 밀접한 관련이 있었다. 오르가니스트는 즉흥연주를 통해 새로운 아이디어를 찾아내고 뜻밖의 가능성을 시도했다. 한편 현실적인 이유 때문이라도 즉흥연주는 꼭 필요했다. 가령 8시 정각에 설교가 시작할 수 있도록 예배의 첫 부분이 정확히 끝나야 하는데, 이때 즉흥연주로 시간을 수월하게 조절할 수 있었다. 그 당시의 즉흥연주는 완전히 자유롭지는 않았고 엄격한 규칙이 지배하고 있었다. 집에서 미리 쳄발로나 클라비코드로 세심하게 준비했고 현장에서의 연주를 통해 자연스럽게 새로운 작곡이 이루어지는 식으로 진행되었다. 믿음이 사람마다 다르고 새롭게 펼쳐지듯, 기독교를 하나의 주제로 삼아 무한한 변주가 펼쳐지듯, 오르간 즉흥연주를 통해 코랄이나 전례 음악이 끝없는 음악의 우주로 뻗어 나갔다. 일요일마다 정해진 전통적인 곡들이 무한증식하면서 개별 오르간의 음색과 연주자의 즉흥연주를 통해 독창적이고 새로운 것을 탄생시켰다. 이 기악은 교회 안에서 자유롭게 발전해 나갔다. 그렇지만 언제나 텍스트 가까이에 있었다. 오르간 음악에서는 변형된 형태이긴 하나 언제나 코랄 선율이나 전례 노래가 흘러나왔다. 같이 따라부를 순 없어도 사람들은 그것을 들었을 테고, 또 어쩌면 흥얼거렸을지도 모른다.

북스테후데의 음악에 빠져들다 보면, 성경 속 이미지를 떠올리게 된다. 구약에는 시조(始祖) 야곱이 꿈에서 하늘에 이르는 사다리를 보았다는 이야기가 나온다. 사다리가 땅 위에 서 있었는데 그 꼭대기가 하늘에 닿았고, 그 위를 천사들이 오르락내리락하며 하나님을 찬양했다. 이와 비슷하게 북스테후데의 오르간 음악도 꿈꾸듯 높이 올라갔다가 다시 내려가며 하나님을 찬양하고 그의 메시지를 전한다. 그런데 오르간 음악은 사다리나 층계보다 훨씬 더 복잡한 구조를 지녔다. 그것은 마치 하나의 커다란 건물 같고, 그 안에 무수히 많은 사다리와 층계, 큰길과 샛길이 평행선을 그리거나 서로 엇갈리고 때로는 어지럽게 중첩되며, 엄격하고 분명하게 혹은 밝고 환하게 올라갔다 내려갔다 한다. 이 마법의 건물을 찾아낸 사람들 앞에는 초월적인 믿음의 세계를 탐구할 수 있는 무한한 가능성이 펼쳐져 있다.

1705년, 스무 살의 요한 제바스티안 바흐는 북스테후데의 음악을 듣기 위해 450킬로미터나 떨어진 아른슈타트에서 뤼베크까지 찾아왔다. 모든 걸 빨리 받아들이고 이해하는 데 한계가 있었고, 그래서 주어진 휴가는 4주였지만 결국 바흐는 그곳에 3개월 정도 머물렀다. 그는 이 거장 음악가에게 곤혹스러움을 느끼는 시민이 많다는 사실을 알아차렸다. 어쨌든 북스테후데의 아벤트무지크와 오르간 연주는 젊은 바흐에게 훌륭한 경험과 공부가 되었다.

오르간 음악의 역사가 바흐에서 끝나진 않았다. 기술의 발전으로 19세기에 새로운 음악적 표현의 가능성이 생겨났다. 프랑스의 혁신적

시각적, 음향적으로 가장 화려한 아르프 슈니트거의 오르간 중 하나가
함부르크의 성 야코비 교회에 있다.

인 오르간 제작자 아리스티드 카바이에 콜이 오르간을 교향악 작곡까지 가능한 오케스트라 악기로 탈바꿈시켰다. 독일에서도 물론 이와 비슷한 발전이 진행되었다. 알렉상드르 길망이 먼저 기준점을 제시했

고, 세자르 프랑크가 진정한 오르간 교향곡을 작곡했다. 그의 〈교향적 대곡〉은 프랑스 낭만주의 오르간이 지닌 새로운 음향적 가능성을 충분히 활용한 작품이었다. 프랑크는 자신이 오르가니스트로 활동했던 생장-생프랑수아 교회의 악기에 대해 유명한 말을 남겼다. "내 오르간이요? 그건 오케스트라죠!" 독일에서는 막스 레거가 19세기에서 20세기로 넘어가는 시점에 대담한 작곡을 내놓으며 오르간 음악의 발전을 주도했다.

19세기 말, 공기 압축기의 도움으로 많은 손건반과 페달이 연결되어 있음에도 건반을 쉽게 연주할 수 있게 되었다. 여기에 오케스트라 음향을 의도적으로 재현하기 위한 스톱 장치와 음의 세기를 조절하는 스웰박스가 더해지면서 오르간은 상상할 수 없을 정도로 역동적이고 다양한 음색을 띠게 되었다.

20세기에는 죄르지 리게티가 공기압력을 조작하고 클러스터를 쌓아 올리고 손과 팔로 건반을 연주하는 새로운 연주 방식을 찾아냈고, 이로써 훨씬 더 급진적이고 새로운 오르간 음향을 제시할 수 있었다. 그의 아이디어는 동시대 작곡가들에게 영향을 미쳤고, 오르간 제작자들에게도 영감을 주어 오르간을 더 생동감 있게 만들도록 했다. 이 복잡한 악기의 다양한 가능성은 아직 충분히 탐구되지 않았다. 오르간은 여전히 무한의 가능성을 지닌 악기이다.

오르간과 경건함

오르간은 교회에서 지금도 갈등의 불씨가 되곤 한다. 어떤 사람들은 오르간이 너무 구식인 데다가 까다롭기까지 하다고 생각한다. 그래서 이 영광스러운 엘리트 유물을 현대적인 대중 악기로 바꾸고 싶어 한다. 그들은 오르간 대신에 기타를 원한다. 어쩌면 그편이 돈도 적게 들고 교회 재정의 부담도 덜어줄 것이다. 이 대목에서 하인리히 하이네가 쓴 대화를 떠올려 보면 좋을 듯싶다. 한 남자가 개신교가 마음에 드냐는 질문에 무심히 이런 대답을 내놓았다. "내가 보기엔 지나치게 이성적이에요. 만약 프로테스탄트 교회에 오르간이 없다면, 그건 종교라고 할 수 없을 겁니다."

개신교 예배에서 수행되는 모든 경건한 두뇌 활동을 살아있게 만드는 오르간이 지닌 종교적 힘의 원천은 과연 무엇일까? 이 질문에 답하려면, 게오르크 크리스토프 리히텐베르크의 『잡록』을 살펴보는 게 좋겠다. 그의 영혼은 이성적이었으나 경건함도 깊숙이 자리하고 있었다. 당시 개신교 목사들의 설교나 기도가 그에게 별다른 호소력을 발휘하지 못했을지 모르나 코랄과 오르간만큼은 그의 종교적인 감각을 깨워주었다. 리히텐베르크 자신이 비록 음악적이지 않았고 악기를 다루거나 노래할 줄 몰랐어도 교회음악에 이르는 길을 잃지는 않았다. 북스테후데가 죽은 지 두 세대나 지난 1770년대에 쓰인 그의 글이 이를 입증하고 있다. "난 음악을 거의 이해하지 못하고 악기도 전혀 다룰 줄 모른다. 유일하게 잘하는 게 휘파람 불기이다. 하지만 내게 휘파람은 다른 사람들이 플루트나 클라비코드로 아리아를 연주하는 것보다 더 쓸모가 있다. 고요한 밤에 코랄 〈모든 나의 행동에〉를 휘파람으로 불며 가사를 떠올렸고, 그 느낌을 말로 표현해 보려고 시도했는데 잘 안 되었다. 사실 난 혼자 노래하는 걸 좋아하지는 않는다. 코랄의 '결정했습니까?'라는 구절에 이르면, 종종 용기와 새로운 열정이 샘솟고 하나님을 향한 믿음이 솟구친다. 바다에 뛰어들어도 믿음 덕에 익사하지 않을 것이고, 단 하나의 선행을 떠올리는 것으로도 세상을 두려워하지 않을 것이다."

리히텐베르크가 가장 좋아했던 코랄의 가사는 바로크 시대의 위대하고 불운한 천재 시인 파울 플레밍이 썼다. 30년 전쟁 시기에 살았던 플레밍은 모스크바에서 페르시아에 이르기까지 여행을 많이 다니며 지내던 중 30세 정도에 폐렴에 걸려 함부르크에서 세상을 떠났다. 그가 쓴 많은 시구 중에 복음 성가집에 남아 있는 거라고는 리히텐베르크가 아끼던 〈모든 나의 행동에〉뿐이다. 그 찬송가는 궁극적인 기독교 신앙의 진수를 직접적이고 단호하게 보여준다. 믿음은 곧 신뢰이며, 평생 온 마음을 다해 행복하게 신을 믿는 자는 모든 것, 완전한 구원, 큰 위안을 얻게 된다. 그가 마음을 다해 찬양한다면, 부족함이 없을 것이다.

> 모든 나의 행동에
> 하나님의 권고를 따르리,
> 모든 것을 하실 수 있고 소유하신 그분,

모든 것을 주관하는 그분,

잘 되려면,

그의 충고와 조언을 따라야 하리.

위안을 주는 이 구절은 조용한 선율과 잘 어우러지는데, 그 선율은 부드럽고 나른한 노래 〈이제 모든 숲이 안식하네〉나 멋진 애도의 코랄 〈오 세상이여, 그대를 떠나야 하네〉를 통해서도 알려져 있다. 하나님을 향한 루터의 믿음은 언제나 우울과 체념—긍정적으로 표현하자면 감사와 순종—과 관련이 있었다. 이 코랄에는 춤곡의 특성도 배어있는데, 스텝에 어울리게 매우 리드미컬하고 그래서 휘파람으로 따라부르기가 좋다. 한편 리히텐베르크가 휘파람으로 즐겨 부르던 구절은 오늘날 복음 성가집에는 들어있지 않다. 그 구절은 다소 거칠고 신랄하다.

그것이 그의 결정이라면,

주저하지 않고

내 운명에 따르리.

그 어떤 불행도

내게는 가혹하지 않고,

그것을 극복해 내리.

신을 믿고 나에게 주어진 운명을 받아들이는 것, 그것이야말로 신앙의 가장 어려운 시험일 것이다.

리히텐베르크는 플레밍의 시에 관해 또 다른 메모를 남겼다. 1775년 성 토요일 저녁에 그는 런던을 가로질러 산책했다. 날은 어두워지고 달이 떴고, 그는 1649년 단두대에서 처형된 찰스 1세가 살았던 궁 앞에 이르렀다. 찰스 1세는 올리버 크롬웰이 이끄는 청교도 군에 패배했고 왕권에서 물러나야 했다. 리히텐베르크는 런던을 거닐며 그런 생각에 잠겨 있었다. 그러던 중 "오르간 제작자에게 오르간을 빌려 그것을 들고 거리를 돌아다니며 연주하는 한 무리의 사람들과 마주쳤는데, 누군가가 그들을 불러세워 6펜스를 주고는 연주하게 했다. 연주는 나무랄 데 없었는데, 갑자기 오르간 주자가 코랄 〈모든 나의 행동에〉를 우울하게 연주하기 시작했다. 당시 내 상황과 너무 딱 맞아떨어져서 나는 경건한 전율마저 느꼈다. 하늘과 달빛 아래에서 멀리 있는 친구들을 떠올렸고, 그 순간 내 고통은 견딜 만해졌다가 완전히 사라져 버렸다. 오르간 선율에 맞춰 조용히 '그것이 그의 결정이라면, 주저하지 않고 내 운명에 따르리'를 읊조리지 않을 수 없었다. 내 앞에는 보름달에 빛나는 웅장한 건물이 서 있었다. 부활절 주일 전날 저녁이었다. 이곳에서 찰스는 썩어가는 왕관을 불멸의 면류관으로 바꾸기 위해 창문으로 올라섰다. 세상에 얼마나 대단한가!"

6
바흐, 시간의 중심

바흐 이전 세계의 침묵

작곡가 한 명의 이야기로만 교회 음악사 책 한 권을 채울 수도 있다. 그에게는 모든 것이 다 있기 때문이다. 시편, 성경 속 중요한 이야기, 각종 교회 축제, 고대 찬가와 고전적인 전례 음악, 종교개혁 코랄, 오페라 아리아, 최고(最古)와 최신 작곡 기법, 오르간 연주의 모든 것, 신학적 사고와 감성. 요한 제바스티안 바흐는 역사의 최고점에 서 있다. 그 이전의 모든 것이 그를 향해 달려오고 그 이후의 모든 것이 그를 따르는 듯하다. 요한 볼프강 폰 괴테는 그의 음악에서 '포효하는 바다'를 떠올렸는데, 이마저도 협소해 보인다. 바흐, 그는 홀로 교회음악 전체를 품고 있다.

요한 제바스티안 바흐는 음악사에서 대단히 중요한 인물인데,
정작 그의 초상화는 별로 없고 별다른 정보를 주지도 못한다.
엘리아스 고틀로프 하우스만이 1746년에 그린 초상화가 가장 많이 알려져 있다.

바흐가 이렇게나 중요한 인물인데 놀랍게도 그에 관해 알려진 바는 거의 없다. 왜 그럴까? 바흐라는 인물에 대한 자료가 왜 이리도 없는 걸까? 대수롭지 않은 부고와 공식적인 편지나 문서를 제외하고는 일화 몇 개가 산발적으로 남아 있을 뿐이다. 그런데 그마저도 진위가 의심스럽다. 전기를 쓰는 일은 대단히 어려운 작업이다. 전기가 개인의 삶에 관한 이야기, 한 사람의 삶이 어떻게 전개되고 발전하는지 또 내적인 가능성과 외부 환경에 의해 개인이 어떻게 형성되어 가는지를 다뤄야 하는 이야기이기 때문이다. 연구가 많이 진전되었다고는 하나 바흐에 관해서는 여전히 모르는 것투성이다. 그의 모습이 담긴 초상화도 많지 않다. 바흐가 세상을 떠나기 두 해 전인 1748년 엘리아스 고틀로프 하우스만이 그린 초상화가 있는데, 실제로 바흐의 모습이 그러한지에 대해서는 의견이 분분하다. 그림 속 인물은 특별한 구석이라곤 없는, 거칠고 통통하고 가발을 쓴 바로크 시대의 시민일 뿐이다.

바흐의 생애는 잠깐이면 훑어볼 수 있다. 그는 1685년 많은 음악가를 배출한 음악가 집안에서 태어났다. 직업으로서의 음악은 그 집안의 뿌리였고 바흐 자신의 삶이었을 뿐만 아니라 그의 자식들의 인생이기도 했다. 그에게 예술가의 길은 너무 당연했고, 아마 다른 직업은 생각해 본 적도 없을 것이다. 그렇게 그는 태생적으로 정해진 틀 안에서 살았다. 거기서 벗어나는 건 상상하기 힘들었고, 가족은 인생의 방향과 안전을 보장해 주는 유일한 제도였다. 바흐는 어린 나이에 부모를 여의고 친척들 사이를 전전하며 이 사실을 누구보다 일찍 깨달았다. 지금의 시각으로는 이를 불안정한 어린 시절이라고 볼 수도 있겠지만, 당시로선 흔한 일이었다. 그는 좋은 교육, 특히 우수한 음악 교육을 받았다. 물론 바흐 자신도 가족의 요구에 부응하고 '공짜 식사'에 보답하기 위해, 또 가능하면 더 좋은 친척이나 이웃에게 초대받기 위해 열심히 노력했다. 그가 모차르트 같은 조숙한 천재였을 수 있지만, 세상을 떠들썩하게 만들지는 않았다. 그는 조용하게 성장했다. 그가 튀링겐과 작센 지방에서 성장했다 해서 불리할 것은 전혀 없었다. 작은 중부 독일 지역이 예술가들에게 좋은 조건을 제공했기 때문이다. 작은 도시나 정치적으로 소외된 왕실도 문화적 명성을 얻으려는 욕심이 있었기에 조건이 괜찮은 음악가 일자리가 많이 있었다. 거기다가 예술적인 자유까지 보장되었다. 훌륭한 음악, 특히 교회음악은 파리, 빈, 런던 같은 수도만이 아니라 바흐가 음악가로서 첫발을 내디딘 아른슈타트, 뮐하우젠, 바이마르, 쾨텐 같은 작은 왕궁 도시에서도 번성했다.

 1723년, 38세의 바흐는 라이프치히로 이주했다. 그곳은 유럽 최대의 무역 박람회가 열리고 유명한 대학이 있고 출판업이 번창하던 중요한 도시였다. 그뿐만 아니라 그곳은 드레스덴에 거주하던 작센의 선제후 강건왕 아우구스트가 폴란드 왕이 되기 위해 가톨릭으로 개종한 이후 작센 지방의 루터교 거점이 되었다. 바흐는 토마스 교회의 칸토르와 음악 감독으로서 교회 부속 학교와 그곳의 소년 합창단, 그리고 네 개 교회의 음악을 책임졌다. 사회 지도층의 일원으로 사람들의 존경을 받으면서도 제약과 갈등을 겪어야 했다. 라이프치히에서 처음 몇 년 동안 바흐는 일에 치여 살았고 대신 그만큼 많은 성취감을 맛볼 수 있었다. 그에게 곧 암흑기가 닥쳐왔다. 1726~1733년에 가족 중 아홉 명이나 사망한 것이다. 일찍 세상을 떠난 첫 번째 부인과 두 번째 부인 사이에서 태어난 스무 명의 자식 중에서 결국 열한 명이 그가 살아생전에 목숨을 잃었다. 이를 어떻게 견뎌냈을지 상상조차 하기 힘들다. 고통 속에서 어떤 감정을 느꼈을까? 슬픔이나 두려움이었을까? 죄책감이나 분노였을까? 아니면 절망이나 체념 혹은 피로감이었을까? 내세에 대해 희망을 품었을까? 아니면 죽음을 향한 동경이 생겨났을까? 그중 어떤 감정이 바흐 음악에 영향을 주었을까? 과연 그는 자신의 음악에서 위안을 얻을 수 있었을까? 풀리지 않은 질문들이 난무할 뿐이다. 바흐는 주변의 불만과 갈등이 늘어감에 따라 점점 더 어려움을 느꼈고 부분적으로 일을 소홀히 하기도 했다. 무엇보다 그의 상관들이 그를 힘들게 했다. 그 와중에도 바흐는 오르간 전문가로 연주 여행을 하거나 화려한 궁정에 초청받기도 하고 오페라 공연도 관람하면서 즐거움을 누렸다. 또 그에게는 많은 제자가 있었으며, 그가 그들에게 완고하게 굴지만은 않았다. 바흐는 1750년 65세의 나이로 생을 마감했다.

 이것이 바흐 생애에 관한 핵심적인 정보이다. 그 이상 그의 인생과 개인에 대해 구체적으로 파악하기는 어렵고 앞으로도 알기 힘들 것 같다. 무수한 아름다운 곡조를 탄생시킨 작곡가 주위에는 기이한 고요함이 감돈다. 그 이전 세계에는 정적이 지배했을지도 모른다는 생각이 들만치 바흐의 작품은 많은 이야기를 쏟아낸다. 스웨덴 시인 라르스 구스타프손의 〈바흐 이전 세계의 침묵〉을 보라.

트리오 소나타 D장조, 파르티타 A단조 이전에도
세계는 존재했을 텐데,
그것은 대체 어떤 세계였을까?
메아리 없이 넓고 텅 빈 유럽,
알 수 없는 악기들이 가득하고
〈음악의 헌정〉과 〈평균율 클라비어곡집〉이
아직 건반에 이르지 못한 곳.
외로이 서 있는 교회들,
아직 〈마태 수난곡〉의 소프라노 음성이
플루트의 부드러운 움직임 속에서
무력한 사랑을 풀어내지 못하네.
넓고 온화한 풍광,
늙은 나무꾼의 도끼 소리 외에는 아무것도 들리지 않네.
겨울철 사나운 개들이 짖어대는 소리,
멀리서 울리는 종소리처럼 매끈한 얼음을 지치는 썰매,
여름 하늘을 가르는 제비들,
애들이 귀에 대고 귀 기울이는 조개껍데기,
그 어디에도 바흐는, 바흐는 없네.
바흐 이전 세계의 침묵.

 시인이라면 이렇게까지 부당하게 굴어도 괜찮지 않을까? 애인을 만나기 전까지 세상에 사랑이 존재하지 않는다고 믿는 청년처럼, 바흐에게 완전히 매료된 구스타프손에게는 암브로시우스도, 그레고리오 성가도, 요한 발터도, 팔레스트리나도, 하인리히 쉬츠도 없는 거나 마찬가지였다. 그에게는 오로지 바흐만이 있을 뿐이고, 한순간에 바흐와 더불어 음악의 세계가 그 앞에 짠! 하고 나타났다. 이러한 기적과 신비 앞에 바흐의 전기 따위는 중요하지 않다. 바흐는 전기가 없는 마지막 위대한 예술가이다. 그가 살았던 시대는 제아무리 위대한 인물이라도 개인의 내적, 외적인 삶에 크게 관심을 기울이지 않던 때였다.

바흐가 자신의 위상을 새롭게 인식하는 모습을 보고 싶다면, 비텐베르크 교회에 있는 루카스 크라나흐의 그림에서 한 부분만 바꾸면 된다. (213~214쪽 그림)

그림은 바로크 장식이라곤 전혀 없는 밋밋한 공간을 보여주고 있다. 오른편 강단에는 마르틴 루터가 홀로 서 있다. 입이 굳게 닫힌 걸 보니 설교하는 건 아니다. 두 손가락으로 십자가에 못 박힌 예수를 가리키고 있다. 그가 예수를 가리키고 있다는 것 말고는 이 종교개혁가에 대해 더 알 수 있거나 보이는 건 없다. 그림 왼쪽에는 왕가 사람들이 그려져 있다. 이제 이 (왕가 사람들이 그려진) 부분을 덧칠하고 그 자리에 오르간 한 대와 바흐를 그려 넣자. 바흐는 오르간 앞에 앉아 연주하지 않고 침묵한 채로 예수를 가리키며 자신의 확고한 신념을 드러내고 있다. 그림의 제목은 〈시간의 중심〉이라고 부르면 될 것 같다.

그림 속의 바흐를 단순히 교회음악가나 기독교인으로만 보지는 말아야 한다. 어쩌면 그는 전혀 다른 사람일 수 있다. 그러나 우리가 집중하는 것은 그의 종교 음악이다.

일요일마다 울리는 칸타타*

교회에서는 부활절 이후 네 번째 일요일을 '칸타타'라고 부른다. 칸타타는 '노래하다'라는 뜻으로 시편에서 유래했다. "새 노래로 주님께 찬송하여라. 주님은 기적을 일으키는 분이시다!" 주일에는 교회음악이

---

* 칸타타는 17~18세기에 발전한 독창, 중창, 합창, 기악 반주가 어우러진 성악곡의 한 형식이다. 이야기를 구성하는 가사의 내용에 따라 세속 칸타타, 교회 칸타타로 나뉜다.

루카스 크라나흐의 비텐베르크 교회 제단화(대략 1547~1552년) 일부.
이 그림에서 루터는 예수의 목격자이자 증인, 길잡이처럼 보인다.
바흐의 종교 음악도 이와 비슷하게 이해할 수 있을 것 같다.

예배의 중심을 차지했다. 이에 바흐는 뿌듯함을 느끼고 흡족해 했겠지만, 그의 미소에선 피곤함이 떠나지 않았을 것이다. 주님과 교회에 바칠 새로운 노래, 새로운 칸타타를 매주 일요일 준비해야 했기 때문이다. 그 결과, 칸타타는 바흐의 교회음악 목록에서 큰 비중을 차지한다. 그렇다고 바흐가 고전적인 라틴어 전례 미사 음악에 소홀하지는 않았는데, 장대하고 웅장한 오케스트라 음향의 〈B단조 미사〉나 마그니피카트, 상투스를 떠올려 보라. 바흐의 칸타타는 오늘날 프로테스탄트 교회음악의 전형이라 할 정도로 특징적이다.

칸타타는 이탈리아와 프랑스에서 풍부하고 긴 역사를 갖고 있었는데, 발전하기 시작한 건 17세기 전반에 와서였다. 원래 칸타타는 새로운 형식의 성악을 일컫는 말이었다. 교회에서는 전례 성가 이외에 마드리갈이나 아리아가 불리곤 했는데, 이들은 여러 성부나 독창으로 부르는 노래였고 시에 곡조를 붙인 것도 있었다. 마드리갈은 르네상스 시대의 세속적인 실내악에서 발전했고, 아리아는 그 무렵 생겨난 오페라 음악에서 유래했다. 이 둘은 교회음악에 새로운 작곡의 가능성을 열어주었고, 내용 면에서도 협소하거나 전형적인 텍스트에 얽매이지 않고 다른 구절을 활용할 수 있는 새로운 길을 제시했다. 한편 이로 인해 교회 안에서 갈등이 생겨났다. 성스러운 종교 음악에 새로운 종류의 세속 음악을 어느 정도까지 허용할 수 있느냐 하는 문제 때문이었다. 과연 신도들에게 경건한 마음을 갖게 하는 음악은 무엇이고, 신도들의 마음을 산란하게 하고 유혹하는 음악은 무엇인가? 교회에서 과연 오페라가 허용될 수 있을까? 이런 질문은 먼저 가톨릭에서, 그리고 나중에는 프로테스탄트에서 논쟁거리가 되었다. 갈등은 음악적 혁신을 촉발했다. 새로운 노래들이 교회에 이제껏 몰랐던 아름다움과 생동감을 불어넣었다. 그런데 이 노래들은 종교적 민요나 예술적 노래, 교회 성가와 비슷한 점도 많았다. 악마가 "모든 아름다운 선율을 독차지해서는 안 된다."라고 한 루터의 말을 잊지 않은 사람들이 있었던 모양이다.

세속적인 오페라와 유사한 측면이 있긴 하지만, 칸타타는 프로테스탄트 교회음악에서 특별한 의미를 지녔다. 루터의 주장에 따르면, 하나님의 영이 생명을 불어넣지 않는다면 문자는 죽은 것과 다름없다. 성경 말씀도 선포되지 못한다면 아무 소용이 없는 것이다. 설교를 통해 혹은 음악을 통해 말씀을 '울리게 하는' 것이 가장 중요했다. 당시에는 말과 음악의 관계가 지금보다 더 밀접하고 가까웠다. 예배에서 성경 봉독은 여전히 노래로 불리고 있었다. 멀지 않아 복음서 낭송이 끝나고 설교가 시작되기 전에 노래 형식의 설교가 삽입되었는데, 칸타타는 음악을 통한 말씀의 전파, 말-음악이었다. 일요일마다 할당된 짧은 성경 단락인 '페리코페'가 칸타타의 기본 텍스트였다. 여기에 다른 성경 구절이나 당대의 종교시 혹은 잘 알려진 코랄이 더해져 텍스트는 더욱 풍성해졌다. 칸타타의 텍스트는 일종의 콜라주였고 고정적이면서도 자유로웠다. 칸타타에는 독서, 노래, 시, 설교가 서로 얽혀 있었고, 그것은 그 자체로 새로운 종류의 설교였다. 풍부하고 다양해진 텍스트에 음악까지 결합하자 새로운 설교는 청중에게 훨씬 더 잘 다가가고 감동을 줄 수 있었다. 칸타타가 지닌 오페라적 특성은 낯설지 않았으며, 오히려 믿음의 드라마를 들려주어 신도들을 감화시키기에 적합했다.

칸타타는 18세기 초 독일 개신교에서 디트리히 북스테후데와 게오르크 필리프 텔레만을 통해 첫 전성기를 맞았다. 그리고 요한 제바스티안 바흐에게서 정점에 이르렀다. 라이프치히의 토마스 교회와 니콜라우스 교회에서는 칸타타가 없는 예배는 생각조차 할 수 없게 되었다. 칸타타는 일요일에 복음서 낭독과 설교 전 노래로 부르는 신앙고백 사이에 놓았다. 보통 20~30분 정도 걸렸는데, 그것보다 더 길거나 2부로 구성된 경우에는 후반부 칸타타를 설교가 끝난 다음이나 성찬식이 진행되는 동안 연주하기도 했다. 설교자가 일요일마다 새로운 설교를 준비하듯, 바흐도 매주 칸타타를 작곡했다. 사순절 기간을 제외하고는 매주 일요일에 칸타타를 선보였다. 상당수의 축제일까지 고려하면, 일 년에 대략 60개의 칸타타를 작곡하고 연주하는 셈이었다. 타인의 작품에 의존하고 싶은 생각이 전혀 없었던 바흐는 자신의 작품, 가령 세속 칸타타 같은 기존 작품을 다시 활용하면서 이 시리즈물을 탄생시켰다. 라이프치히에서 첫 몇 년간은 거의 매주 새로운 칸타타가 작곡되었다. 칸타타의 텍스트는 작곡가가 직접 쓴 게 아니라 대부분이 지금은 잊힌 시인과 신학자들이 썼다. 분업이 원활하게 이루어졌던 모양이다. 사실 텍스트는 사전에 검열 과정을 거쳐야 했는데, 이 문제로 바흐가 어려움을 겪지는 않았다. 모두가 공식적으로 주문받은 작품이었기 때문이다. 바흐의 목표는 4년마다 반복되는 칸타타 주기를 구성하는 것이었다. 마치 수업 계획을 치밀하게 미리 다 짜 놓고 그대로 실행하는 노련한 선생처럼, 바흐는 임기 초반에 표본을 마련해 놓고 그것을 반복했다. 일정한 패턴과 루틴에도 불구하고 각각의 칸타타는 저마다의 독특함을 잃지 않았다. 그것이 바로 바흐 예술의 특성이다. 안타깝게도 많은 칸타타가 소실되었고, 200개 정도만 남아 있다. 아마 바흐의 작품 전체 중 3/5 정도가 칸타타였을 것이다.

바흐는 틀림없이 일에 치여 살았을 것이다. 그가 맡은 일이 무엇인지 따져 보자. 그는 혼자서 관리자, 칸토르, 오르가니스트, 지휘자, 교사의 역할을 다 했다. 라이프치히에 있는 교회 네 곳의 음악 프로그램을 책임졌고, 시 축제나 대학 축제 같은 세속 행사도 맡았으며, 다른 오르가니스트와 음악가들을 관리, 감독해야 했다. 그뿐이 아니다. 토마스 학교 교사로서 그는 입학시험을 주관할 뿐 아니라 합창단을 이끌었고 수업도 맡았다. 거기다가 매주 칸타타를 작곡했으며, 토마스 학교 학생들과 시 소속 음악가들을 데리고 연습까지 시켜야 했다.

바흐는 55명 정도의 학생을 네 개의 합창단으로 나누었고, 그중 첫 번째 합창단만 (드물게는 두 번째 합창단도 같이) 칸타타를 부르게 했다. 각 성부에 가수 세 명씩 배정했고, 솔로 사중창이 칸타타를 부르는 경우도 많았다. 여기에 네 명의 시 악사, 세 명의 바이올린 주자, 한 명의 전문 연주자로 구성된 오케스트라가 더해졌다. 그랬기에 집중적인 연습이 가능했다. 칸타타의 리허설은 토요일 오후에만 진행될 수 있었다. 지나치게 협소한 편성으로 인해 한계가 존재했고, 실제 공연이 위험해지는 일도 있었다. 별다른 성과는 없었지만, 그래도 바흐는 계속해서 더 나은 편성을 위해, 더 훌륭하고 많은 가수의 확보를 위해 노력했다. 언젠가 "쓸만한 학생이 고작 17명뿐이고, 아직 쓸모없는 학생이 20명, 전혀 도움이 안 되는 학생이 17명"이라고 불평하기도 했다. 어쨌든 바흐는 훌륭한 선생이었다. 가난한 집안 출신으로 학교에서 겨우 한 주를 보낸 뒤부터 엄격하고 혹독한 교회에서 고된 사역을 떠안아야 했던 어린 소년들에게 자신의 음악에 관심과 흥미를 갖게 만들었으니 말이다.

칸타타 연주에서는 가수와 연주자가 내용을 파악하는 것이 중요한

800년 전쯤 설립된 성 토마스 합창단은 현재까지 존속하고 있다. 이 합창단을 이끌었던 가장 유명한 음악가의 작품이 지금도 레퍼토리의 중심을 차지한다.

데, 음악적 재료를 영적으로 채워 돋보이게 만드는 게 바로 내용이기 때문이다. 성경 구절에 대한 심오한 해석, 작곡에서 발현되는 섬세한 심리와 시적 감각, 신비로운 분위기, 풍부한 사고와 느낌, 상징의 능숙한 표현은 모두 내용이 뒷받침되어야 가능하다. 바흐는 개별 형식들을 통합해 나가면서 계속해서 새로운 형상을 일구어갔다. 멋진 도입부가 이 기념비적인 음악 건축물(칸타타)의 문을 열고, 자유로운 리듬의 레치타티보가 간소한 악기 반주 위에서 혹은 반주 없이 울려 퍼진다. 하이라이트를 이루는 아리아가 풍성한 오케스트라 반주와 함께 다채롭게 반복된다. 잘 알려진 찬송가나 아리아를 기반으로 한 합창도 등장한다. 레치타티보, 아리아, 코랄, (관현악 반주가 수반된) 레치타티보 아콤파냐토, 아리오소가 끊임없이 교차하고, 개별 성부와 개별 악기 혹은 오케스트라 전체, 독창과 합창, 합창과 오케스트라가 번갈아 가며 등장하면서 계속해서 다양한 이야기와 교리를 쏟아낸다. 바흐의 칸타타에는 온갖 종교적 감정, 애도와 위로, 두려움과 희망, 기쁨과 분노, 믿음과 유혹이 다 들어있다.

'대위법'과 '통주저음'은 바흐의 작곡 기법에서 두드러지는 핵심어이다. 대위법은 르네상스 시대의 유산으로 팔레스트리나 작품을 통해 첫 전성기를 맞이했다. 이제 개별 성부는 저마다 독자적인 선율을 형성하게 되고, 성부들이 서로 어우러지면서 제3의 새로운 무언가가 탄생하게 된다. 성부의 결합은 물론 정해진 규칙에 따르지만, 종국에는 모든 긴장이 더 높은 통일성 속에서 해소되며 놀랍고 멋진 다성음악이 탄생한다. 팔레스트리나의 음악은 합창음악이었다. 그때만 해도 교회음악에서 독립적인 기악은 흔치 않았다. 합창에 악기 반주가 곁들여졌고, 대부분 오르간이 반주를 맡았다. 오르가니스트는 번거롭지만 각 성부의 파트보를 일일이 베껴 총보를 작성하고 그것을 보며 연주해야 했다. 북독일에서는 때에 따라 오르간이 합창단을 대신하기도 하고 오르간이 홀로 화려하고 장식적인 기악 버전으로 모테트를 연주하기도 했다. 점차 작곡이 복잡해지고 레퍼토리도 늘어감에 따라 총보를 작성하는 일은 힘들어졌다. 그래서 베이스 성부만 기록하고 거기에 추가로 베이스와의 화성을 고려하여 음정 간격을 나타내는 숫자를 적어넣기 시작했다. 이 통주저음 성부 덕에 온전한 화성을 인식할 수 있게 되었고, 나무랄 데 없는 합창 반주도 가능해졌다. 낡은 다성음악 스타일인 구 양식(stile antico)이 새로운 스타일의 신 양식(stile nuovo)으로 대체되면서 통주저음의 시대가 도래했다. 사람들은 폴리포니에서 단조로운 모노포니 쪽으로 돌아서기 시작했다. 이제 목표는 서로 어우러지는 여러 개의 동등한 성부가 아니라 베이스 악기나 화성 악기가 반주하는 하나의 자유로운 솔로 성부였다. 솔로 성부는 훨씬 더 자유로워졌고 표현력도 더 강해졌다. 이러한 '레치타티보 양식'은 고대 수사학의 부활을 낳았고 그리스 비극을 소생시켜 오페라 장르의 발전이 가능하게 했다. 통주저음이 없었더라면, 이런 식의 발전은 생각할 수 없었을 것이다. 반주악기를 제한함에 따라 자유롭게 움직이는 솔로 성부를 유연하게 받쳐줄 수 있게 되었다. 쳄발로, 오르간, 류트는 정해진 복잡한 곡조를 연주하는 대신 솔로 성부에 분위기와 속도를 맞추며 즉석에서 화음을 연주했다. 그렇다고 이 즉흥연주가 아무런 규칙도 없이 행해졌던 건 아니다.

　한편 통주저음을 능가하는 또 다른 발전이 잇따랐다. 또다시 음악이, 특히 화성이 복잡해졌다. 간소한 기본 화음을 대신해서 추가되는 음이 점점 더 많아졌고, 반음계적 변화가 가속화되었다. 통주저음은 화성적 사고의 출발점이자 엄청난 발전의 촉매제가 되었고, 이를 통해 사람들은 화음의 세계와 그 무한한 가능성을 발견하기에 이르렀다. 요한 제바스티안 바흐는 자신의 작품 속에서 구 양식과 신 양식을 통합하는 위대한 성과를 이루었고 이로써 발전의 정점을 찍었다. 그가 구상한 통주저음은 너무 복잡해서 더는 기재된 숫자에 의존해서 연주하는 게 힘들어졌다. 바흐가 남긴 유명한 말이 있다. "통주저음은 음악의 가장 완벽한 기반으로 양손으로 연주되어야 한다. 왼손으로는 정해진 음표를 연주하고, 오른손으로는 그에 대응하는 협화음과 불협화음을 연주한다." 그리 특별한 말은 아닌 것 같다. 화성의 세계를 실질적으로 개척한 이가 바로 바흐였고, 그 세계에 본질적이고 획기적인 변화가 일어난 건 20세기에 들어와서였다.

통주저음을 이용한 화성 기법은 모든 음악의 궁극적 목적인 '하나님의 영광과 마음의 위안'에 이바지하는 '듣기 좋은 화음'을 탄생시킬 수 있었다. 바흐는 화성적으로 대조적이고 논리적이면서 기교적인 자신의 음악을 복음 말씀과 최대한 밀착시킴으로써 이 두 목적에 한층 더 가까이 다가갔다. 그가 모든 작곡 기법에 통달했을 뿐 아니라 그 시대 음악이 대부분이 그런 것처럼 건실한 신학 교육을 받았기에 가능한 일이었다. 그 교육은 후기 루터파 정통주의이 틀 안에서 이루어졌고, 그가 종교에 비판적인 자유로운 초기 계몽주의 사상의 영향을 받지는 않았지만 그렇다고 완고하거나 교조주의적인 입장은 아니었다. 바흐는 종교 교육을 통해 풍부한 성서적 전통을 내면화하고 편견 없이 경건주의에서 비롯된 깊은 신심을 받아들였으며, 무엇보다 루터파의 상징적이고 신비로운 고전에서 많은 영감을 얻었다. 이렇듯 그는 살아있는 교육을 받았다.

유감스럽게도 바흐는 자기 음악의 신학적 프로그램에 대해서는 어떤 언급도 하지 않았다. 그런데 성경책에 몇 가지 중요한 메모를 적어 놓긴 했다. 구약의 한 구절 옆에 그가 기록한 메모가 있다. 그 구절은 심벌즈, 거문고, 수금을 든 제사장 오케스트라와 많은 레위 사람들로 구성된 합창단이 새로운 솔로몬의 성전을 하나님께 봉헌하는 장면에 관한 것이다. "나팔 부는 사람들과 노래하는 사람들이 일제히 한목소리로 주님께 찬양과 감사를 드렸다… '주님은 선하시다. 그 인자하심이 영원하다' 하고 소리를 높여 주님을 찬양할 때, 그 집, 곧 주님의 성전에는 구름이 가득 찼다. 주님의 영광이 하나님의 성전을 가득 채웠다…"(역대하 5:13~14) 그 옆에 바흐는 이런 말을 적어놓았다. "경건한 음악에는 언제나 신이 그의 은혜와 더불어 임재하신다." 음악은 예배에서 신의 현존을 끌어내지는 못하나 이를 재촉하고 암시하는 새롭고 진정한 희생이라는 의미이지 않을까. 이로써 바흐는 음악을 복음 말씀이나 성찬식과 거의 같은 수준으로 끌어올렸다. 정통은 아닐 수 있어도 여기에는 분명히 루터의 관점이 투영되어 있다. 안타깝게도 바흐의 음악을 듣는 자들이 이런 그의 주장을 이해할 수 있었는지, 사람들이 그의 칸타타를 듣기 위해 예배에 참석하고 난 다음에 그에 관해 서로 의견을 나누었는지는 알 수가 없다. 또 목회자들이 그의 음악에서 자극을 받았는지, 설교에서 그에 관해 언급했는지도 궁금하다. 그러나 그럴 가능성은 희박해 보인다.

바흐의 칸타타는 음악적으로 하나의 완전한 신학적, 종교적 세계를 형성하고 있다. 이는 주제와 작곡 동기만 잠깐 훑어봐도 알 수 있다. 우선 칸타타는 자연스럽게 크고 작은 교회 축일들을 소개한다. 앞서 언급했듯이 바흐는 가령 대림절을 위해 밀라노 주교 암브로시우스의 고대 찬가 〈이제 오소서, 이방인의 구세주여〉를 토대로 두 개의 칸타타(BWV 61, 62)를 작곡했다. 성탄절을 위해서는 큰 선물 꾸러미를 준비했는데, 여섯 개의 칸타타로 구성된 〈크리스마스 오라토리오〉(BWV 248) 이외에도 삼일간의 축제를 위해 〈찬미 받으소서, 예수 그리스도여〉(BWV 91)와 같은 밝은 노래들을 여러 개 썼다. 성탄절이 지나면 원래 세속 명절인 새해와 주현절이 잇따른다. 〈나의 한숨, 나의 눈물〉(BWV 13)이나 〈아! 얼마나 덧없고 얼마나 허무한가〉(BWV 26) 같은 주현절 칸타타에서는 벌써 수난의 분위기가 느껴진다. 무거운 분위기의 단조를 띤 칸타타들이 많은데, 이들은 애달픈 선율과 애절한 가사로 이 세상에서 고통받는 삶을 애도한다. 수난 주간과 사순절에는 칸타타가 불리지 않고, 부활절에는 〈하늘은 웃고 땅은 환호하도다!〉(BWV 31)처럼 전혀 다른 분위기의 빛나는 장조가 교회를 에워싼다. 부활절 이후에 이어지는 주일들에는 찬미, 기도, 찬송에 방점이 찍힌다. 그리고 성령 강림절(오순절)과 삼위일체주일로 칸타타의 축제 주기는 마무리된다. 그 뒤에 이어지는 긴 여름과 가을의 주일들은 다른 주제로 채워져야 했다. 여기서 바흐 음악이 지닌 도덕적인 힘이 드러났다. 그의 음악은 이 세상으로부터의 구원을 선언하고 내세만을 목표로 하는 것이 아니라 악의 속박에서 벗어나 이 땅에서 선한 삶을 사는 길을 제시하고자 했다. 이를 가장 설득력 있게 표현한 칸타타가 〈굶주린 자에게 네 빵을 나누어 주어라〉(BWV 39)이다. 때로는 그의 윤리적인 칸타타에 〈너희의 것을 가지고 가라〉(BWV 144)처럼 화려한 음악적 전개에 어울리지 않는 완고한 소시민적인 순종과 겸손의 도덕이 담겨 있을 때도 있다. 〈내 마음에 근심이 많도다〉(BWV 21)나 〈보라, 고통이 어디에 있는가〉(BWV 46) 같은 구슬픈 칸타타도 등장하고, 이는 다시 〈주의 손길 받아들이는 자〉(BWV 93)나 〈하나님이 하시는 일은 언제나 옳다〉(BWV 100) 같은 믿음의 송가로 이어지며 균형을 맞춘다. 내적, 외적으로 우리에게 의연함, 확신, 하나님을 향한 믿음을 갖도록 단련시키는 칸타타도 있다. 〈내 주는 강한 성이요〉(BWV 80).

이 멋지고 광활한 교회음악의 세계에서 한 곡을 골라 자세히 들여다보기로 하자. 바흐는 1727년 2월 2일, 성탄절 절기가 끝나는 '주님 봉헌 축일'을 위해 〈나는 만족하나이다〉(BWV 82)라는 칸타타를 작곡했다. 시발점은 시므온의 이야기였다. 예수가 태어난 지 40일이 지났을 때, 마리아는 율법에 따라 희생 제물을 바치기 위해 남편과 아기를 데리고 성전으로 갔다. 그곳에 시므온이라는 노인이 있었는데, 그에게는 수년 전에 메시아를 보기 전에는 절대 죽지 않으리라는 예언이 내려졌다. 그때부터 시므온은 성전에 머물며 촉각을 곤두세우고 있었다. 그는 구세주의 등장과 마침내 죽을 수 있는 은총을 기다리고 또 기다렸다. 드디어 아기 예수를 보게 된 그는 팔에 아기를 안고 짤막한 찬양의 노래를 부른다. "주님, 이제 주님께서는 주님의 말씀을 따라, 이 종을 세상에서 평안히 떠나가게 해주십니다. 내 눈이 주님의 구원을 보았습니다. 주님께서 이것을 모든 백성 앞에 마련하셨으니, 이는 이방 사람들에게는 계시하시는 빛이요, 주님의 백성 이스라엘에게는 영광입니다."(누가복음 2:29~32) 시므온은 행복과 동시에 홀가분함을 느꼈고, 이 아기의 삶을 지켜볼 수 없음에 슬퍼하지 않았다. 오히려 축복의 순간을 경험하고 세상을 떠날 수 있게 된 데 감사했다. 성경에 나오는 이야기는 그러하다. 그렇다면 바흐와 알려지지 않은 작사가는 이 이야기에서 무엇을 만들어냈을까?

이 칸타타에서는 이례적으로 작은 편성이 눈에 띈다. 오케스트라와 독창자 한 명이 전부이다. 베이스 혼자서 아리아 세 개와 레치타티보 두 개를 부르고, 오케스트라 반주로 베이스와 오보에가 이중주를 선보인다. 소프라노나 알토, 테너 혹은 합창은 전혀 등장하지 않는다. 거기에는 그럴 만한 이유가 있는데, 칸타타의 가사가 죽음을 다루고 있기 때문이다. 모든 사람은 홀로 죽는다. 다른 사람이나 집단의 목소리가 위로를 줄 수 없으며, 홀로 자신의 믿음에 대해 깊이 파고들고 지금 자신을 지탱하는 게 무엇인지 들여다봐야 한다.

칸타타는 느리고 우울한 짧은 서곡, 부드러운 오보에 음향이 인도하는 지치고 짤막한 장례 행진곡으로 시작한다. 뒤이어 베이스가 부르는 첫 번째 아리아가 나온다. 베이스는 삶에 지쳐 죽음을 갈망하는 노인처럼 '나는 만족하나이다'를 부른다. 그것은 죽고 싶지만 죽을 수 없는 사람의 탄식이다. 오보에 소리가 애도의 리본처럼 아리아를 감싸 안는다. 그의 구원이 성사될 때까지는 시간이 좀 걸린다. 마침내 "나는 구세주를 보았도다." 이때 그가 맛본 행복감에는 곤고함이 서려 있다. "나는 구세주를, 신심이 두터운 자들의 희망을 고대하던 내 두 팔로 안았네." 그토록 바라던 소망과 희망은 이루어졌다. 이제 베이스와 오보에는 한탄하지 않고 아기를 흔들어 재우듯 함께 어우러져 노래한다. 길게 이어지는 춤 같다. "당장 오늘이라도 기쁨으로 이 세상과 이별하고 싶네." '기쁨'이라는 대목에서 베이스는 과감하게 깡충대는 중간 도약을 허용하며 스타카토처럼 '기-쁘-으-으-으-ㅁ'이라고 부른다.

그다음 베이스의 레치타티보가 이어지는데, 매우 선율적이며 말보다는 노래에 더 가깝다. 이 레치타티보는 이중적인 의미의 아리아 '나는 만족하나이다'를 변형시킨다. "내 위로는 오직 하나뿐, 예수는 나의 것이요, 나 역시 그의 것이라네." 여기서 이야기하는 나는 누구인가? 그는 성경 속의 시므온이 아니라 성전에서 위로받고 죽음을 맞이하고 싶은 신자이다. 전통 루터교의 특별한 선물은 위안, 죽음에의 위안에 있다고 말할 수 있다. 루터의 말대로 믿음은 그리스도에게 가까이 다가가게 함으로써 죽음의 한계 따위는 중요하지 않게 만들어 버린다. 때로는 그리스도를 향한 이 친밀한 확신은 삶에 지친 체념에 가깝기도 하다. 그러나 그것은 따스함이 감도는 체념이다.

베이스의 두 번째 아리아는 장대한 자장가이다. 길이가 무려 10분이나 될 정도로 이례적으로 길고, 여기서 노래하는 게 행복의 꿈인지 아니면 죽음을 향한 갈망인지 알 수 없다. "고이 잠들라, 피곤한 눈이여, 부드럽고 평안하게 감으라!" 잠을 권하는 아리아는 전체 칸타타의 1/3을 차지한다. 선한 죽음은 오래 걸리기 마련이다. 당시에는 갑작스럽고 급한 죽음을 악한 죽음이라 여겼다. 죽음을 맞이하는 사람이 자신의 생과 작별하고 신 안에서 새로운 삶을 준비하는 걸 방해하기 때문이다. 죽음은 꾸벅꾸벅 졸 듯 천천히 진행되어야 하며 영원한 잠 속으로 빠져드는 것이다. 그리고 죽음은 신도들을 세상의 모든 속박에서 해방하기 때문에 그 자체로 이미 구원이다. "세상이여, 난 더 이상 여기 머물지 않네, 영혼에 안식을 줄 수 있는 단 한 부분도 네게서 얻을 수 없다네." 여기에서 말하는 믿음은 일종의 마약이나 최면제 같은 것일까? "이곳에서는 고통을 당해야 하지만, 저곳, 저곳에서는 달콤한 평화와 고요한 안식을 얻으리라." 우리에겐 좀 낯설게 느껴질 수 있는데, 당시 사람들의 삶이 얼마나 힘들고 위험했는지 생각해야 한다. 삶은 극도로 불안했고 병, 기아, 폭력 등 온갖 위험에 노출되어 있었다. 게다가 종교적 불행, 죄와 심판에 대한 두려움까지 감당해야 했다. 예배는 그리스도인이 잠시나마 안식을 찾고 고통과 불행으로 가득한 이 세상과 거리를 두고 행복한 마지막을 준비할 수 있는 거의 유일한 장소였다. 바흐의 음악은 듣는 사람을 달래 주고 영혼의 깊은 평온함으로 안내했다. 이렇게 그의 음악은 죽어가는 이들의 예술적 동반자가 되었다. 바흐의 음악은 듣는 사람의 마음을 진정시키고 나이 든 시므온처럼 위로받고 기꺼이 떠날 수 있도록 사람들의 영혼에 그리스도의 형상을 심어주었다. 칸타타에서 노래하는 것처럼, 죽음에 가까이 간 사람은 편안한 죽음을 맞이한다. '달콤한 평화와 고요한 안식'을 얻을 것이다.

두 번째 레치타티보가 이어지고 그것이 끝나고 나면, 마지막으로 기쁨에 찬 아리아가 울려 퍼진다. "내 죽음을 고대하고 있다네." 베이스는 갑자기 서두르며 출구를 향해 내달린다. 조바심이 나는 모양이다. "오, 죽음이여, 어서 오기를!" 이 순간 죽음을 대하는 그리스도인의 평정심은 이생의 모든 관계를 당장 끊어내야 한다는 생각으로 가득한 자살자의 충동에 밀리고 만다. 기다림과 희망 사이의 흥미로운 긴장감, 절망과 확신, 피로감과 성취의 미묘한 차이를 끝까지 유지하지는 못한다.

현대인에게는 죽음에 취한 이 칸타타의 가사가 낯설게 느껴질 수 있다. 하지만 음악만큼은 여전히 매혹적이다. 이 세상을 증오하고 굳이 죽음을 고대할 이유가 현대인에게는 없다. 오히려 노래로 표현된 신앙의 힘을 감당하기가 벅찰 수 있다. 현대인은 그렇게까지 강한 확신과 그리스도의 사랑을 느끼기가 힘들다. 믿음은 깨지고 의심으로 인해 상처받고 흔들리고 방황하게 된다. 현대인은 바흐 칸타타가 노래하는 신념에 공감할 수 없을 것이다. 그렇지만 스스로 자극을 받아 자기만의 방식으로 이 세상과 거리를 두고 자신의 마지막을 냉정하게 직시하면서 죽음에 대해 생각하고 죽음을 맞이할 때, 자신이 무엇에서 위안과 희망을 얻을지 질문할 수는 있을 것이다.

우리는 바흐의 많은 칸타타가 지닌 모호함을 간과하지 말아야 한다. 그의 칸타타는 그렇게 명확하거나 정교하지 않다. 이 칸타타도 양면적이다. 여기서는 삶의 피로와 고대하던 기쁨, 혐오와 희열, 위안과 절망, 고독과 평안, 고통과 행복이 결합해 있다. 칸타타의 많은 구절은 일종의 착시 그림 같다. 관점에 따라 이렇게 보이기도 하고 저렇게 보이기도 한다. 루터의 신앙 자체도 지극히 양면적이며 긴장으로 가득 차 있다. 그가 보기에 하나님은 멀고도 가까운 존재였다. 신은 율법과 복음을 동시에 주었고, 인간을 벌하고 속죄했으며, 때리고 치료했다. 신은 사람들의 생각이나 바람대로 자신을 드러내지 않기 때문에 예측하기가 힘들다. 전혀 반대의 상황에서 자신을 드러내기도 한다. 가장 낮은 곳에서 최고의 계시가 일어나고 십자가에서 영광을 드러내는 식이다. 이 같은 대조는 말과 음악으로 포착되고, 그래서 바흐의 교회음악은 듣는 이들에게 확신과 불안을 동시에 느끼게 한다. 대부분의 바흐 칸타타가 그렇지만, 특히 위대하고 끔찍한 작품인 〈마태 수난곡〉에서 이 특성이 더욱 두드러진다.

바흐의 예수 그리스도 수난 이야기

〈마태 수난곡〉은 교회음악에서 가장 기념비적인 작품으로 모든 가능성이 들어있는 으뜸 중의 으뜸이다. 보기에 따라서는 가장 끔찍한 작품으로 여겨지기도 한다. 〈마태 수난곡〉 역시 탄생 배경이나 창작 동기, 작곡가의 생각이나 감정에 대해 별로 알려진 바가 없다. 바흐는 어떻게 해서 이 작품을 쓰게 되었을까? 작곡하는 과정에서 수월한 점은 무엇이고 한계에 부딪힌 부분은 무엇이었을까? 작곡과 연습, 공연에 이르는 힘들고 고된 과정을 어떻게 다 견뎌냈을까? 결과에 바흐는 만족했을까? 자신이 완성한 수난곡이 마음에 들었을까? 대본 작가의 작업을 마음에 들어 했을까? 이 작품의 음악적 의미는 절대적으로 중요하지만, 그것의 역사는 여전히 침묵의 안개에 싸여있다.

바흐의 오라토리오적 수난곡은 그 이전부터 이미 오랜 역사를 지니고 있었다. 성 금요일 예배에서 예수의 고난과 죽음에 관한 이야기를 낭독(노래)하는 것은, 아주 오래된 전통이었다. 수난 이야기는 마태, 마가, 누가, 요한의 복음서에서 가장 파란만장하고 극적인 대목이었으므로 낭독은 극적인 양상을 띠었다. 복음사가, 그리스도, 베드로, 본디오 빌라도 등 여러 사람이 나누어서 낭독했다. 개신교에서는 여기에 회중이 부르는 코랄이 더해졌는데, 이를 통해 수난 음악은 더욱 풍성해졌다. 나중에는 자유로운 시적인 텍스트에 기반한 아리아와 합창이 추가되기도 했다. 라이프치히에 도착한 바흐는 성 금요일을 위한 음악이 이미 충분하다는 사실을 깨달았다. 따라서 그의 목표는 이들과 구별되는 자기만의 특색 있는 음악을 만드는 것이었다. 그가 몇 개의 수난 음악을 작곡했는지는 확실치 않다. 아마 다섯 개 정도였을 텐데, 지금까지 남아 있고 연주되는 작품은 〈요한 수난곡〉과 〈마태 수난곡〉뿐이다. 전자는 바흐가 라이프치히에 도착한 지 1년만인 1724년에 초연되었고, 후자는 3년 뒤에 연주되었다. 후자의 최종본은 1736년에 완성되었다. 연주는 물론 '교회 음악회'가 아니라 전례와 1시간짜리 설교가 포함된 정규 저녁 예배에서 이루어졌다. 그 예배는 족히 5시간은 걸렸을 것이다. 라이프치히 사람들이 첫 공연과 그 이후의 연주들을 어떻게 받아들였는지는 알 수 없다. 바흐 자신은 〈마태 수난곡〉을 가장 중요한 작품 중 하나로 여겼던 것 같다. 그가 신중하고 깔끔하게 이 악보를 직접 정서한 사실을 보면 알 수 있다.

바흐는 다른 사람이 쓴 텍스트를 기반으로 〈마태 수난곡〉을 작곡했다. 저자는 당시 풍자시로 다소 의심이 가는 명성을 얻고 '피칸더'라는 필명을 사용하던 크리스티안 프리드리히 하인리치였다. 사실 그는 유명한 시인은 아니었는데, 바흐에게는 전혀 문제가 되지 않았다. 피칸

더는 작곡가가 요구하는 바를 텍스트에 정확하고 확실하게 담아냈다. 그는 성서를 바탕으로 신학적 의미와 시적인 요소를 적절히 결합하여 다양한 목소리와 분위기의 변화를 생생하게 그려냈다. 오페라에서 그런 것처럼, 이 수난곡에서도 결정적인 것은 좋은 텍스트가 아니라 그것을 음악으로 어떻게 표현하느냐였다.

바흐가 제일 먼저 생각해낸 것은 합창단 둘을 배치하는 거였다. 성금요일에는 예외적으로 토마스 교회 가수들이 한자리에 모일 수 있었고, 바흐는 이들을 둘로 나누어 서로 반대편에 서게 했다. 이 이중 합창 기법은 오케스트라에도 영향을 주었으며 곡 전체에 웅장함을 더해주었다. 바흐가 중요하게 생각한 건 단순한 양적 증가가 아니었다. 그는 두 합창단이 서로 다른 역할을 맡아 내용적, 음악적으로 각자가 자기 목소리를 내고 때로는 대립하기를 원했고, 이를 통해 교회 공간이 더욱 풍성하고 정교한 음향으로 채워지기를 바랐다. 이 이중 합창의 특별한 효과는 녹음으로는 제대로 포착될 수 없다. 어떻게 두 합창단이 서로 어우러지고, 대립하면서 누래하는지 알고 싶다면, 현장에서 직접 보고 들어야 한다.

바흐의 두 번째 의도는 텍스트의 종류와 내용, 인물에 따라 각기 고유한 음악 형식을 부여하는 것이었다. 그의 수난곡에는 마태복음 26~27장에 해당하는 성경 구절도 등장하고, 그 구절을 해석하고 인용하는 영적인 시들도 있고, 교회 성가도 있다. 이야기의 줄거리는 테너(복음사가)가 오르간의 간소한 통주저음 반주에 따라 서창하는 '레치타티보 세코'로 전개된다. 복음서 내용을 충실하게 독창으로 부르는 것이다. 반면 베이스가 부르는 예수는 이렇게 밋밋하지는 않다. 바흐는 여러 인물 가운데 예수가 돋보이도록 4성부의 현악으로 반주하게 했다. 그 결과, 예수가 부르는 레치타티보에서는 언뜻 아리아의 느낌이 난다. 바흐의 레치타티보는 다른 오페라에서처럼 별다른 음악적 매력 없이 지루하게 정보를 전달하는 데 그치지 않으며, 그 자체로 극적인 생동감과 음악적 다양성을 품고 있다. 이 점에 주목해야 한다.

줄거리를 전달하는 레치타티보는 대부분 아리아로 이어지는데, 미리 아리아의 내용을 준비하고 설명하고 심화하는 역할을 한다. 피칸더의 가사를 기반으로 하는 열다섯 개의 독창은 매우 짧고 대체로 차분하고 따뜻한 음색을 띠고 있다. 이들 아리아 덕에 끔찍한 이야기의 전개 속에서도 잠깐 멈추어 쉬고 생각할 수 있는 여유가 허용된다. 재앙이 계속되기 전에 아리아는 신도들에게 자신의 신앙과 삶에 대해 돌아보며 묵상하는 시간을 갖게 하는데, 신도들은 그리스도와의 친교에 확신을 품게 되고 감정은 더욱 격화되어 위로받으며 결국 눈물까지 흘리게 된다.

세 번째로 중요한 음악 요소는 전통적인 수난 성가에서 따온 14개의 코랄이다. 가사와 선율은 기본적으로 친숙하고 따라서 신도들은 수난곡에 담긴 이야기의 의미를 이해하고 거기에 동화되어 성경에서의 '그때'와 예배를 드리는 '지금' 이 순간 사이의 시간적 간격을 극복할 수 있었다.

바흐의 수난곡에서 특히 압도적이며 충격적인 것은 투르바 합창이다. 짧고 격렬하게 몰아치는 이들 합창은 레치타티보를 중단시키고 끔찍한 폭력 사건에 불협화음적이고 날카로운 분위기를 더해 준다. 합창은 '투르바'*라는 말처럼 흥분한 대중, 증오에 찬 군인들, 망연자실한 제자들, 반항하는 사제들을 모두 아우르는 소란스러운 군중의 함성에 가깝다.

〈마태 수난곡〉의 독특한 점은 다양한 종류의 텍스트(성경 구절, 담화, 자유 시, 교회 코랄)를 다양한 형식의 음악(레치타티보, 아리오소, 아리아, 합창)으로 담아냈다는 것과 대조적인 스토리텔링(서사적, 극적, 서정적)과 분위기(두려움, 분노, 증오, 침묵, 위로)를 단순히 나열하는 게 아니라 하나로 통합해 냈다는 것이다. 바흐의 이 수난곡은 전체적으로 아직은 칸타타의 형태에 가깝긴 하나 그보다는 한층 더 성장했는데, 이는 단순히 곡의 길이 때문만이 아니라 성경 텍스트가 중요한 역할을 하고 있기 때문이다. 칸타타에서는 대부분 짧은 성경 구절만 인용하고는 그것을 변형했다. 반면 여기서는 곡 전체에서 거대한 성경 드라마가 펼쳐진다. 〈마태 수난곡〉이 교회 칸타타보다는 오히려 세속 오페라에 더 가까운 이유도 바로 그 때문이다.

마태복음이 전하는 수난 이야기는 다음과 같다. 제사장들이 모여 예수를 죽이기로 결의했고, 예수는 베다니에서 향유 부음을 받고 예루살렘에서 제자들과 최후의 만찬을 가진 다음에 겟세마네에서 체포되어 유대인들의 공의회에서 심문받고 제자 베드로에게 부인당했다. 빌라도는 결국 예수에게 판결을 내렸고, 병사들은 그를 조롱했다. 예

---

* 투르바(turba)는 라틴어로 혼란, 혼동, 군집, 무리, 떼 등을 뜻하는 말이다.

수는 골고다에서 십자가에 못 박혔으며 무덤에 묻혔다. 바흐가 이 이야기를 어떻게 음악적으로 형상화했는지 일일이 설명할 수는 없다. 그래도 핵심적인 문제 다섯 가지는 짚고 넘어가는 게 좋을 것 같다. 1. 시작 부분, 2. 코랄 〈오, 피와 상처로 가득한 주님〉의 활용, 3. 반유대주의 문제, 4. 그리스도 죽음의 종교적 의미, 5. 열린 결말.

　탁월한 기교가 돋보이는 첫 부분은 신비롭게 펼쳐진다. 둘, 아니 셋의 합창이 한데 어우러지면서 수난곡의 문을 연다. 합창은 두 그룹으로 나뉘는데, 마태복음에는 등장하지 않는 '시온의 딸들'(합창 1)과 신도들(합창 2)의 합창이다. 두 그룹 모두 기독교 공동체를 대표한다. '시온의 딸들'은 역사적으로 실재하는 집단이 아니라 기독교 혼인 신비주의에서 나온 상징적인 인물이다. 이들은 성경의 사건을 절박하게 받아들이며, 신도들의 합창이 장엄한 극을 경건하게 따르고 마음을 다해 헌신적으로 참여하기를 촉구한다. 두 번째 합창은 수난 이야기를 더 잘 이해하고 본인들의 신앙생활과 연결 짓기 위해 질문을 던지면서 첫 번째 합창의 요구에 대응한다. 두 합창이 다성적으로 화려하고 리듬적으로 촘촘하게 교차하면서 촉구하고 묻고 대답하는 가운데 청아한 소년 합창이 코랄 '오 무죄하신 하나님의 어린양'을 부르며 끔찍한 사건에 깃든 치유의 의미를 강조한다. 이 말도 안 되는 사건에는 메시아가 하나님의 자비를 구하기 위해 죄인들을 대신해서 고통받는다는 숨은 의미가 깃들어 있다. 시온의 딸들은 "오라, 딸들아, 슬픔에서 나를 구하라!"라는 외침으로 시작한다. 이에 두 번째 합창이 "누구를?"이라고 반문한다. 구세주를 맞아들일 준비가 된 영혼, '신부들'인 시온의 딸들은 "신랑을, 그를 보라!"라고 대답한다. 그리고 다시 "어떻게?"라는 질문에 "마치 어린양과 같이"라고 한다. 세 번째 합창은 핵심적인 내용을 밝힌다. "오, 무죄하신 하나님의 어린양께서 십자가에 못 박혀 죽임을 당하시도다." 시온의 딸들이 다시 외친다. "보라!" 두 번째 합창의 "무엇을?"이라는 질문에 "견디심을 보라!"고 대답한다. 소년 합창이 "온갖 핍박과 조롱에도 언제나 참고 견디셨도다."라며 또다시 핵심을 짚어 준다. 다시 한번 시온의 딸들은 "보라!"고 호소하고 "어디를?"이라는 질문에 먼 역사적인 사건이 아닌, 우리 자신에, "우리의 무거운 죄"에 집중하라고 경고한다. 다시 소년 합창이 노래한다. "우리의 모든 죄를 대신하여 십자가 지셨으니 당신이 아니셨다면 우린 절망뿐이었으리." 그리고 시온의 딸들이 부르는 마지막 호소가 이어진다. "그를 보라, 사랑과 은총으로 스스로 십자가를 지신 그 분을!" 마침내 신도들의 합창은 "우리를 불쌍히 여기소서, 오 예수여!"라고 노래한다. 세 그룹이 빠르게 주고받는 짧고 슬픈 노래에는 〈마태 수난곡〉의 주요 모티브가 모두 들어있다. 경건한 성찰에 대한 호소(묘하게도 시각적인 측면만 언급되고 청각과 관련된 언급은 없다), 자기 죄에 대한 성찰, 하나님의 죄 없는 어린양으로 묘사된 예수, 본보기로 삼은 고난 속 예수의 인내, 하나님의 자비를 얻기 위해 십자가에 못 박힌 예수. 이것으로 다음에 나올 모든 것이 언급되었다. 이제 막은 열렸고, 이야기가 시작된다.

길고 복잡한 〈마태 수난곡〉은 다양한 방식으로 나뉘고 분류될 수 있는 역동적인 구조를 지녔다. 〈마태 수난곡〉에는 여러 개의 코랄이 들어있는데, 가장 중요한 것은 파울 게르하르트가 독일어로 번역한 유명한 프로테스탄트의 수난 코랄인 〈오, 피와 상처로 가득한 주님〉이다. 이 코랄은 거의 유도동기처럼 작품 전체를 관통하고 있는데, 약간 변형된 조성과 음색을 띤 채 다섯 번이나 인용된다. 최후의 만찬이 끝나고 겟세마네 동산에 가기 직전에 합창이 부르는 코랄의 다섯 번째 연은 신선하고 만족스럽게 들린다.

> 나를 지키소서, 나의 수호자시여,
> 나의 목자시여, 나를 받아주소서!
> 모든 것의 원천이신 당신은
> 온갖 좋은 것을 다 주셨나이다.
> 당신의 말씀은
> 젖과 꿀로 나를 위로하였으며,
> 당신의 성령은
> 나를 천상의 낙원으로 이끄셨나이다.

얼마 지나지 않아 여섯 번째 연이 주저하며 더 깊은 낙담을 노래한다. 조금 전 예수는 다른 제자들처럼 확실하게 약속하지 못하는 베드로에게 그가 나중에 자신을 부인하게 되리라고 예언했다.

> 나는 여기 당신 곁에 있나이다.
> 부디 나를 비웃지 마소서!
> 당신 곁을 절대 떠나지 않으리이다,

당신 마음이 산산이 부서질 때,
죽음의 고통이 당신을 엄습할 때,
나 당신을 껴안으리다.
내 팔에, 내 품에
당신을 껴안으리다.

이 맹세가 얼마나 보잘것없는지는 금방 드러나고 말았다. 예수는 결국 모두에게 버림받은 채 홀로 십자가를 짊어졌다. 죽임을 당하기에 앞서 큰 굴욕감을 맛봐야 했다. 군인들이 조롱하며 그에게 가시관을 씌웠다. 무력한 연민 속에서 합창 소리는 점점 작아진다.

오, 피와 상처로 가득한 주님,
온갖 고통과 조롱을 당하시도다!
오, 온갖 멸시를 받는 주님,
가시관을 쓰셨도다!
온갖 멸시를 받는 주님!
오, 거룩하신 주님,
무한한 영광과 영예로 빛나셨건만,
지금은 갖은 멸시 다 받으시며
나를 맞이하시도다!

그러나 굴욕을 당한 채 고독하게 죽어가는 예수는 믿음을 가진 자들이 세상의 조롱을 뚫고 가시관에 깃든 역설적인 위엄의 상징을 발견하리라는 사실을 알고 있었다. 결국 사람들은 연민과 경외심을 안고 그에게 경의를 표하게 되리라.

그러고 나서 죽음의 장면이 이어진다. 오케스트라 반주 없이 조용한 가운데 십자가 위의 예수가 마지막으로 부르짖는다. "엘리 엘리 라마 사박다니!" "나의 하나님, 나의 하나님, 어찌하여 나를 버리셨나이까!" 이는 시편 22편의 구절이기도 하다. 모여 있던 사람들은 십자가에 못 박힌 예수가 예언자 엘리야를 부르는 것으로 착각했다. 오해와 더불어 예수의 이야기는 영원한 침묵 속에 끝이 난다. 적막감만 감돈다. 성경 이야기는 여기까지다. 끔찍한 결말이다. 이제 뭐가 나올까? 이때 코랄의 아홉 번째 연이 흘러나온다. 노래라기보다는 속삭임에 가까운 듯한데, 강력한 의지가 느껴진다. 이 죽음으로 끝나는 것이 아니다. 그의 죽음 안에는 너무나 크고 지속적인 힘이 있어 시대를 막론하고 모든 개별 기독교인의 죽음에도 은총을 내릴 수 있다. 복음사가의 말처럼, 예수는 비록 "숨을 거두었"으나 "내게서 떠나지"는 않았다.

> 나 언젠가 세상을 떠나야 할 때,
> 주여, 내게서 떠나지 마소서!
> 죽음의 고통이 나를 덮칠 때,
> 주여, 내 곁에서 지켜 주소서!
> 내 마음이 온갖 두려움에 떨 때,
> 주여, 두려움과 고통을 몸소 이겨내신

그 능력으로 나를 구하소서!

이 노래는 매우 섬세하지만, 수난곡에는 날카롭고 거친 음향도 많이 등장한다. 가장 끔찍하게 들리는 구절은 "그 피를 우리와 우리 자손에게 돌릴지어다!"이다. 빌라도가 예수의 죽음에 자신은 책임지고 싶지 않다고 선언하자 유대인들이 외친 말이다. 훗날 기독교인은 이 구절을 빌미 삼아 유대인을 증오한다. 유대인이 기독교의 메시아를 죽음으로 몰아넣었으므로 유대 민족의 후손을 소외시키고 차별 대우하고 괴롭히고 약탈하고 죽이는 게 마땅하다고 생각했다. 기독교의 이 불행한 역사와 독일 나치에 의해 유럽에서 유대인이 학살당한 끔찍한 사건을 떠올리면, 〈마태 수난곡〉을 부르는 사람들은 특히 이 대목에서 큰 부담감을 느낄 수밖에 없다. 흥분한 군중이 이 합창을 불러야 하므로 쉽지가 않다. 빌라도 앞에 모여든 군중이 악을 쓰며 외쳐댄다. "십자가에 못 박혀야 하겠나이다!" 그것도 한번이 아니다. 빌라도가 망설이며 물을 가져다가 손을 씻으며 "이 사람의 피에 대하여 나는 무죄하니 너희가 당하라!"라고 말하자 군중은 더욱 흥분하고 기세등등하여 소리 지른다. "그 피를 우리와 우리 자손에게 돌릴지어다!"

이 에피소드를 잘 이해하고 혹시 '〈마태 수난곡〉이 반유대적인 작품이 아닐까'라는 질문에 제대로 답변하려면 잊지 말아야 할 것이 있다. 바흐와 피칸더는 사형 판결의 책임이 누구에게 있냐는 역사적인 질문에는 특별한 관심이 없었다는 사실이다. 그들에게 유대인은 확실하게 정의된 그룹이나 민족, 종족이 아니었다. 그들의 관심은 전혀 다른 데 있었는데, 이는 앞서 테너의 레치타티보와 합창이 같이 어우러지는 대목에서 분명히 드러난다. 합창이 "당신의 괴로움 어이 된 일입니까?"라고 묻더니 바로 대답을 내놓는다.

아, 그것은 나의 죄
내 죄가 당신을 매질했나이다!
오, 주 예수여, 당신이 짊어지신 그 고통
나의 죄지음입니다.

십자가 구원의 의미를 이해하고 받아들이기 위해서는 사형의 실제적인 책임을 따지는 문제는 조금도 중요하지 않다. 중요한 것은, 신도들이 스스로 죄인으로 인식하고 이 비극적인 드라마의 책임이 사랑이 부족한 자신들에게도 있음을 깨닫는 것이다. 모든 인간은 죄인이며 따라서 모두가 예수의 죽음에 책임이 있다. 로마인이든, 그리스인이든, 유대인이든, 독일인이든 상관없다. 지금은 중요하게 여겨지는 유대인과 기독교인의 관계가 당시 작곡가나 대본 작가에게는 중요하지 않았다. 이 문제에 그들은 눈길조차 주지 않았다. 그래서 그들은 군중이 마치 피의 광란 속에 고삐 풀린 폭도처럼 예수의 죽음을 요구하는 이 장면을 끔찍하고 폭력적으로 그려냈다. 그리고 예수를 십자가에 못 박으라는 군중의 첫 번째 외침 뒤에 부드러운 코랄을 배치했다.

이처럼 기이한 벌이 어찌 있을 수 있단 말인가!

> 선한 목자가 양 대신 고난을 받고 희생되고,
> 의인인 주인이 자기 종을 대신하여
> 부채를 갚다니!

적절한 균형이 유지되어야 한다. 한편으로는 역사적 사건의 폭력성을 너무 하찮게 여겨도 안 되겠지만, 또 다른 한편으로는 유대인을 향한 일방적인 비난이나 적대감도 피해야 한다. 이것이 바로 오늘날 〈마태 수난곡〉을 연주하는 사람들에게 주어진 과제이다.

이번에는 곡 전체에서 다뤄지고 있는 중요한 신학적 질문에 대해 살펴보자. 이 수난곡의 긍정적인 의미는 과연 무엇일까? 이와 관련해서 바흐와 피칸더는 말을 아꼈다. 가령 그들은 옛 루터파의 속죄와 희생적인 죽음에 관해 상세한 신학적 설명을 하지 않았다. 또 구원 교리의 배경이나 신의 진노, 최후의 심판에 관해서도 설명하지 않았다. 그들이 내세운 것은 아리아 〈사랑하심으로〉에서 아름답게 표현된 단순한 사랑의 모티브다. 섬세하고 부드러운 플루트와 오보에 음향이 이 아리아를 에워싸며, 아리아는 줄리엣이 로미오에게 했던 것처럼 열렬하고 필사적인 마음으로 천사처럼 순수한 사랑을 노래한다.

> 사랑하심으로 내 구주께서 죽임당하시도다!
> 그가 죄지은 일이 없는데도,
> 영원한 파멸과
> 심판의 벌로부터

내 영혼을 구하기 위함이라네.

그러나 이 사랑은 신학적으로나 구체적으로 설명되지 않는다. 사실 〈마태 수난곡〉의 결말은 열려 있다. 예수 그리스도는 무덤으로 옮겨지고, 날이 저물어 기이한 분위기가 감돈다. 이제 길고 긴 하루가 끝났다. 예수는 아이가 침대에 누운 것처럼 무덤에 묻혔다. 모든 독창자와 합창단이 그를 둘러싸고 "예수여, 편히 잠드소서"라고 노래한다. 그들의 노래는 긴 자장가로 끝난다. 3/4박자의 고요함 가운데 커졌다가 조용해지고 장조와 단조를 오가다가 드라마는 끝이 난다.

우리는 눈물에 젖어 무릎 꿇고
무덤 속의 당신을 향해 외치나이다.
편히 쉬소서! 편히 쉬소서!
지칠 대로 지치신 몸,
편히 쉬시고, 평안히 쉬소서!
당신의 무덤과 묘석은
번민하는 마음에
편안한 잠자리가 되고
영혼의 휴식처가 되리다.
이리하여 이 눈은 더 없이 만족하여
우리도 눈을 감나이다.

결국, 마지막에는 모두가 잠이 든다. 언제, 어떻게 다시 깨어나는지는 이 수난곡에 나와 있지 않다. 아마도 밝고 환희에 찬 칸타타가 울리는 부활절이 올 것이다. 그러나 그 순간에는 엄청난 피로감만 느껴진다. 이제 이 끔찍한 일이 벌어진 하루가 지나고 나면, 성금요일 밤이 찾아오고 여전히 길고 우울한 부활절 전날이 흘러가고 칠흑같이 어두운 부활절 전야로 접어들 것이다. 그리고 그다음에는……. 그 이상은 수난곡에서 다뤄지는 주제가 아니다.

  듣는 사람들 역시 기진맥진하고 금방이라도 쓰러질 것 같다. 그 끔찍한 사건을 직접 겪은 것만 같기 때문이다. 사람들은 충분히 시달리고 지쳤다. 예수가 걸어온 모든 길을 온 마음을 다해서 같이 따라다녔을 것이다. 그 과정에서 전율도 느꼈고 또 동시에 위로도 받았다. 이를 이렇게 아름다운 (물론 중간중간에 놀라게 되기도 하지만) 음악으로 구현해 내다니. 이것이 바로 다소 혼란스러울 수 있는 〈마태 수난곡〉의 효과이다. 마침내 사람들은 끔찍한 재난과 구원 역사의 일부가 되었다. 우리는 아마 그것이 갖는 궁극적인 의미를 이해할 수 없을지도 모른다. 우리는 하나님을 이해할 수 없고, 하나님도 항상 자신을 이해하는 건 아니다. 마지막 음이 울리고 나면 고요함 속에서 사람들은 사랑 때문에 자신을 희생한 신의 형상 앞에 멍하니 서 있게 되는데, 그 순간에도 하나님이 교회 공동체와 함께하고 계신 듯한 느낌을 받는다. 이것이 믿는 영혼들과 그들의 신이 함께 견뎌 나가야 하는 그리스도 구속(救贖) 역사의 우울하고 가장 거룩한 신비이다. 그들은 서로에 대한 사랑을 보여주고, 서로를 위해 고통을 겪으며, 서로의 연대를 보여준다. 즉 신은 죄 많은 사람을 불쌍히 여기고, 사람들은 죽어가는 신을 가엾게 여긴다. 우리가 〈마태 수난곡〉을 이런 식으로 깊이 공감하고 자기 자신에게 질문을 던지면서 듣는다면, 신앙과 직면해서 느끼는 당혹감을 극복할 유일한 기회를 얻게 될 것이고 연주되는 동안과 잔향이 남아 있는 순간만큼은 깊은 감동과 사랑, 경외감, 연민을 느낄 수 있을 것이다.

멘델스존을 통한 〈마태 수난곡〉의 재발견

바흐는 1750년에 사망했다. 대대적인 애도가 이루어졌다는 기록은 남아 있지 않다. 바흐 주변은 금방 잠잠해졌다. 그의 제자들과 음악가로 성장한 아들들이 그를 기억하고 그의 유산을 돌보았지만, 라이프치히, 베를린, 함부르크 정도에서나 그랬다. 그렇다고 바흐가 완전히 잊힌 것은 아니었다. 가령 피아노 음악은 계속 살아남아 작곡가들에게 연습의 토대이자 영감의 원천이 되었다. 반면 바흐의 종교 성악곡은 거의 연주되지 않았다. 여러 가지 이유 때문인데, 모든 작품이 다 제대로 문서화되지도 않은 데다가 유산 분할 과정에서 분실된 것도 많았다. 게다가 사람들이 더는 즐겨 듣지 않았다. 이제 이 음악은 마법의 힘을 잃어버린 듯했다. 어둡고 칙칙한 바로크풍의 텍스트가 그 원인이기도 했다. 어쨌든, 이렇게 바흐의 칸타타, 오라토리오, 미사곡은 사람들의 귀와 눈, 마음에서 사라졌다. 침묵의 세계가 바흐를 덮쳤다. 그러나 위대한 예술은 영원히 잊히진 않는 법이다. 때로는 바로 뒷세대를 건너뛰고 손주나 증손 세대에 와서 잊힌 작품들이 발굴되고 새롭게 복원되기도 한다. 이 경우에도 그랬다. 바흐가 사망하고 80년 정도 지난 뒤, 한 젊은 음악가가 그의 종교 음악을 되살리는 작업에 몰두했고 극적인 〈마태 수난곡〉 공연으로 이를 실현했다.

1829년 3월 11일, 스무 살의 펠릭스 멘델스존 바르톨디가 호기심 많은 베를린 청중 앞에서 바흐의 대표적인 종교곡을 선보였다. 이 음악회는 많은 이들에게 놀라움을 안겨 주었다. 한편 바흐를 향한 사랑은 멘델스존 가문의 오랜 역사이자 전통이었다. 펠릭스의 종조모인 사라 레비는 바흐의 아들에게 피아노를 배웠고 그때부터 바흐의 자필 악보를 수집하기 시작했다. 할머니 바베테 살로몬과 아버지 아브라함 멘델스존도 바흐의 악보와 원고를 수집했다. 일찍이 펠릭스는 그들로부터 평생의 선물인 바흐의 악보를 받았다. 유대인 관련 문제가 제기될 수 있는 바흐의 음악 자산을 돌보고 가꾼 이들이 하필이면 유대인 가문이었다니. 이것이 바로 교회음악의 에큐메니즘적 힘이 아닌가 싶다. 여기서 펠릭스의 누이 파니가 〈마태 수난곡〉의 재공연을 위해 중요한 역할을 했다는 사실도 잊지 말아야 한다. 파니 멘델스존은 교회음악의 시대를 여는 데 일조한 최초의 여성일 것이다.

19세기의 첫 사사분기가 끝나갈 무렵, 바흐의 시대가 다시 무르익었다. 낭만주의는 남겨진 유물을 새롭게 바라볼 미적 감각을 제시하고 신생 서지학은 사라진 자료에 접근할 길을 열어주었다. 시민들 사이에서는 노래 문화가 새롭게 자리를 잡았다. 그 대표적인 예가 가장 오래된 혼성 합창단인 베를린 징아카데미이다. 베를린 징아카데미는 1791

년에 설립되었으며, 두 번째 음악 감독인 카를 프리드리히 첼터(1758~1832)가 이끄는 동안 음악회 활동과 음악 교육 활동을 벌이며 프로이센 수도의 문화생활을 주도해 나갔다. 이들의 주요 레퍼토리가 바로 바흐의 음악이었다. 첼터에게 바흐는 등대 같은 존재였다. 첼터는 교회음악을 교회 밖에서 울리게 하고 싶었고 더 많은 시민 관객에게 들려주고 싶어 했다. 이에 그와 베를린 징아카데미는 음악회를 열어 바흐의 〈B단조 미사〉와 여러 모테트를 연주했다. 〈마태 수난곡〉의 일부를 연습하기도 했으나 공개적으로 선보인 적은 없는데, '지극히 불경스러운 독일 텍스트'에 대한 첼터의 우려 때문이었다. 펠릭스 멘델스존은 11살에 징아카데미에 입단했다. 그곳에서 그와 누이 파니는 바흐의 성악곡을 살아있는 음악으로 접할 수 있었다. 그중에는, 첼터의 표현대로, 바흐 수난곡의 '거친 곡들'도 포함되어 있었다.

  바흐 르네상스는 분위기가 충분히 무르익었고 벌써 서서히 진행되고 있었다. 하지만 이를 실현하기 위해서는 결정적인 천재의 노력이 필요했다. 발견의 기쁨을 아는 용기 있는 음악가, 곡 전체를 들어보지 못했어도 음악의 내적 관계를 발전시킬 수 있는 음악가, 연주되지 않는 곡의 연주를 상상할 수 있는 음악가, 좁은 해안가에 머무는 동료들과 달리 광활한 바다를 향해 나아갈 수 있는 음악가가 나타나야 했다. 멘델스존 바르톨디가 그렇게 할 수 있었던 것은 전통적인 바흐 사랑 말고도 종교적인 동기 때문이었다. 그는 유대인 출신임을 부정하지 않는 프로테스탄트였다. 형식적으로 세례만 받은 게 아니라 프로테스탄티즘과 계몽주의가 결합한 자기만의 신앙과 소명을 품고 있었다. 멘델스존은 자신이 추진하려는 계획이 얼마나 놀라운 것인지 스스로 깨달았다. 한번은 친한 배우와 수난곡의 독창자를 모집하기 위해 오페라 광장에 나갔는데, 갑자기 멈춰 서서 이렇게 외쳤다. "위대한 기독교 음악을 대중에게 돌려줄 이가 젊은 유대인 청년이라니, 정말 코미디이지 않은가!"

멘델스존 바르톨디는 징아카데미, 연주자들, 독창자들과 본격적인 준비에 들어가기에 앞서 1827년 겨울부터 이미 개인적으로 연습을 시작했다. 공연을 위해 그는 바흐 작품에 손을 많이 댈 수밖에 없었다. 더는 사용되지 않는 기존의 악기들을 시대에 맞는 현대적인 악기들로 대체했다. 또 여러 개의 아리아를 삭제했는데, 이는 성서 내용이 담긴 레치타티보와 합창에 집중시켜 사건의 극적인 면을 더 돋보이게 하기 위해서였다. 편성에서도 바흐 시대와 차이를 두었다. 학생 가수들을 활용할 권한이 그에게는 없었지만, 성인 남녀 가수들은 충분히 확보할 수 있었다. 소프라노 47명, 알토 36명, 테너 34명, 베이스 41명. 모두 150명이 넘었다. 여기에 규모가 작지 않은 아마추어 오케스트라가 더해졌다. 그리고 멘델스존은 오르간이 아닌 피아노로 연주하며 직접 지휘를 맡았다.

바흐는 〈마태 수난곡〉의 공연을 정식으로 언론을 통해 홍보한다는 생각은 꿈에서도 못했을 것이다. 베를린의 한 음악 비평가가 공연 사실을 미리 알림으로써 그 기반을 닦아 놓았다. "음악계의 중요하고 행복한 이벤트가 처음으로 베를린에서 열린다. 3월 초, 펠릭스 멘델스존 바르톨디의 지휘로 요한 제바스티안 바흐의 '마태복음에 의한 수난 음악'이 연주될 예정이다. 가장 위대한 작곡가의 가장 훌륭하고 신성한 작품이 거의 100년 만에 부활한다. 종교와 예술의 대축제가 될 것이다." 그러니 징아카데미 건물이 관객들로 꽉 들어찬 게 놀랍지는 않았다. 수난곡 음악회는 교회가 아니라 징아카데미에서 열렸다. 베를린의 주요 인사들도 많이 참석했는데, 그중에는 멘델스존의 스승인 신학자 프리드리히 슐라이어마허, 철학자 게오르크 빌헬름 프리드리히 헤겔, 역사가 요한 구스타프 드로이젠, 시인 하인리히 하이네, 여성 지식인 라헬 파른하겐도 있었다. 미처 표를 구하지 못한 사람도 많았다. 바흐에게는 자신의 오라토리오를 듣기 위해 입장료를 낸다는 사실이 어처구니없었을 것이다. 음악가들 대부분은 무보수로 연주했고, 수익금은 버려진 아이들을 위해 쓰였다. 이 음악회는 아마 종교 음악 역사에서 첫 자선 음악회였을 것이다. 그 이후로 두 번의 음악회가 3월 21일과 성금요일인 4월 17일에 열렸다. 이제 〈마태 수난곡〉은 베를린 징아카데미의 레퍼토리로 자리를 잡았다. 그 뒤로 몇 년 동안은 다른 도시들에서도 연주가 이어졌다.

과연 음악회는 어땠을까? 펠릭스의 누이 파니가 그때 받은 인상을 이렇게 기술했다. "꽉 찬 홀은 마치 교회 같은 느낌을 주었다. 깊은 침묵과 장엄하기 이를 데 없는 경건함이 청중을 지배했고, 깊은 감동에서 자기도 모르게 새어 나오는 몇 마디 탄성만이 들릴 뿐이었다." 많은 사람의 헌신과 노력이 놀라운 결실을 거두었다. 또 다른 증인은 예수 역을 맡은 가수를 특히 칭찬했다. "그는 정해진 음표를 부르는 것 같지 않았다. 마치 신의 계시 같았고, 신성한 말씀이 노래에 실린 듯했다. 너무 엄숙하면서 감동적이라서 모든 사람의 눈에 눈물이 고였다." 시민 관객들이 교회음악 이벤트를 이토록 마음껏 즐기고 높이 평가한 적은 한 번도 없었다. 〈마태 수난곡〉을 통해 교회음악은 일반 대중의 관심거리, 그것도 아주 획기적인 관심거리가 되었다.

사장되었다고 여겨지던 이 작품의 부활을 통해 우리는 전통이 무엇인가를 다시 한번 돌아보게 되었다. 전통은 유산을 한 세대에서 다음 세대로 단절 없이 무사히 전달하는 것이 아니라 경시되거나 묻힌 역사의 보물을 의식적으로 과감히 습득하는 것이다. 보물은 망각에서 벗어나 현재로 들어오게 되는데, 그 과정에서 변화하고 적응하고 재구성된다. 그런 점에서 전통은 연속성보다는 갈등이나 창의성과 더 관련이 깊어 보인다. 계승이 성공적으로 이루어진 것에서 무엇이 기존의 것이고 무엇이 재탄생한 것인지, 무엇이 발견되고 무엇이 발굴되었는지, 무엇이 옛것이고 무엇이 새것인지는 정확히 구분해서 말할 수 없다. 멘델스존 바르톨디는 바흐의 〈마태 수난곡〉에 새로운 생명을 불어넣었지만, 해석을 달리했다. 편성에 큰 변화를 주었을 뿐만 아니라 텍스트와 음악에까지 손을 댔다. 그는 바흐 작품을 다른 방식으로 들어야 하는 시간 속으로 옮겨왔다. 그 시대에는 전통 루터교의 닫힌 세계관과 신앙관이 더는 받아들여지지 않았으며, 계몽주의와 낭만주의가 팽배했고, 기독교가 감정의 종교로 인식되었고, 민족의식이 각성했고, 자율적인 예술 개념이 등장했다. 결국 멘델스존 바르톨디는 새로운 연주 장소와 연주 그룹을 지정함으로써 이 작품을 살려낼 수 있었다. 교회 대신에 음악회장을 선택했고, 성금요일 저녁 예배 대신에 시민들의 문화 행사를, 토마스 학교의 소년 합창단 대신에 자발적인 남녀 합창단을 선택했다. 〈마태 수난곡〉은 교회를 떠나 시민 세계로 이주했다. 지금으로선 바흐가 어떻게 생각했을지 예측하기가 힘들다. 당시 베를린 교회음악가들의 생각이 어떠했는지도 전해지지 않는다. 교회 목회자들은 무슨 생각을 했을까? 지금 같으면 1시간짜리 설교를 위해 공연을 중단한다는 건 있을 수도 없는 일일 것이다. 〈마태 수난곡〉은 처음부터 예배의 틀을 뛰어넘는 음악이었다.

이 흥미로운 바흐 전통은 지금도 살아있으며, 어떻게 해야 제대로 연주할 수 있을지에 대해 여전히 치열한 논쟁이 벌어지고 있다. 바흐 전문가들은 되도록 역사에 충실한 연주를 할 수 있도록 애를 쓴다. 바흐의 원래 음악을 진지하게 받아들여 다시 작은 편성으로 되돌리고 역사적인 악기들을 사용하려고 한다. 그로 인해 때로는 음악이 군더더기 하나 없이 응축되게 들리기도 한다. 그런데 이게 정말 바흐가 원하던 음향이었을까? 작곡가는 조건 때문에 어쩔 수 없이 작은 편성을 선택할 수밖에 없었던 건지도 모른다. 그리고 바흐가 얼마나 빠르게 혹은 느리게 노래하기를 바랐는지, 또 치밀하게 생각하면서 연주하기를 바랐는지 아니면 순간의 느낌에 따라 연주하기를 바랐는지도 알 수 없다. 그를 소환해서 물어볼 수도 없는 노릇이다. 연주에서 여성들이 배제되고 음악가가 다시 가발을 써야 한다고 상상해 보라. 그동안 많은 진보가 있었고, 이를 되돌린다는 건 말도 안 된다. 악기들도 대폭 개선되었고, 교육과 연주 조건도 몰라볼 정도로 향상되었다. 대규모 합창단, 특히 아마추어 합창단의 출현도 진보에 속한다. 과거의 학교 합창단은 과도하게 엄격한 교육 방식을 택했고 어두운 면을 갖고 있었는데, 이는 프로테스탄트 공동체 원칙에 부합하지 않는 중세 음악 문화의 유물이었다. 교회 성가대 역시 종교 음악이 전문성을 지닌 특정 그룹의 독점 자산이 아니라 교회 공동체의 중요한 사안임을 인정하고 받아들였다. 역사주의 연주도 진보에 속한다. 바흐 시대와 그의 음악에 관한 음악학적 연구를 현재에 맞춰 유용하게 적용하도록 해주기 때문이다. 연주 형식의 선택을 신앙의 문제로 보지 말고 아름다운 여러 가능성 중 상황에 맞는 적절한 해결책을 선택하고 거기 집중한다면, 그것이야말로 최상의 선택이며 루터의 유지를 받드는 일일 것이다.

전통은 창조적인 행위이다. 이 말은 바흐 작품을 연주하는 사람들만이 아니라 그것을 듣는 사람들에게도 적용되어야 한다. 오늘날 우리는 바흐의 종교 음악을 어떻게 듣는가? 대답하기 어려운 질문인데, 여기에는 역사적 모순이 있기 때문이다. 오래된 예술 작품을 즐기려면 그것의 역사적 정체성에 관해 알아야 하지만, 그 작품에 대해 점점 더 많이 알게 될수록 그것이 얼마나 멀리 있는지 깨닫게 된다. 가까이 다가갈수록 더 멀어지는 것이다. 이러한 낯섦은 중요한 것이다. 바흐는 18세기의 사람이고 오늘날 청중에게 그의 세계관과 신심은 낯설게 느껴진다. 그의 생각과 감정은 우리의 것과 다르다. 그때와 지금 사이에는 '계몽주의'라는 깊은 골이 놓여있다. 이 골이 작곡가와 현재의 청중 사이를 갈라놓았지만, 또 그 둘을 서로 연결하기도 한다. 바흐가 더는 재발견될 필요가 없다는 사실만큼은 분명해 보인다. 그는 이미 어떤 종교 음악 작곡가보다도 현재에 생생하게 살아있다. 프랑코 그레고리오 성가는 종교에 관심이 많은 소수의 사람이 즐기는 음악이고, 팔레스트리나와 초기의 다성 미사곡은 음악 역사적 지식이 있는 전문가들이 주로 관심을 보인다. 루터의 코랄은 기독교 공동체 이외에는 거의 불리지 않고, 쉬츠의 음악은 드레스덴을 벗어나면 관심을 보이는 청중이 별로 없다. 그러나 바흐의 음악은 아주 많은 사람이 알고 듣고 좋아한다. 심지어 교회와 거리가 먼 사람들도 좋아한다. 이들 모두를 가리켜 '바흐 기독교인'이라고 부를 수 있지 않을까. 그들은 설교를 듣거나 다른 신도들과 어울려 성가를 부르거나 기도하기 위해 교회에 가는 게 아니다. 오로지 바흐 음악을 경험하기 위해 교회를 찾는다.

 이는 바흐 음악의 아름다움과 힘 때문만이 아니라 독특한 종교적 효과 덕분이기도 하다. 바흐는 우리를 대결 상황으로 내몬다. 그의 음악을 듣는 사람들이 스스로 종교적 질문을 던지게 만든다. 오늘날 기독교인들에게 종교는 논쟁이 전혀 필요치 않은 튼튼한 집이 아니다. 그들은 믿음과 의심, 오래된 말씀과 그것의 새로운 이해, 자신들에게 선포된 것과 개인적으로 터득한 것 사이의 경계에서 살아가고 있다. 이 경계가 바로 실질적인 종교적 깨달음이 이루어지는 곳이다. 경계에서 균형을 유지하기가 쉽지 않기 때문에, 믿음과 불신의 차이를 스스로 인식하고 진지하게 판단할 수 있도록 이끌어 주고 안내해 줄 누군가가 필요하다. 그 역할을 바흐의 종교 음악이 한다. 기독교 신앙에 대한 비판적이고 건설적인 숙고가 감각적인 경험이 되게 하는 방식으로 말이다. 이제 바흐는 예전에 불리던 대로 '다섯 번째 복음사가'가 아니라 계몽주의 프로테스탄트의 사도이다. 그의 음악이 현대의 개신교도들을 18세기의 정통파로 되돌릴 수는 없지만, 적어도 사람들을 기독교적 메시지의 약속과 요구에 직면하도록 설득하고 그들이 자신의 믿음과 불신에 대한 깨달음을 얻게 할 수는 있다. 다른 교회음악 작곡가 중에는 이를 실현할 만한 사람이 없다. 그의 선대는 너무 멀고 낯설고, 그의 후대는 너무 가깝고 익숙하다. 그 때문에 바흐의 종교 음악을 많은 사람이 찾는 것이다. 일종의 의식처럼 말이다. 성금요일이면 〈요한 수난곡〉이나 〈마태 수난곡〉을 들으러 가고, 12월이면 〈크리스마스 오라토리오〉를 들으러 간다. 바흐 자신도 이런 현상이 이해가 가진 않겠지만, 이처럼 교회와 거리를 두되 예술은 사랑하는 오늘날의 모습에는 그럴 만한 이유가 있는 것이다. 〈마태 수난곡〉을 부활시킨 이가 정통 기독교의 고위 관리나 공식적으로 임명된 교회음악 감독이 아닌, 의식이 깨인 기독교인이었던 것도 우연은 아니다.

바흐를 계몽주의 프로테스탄티즘과 연관 짓는 것은 지나치게 협소한 관점이지 않을까? 그의 종교 음악이 교단의 영향력이나 기독교 문화의 경계를 훌쩍 뛰어넘어 광범위한 영향을 미치는 사실을 고려한다면, 바흐는 이미 보편적인 작곡가이다. 지휘자 존 엘리엇 가드너는 바흐를 이렇게 바라본다. 바흐의 음악은 "문화, 종교적 배경, 음악 지식에 상관없이 모든 사람에게 보편적인 희망의 메시지를 전해 준다. 그의 음악은 고립되고 지역적으로 한정된 신념에서 비롯된 게 아니라 인간 영혼의 깊숙한 곳에서 싹튼 것이다."

7
헨델과
교회를 벗어난 종교 음악

경계에서의 삶

광활한 땅에서 방향을 찾고 싶으면, 먼저 경계가 어디인지 확인한다. 그리고 길을 잃지 않도록 경세를 주시하며 하나의 큰 영역을 여러 개의 작은 영역으로 나눈 다음 차례로 탐색해 나간다. 불가피하게 이 방식을 택하지만, 그 안에서 답답함을 느낀다. 이제는 생각의 폭을 넓혀 임시로 설정한 경계를 없애고 더 넓은 세계로 눈길을 돌리는데, 그 과정에서 한 가지 사실을 깨닫게 된다. 가장 흥미로운 것은 주로 경계 표식 위나 그 근방에서 발견된다는 점이다. 신학자 폴 틸리히의 말처럼 "실제적인 지식을 얻을 수 있는 비옥한 곳"은 경계이다. 종교 음악 역사에서도 마찬가지다.

독일의 관점에서 볼 때 중요한 것은 종파 간의 차이다. 대부분의 종파를 가르는 것은 '가톨릭'과 '프로테스탄트'라는 대립 쌍이다. 한편 이들 음악으로부터 전혀 영향받지 않고 독자적으로 강한 전통을 지켜온 교회음악도 있다는 사실을 기억해야 한다. 스페인이나 러시아의 종교 음악이 그러하고, 대륙의 종파들 사이에서 독특한 방식으로 자리매김한, 가톨릭적인 동시에 프로테스탄트적인 영국 성공회의 음악도 있다. 경계를 나누는 두 번째 방식은 '국가'에 의한 구분이다. 이 구분 역시 합당한 근거에 기반하고 있다. 기독교는 세계 종교이지만, 다양한 나라에서 문화적으로 저마다 다른 특성을 띠고 있다. 반면 '국가'는 이데올로기적인 개념으로 음악 분야에서 국경을 뛰어넘는 자유로운 교류를 막을 수 없다. 얼마나 다행스러운 일인가. 상호 간의 교류를 통해 빚어진 아름다운 결실로 음악적 세계화가 이루어졌고, 이 현상은 유럽에 언제나 존재했다. 그러니 독일, 이탈리아, 영국의 교회 음악사를 엄격하게 구분해서 서술하는 것은 무의미하다.

세 번째로는 사회적인 영역에 따른 구분이다. 그에 따라 종교 음악에 각기 다른 임무와 기대가 주어지게 된다. 연주 장소에 따라, 즉 수도원, 주교좌 성당, 궁정 예배당, 순례지, 교회, 가정이냐에 따라 어떤 형식의 곡을 연주할까가 결정된다. 하지만 좋은 음악은 장소에 구애받지 않으며 사회적으로 주어진 경계를 가볍게 뛰어넘는다. 심지어 가장 근원적인 구분인 종교 음악과 세속 음악의 차이까지 극복할 수 있다. 종교 역사에서 신성한 삶과 세속적인 삶의 분리는 제일 먼저 이루어진 가장 중요한 문화적 성과였다. 이는 기독교 음악에도 결정적인 영향을 미쳤다. 기도, 찬양, 묵상, 전도를 위한 음악은 노동, 오락, 춤을 위한 음악과 분리되었다. 그러나 기독교 신앙은 고지식하게 성스러운 영역에만 갇히기를 원치 않으므로 성스러운 종교 음악과 세속적인 음악 사이에 경계를 세우는 일은 의미가 없다. 교회에서 울리는 음악만 교회음악으로 여겨지지는 않는다.

이와 관련해서 게오르크 프리드리히 헨델은 핵심적인 인물이다. 그 이전에는 종파, 국가, 사회적 영역과 계층, 종교와 세속의 차이를 그만큼 철저하게 극복해 낸 음악가가 없었기 때문이다. 아마 헨델이 교회 음악가가 아니었으므로 교회 음악사에서 중요한 인물로 자리매김할 수 있었을 것이다.

그의 삶은 요한 제바스티안 바흐가 태어나서 평생을 보낸 지역과 가까운 곳에서 시작했다. 헨델은 바흐와 같은 해인 1685년 바흐의 고향, 튀링겐 지역의 아이제나흐에서 그리 멀지 않은 할레에서 태어났다. 바흐가 독일의 작은 공국, 정통 루터교의 울타리 안에서 평생 교회를 위해 복무하고 음악가 집안의 전통을 지키며 놀라운 창의력을 발휘했다면, 헨델의 인생은 이 모든 걸 뒤로하고 경계를 훌쩍 뛰어넘어 그가 얼마나 멀리 뻗어갈 수 있는지를 보여주었다. 헨델의 아버지는 궁정 외과 의사로 명망 있는 시민이었다. 그가 음악과 예술에 얼마나 조예가 깊은 사람이었는지는 전해지지 않는다. 어쨌든 음악적으로 전통 있는 집안은 아니었다. 아버지는 일찍 세상을 떠났고, 교양을 갖춘 어머니가 사랑으로 그를 홀로 키웠다. 그런 어머니 덕에 헨델은 훌륭한 음악 교육을 받았다. 바흐처럼 오르간에 남다른 재능이 있었던 헨델도 루터파 교회에서 자리를 얻을 수도 있었다. 그러나 그는 다른 길을 선택했다. 그 이유가 무엇이고 그때 무슨 생각을 했는지는 알 수 없다. 바흐와 헨델의 공통점이 있는데, 헨델 역시 그에 관한 전기가 쓰이지 않았다는 점이다. 그의 내면을 들여다볼 수 있는 증거를 남기지 않았다. 헨델은 바흐보다 더 유명한 인물이 되었지만, 그의 사생활에 대해선 알려진 바가 거의 없다.

헨델의 경우 역시 겉으로 드러난 삶의 궤적에 관해서만 이야기할 수 있다. 그것만으로도 당시에는 충분히 놀랄 만하고 이례적이었다. 헨델은 18세에 함부르크로 이주했다. 1678년 그곳에서는 독일의 첫 번째 시민 오페라 극장이 문을 열었다. 그는 1703~1706년에 오페라 극장 오케스트라에서 쳄발로 주자로 활동하며 새로운 장르의 흥미진진한 세계를 알아나갔다. 물론 한자 도시의 교회음악도 접할 수 있었다. 이웃 도시인 뤼베크로 가서 북스테후데의 오르간 연주를 들을 기회도 있었다. 북스테후데의 기교적인 연주에 매료되긴 했으나 자신이 직접 오르가니스트가 되지는 않았다. 그 대신 헨델은 첫 오페라의 작곡을 시도했다. 그에게 더 중요한 시기는 1706~1710년으로 이탈리아를 두루 돌며 여행하던 4년이었다. 오늘날 음악 교육제도의 기간과 맞먹는 시간이다. 그 시기에 그는 음악적으로 많은 걸 배우고 터득했고, 베네치아, 나폴리, 피렌체, 로마와 후원자들의 성이 있는 영지에서 견습생이 아니라 천재 음악가의 대접을 받았다. 그는 많은 음악을 섭렵하고 직접 연주했으며, 오페라, 오라토리오, 종교 실내악, 세속 실내악을 작곡했다. 유명 작곡가들, 인기 있는 음악가들과 친분을 쌓았고 귀족

1738년, 게오르크 프리드리히 헨델의 동상이 런던의 복스홀 가든스에 세워졌다. 헨델이 아직 살아있을 때였다. 루이 프랑수아 루빌리아크가 조각한 이 대리석상은 편안한 옷을 입고 아폴론의 리라를 손에 든 작곡가의 모습을 보여준다.

집안, 교회 고위급 인사들과도 교류했다. 그런데 문화적 차이나 종파적 차이로 그가 곤경에 처한 일은 한 번도 알려지지 않았다. 그런 일이 없었던 모양이다.

이탈리아에서 오랫동안 폭넓은 경험을 쌓은 헨델은 독일의 지방으로 돌아가 교회나 작은 궁정에 매인 음악가로 살아가는 삶을 더는 상상할 수 없었다. 그는 이미 광활한 세계, 예술적 자유, 독립적인 음악가로 성공할 가능성을 봐 버렸다. 그래서 헨델은 아른슈타트, 쾨텐, 라이프치히로 돌아가지 않고 하노버에 잠시 머물렀다가 런던으로 갔다. 런던은 당시 서유럽에서 가장 큰 도시였다. 한창 이탈리아 오페라가 인기였던 그곳에서 그는 성공할 절호의 기회를 잡을 수 있으리라 생각했다. 1712년부터 그가 세상을 떠난 1759년까지 거의 50년 동안 헨델은 세계적인 수도에 살며 활동했다.

그의 관심은 오페라라는 새로운 음악 장르와 그것의 대중적인 영향력에 집중되어 있었다. 런던에 도착한 뒤 헨델은 당연히 교회에 갔을 테고 영국의 교회음악이 어떤지 눈여겨보았을 것이다. 그는 무엇을 깨달았을까? 영국 교회에 대해 무엇을 알고 있었을까? 영국 교회는 독특한 특징이 있었다. 가톨릭과 프로테스탄트의 요소가 타협해서 만들어진 교단으로 민족적 색채가 아주 강했다. 이 특성은 음악에까지 영향을 주었다.

영국 성공회는 종교적 개혁이 아닌 통치자의 독재적 행위로 인해 성립되었다. 헨리 8세는 천박한 동기로 나라를 한순간에 교황의 통치권에서 해방시켰다. 그 이후 프로테스탄트와 반프로테스탄트 운동, 가톨릭의 반종교 개혁과 급진화된 청교도주의가 뒤엉켜 험난한 갈등의 역사가 이어졌다. 영국 국교가 세워지고 로마로부터 자유로워졌으나 대신 왕에게 종속되었다. 영국 국교는 유럽 대륙의 프로테스탄트에서 기본적인 신학 이론을 취했지만, 예배에서는 가톨릭적 전통이 많이 유지되었다. 그중 가장 두드러진 것이 합창 전통이었다. 수도원은 해체되었지만, 거기서 부르던 일상기도는 살아남아 웨스트민스터 대성당, 옥스퍼드 대학 예배당, 케임브리지 대학 예배당 같은 큰 성당에서 계속 불렸다. 원래 여덟 번으로 나뉘던 일상기도는 두 번, 아침기도와 저녁기도로 줄었다. 두 기도는 음악적으로 매우 풍성했고 일요일 예배에도 뒤지지 않을 정도였다.

성공회의 특별한 음악적 창의력이 돋보이는 결정체는 '앤섬(anthem)'이었다. 앤섬은 종교적 텍스트에 기반한 성대한 합창곡을 말하는데, 까다로워서 대부분 일반 신도들이 부르기 어려웠다. 성가대가 부르거나 혹은 성가대와 독창자들이 같이 불렀다. 영국 성공회에서는 회중 찬양이 오랫동안 부차적인 역할을 했고, 앤섬이 가톨릭이나 루터교의 모테트에 상응하는 노래로 예배의 음악적 중심이 되었다. 앤섬은 예배에서만 연주되지 않고 왕실의 행사를 장식하는 역할도 맡았다. 영국의 위대한 작곡가들은 이 장르에서 걸작들을 남겼다. 대표적인 두 명만 언급하자면, 16세기의 윌리엄 버드와 17세기의 헨리 퍼셀을 꼽을 수 있다. 영국 성공회의 음악은 기본적으로 고정적인 전례의 틀 때문에 형식이 상당히 제한적일 수밖에 없었다. 새로운 시도를 하려면, 종교 음악이 교회에서 벗어나 다른 사회적 공간을 찾아 나서야 했다. 이런 움직임은 17세기 중반부터 있었다. '쓰리 콰이어 페스티벌'이나 성직자 집안의 고아들을 위한 자선 음악회인 '성직자 아들 페스티벌' 같은 대규모 합창 축제에서, 교회 울타리 너머에서 교회음악이 울려 퍼졌다. 헨델에게는 매우 유용한 혁신이었다.

오페라에서 오라토리오로

헨델은 궁정이나 교회에 종속되지 않고 자유로운 시장과 시민 사회에서 독립적인 음악가로 살아간 최초의 거장 작곡가였다. 왕족과 친분을 맺었고, 그들로부터 받는 지원이 큰 도움이 되었다. 처음에는 '왕립음악 아카데미'라는 궁정 단체에서 일하다가 나중에 독자적인 오페라 아카데미를 설립했다. 그가 획득한 자유는 상당한 노력과 갈등, 위험을 동반했다. 바흐와 달리 그의 일상은 성직자, 소년 합창단, 시 악단과 상관이 없었다. 대신 헨델은 매우 까다로운 카스트라토나 프리마돈나 같은 이탈리아 가수들, 요구사항이 많은 대도시 청중, 예술을 사랑하나 술책에 능한 귀족층, 쉽게 흥분하는 언론을 상대해야 했다.

게다가 그는 재정적인 위험까지 감수해야 했고, 무너지기 쉬운 조직을 잘 통제해 나가야 했다. 주최자로서 모든 조직적인 재능을 발휘했고(다행히도 그에겐 그런 재능이 있었다), 장기적인 프로그램을 마련하고 매력적인 예술가들을 끌어들이고 후원을 확보했으며, 상업적 수완을 발휘하여 출연료, 공간 임대료, 설비 비용을 비롯해 정기권과 입장료 가격까지 결정했다. 그게 다가 아니었다. 합창과 오케스트라 지휘자로

오페라는 아직 품위와 교양을 갖춘 사람들의 만남의 장은 아니었다.
1763년 런던 코벤트 가든에서 열린 오페라 공연은 청중의 항의로 혼란에 빠졌다.

서 연습과 공연을 책임져야 했다. 특히 작곡가로서 청중의 취향을 만족시키고 또 동시에 자신의 예술적 기준, 그것도 최고의 기준을 충족시켜야 했다. 지금 같으면, 한 사람이 혼자서 매니저, 지휘자, 작곡가의 역할을 모두 떠안는다는 건 상상도 할 수 없는 일이다. 그 당시 헨델도 이미 피로와 절망의 위기에 내몰리기도 했지만, 이 새로운 형태의 삶의 방식은 그에게 큰 예술적 자유를 부여했다. 그는 큰 성공과 명예, 부를 얻었지만, 오페라 초연 때마다 이 모든 걸 새롭게 방어해야 했다.

그 과정에서 오페라가 또 다른 의미의 전쟁임을 알아차렸다. 최고의 무기를 갖추고 가장 유능한 군대를 이끌고 뛰어난 전략을 보유해야 할 뿐만 아니라 상당한 행운이 따라주어야 했다. 과거의 승리는 아무 소용이 없다. 운명은 순식간에 뒤집힐 수 있었다. 헨델은 이렇듯 평화롭지 못한 상황에서 평생에 걸쳐 모두 42편의 오페라를 작곡했다.

한편 언제부턴가 영국의 오페라 청중은 이탈리아 스타일에 싫증을 내기 시작했다. 이제 그들은 자국어로 된 단순하고 유머가 깃든 오페라를 요구했다. 헨델은 새로운 것을 생각해 내야 했다. 다행히 그는 이탈리아에서 오페라 이외에 다른 중요한 음악 장르를 접했는데, 그게 바로 오라토리오였다. 내용이 극적인 성악 작품을 연기 없이 음악회 형식으로만 선보이는 공연은 이탈리아에서 오래된 전통이었다. 사순절 시기에 혹은 로마 교황령에서는 음악회 형식의 공연이 오페라를 대신했다. 아니, 그 이상이었다. 소규모로도 가능했기에 궁정이나 귀족 후원자의 개인 저택에서 단독 공연을 열어 소수의 관객이 특별한 예술적 경험을 하게 할 수도 있었다. 헨델은 1732년부터 이 장르를 영국에 소개하기 시작했다. 제일 먼저 〈에스더〉를 선보였고, 그 이후로 〈데보라〉, 〈유딧〉 같은 고대 이스라엘의 여자 영웅을 비롯해 〈요셉과 그의 형제들〉, 〈여호수아〉, 〈삼손〉, 〈입다〉, 〈사울〉, 〈유다스 마카베우스〉 등 구약 및 유대 역사에 나오는 모험적인 인물들의 이야기도 선보였다. 그는 모두 25개의 오라토리오를 작곡했다.

오라토리오에는 여러 가지 요소가 뒤섞여 있어 처음에는 좀 낯설게 느껴졌을 수 있다. 성경 이야기에 기반하고는 있으나 예배나 다른 종교의식과 관련이 없으므로 교회음악은 아니다. 세속적인 무대에서 화려한 음악에 맞춰 흥미로운 극을 선보이기는 하나 연기가 동반되지 않으므로 오페라도 아니다. 그럼 오라토리오는 무엇인가? 헨델의 오라토리오로 종교 음악이 교회 울타리를 벗어나 예술 세계로, 오락 시장으로 옮겨갔다. 도덕적으로 엄격한 성직자들은 이 현상을 신성 모독이라 여겼지만, 일반 대중들은 양심의 가책을 덜 느끼면서 새로운 성경 악극을 즐기게 되었다. 아마 헨델 자신도 오라토리오를, 극장을 경건하고 도덕적인 공간으로 탈바꿈하려는 시도로 이해했을 것이다. 그는 교회를 극장 가까이 데려갔고 또 동시에 극장을 교회 가까이 데려왔다. 청중이 극장에서 단순히 즐기기만 하는 게 아니라 조용히 집중하고 귀 기울이고 교회에서처럼 경건한 마음을 갖기를 바랐다. 헨델은 큰 부담을 느꼈을 것이다. 경제적인 압박도 만만치 않았지만, 그렇다고 해서 그가 종교를 세상에 팔아넘길 작곡가는 아니었다. 헨델은 그 이전 작곡가들과 다른 방식의 해법을 찾아냈을 뿐이었다.

헨델에게 오라토리오는 오페라의 값싼 대체물이 아니었다. 오히려 오페라가 가지지 못한 표현의 가능성을 열어주었다. 화려한 아리아가 무대 뒤로 물러났고, 독창 아리아와 레치타티보 대신 합창이 중요한 역할을 맡는다. 오페라에서는 불가능한 극적인 합창이 헨델 오라토리오의 상징으로 떠올랐다. 여기서 성공회의 앤섬 전통이 엿보인다. 오케스트라 역시 기존과는 다른 방식으로 활용되었다. 이제 헨델은 몇몇 유명 가수들에 의존할 필요가 없었고, 보다 집중적이고 자연스러운 표현력을 발휘할 수 있었다. 충분히 화려한 기교를 부리는데도 아리아는 전보다 더 단순하고 강렬해졌다. 특히 여성 파트의 아리아가 그랬다. 드디어 여성도 종교 음악 공연에 참여할 수 있게 되었다.

오라토리오는 실용적인 이점이 많았다. 우선 오페라보다 비용이 훨씬 적게 들었는데, 의상이나 무대 장치가 없어도 됐고 설치와 해체 작업도 필요 없었다. 헨델은 공연에 적절한 장소를 훨씬 빠르고 저렴하게 예약하고 손쉽게 취소할 수 있었다. 아리아가 의미를 잃고 합창이 중요해졌기 때문에, 지나치게 돈이 많이 드는 변덕스러운 이탈리아의 카스트라토나 프리마돈나에 의존할 필요 없이 영국의 아마추어 음악가들과 일할 수 있게 되었다. 또 오라토리오가 자국어로 불렸으므로 지역의 극작가들과 협업할 수 있었다. 이로써 헨델의 음악은 영국에서 더 많이 전파될 수 있었다. 극장에서 처러지는 오라토리오 공연이 예술적, 실용적, 경제적으로 이점이 많았던 까닭에 교회에서 공연할 생각은 거의 안 했다. 교회에서의 공연은 단점투성이였다. 많은 협의가 필요한 데다가 음향도 나빴고, 가수와 연주자를 위한 자리가 부족한 탓에 편성에 제약이 많고 상업적인 이득도 적었다. 여기서 잊지 말아야 할 사실이 있다. 헨델은 종교 음악으로 돈을 벌어야 했던 최초의 작곡가였다.

<메시아>, 공손한 구세주

헨델은 오라토리오의 작곡을 위해 이미 훌륭한 연극 소재로 다뤄졌던 구약의 이야기들—전쟁과 해방, 영웅의 정복과 저항 이야기들—을 선택했다. 종교적이라기보다 정치적 의미가 큰 이야기들이었다. 정확히 말하면, 군사적인 드라마를 서술하면서 종교를 정치적으로 선포했다. 아마 그랬기 때문에, 영국 정부와 런던 청중이 마음에 들어 했을 것이다. 외래 종교 세력에 영웅적으로 맞서는 성서 속 선민 이야기는 영국의 민족 정서와 통하는 부분이 있었다. 가령 헨델의 〈이집트의 이스라엘인〉에서는 이스라엘을 영국과 동일시할 수 있었다. 헨델의 오라토리오 공연은 언제나 영국의 종교적 선택과 도덕적 우월성을 기리는 정치적 봉헌의 시간이었다. 아이러니하게도 이 음악을 작곡한 음악가는 이탈리아의 영향을 받은 독일인이었다. 그러나 이 사실은 문제가 되지 않았다. 헨델은 고령에 영국 시민권을 획득했고, 결국은 영국 국교회의 신도가 되었다.

가장 유명하고 지금도 여전히 많은 사랑을 받는 헨델의 오라토리오는 〈메시아〉이다. 다행히 이 작품은 전쟁이나 민족 색채를 띠지 않으며 순수하게 영적인 내용을 다루고 있다. 별다른 성공을 거두지 못한 몇 작품을 쓰고 나서 1741년 늦여름, 헨델은 3주밖에 안 되는 기록적인 시간 안에 〈메시아〉를 작곡했다. 〈메시아〉에서는 특별한 사건이 일어나지 않으며 오롯이 믿음, 사랑, 희망 같은 중요한 종교 주제에만 집중한다. 대본 작가 찰스 제넨스는 구원의 약속과 그 약속의 성취 사이의 팽팽한 긴장감이 돋보이는 정교한 텍스트 콜라주를 완성했다. 그는 예언자들이 메시아의 도래를 예언한 인상 깊은 구약 구절과 메시아의 도래를 입증하는 신약 구절을 선택했다. 그러나 예수의 구체적인 삶이나 예수의 고통에 대해서는 일절 언급하지 않는다. 그로 인해 〈메시아〉는 바흐의 수난 오라토리오보다 덜 극적이며 더 추상적이고 더 '순수하다'.

〈메시아〉의 1부는 서곡으로 시작해서 모든 예언자 중 가장 밝고 빛나는 이사야의 예언으로 이어진다. 테너가 "너희는 위로하여라, 나의 백성을 위로하여라! 너희 하나님께서 말씀하신다. 예루살렘 주민을 격려하고, 그들에게 일러주어라. 이제 복역 기간이 끝나고 죄에 대한 형벌도 다 받았다"라고 노래한다. 구원의 선언은 웅대하고 보편적이어서 모든 피조물을 변화시킬 수 있다. "모든 계곡을 메우고, 산과 언덕을 깎아내려라. 거친 길은 평탄하게 하고, 험한 곳은 평지로 만들어라." 이에 합창이 확인해 준다. "주님의 영광이 나타날 것이니, 모든 사람이 그것을 함께 볼 것이다. 이것은 주님께서 친히 약속하신 것이다." 이제 예언의 실제적인 배경(이스라엘 민족의 유배로부터의 해방과 약속된 땅으로의 귀환)은 희미해져 버렸다. 모든 초점은 구세주의 도래에 맞춰졌다. 그 이후 등장하는 예언에서는 벌써 성탄절 분위기가 물씬 풍긴다. 베이스가 "어둠 속에서 헤매던 백성이 큰 빛을 보았고, 죽음의 그림자가 드리운 땅에 사는 사람들에게 빛이 비쳤다"라고 노래한다. 합창이 답하기를, "한 아기가 우리를 위해 태어났다. 우리가 한 아들을 모셨다. 그는 우리의 통치자가 될 것이다. 그의 이름은 '놀라우신 조언자', '전능하신 하나님', '영존하시는 아버지', '평화의 왕'이라고 불릴 것이다." 그리고 유명한 누가복음의 성탄절 이야기 구절이 잇따라 나온다. 양 떼를 지키는 들판의 목자들에게 주님의 천사가 나타나 구주가 태어나심을 전해 준다. 많은 천군이 나타나서 노래한다. "더없이 높은 곳에서는 하나님께 영광이요, 땅에서는 주님께서 좋아하시는 사람들에게 평화로다." 헨델의 성탄절 오라토리오 1부는 대략 이러하다.

2부의 분위기는 어두워진다. 2부는 이사야서(40~55장)에 나오는 '주님의 종의 노래들'로 시작한다. 메시아를 뜻하는 종의 고통을 노래하는 그 노래들은 어두우면서도 반짝거린다. 합창이 "그는 실로 우리가 받아야 할 고통을 대신 받고, 우리가 겪어야 할 슬픔을 대신 겪었다. 그가 징계를 받음으로 우리가 평화를 누리고, 그가 매를 맞음으로 우리의 병이 나았다"라고 노래한다. 뒤이어 등장하는 시편 구절들은 아픔, 고통, 죽음을 더 깊이 파고든다. 그러나 복음서의 수난 이야기는 전혀 인용되지 않으며 '십자가'라는 말조차 언급되지 않는다. 잇따른 시편 구절들에 의해 놀라운 반전이 일어난다. 복음서의 부활 이야기가 언급되거나 '부활'이라는 단어가 등장하진 않지만, 추상적이면서도 강렬하게 수난의 끝, 죽음에 대한 승리를 축하한다. 죄악과 하나님과의 멀어짐을 완전히 이겨낸 승리를 노래한다. 마지막에는 장대한 합창, 할렐루야로 모아진다. "할렐루야! 주 우리 하나님, 전능하신 분께서 왕권을 잡으셨다. 할렐루야! 세상 나라는 우리 주님의 것이 되고, 그리스도의 것이 되었다. 주님께서 영원히 다스리실 것이다, 할렐루야!"

3부에서는 이 메시지가 더 깊어진다. 메시아의 무한한 생명은 그를 믿는 자들의 몫이 되어야 한다. 소프라노가 희망을 이야기하는 욥기의 유일한 구절을 매혹적으로 노래한다. "그러나 나는 확신한다. 내 구원자가 살아계시고 그가 땅 위에 우뚝 서실 날이 오고야 말 것이다. 내 살갗이 다 썩은 다음에라도, 내 육체가 다 썩은 다음에라도 나는 하나님을 뵈올 것이다." 그리고 고린도전서 구절을 읊조리는 베이스의 레치타티보가 이어진다. "보십시오, 내가 여러분에게 비밀을 하나 말씀드리겠습니다. 우리가 다 잠들 것이 아니라 다 변화할 터인데, 마지막 나팔이 울릴 때 눈 깜박할 사이에 홀연히 그렇게 될 것입니다." 그러고 나서 "죽음아, 너의 승리가 어디에 있느냐? 죽음아, 너의 독침이 어디에 있느냐?"와 "하나님이 우리 편이시면, 누가 우리를 대적하겠습니까?" 같은 당당한 질문이 이어지고, 오라토리오는 하나님의 어린양을 기리는 장대한 찬양으로 마무리된다.

성경 구절을 기반으로 한 헨델의 음악은 매혹적이면서도 삼가는 듯한 느낌을 준다. 〈메시아〉는 널리 알려진 상투적인 할렐루야 음악과 달리 부드럽고 우아하다. 악기 편성은 신중하면서 섬세하고, 독창자들은 화려하지 않으며 정확한 억양을 구사한다. 합창은 강렬하지만 큰 소리를 내지는 않는다. 전체적으로 선언적이지 않으며 암시적인 텍스트에 어울리는 음악이다. 텍스트와 음악의 절제는 거부할 수 없는 매력으로 다가오는데, 이에 대해서는 해석의 여지가 있을 수 있다.

〈메시아〉에서는 예수의 행적이나 기적, 가르침이 전혀 중요하게 다뤄지지 않았는데, 여기에 군이 의문을 품을 필요는 없는 것 같다. 사실 사람들이 예수의 삶에 본격적인 관심을 보이기 시작한 건 19세기에 들어와서부터다. 그러나 복음서에 기반한 바흐의 〈마태 수난곡〉을 생각해 보면, 헨델이 수난 이야기를 외면한 이유가 무엇인지 궁금하긴 하다. 공개적인 무대에서 예수를 입에 올리는 일이 불경스럽기 때문일 수도 있는데, 이는 피상적인 이유일 뿐이다. 〈메시아〉에서 인간 예수,

십자가, 부활이 외면당한 데에는 무언가 다른 내적인 이유가 있는 게 아닐까?

경외심과 관련이 있는 것 같다. 하나님의 아들에 대한 경외심은 세세하게 그의 이야기를 드러내는 것으로 생겨나지 않는다. 도리어 가장 위대한 신비를 감추는 것으로 경외감을 불러일으킬 수 있다. 그렇게 되면, 굳이 공포를 억누르거나 희망을 부정하려 들지 않아도 된다. 신성하다고 여겨지기 때문에, 예수의 죽음과 부활은 호기심 어린 시선에서 벗어날 수 있고 고통의 영성과 신앙의 확신에는 차분한 음조가 깃들게 된다. 그리고 신중함, 스타일과 거리를 중시하는 경건함도 생겨난다. 이렇듯 〈메시아〉는 기품 있는 경건함을 발산하고 있다. 헨델의 메시아는 겸손한 구세주다.

이에 따라 헨델의 가장 중요한 오라토리오에는 바흐 수난곡에 포함된 특별히 복음주의적인 부분이 빠져 있는데, 바로 자유로운 종교적 시에 기반한 아리아와 코랄이다. 다루기 힘든 거창한 바로크식 어투가 문제이긴 하지만, 이 둘은 모두 복음주의 신앙의 기본 문제를 다루고 있다. 즉 예수 이야기는 먼 사건으로만 이해해서는 안 되며 믿음이 있는 자라면 이를 개인적으로 체득하고 영혼으로 받아들여야 한다. 바흐의 아리아와 코랄은 계속해서 질문거리를 던져준다. 이 이야기가 나와 무슨 상관이 있는가? 이 모두가 나한테 무슨 의미란 말인가? 이러한 내적 깨달음과 신앙의 체득은 헨델의 오라토리오에서는 좀 낯선 것이다. 〈메시아〉에서는 자유로운 시는 배제한 채 성경 구절에만 기반하고 있고, 따라서 모든 주관성은 배제되며 구원 역사의 객관성이 두드러진다.

여기서 바흐의 추종자들은 미심쩍은 피상성을 발견했고, 그래서 헨델을 음악적, 신학적으로 얄팍한 작곡가라고 비난했다. 이러한 비난은 부당하기 짝이 없다. 이미 그런 판단을 내린 사람들은 이 피상성이 실은 경건함의 가려진 형태가 아닐까 따져 보는 수고로운 노력을 기울이지 않는다. 바흐와 다르긴 하지만, 그것 자체로 기독교적이다. 이를 밝히려면, 바흐가 적극적으로 드러낸 루터파 신앙의 감춰진 측면에 대해 고려해 봐야 한다. 그리스도 수난사를 내적으로 체득해야 비로소 믿음이 자기 것이 된다는 주장이 루터파 신앙의 '드러난 면'이다. 이게 바로 복음주의 신앙의 자유이다. 그러나 자유에는 대가가 따르는 법이다. 신앙의 내면화는 절대 쉬운 일이 아니다. 신도들은 자신의 신앙을 위해 끊임없이 분투해야 한다. 때로는 위선을 낳기도 하는데, 어떤 이들은 신앙심이 깊은 척한다. 믿음을 가진 모든 사람이 고결한 신앙을 자기 것으로 체득한 건 아니다. 그저 그렇다고 느낄 뿐이다. 많은 사람이 타인 앞에서 혹은 자기 스스로도 깨닫지 못한 것을 마치 깨달은 것처럼 행동한다. 다행히 헨델의 〈메시아〉에는 이 같은 내적인 압박—때로는 설교자에 의해 외부로부터 유입된 압박—이 없다. 헨델은 신중하게 선택한 성경 구절을 우아한 음악으로 포장해서 청중에게 선사하는 것으로 만족했다. 그다음부터는 개별 청중의 몫이다. 청중은 들으면서 자신이 원하는 대로 명상에 빠져들거나 자유롭게 즐기면 되었다. 헨델은 바흐와 달리 청중을 압도하거나 압박하지 않는다. 청중에게 구원의 메시지를 얼마나 간절히 받아들이기를 원하고 그럴 수 있는지 솔직하게 결정할 수 있는 자유를 주었다. 그는 자신의 음악이 청중을 기독교 신앙으로 이끌 것이고 독실한 믿음을 교육하는 힘을 지니고 있다고 믿었다. 〈메시아〉의 이런 소극적인 태도는 작곡가의 신학적 깊이가 부족해서가 아니다. 오라토리오가 원래 교회가 아닌 세속적인 장소를 위한 음악이기 때문이라고 보는 게 맞는 것 같다.

어쨌든 〈메시아〉에서 드러난 절제는 이 작품이 근대적인 종교 비판을 거부할 의도로 쓰였다는 옛 주장에는 부합하지 않는다. 보수적인 국교도였던 대본 작가 제넨스는 기독교 신앙을 거부하는 '자유 사상가들'과 신성의 원칙은 받아들이되 인격적 신은 믿지 않는 이신론(理神論)자들에게 맞서 그리스도에 대한 옛 신앙을 고백하려 했을 수도 있다. 그러나 〈메시아〉에서는 어떤 방어적인 싸움이나 정통을 내세우는 독선의 흔적을 찾아보기 힘들다. 그것은 말하자면 열린 예술 작품이다. 자기 메시지를 편안하게 거리낌 없이 주장하지만, 누구에게도 강요하지 않기 때문이다. 훗날 프리드리히 슐라이어마허 같은 진보 신학자가 이 작품을 높이 평가했는데, 그는 이를 '기독교 전반의 총체적 선포'라고 여겼다. 어쩌면 이러한 개방성 덕분에 〈메시아〉 전체 혹은 일부의 많은 개작이 탄생할 수 있었을 것이다. 볼프강 아마데우스 모차르트 같은 거장도 〈메시아〉의 '근대적인 편곡'을 시도했고, 퀸시 존스는 헨델의 원작을 소울 풍으로 편곡한 흑인 영가 버전을 선보였다. 이를 통해 〈메시아〉는 진정으로 즐겁고 행복한 메시지를 전하는 '훌륭한 엔터테인먼트'가 되었다.

여기서 한 가지 질문을 제기하고 싶다. 〈메시아〉가 구약 성경 구절을 기독교적으로만 해석하는 게 문제가 되지 않는가? 당시의 일반적인 신학적 관점으로는 아마 다른 해석이 불가능했을 것이다. 오늘날의 관점으로는 더는 그렇게 하면 안 된다. 선지서의 말씀이나 시편을 유대교의 해석을 고려하지 않은 채 인용하는 것은 구약을 기독교가 강점하게 만드는 죄를 범하는 것으로 간주되기 때문이다.

자선사업과 음악의 사회성

〈메시아〉의 초연은 들뜬 런던이 아니라 멀리 떨어진 더블린의 뮤직홀에서 열렸다. 더블린의 청중은 잔뜩 기대감에 차 있었고, 음악계는 헨델을 지지했다. 런던에서 온 여성 독창자들을 제외하고는 그 지역의 연주자들과 더블린 대성당 성가대의 가수들이 동원되었다. 아마추어 음악가들도 합류했다. 오케스트라 규모는 상당히 큰 편이었다. 바이올린 열넷, 비올라 여섯, 첼로 셋, 더블베이스 둘, 오보에 넷, 바순 넷, 호른 넷, 트럼펫 둘과 팀파니. 지역 언론의 멋진 소개 덕에 1742년 4월 13일 초연에는 많은 관객이 몰려들었다. 숙녀들에게는 치마를 부풀리는 후프를 입지 말고 신사들에게는 거추장스러운 검을 차지 말아 달라고 부탁해야 했다. 더 많은 사람이 들어갈 수 있는 자리를 확보하기 위해서였다. 700명에 달하는 청중은 이 작품의 '숭고함, 웅장함, 부드러움'에 열광하고 위엄과 단순함, 장대함과 자연스러움의 독특한 조합에 매료되었다.

적잖은 사람들이 종교 음악을 세속적인 연주회장에서 선보이는 것에 의아해 했다. 헨델이 음악회 수익금을 세 개의 자선 단체—재소자 구제 협회, 자선 구호소, 머서 병원—에 기부하겠다고 선언한 덕분에 비평가들은 그에게 호의적이었다. 이는 초연에 국한된 것이었고, 두 번째 공연의 수익은 작곡가에게 돌아갔다. 헨델은 이처럼 부분적인 자선 공연을 런던에서도 계속할 생각이었다. 런던에서는 더블린에서만큼 성공을 거두지 못했는데, 청교도들의 적대감 때문이었다. 오라토리오는 1750년에야 비로소 런던에서 인정받기 시작했다. 5월 1일, 파운들링 병원에서 예배당 개관을 기념하기 위해 〈메시아〉가 공연되었다. 그곳의 오르간은 헨델이 기증한 것이었다. 헨델의 오라토리오는 예배에서는 아니었으나 교회 안에서 울려 퍼졌는데, 이번 연주의 목적도 자선이었다. 고아들을 위한 음악회였다. 마침내 이 작품은 마땅히 받아야 할 인정을 받게 되었고, 이는 오랫동안 계속되었다. 이 음악회를 계기로 고아원을 위해 열리는 〈메시아〉의 연례 자선 공연 전통이 생겨났기 때문이다.

자선과 종교 음악의 결합이 즉흥적으로 생겨난 마케팅 전략은 아니었다. 영국 음악계에서 그 전통은 상당히 길었을 뿐 아니라 헨델도 관심이 많았다. 수백만 명이 거주하는 대도시의 불행한 상황을 생각해 보라. 상류층은 중심부와 부유한 지역에서 편안하게 살았지만, 대다수 시민은 광활한 빈민가에서 고통받고 있었다. 특히 가난 때문에 버려져 고아가 된 아이들의 처지는 정말 딱했다. 국가와 국교는 아무런 도움을 주지 않았고, 결국 시민들이 자발적으로 나설 수밖에 없었다. 헨델도 개인 기부와 지속적인 오라토리오 공연으로 힘을 보탰다.

헨델은 자신이 한 행위의 근본적인 의미가 무엇인지 알고 있었을까? 여기에는 두 가지 원칙이 존재하는데, 그 둘은 서로 분리된 듯 보이지만 실은 하나이다. 마치 언젠가 깨질 공의 반쪽처럼 말이다. 그것은 아름다움과 선함, 미학과 윤리, 예술과 도덕, 교회음악과 자선사업이다. 이 둘의 결합으로 진실하고 근본적인 기독교 신앙이 탄생했다. 요한 제바스티안 바흐도 자신의 가장 아름다운 칸타타에서 이러한 관점을 설득력 있게 제시한 적이 있었다. 그가 곡을 붙인 구절은 이사야 58장의 일부이다.

굶주린 사람에게 너의 먹거리를 나누어 주는 것, 떠도는 불쌍한 사람을 집에 맞아들이는 것이 아니겠느냐? 헐벗은 사람을 보았을 때에 그에게 옷을 입혀 주는 것, 너의 골육을 피하여 숨지 않는 것이 아니겠느냐? 그리하면 내 은혜의 빛이 새벽 햇살처럼 비칠 것이며, 네 상처가 빨리 나을 것이다. 네 의를 드러내실 분이 네 앞에 가실 것이며, 주님의 영광이 네 뒤에서 호위할 것이다.

그 때에 네가 주님을 부르면 주님께서 응답하실 것이다. 네가 부르짖을 때에, 주님께서 '내가 여기 있다' 하고 대답하실 것이다. 네가 너의 나라에서 무거운 멍에와 온갖 폭력과 폭언을 없애 버린다면,

네가 너의 정성을 굶주린 사람에게 쏟으며, 불쌍한 자의 소원을 충족시켜 주면, 너의 빛이 어둠 가운데서 나타나며, 캄캄한 밤이 오히려 대낮같이 될 것이다.

주님께서 너를 인도하시고, 메마른 곳에서도 너의 영혼을 충족시켜 주시

며, 너의 뼈마디에 원기를 주실 것이다. 너는 마치 물 댄 동산처럼 되고, 물이 마르지 않는 샘이 될 것이다.

너의 백성이 해묵은 폐허에서 성읍을 재건하며, 대대로 버려 두었던 기초를 다시 쌓을 것이다.

이 구절은 언어적 형태만으로도 충분히 매혹적인데, 바흐가 여기에 어울리는 매력적인 음악의 옷을 입혔다. 하지만 바흐는 여기서 실질적인 결론을 끌어내지는 못했다. 그는 기독교 신앙의 윤리적 측면을 자선사업에 떠넘긴 채 자신은 예술에만 전념하는 다른 교회음악가들과 크게 다를 바 없었다. 이와는 대조적으로 헨델의 종교 음악은 그 자체로 실천적인 사랑의 행위가 되었다. 여기에도 양면성은 존재하는데, 정치적, 경제적 불평등으로 이득을 본 상류계층이 양심의 가책을 덜어낼 수단으로 활용될 수 있기 때문이다. 박애는 자기애의 도구로 쉽사리 전락할 수 있다. 이런 양상은 이미 헨델 시대부터 존재했고, 자선 음악회가 음악과 엔터테인먼트 분야에서 확실하게 자리 잡은 지금은 훨씬 더 많이 볼 수 있다. 어쨌든 이런 행사를 계기로 사람들의 동정심이 일깨워지는 것은 분명한 사실이다. 사회적 빈곤에는 정치적 이유가 뒤따르므로 권력 투쟁을 통해 해결해야 한다는 통찰력까지 자선 음악회에 기대하는 건 무리다. 이런 식의 사고는 헨델에게 낯설었을 것이다. 그것을 밝혀낸 것은 훗날 19세기 영국의 노동운동이었다.

헨델 숭배

1759년 4월 11일, 길고 고된 헨델의 삶은 끝났다. 오로지 음악에만 헌신한 삶이었다. 헨델의 모습은 회화나 조각을 통해 많이 공개되었지만, 사생활에 관해서는 바흐만큼이나 감춰져 있다. 특히 말년에는 거의 은둔 생활을 했다. 그는 가족을 꾸린 적도 없고 친한 친구도 거의 없었다. 화려한 런던 집에서 단출하게 살았고, 교회에는 꼬박 갔으며, 가난한 사람들에게 많은 것을 베풀었다. 그는 20,000파운드에 달하는 어마어마한 재산을 남겼는데, 지금 기준으로는 백배 이상의 가치가 있는 금액이었다.

헨델이 지치고 눈먼 상태로 75세에 세상을 떠났을 때 그의 곁에 친구는 거의 없었지만, 그를 따르는 추종자들은 많았다. 그들 덕분에 그의 작품은 대부분 잘 보존될 수 있었다. 대량 손실된 바흐의 작품을 생각하면, 헨델은 정말 운이 좋은 편이다. 그 후로 수십 년 동안 특히 19세기에 헨델 숭배는 더욱 강력해졌다. 1784년, 작곡가의 100번째 생일(잘못 계산한 것이다)과 25번째 사망일을 기리기 위한 큰 규모의 '헨델 기념행사'가 열렸다. 다섯 번의 음악회가 웨스트민스터 대성당과 런던 웨스트엔드의 음악당에서 열린 것이다. 규모만으로도 이미 압도적이었다. 공연에 동원된 가수와 연주자의 수는 무려 500명을 넘어섰다. 모여든 청중의 수도 어마어마했다. 4,500명이나 왔다. 그 많은 사람이 〈메시아〉의 매력과 기품을 제대로 즐기고 인지할 수 있었는지는 의심스럽다. 한 독일 관객의 말처럼, 많은 이들이 작곡가 사후에 펼쳐진 이

압도적인 공연에 열광했다. "지난달 런던에서 최대 규모의 쇼가 펼쳐졌다. 웨스트민스터 대성당에서 유명한 버니의 지휘로 수백 명이 넘는 음악가가 헨델의 〈메시아〉를 연주했다. 그 자리에는 왕과 왕족, 국가 주요 인사, 외국의 유명인도 참석했다. 하늘이 갈라지고 청중은 수정처럼 반짝이는 바닷가에 서 있는 듯했다. 그곳에서는 하나님과 어린 양을 찬양하는 천사들의 노랫소리와 성스러운 하프 음향이 울리고 있었다. 이 세상의 그 어떤 예술가도 헨델이 누린 영예를 얻지는 못할 것이다. 살아생전에 존경과 찬사를 한몸에 받더니 사후에는 성인처럼 추앙받는다. 헨델이야말로 작곡가의 표본이로다."

귀족과 왕의 정치적 사익이 이 축제에 작용하긴 했으나 사후의 '헨델 숭배'는 전체적으로 민주화의 효과를 가져왔다. 헨델의 작품은 대성당만이 아니라 아마추어 합창단에 의해 빈민 지역에서도 연주되었고, 심지어 교회 밖에서 정치적 '반대 세력'의 지지까지 받게 되었다. 많은 아마추어 합창단의 참여로 인해 음악 수준이 다소 떨어졌을 수는 있으나 종교 음악의 세력이 대폭 확장되는 계기가 되었다. 아마추어 합창단은 많은 경우에 공연 비용을 스스로 부담했고, 그들의 노래를 막을 권리는 누구에게도 없었다. 헨델 작품의 공연은 빅토리아 시대의 영국에서 계속해서 성장세를 보였다. 수도 런던에서는 당당하고 의기양양했던 반면 나머지 지역에서는 겸손하고 아마추어적인 양상을 띠었다. 1857년과 1859년 런던 크리스탈 팰리스에서 열린 헨델 페스티벌이 정점을 이루었고, 그 이후에도 페스티벌은 3년마다 열리며 1926년까지 계속되었다. 그 중심에 〈메시아〉가 있었고, 그 뒤로도 〈메시아〉의 위상은 변함이 없었다.

헨델은 살아생전에 그만큼의 유명세를 누리지 못한 바흐에 오랫동안 가려져 있었다. 부당하다는 생각이 들 수도 있지만, 실제로 많은 헨델의 오라토리오는 자기 수명을 다한 듯 보였다. 무엇보다 구약의 전쟁 이야기를 다룬 오라토리오는 오늘날 전혀 알려지지 않았을 뿐만 아니라 아무런 감흥도 불러일으키지 못한다. 〈이집트의 이스라엘인〉에 나오는 이중창 '주님은 전사이시다' 같은 종교적 군국주의를 누가 좋아하겠는가? 또 일반 무대에서 연주되는 오라토리오가 대체 무슨 의미가 있을까 하는 의문이 생길 수 있다. 같은 성악 장르인데, 그냥 오페라 공연이면 충분하지 않은가? 그래서일까? 창작자의 원래 의도와는 달리 헨델의 종교 음악은 진작부터 다시 교회로 돌아왔다. 이 과정을 통해 〈메시아〉를 비롯한 그의 오라토리오는 영원한 보금자리를 찾았다. 교회가 안전한 울타리가 되어 주었다. 헨델의 오라토리오는 울리는 순간마다 종교 음악이 매우 심오해야 하며 청중에게 즐거움을 안겨 주어서는 안 된다는 독일 프로테스탄트들의 뿌리 깊은 편견에 우아한 일침을 가한다.

8
모차르트와
레퀴엠의 예술

비참한 세상, 기쁨에 찬 음악

음악을 들을 때도 무언가 생각할 거리를 원한다면, 질문을 던져야 한다. 그렇다면 고전주의 음악에 관해서는 어떤 질문을 던질 수 있을까? 선뜻 대답하기가 쉽지 않다. 그럼 살짝 방향을 틀어보자. 이 음악과 그 당시 삶의 모습, 즉 18세기 후반의 '빈 고전주의'와 일상을 비교해 보면, 좀 더 쉽게 접근할 수 있지 않을까?

  지금 돌이켜보면, 그 시대의 삶이 얼마나 고단했는지 금방 알 수 있다. 유럽은 이미 진보와 계몽의 길로 접어들었지만, 실제 생활 여건은 별로 좋아진 상태가 아니었다. 기술, 경제, 정치, 사회의 개혁과 변혁의 시대가 도래했지만, 대다수 사람은 여전히 전처럼 갖은 불행에 시달리고 있었다. 화재, 홍수, 악천후, 전염병, 질병, 물가 상승, 기근 등 온갖 것이 사람들의 생명을 위협했다. 이 모든 불운에 맞설 그 어떤 방어 수단도, 보험도, 치료법도 없었다. 정치적으로도 무방비 상태였다. 사람들은 계급과 전통에 얽매인 채 공권력에 휘둘렸고, 그들의 권리와 자유는 인정받지 못했다. 일상생활은 끔찍하고 고통스러웠다. 도시와 마을은 가난하고 추하기 짝이 없었고, 거리는 더럽고 냄새났고, 집은 좁고 춥고 축축했고, 위생 상태는 엉망이었고, 먹을거리는 구하기 어려웠고, 의복도 형편없었다. 그 당시 사람들은 진보가 눈앞에 있었기에 별로 불행하다고 생각하지 않았던 걸까? 아니면 사람들 자체가 원래 강인하고 억세고 욕심이 없었던 걸까?

어쩌면 그들의 성향은 그랬을지도 모른다. 하지만 그게 전부는 아닐 것이다. 당시 사람들도 나름대로 인생을 즐기긴 했다. 음악이 그런 역할을 했을 텐데, 이는 중요한 질문과 연결된다. 그 많은 고난을 겪던 시대에 어떻게 부담 없고 가볍고 순수한 행복을 발산하는 음악들이 작곡될 수 있었을까?

'고전주의'의 위대한 오라토리오인 요제프 하이든의 〈천지창조〉를 들어보라. 〈천지창조〉의 기원은 빈보다는 런던에서 찾는 게 맞을 것 같다. 1791년 하이든은 59세의 나이에 웨스트민스터 대성당에서 헨델 페스티벌을 처음 접했다. 특히 〈메시아〉에 크게 감동했고 그와 비슷한 작품을 쓸 계획까지 세웠다. 이 계획을 실행에 옮기는 데 하이든은 헨델보다 훨씬 더 많은 시간이 필요했다. 하이든은 1796년부터 1798년까지 3년 동안 창조 이야기의 작곡에 몰두했다. 이 오라토리오는 성경과 존 밀턴의 『실낙원』에 기반하고 있다. 차근차근 하늘과 땅, 빛과 어둠, 육지와 바다, 식물, 동물과 인간의 창조를 음악적으로 형상화하고 아리아, 합창을 하나하나씩 쓰면서 창조의 아름다움을 채워나갔다. "주님을, 창조주 하나님을 찬미하라! 그는 하늘과 땅을 더없이 찬란하게 옷 입히셨다." 여기서 하이든은 밀턴의 주제(곧 성경의 주제)―사탄의 영향과 인간의 죄로 인해 낙원이 어떻게 사라졌는지―를 다루지 않았고, 이 세상이 마치 에덴의 동산인 듯 혹은 다시 그같이 될 수 있을 듯한 인상을 주게끔 작곡했다. 그 때문에 그의 오라토리오는 묘하게 긍정적인 기운을 발산하고 있다. 들어보라, 모든 게 다 좋다지 않은가. "큰 위업을 이루셨네. 주가 보시고 기뻐하시네. 우리의 기쁨도 함께 크게 울려라! 하나님을 찬양하라!" 이 장대한 찬양의 노래, 경건한 삶의 환성은 틀림없이 찬란하고 아름다운데, 희한하게도 흥분하게 되지는 않는다.

하이든의 제자인 모차르트의 작품을 들을 때에도 마찬가지로 음악의 긍정적인 특성이 두드러진다. 남자는 지친 몸으로 땀내에 절어 힘겹게 밥벌이하고 여자는 고통과 위험 속에서 아이를 낳아야 하는 전혀 천국 같지 않은 세상에서 모차르트는 마치 모든 것이 가벼운 놀이인 양 천국의 순간을 경험할 수 있는 음악을 작곡했다. 물론 모차르트의 음악에도 그늘과 음지, 심연이 있긴 하지만, 그것은 독특한 방식을 지닌 행복한 음악이다. 그의 음악은 절대 지루하지 않으며, 긴장을 자극적으로 풀어주거나 긴장을 풀어주되 자극적이다. 일각에서는 이 음악의 특징을 유머로 요약할 수 있다고 주장하기도 한다. 그러나 설득력은 없어 보인다.

의미 있는 음악이 유머를 지닐 수 있다는 일반적인 견해에는 동의하기 어려운데, 이는 바로 종교와의 유사성 때문이다. 음악과 종교는 둘 다 웃음을 유발하지는 않는다. 유머와 익살은 뇌와 감정의 다른 영역에 속한다. 특정 형태의 음악이 종교의 경우와 마찬가지로 유머와 비슷한 효과를 불러일으키기는 한다. 절망적인 실제 생활에 거리를 두고 성공을 꿈꾸게 하고 위로하고 안심시키고 고통을 완화하고 걱정을 떨쳐내고 홀리게 하고 기분을 돋우어 준다. 그러나 음악이 이런 역할을 할 때 퍼뜨리는 것은, 유머가 아니라 즐거움이다. 마르틴 루터는 바로 여기서 음악의 효과, 신앙이 주는 즐거운 메시지의 효과를 보았다. "슬픈 사람을 기쁘게 만들고 낙담한 사람을 행복하게 만드는 것보다 강한 건 이 세상에 아무것도 없다…" 모차르트는 이름 말고는 이 개혁가에 대해 아는 바가 없었을 테지만, 루터에게는 모차르트 음악이 자신의 신학적 논제를 입증할 가장 아름다운 증거였을 수 있다. 모차르트 음악을 들으면서 오래도록 생각하고 고민해 볼 만한 질문이 있다. 불행한 세상에서 어떻게 이렇게 행복한 음악이 탄생할 수 있었는가?

이는 또 다른 질문으로 이어진다. 그런 음악을 쓸 수 있었던 모차르트는 과연 행복했을까? 아니면 불행했을까? 세상에 알려진 모차르트의 이미지는 이 질문에 의해 크게 좌우된다. 한편으로는 모차르트 쿠겔(초콜릿), 음악 신동과 무한한 영감을 지닌 탁월한 예술가의 이미지가 존재하지만, 또 다른 한편으로는 구덩이에 묻혀 사람들의 기억에서 잊힌 실패한 천재의 어둡고 서글픈 이미지도 있다. 모차르트가 행복했는지 아니면 불행했는지 혹은 어느 쪽도 아니었는지라는 질문에 대답하기는 어렵다. 그가 헨델이나 바흐보다는 훨씬 더 많은 진술을 남겼지만, 그의 내면은 여전히 닫혀 있고 수수께끼 같기 때문이다. 유쾌함의 기적이 배어있는 모차르트의 음악이 남아 있을 뿐이다. 그와 동시에 철저한 진지함, 고통스러운 무게, 비극적 심연을 품은 작품도 탄생시켰다. 그중에서 교회음악의 새로운 장을 연 특별한 작품이 있다.

죽은 이를 위한 음악

1791년, 하이든이 런던에서 헨델 페스티벌을 경험한 그해에 모차르트는 고전주의의 한계를 뛰어넘는 영적인 작품을 창작했다. 바로 〈레퀴엠〉이다. 이로써 모차르트는 풍성하고 장구한 가톨릭 교회음악 전통에 뛰어들었고 뛰어듦과 동시에 이를 훌쩍 뛰어넘었다.

 인생의 수수께끼인 죽음에 잘 대응하도록 돕는 것은 종교, 더 나아가 종교 음악의 기본 임무이다. 이미 오래전부터 교회음악에는 '죽은 이를 위한 미사곡'이 있었다. 라틴어 가사의 첫 구절을 따라 줄여서 '레퀴엠'이라고도 한다. 사망일이나 장례식 혹은 기일에 레퀴엠을 낭독하거나 불렀다. 그 자리에 참석한 살아있는 자들을 위로하고 안심시켜 주기도 하지만, 기본적으로 레퀴엠은 '죽은 자를 위한 미사'이다. 저세상으로 향하는 죽은 자와 함께하며 그 길을 밝혀주기 때문이다. 죽은 자를 위한 미사는 하나님께 죽은 자를 기억하고 그에게 은혜, 사랑, 보살핌을 내려달라고 간청한다. 그것은 죽은 자를 위한 보편 지향적인 기도이며 생명의 경계를 넘어서는 자비의 행위이다.

중세 말 죽은 이를 위한 미사는 한층 강화된 '참회와 선한 행위를 통한 경건'과 결합했다. 사람들은 의식 행위를 통해 사랑하는 죽은 이의 영혼을 내세의 저주와 형벌로부터 구원할 수 있으리라 믿었다. 그와 함께 연옥 교리는 힘을 얻게 되었다. 연옥은 세상의 종말과 심판이 행해질 순간을 기다리며 죽은 자가 불로 단련되는 곳이다. 죽은 자는 이 정화의 불 속에서 죄를 씻어야만 심판의 날에 의로운 사람이 되어 영원한 영광에 들 수 있다. 연옥에 머무는 시간을 줄이기 위해 교회는 살아남은 사람들에게 여러 제안을 했다. 그중 가장 많이 알려졌고 가장 천박한 것이 죽은 이의 몸값을 내게 하는 면벌부였다. 그리고 죽은 이를 위한 가장 대표적인 교회음악이 레퀴엠이었다. 레퀴엠은 중세 말에 성행한 경건한 참회의 분위기와 맞물려 크게 (음악적으로뿐만 아니라 경제적으로도) 번성했다. 이를 통해 죽음의 어둡고 두려운 특성은 한층 더 강화되었다. 사람들은 신의 형벌에 더 큰 두려움을 느꼈고 전례에 대한 의존도가 더욱 커졌다. 전례를 통해 하나님의 진노를 가라앉힐 수 있다는 교회 측의 주장 때문이었다. 신의 진노는 레퀴엠에 들어있는 '디에스 이레'(진노의 날)에 명백히 드러나 있다.

종교개혁 진영에서도 하나님의 진노를 알고는 있었다. 루터가 그리는 하나님의 형상은 가까이 있는 신과 멀리 있는 신, 은혜로운 신과 진노하는 신 사이를 오갔기 때문이다. 그러나 종교개혁은 중세 말 속죄의 신앙에 반발하고 연옥 교리와 의례 행위를 통한 구원을 거부했으며, 하나님의 자발적인 은총을 신앙의 중심에 내세웠다. 이에 따라 레퀴엠은 교회음악으로서의 정당성을 상실했고 유럽의 개신교와 영국 성공회에서는 폐지되기에 이르렀다. 그 대신 죽은 사람보다는 살아 있는 사람을 염두에 둔 장례예식이 등장하여 남은 자들에게 애도, 추모, 위로, 희망, 재정비의 장을 마련해 주었다.

한편 트리엔트 공의회는 종교개혁과 철저하게 거리를 두기 위해 속죄의 신앙과 그것의 신학적 근거를 새삼 강조했다. 결국 레퀴엠은 전적으로 가톨릭 장르가 되었고, '디에스 이레(진노의 날)' 구절은 미사 경본의 필수적인 부분으로 선포되었다. 이에 대해서는 논쟁의 여지가 있을 수 있다. 어쨌든 트리엔트 공의회의 새로운 규정에 따르면, 레퀴엠의 구성은 다음과 같다. "주님, 그들에게 영원한 안식을 주소서. 영원한 빛을 그들에게 비추소서."로 시작하는 입당송 다음에 키리에, 입당송의 첫 구절이 재등장하는 화답송, 연송(그라두알레)으로 이어진다. 그 다음에 레퀴엠의 실세직인 중심인 부속기(세쿠엔치아)가 나오는데, 중세의 유명한 찬가 '디에스 이레'로 시작한다.

> 진노의 날, 그날
> 온 천지가 잿더미가 되리라,
> 다윗과 시빌라가 예언한 대로.
> 온 마음은 공포로 찢어지리,
> 심판관이 당도하여

온갖 행실을 엄중히 저울질할 때.

여기와 그다음 구절에서 세상이 종말을 맞이하고 모든 인간이 심판받는 최후의 날의 공포가 적나라하게 그려진다. 천상의 나팔이 크게 울리고 모든 인간(죽은 자와 산 자)이 매우 진노하고 가차 없이 의로운 하나님이 앉아계신 심판대 앞으로 불려 나간다. 죄와 과실이 적힌 커다란 책이 펼쳐지고 그 누구도 형벌에서 벗어날 수 없다. 절망에 빠진 사람들은 용서를 구한다. 그러나 무죄 판결을 받고 천국에 이르는 사람은 소수에 불과하고 대부분은 신과 멀어져 나락으로 영원히 추락하고 만다. '디에스 이레'로 시작한 이 부속가는 '라크리모사(눈물의 날)'로 끝난다.

눈물 흘릴 그 날,
잿더미로부터 일어나
심판받을 죄인들.
하오니 그 사람을 어여삐 여기소서, 하느님.
자비로우신 주 예수여,
저들에게 안식을 베푸소서. 아멘.

이 공포의 훈계가 끝나고 나면, 봉헌송, 상투스, 아뉴스 데이, 영성체송, 미사 전례의 고전적인 요소들이 이어지며 공포에서 벗어나 희망, 그리스도와의 친교로 나아가는 길을 제공한다.

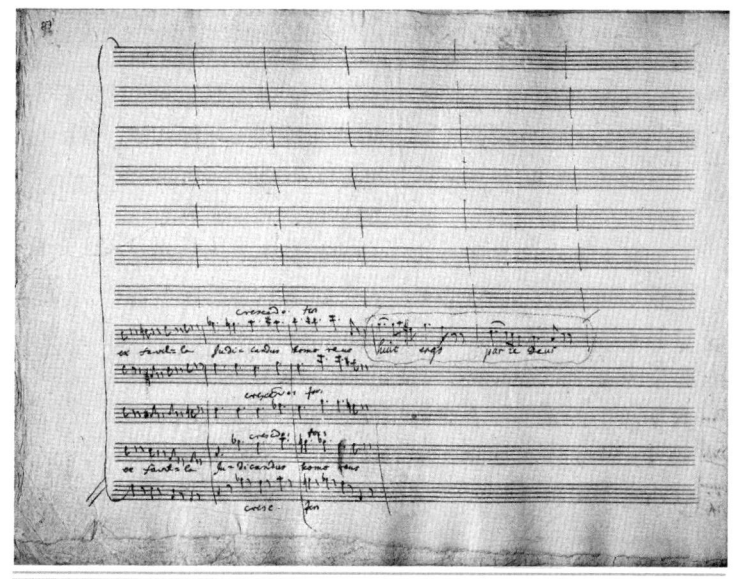

두 마디가 더 덧붙여진 모차르트 레퀴엠의
'라크리모사' 합창은 여기서 중단되었다.

음악적으로 레퀴엠에서는 기본적으로 전례와의 밀착성이 중요하다. 동기가 엄숙한 만큼 레퀴엠은 다른 미사 음악보다 더 단순하고 전통적인 모양새를 띤다. 악기 편성이 비교적 단조로우며, 전적으로 단성적이진 않으나 다성성이 두드러지지 않는다. 선율이 더 단순하고 리듬도 차분하다. 물론 레퀴엠마다 차별성은 존재한다. 죽은 사람이 유명할수록 그를 위한 레퀴엠은 예술적 정교함이 한층 더 요구된다.

신의 이미지에 대한 프로테스탄트의 깨달음

가톨릭의 레퀴엠은 음악적으로 풍부한 전통을 지녔지만, 언제나 내용이 문제였다. 경건한 두려움, 신 앞에서의 전율, 진노한 신의 이미지는 가톨릭 신앙의 기본 요소였지만, 계몽주의적 프로테스탄트 관점에서 볼 때는 신의 진노, 참회와 선행을 통한 경건, 교회의 구원 장치, 이를 통한 성직자들의 이익, 이 모든 게 너무 편파적이었다. 18세기와 19세기 초, 계몽주의적 프로테스탄티즘은 가톨릭의 참회 신앙에 대한 개혁주의자들의 비판을 따랐으며, 여기서 한발 더 나아가 최후 심판의 날과 신의 진노에 의문을 제기했다. 그들이 보기에 공포와 전율은 너무 낯설었다. 하나님의 진노에 관한 이야기가 어처구니없었을 뿐만 아니라 자신들의 종교적 체험과도 관련 지을 수 없었다. 이는 구교 교리에 대한 프리드리히 슐라이어마허(1768~1834)의 비판에서 전형적으로 드러나는데, 슐라이어마허는 근대 프로테스탄트의 대표적인 신학자이다. 근대 인식론을 깊이 탐구한 슐라이어마허는 지각 너머에 존재하는 것에 대해서는 우리가 알 수 없으며 확실하게 말할 수도 없다고 주장했다. 더 나아가 그는 영국의 철학자 존 로크의 사상을 받아들여 부활을 어떻게 바라보아야 하느냐는 질문을 던졌다. 한 인간의 정체성이 육체적 연속성에 좌우된다면, 살다가 죽은 자가 어떻게 최후 심판의 날에 다시 죽음에서 깨어나 새로운 육체를 얻을 것이며 그것이 어떻게 여전히 '그와 같고' '그 자신'일 수 있겠는가?

슐라이어마허는 영원한 삶이라는 전통적인 개념에 대해서도 악의 없는 거부감을 표명했다. 신의 품에서의 영원한 행복도 그에겐 와닿지 않았는데, 거기에는 변화와 발전의 여지가 없기 때문이다. 그 행복을 누릴 선택받은 자들의 삶은 영원한 기도의 삶, 즉 '성과도 결실도 없는 빈약한 삶'으로 격하되고 말았다. 특히 슐라이어마허는 종말의 순간에 가차 없이 다가올 희망과 공포에 거부감을 가졌다. 누군가는 구원받고 누군가는 영원히 버림받는다면, 긍휼과 자비라는 기독교적 원칙에 어긋나지 않는가? 많은 형제자매의 영혼이 도움도 받지 못한 채 지옥에서 영원한 고통 속에 시달리는데, 구원받은 영혼이 어떻게 천상의 기쁨을 누릴 수 있겠는가? 그 배경에는 성급하게 화를 잘 내는 잔인한 신에 대한 비인간적이고 비기독교적인 오래된 이미지가 자리하고 있었다. 슐라이어마허는 1830년의 유명한 설교에서 도발적으로 "우리는 신의 진노에 관해 아무것도 가르칠 게 없다"라고 선언했다. "기독교의 참된 힘은 언제나 더 빛을 발할 것이며, 하나님의 진노에 대한 그릇된 두려움이 사라질수록 오직 하나님이 사랑이라는 인식이 우리 모두 앞에 활짝 펼쳐질 것이다."

슐라이어마허 다음으로 19세기의 가장 영향력 있는 개신교 신학자로 꼽히는 알브레히트 리츨(1822~1889)이 그 뒤를 이었다. 리츨은 '하나님의 진노'에 관한 견해가 가톨릭교의 특성이며 계몽된 프로테스탄트에서는 이를 극복했다고 선언했다. 가톨릭은 "율법을 어겨 하나님을 진노케 하리라는 끊임없는 우려를 양산한다. 하나님 앞의 두려움은 곧 가톨릭 조직 전체에 대한 두려움이 되고 구원을 빌미 삼아 인간들을 이른바 오점 하나 없는 교황을 중심으로 한 조직의 틀 안에 속박

한다. 반면 프로테스탄트는 아버지 하나님을 향한 경외심 가득한 신뢰로 살아가고, 그 믿음이 하나님의 의를 따를 용기를 갖게 한다. 프로테스탄트에서는 인간 예수 그리스도를 통해 계시된 하나님의 자비 이외에 그 어떤 것도 필요치 않다." 멋지고 예리한 표현이기는 하나 전적으로 맞는 것은 아니다. 리츨은 슐라이어마허가 자신의 설법으로 교황이 아니라 기독교 내의 새로운 부흥 운동인 신경건주의 정통파에 맞서려 했다는 사실을 잊지 말았어야 했다. 이 집단은 사람들에게 지옥을 더 두려워하고 하나님의 진노에 대한 걱정을 증가시켜 자신들이 건네는 은혜의 약속을 더욱 희망적으로 보이게 하려고 했다. 종교적 공포의 조장이 가톨릭적인 특성만은 아니었다. 만약 리츨이 제2차 바티칸 공의회가 '하느님의 진노' 부분을 어떻게 정리하고자 했는지 알았다면 어떤 반응을 보였을까? 1969년 교황 바오로 6세가 전례 양식의 개혁을 시작했고, 앞으로는 '디에스 이레'가 레퀴엠에 포함되지 않는다고 결정했다. 이제부터 천주교 장례미사는 밝고 희망찬 부활에 강조점을 두어야 했다. '진노의 날'은 삭제되었다. 이로써 가톨릭과 프로테스탄트에서 불편해 하던 문제가 완전히 해결되었을까? 과연 모차르트는 이러한 문제를 제대로 이해하고 있었을까?

모차르트의 마지막 작곡 - 허구와 진실

위대한 거장의 마지막 작품은 어두운 전설에 가려져 있는 경우가 많다. 시대적 인물이 남긴 최후의 말처럼 여겨지는데, 그 말은 대부분 꾸며낸 것이 많다. 후대는 이 특별한 인물이 다른 보통 사람처럼 언젠가 죽음을 맞이한다는 단순한 사실을 인정하지 않으려는 듯 그의 마지막 창작 행위와 마지막 숨결에 큰 의미를 부여하고, 그럼으로써 숭고한 비극이 덧입혀지게 된다. 이를 통해 그 나름의 침울한 위로가 찾아질는지도 모른다. 사람들은 위대한 인물의 평범한 죽음을 못마땅해하는 것 같다. 따라서 마지막 작품을 하나의 예술 작품으로서 제대로 이해하려면, 이를 에워싸고 있는 비극적이고 신비스러운 거미줄을 걷어내고 최대한 냉정하게 바라볼 수 있어야 한다. 모차르트의 레퀴엠 역시 마찬가지다. 그의 레퀴엠을 멋진 종교 음악으로 듣고 싶다면, 그 주변의 이러저러한 수군거림을 쳐내고 탄생 배경을 말끔하게 정리할 필요가 있다.

　모차르트는 고작 서른다섯 살에 세상을 떠났다. 1791년 12월 5일. 그의 죽음은 오늘날의 관점에서 보면 너무 이른 불행이 아닐 수 없다. 그의 죽음이 운명의 전개에 따른 불가피한 것이었을까? 아니면 그냥 어찌다 벌어진 일이었을까? 모차르트는 병에 걸려 죽었을까? 아니면 마지막 순간까지 행복과 불행을 느끼며 살았을까? '말년'의 모차르트는 우리에게 여전히 낯설다. 그는 위대한 작곡가로서 충분히 인정받았을지 모르나 인간적으로는 그리 매력적이지 않았다. 그를 못생긴 사람으로 묘사하는 사람도 많았다. "얼굴에는 얽은 자국이 있었고, 피부는 누렇게 떴고, 삶이 끝나갈 무렵에는 이중 턱이 생겼다. 머리는 몸에 비해 지나치게 컸고, 코도 너무 컸다."(볼프강 힐데스하이머) 게다가 행동도 어딘가 미심쩍어 보였다. 지금에 와서 그의 행동을 '경계성 장애'니

'양극성 장애'니 'ADHD' 같은 병명으로 진단할 수는 없다. 후대 사람들만이 아니라 동시대 사람들이 보기에도 문제가 있었던 모양이다. 수많은 예 중 한 가지만 들어보자. 빈의 한 작가의 묘사에 따르면, 자신이 피아노에 앉아 있을 때 모차르트가 다가오더니 선율을 흥얼거리다가 박자를 맞추며 자신의 어깨를 두드리고는 의자를 끌어와 앉아서 윗성부를 맡아 변주를 시작했고 갑자기 "싫증이라도 난 듯 벌떡 일어서서 자주 그랬던 것처럼 탁자와 의자 사이를 뛰어다니며 고양이 흉내를 내고 들떠서 공중제비를 돌았다."

"유치증과 강박적 외설증"(슈테판 츠바이크)이 기묘하게 결합한 천방지축 덜렁이, 바보 같고 신들린 듯한 모차르트의 모습은 말년으로 갈수록 더 심해졌다. 외적인 압박 탓인 듯했다. 모차르트는 10년 전 답답하고 즐겁진 않으나 일자리가 보장된 안정적인 잘츠부르크에서 떠나왔고, 빈의 자유 시장에서 독립적인 음악가로 살아남아야 했다. 여러 작가의 주장처럼 그가 1791년에 이미 좌절감을 느꼈는지 아니면 온갖 재정적 어려움 속에서도 자신이 걸어온 길에 후회가 없었는지는 쉽게 판단할 수 있는 문제가 아니다. 불확실한 작곡 의뢰와 무질서한 씀씀이로 인해 그의 상황은 언제나 아슬아슬했다. 말년의 그는 발등에 불이 떨어진 작업과 방만한 관계로 더욱 조바심이 났을 것이다.

그러다가 갑자기 병이 났다. 공식 문서에는 '발진을 동반한 급성 발열'이라고 되어 있는데, 아마 류머티즘열이었을 것이다. 모차르트는 어렸을 때부터 관절 류머티즘에 시달렸다. 마지막 발작은 치명적이었지만, 그렇다고 급작스러운 요절의 원인이 전적으로 그것 때문만은 아니었던 것 같다. 구토제, 사혈, 발한제 등 당시 치료법과도 관련이 있었다. 모차르트의 경우 "치료에 의한 죽음"(힐데스하이머)이었을 수도 있다. 당시만 해도 그 연배에 죽는 게 그리 참담한 예외는 아니었다.

모차르트는 당시의 시대 규범에 따라 매장되었다. 요제프 2세(1741~1790)는 죽음에 계몽주의 원칙을 적용하여 논란의 여지가 많은 장사법을 공포했다. 장례는 더 위생적이고 합리적이고 경제적으로 치러져야 했고, 묘지는 도시의 성문 앞으로 옮겨졌다. 거창함과 낭비는 포기해야 했다. 여러 구의 시신을 큰 구덩이에 함께 넣고 그 위에 석회를 뿌렸다. 나무를 절약할 목적으로 관도 사용하지 않았다. 시체는 임시 관에 안치되어 운송된 후 자루로 옮겨 매장되었다. 무덤에는 아무런 장식도 하지 않았다. 흔히 전해지는 것처럼 모차르트가 특별히 사랑받지 못한 채 비참하게 구덩이에 묻힌 게 아니며 그 시대의 관행에 따라 합리적인 절차대로 땅속에 묻힌 것이다. 오늘날과 달리 요제프 2세 시대에는 가난한 자들을 차별하는 별도의 묘지 따위는 없었다. 고인이나 그 후손이 궁핍한 경우, 간소하게 치러지는 장례 비용은 본인들에게 부과되지 않았다.

외설적이고 오해받고 가난하고 인정받지 못한 정신 나간 천재의 굴곡진 인생에 어울리지 않을 정도로 유럽 내의 많은 신문이 모차르트의 죽음을 기사로 전했다. 후대만이 아니라 동시대 사람들도 그의 죽음을 애도했으며 그를 잃은 손해가 얼마나 큰가를 절실히 깨달았던 모양이다.

엄밀히 따져 보면, 모차르트가 마지막으로 의뢰받은 작업은 지극히 평범한 것이었다. 모차르트의 첫 전기 작가인 프란츠 크사버 니메체크가 차분하게 전하는 바에 따르면, 모차르트는 "비위를 맞추는 몇 마디 인사치레와 함께 위령 미사곡을 써줄 수 있겠냐는 요청이 실린, 의뢰자의 서명이 없는 편지 한 통을 받았다. 대가와 완성 시기에 대해서도 의견을 물었다." 익명의 의뢰자는 프란츠 폰 발제크 슈투파흐 백작이었다. 모차르트에게도 낯설지 않은 이름이었을 것이다. 음악 애호가인 백작은 종종 작품을 의뢰하고 그것이 마치 자신의 작품인 양 내놓았다. 그런 그가 21세에 세상을 떠난 아내를 위한 진혼곡을 의뢰했고 그 대가로 225길더나 되는 적잖은 액수를 제안했다. 모차르트는 그 제안을 받아들였고 작곡을 시작했다. 작업은 여행 때문에 중단되었고, 결국 작곡가의 죽음으로 레퀴엠은 완성되지 못했다. 나중에 그의 제자이자 조수였던 프란츠 크사버 쥐스마이어가 반쯤 끝낸 곡을 스승의 스타일로 완성하려고 노력했다. 모차르트가 세상을 떠나고 5일 뒤 빈의 성 미카엘 성당에서 열린 자신의 장례식에서 그가 완성한 레퀴엠 일부가 연주되었다고 알려져 있다.

무엇 때문에 후대는 이러한 역사적 사실을 받아들이지 못하고 레퀴엠의 기원에 곡을 의뢰한 비밀에 싸인 '회색 옷을 입은 사자'니, 구덩이에 비참하게 던져진 모차르트의 시신이니, 경쟁자 살리에리에 의한 교활한 독살이니, 부인 콘스탄체와 쥐스마이어의 불륜이니 하는 이야기를 덧붙여 어두운 전설을 만들어내려고 하는 걸까? 때로는 감정을 자극하고 때로는 터무니없는 이 이야기들은 사실 모차르트나 그의 레퀴엠에 관해 아무런 사실도 알려주지 않는다. 그런데도 음악 천재인 모차르트에게 경외감을 품고 그의 이른 죽음이 부당하다고 느끼며 그의 마지막 작품을 온전히 파악하기 어려운 후대는 이런 전설을 떨쳐내기가 힘들다.

모차르트의 교회음악과 종교성

세상을 떠나기 전 10년 동안은 모차르트가 교회음악가로서 활동한 적이 없었다. 그럴 기회가 그에게 주어지지 않았다. 1781년, 그는 잘츠부르크 대주교 히에로니무스 폰 콜로레도가 임명한 궁정 오르가니스트 직을 그만두고 빈으로 이주했다. 그곳에서 자유 예술가로 살아갔고, 더는 미사나 다른 교회음악을 작곡할 일이 없었다. 그러다가 1791년 5월 빈 슈테판 대성당의 차기 카펠마이스터로 낙점되었는데, 아마 그때부터 다시 종교 음악에 관심을 두었을 것이다. 그러던 차에 마침 레퀴엠 작곡 의뢰가 들어왔다. 하지만 모차르트가 그 이후로 어떤 계획을 세웠는지, 10년간의 휴식을 끝내고 자곡의 방향을 근본적으로 바꿀 생각이었는지는 알 수가 없다.

잘츠부르크 시절에 모차르트는 상당수의 크고 작은 교회음악 작품을 작곡했다. 소규모의 베스퍼(저녁기도), 리타나이(연도문), 교회 소나타, 오라토리오, 16개의 대규모 미사곡. 특히 C장조의 〈대관식 미사〉, 그리고 c단조 미사는 지금도 사랑받는 작품들이다. 이들 미사곡은 장엄하고 대표적인 전례 음악으로서 절대 과하지 않다. 정중하고 매력적이며 밝고 마음이 들뜨게 하며 음악적 상상력이 넘쳐난다. 엄격한 프로테스탄트 교도들은 심오함과 심각성이 부족하다고 느끼기도 했는데, 그렇다면 모차르트 미사곡의 본질적인 특성을 제대로 이해하지 못한 것이다. 정중한 우아함과 즐거운 재미를 품은 이 음악은 예배를 최고 수준의 것으로 끌어올렸다. 그러나 모차르트가 세상을 떠나자 곧 그의 미사곡들은 나쁜 평판에 시달리고 잊혔다. 그 안에 깃든 발랄함과 자유롭고 화려한 관현악 음향이 19세기 가톨릭 내에 만연한 반동적인 분위기에 맞지 않았기 때문이다. 주도권을 잡은 체칠리아 운동은 그레고리오 성가에 기반한, 순수하고 엄격한 전례 음악을 요구했다. 모차르트 음악은 결국 교회 안에서 설 자리를 잃었다. 체칠리아 운동 측의 비판이 부당하다고 볼 수도 있는데, 그럼 모차르트 미사곡의 종교적 특성은 어디에서 찾을 수 있는지 질문해 봐야 한다. 말할 필요도 없이 탁월한 음악에서다. 모차르트의 음악은 대외적으로 과시하고 싶은 대주교의 욕구를 최대한 충족시키고 그가 가진 종교적, 세속적 힘을 적절하게 표출했다. 이 미사곡이 울려 퍼진 예배는 나무랄 데 없었다. 완벽하게 우아한 이 음악이 표현하고 다룬 종교적 감정과 사고는 무엇일까? 경건함, 교화, 고양을 얼마만큼 불러일으켰는가? 이 점에 대해선 선뜻 뭐라 말하기 어렵다. 모차르트의 미사는 '빈 고전파'의 가장 대표적인 미사곡인 루트비히 판 베토벤의 〈장엄 미사〉(1824년 초연)가 지닌 종교적 힘과 실존적 진지함에는 이르지 못했다. 이들 작품을 서로 비교하는 건 사실 말도 안 되는 일이긴 하다.

모차르트가 자신에게 주어진 교회의 사명을 진지하게 받아들이지 않았다고 말할 수는 없지만, 교회와 기독교 신앙에 대한 그의 태도를 파악하거나 서술하기는 쉽지 않다. 그는 자신의 내면을 확실하게 내보이지도, 기독교에 관한 입장을 분명하게 밝히지도 않았다. 외적으로 보면, 모차르트는 분명 가톨릭이었다. 그는 가톨릭 안에서 성장했고 그로부터 많은 결정적인 영향을 받았다. 또 수년간 가톨릭교회를 위해 일하기까지 했고, 다른 종파나 종교를 진지하게 받아들인 적도 없었다. 그러나 엄격한 의미로 따지면, 모차르트를 가톨릭이라고 보기는 힘들다. 그는 교회와 그를 대표하는 사람들에게 거리를 두었고, 어른이 되어서는 그들의 의식에 정기적으로 참여할 필요를 느끼지 못했다. 광대한 신학 체계는 더는 그의 세계관과 맞지 않았다. 모차르트는 생각이 깨인 사람이긴 했으나 대두된 종교 비판에 적극적으로 가담할 정도는 아니었다. 그렇게까지 이 주제에 관심이 많았던 것 같진 않다. 그가 프리메이슨 단원이었다는 사실이 신앙에서 멀어진 계기로 여겨질 필요는 없다. 왜냐하면 당시 프리메이슨은 많은 부분이 기독교 친화적이었기 때문이다. 모차르트는 특별히 종교적이지도 그렇다고 비종교적이지도 않았다. 그에게 종교적 신념이 일부 남아 있을 수 있었지만, 애써 그것을 지키려고 하지는 않았다. 표면적으로 그는 계몽주의 시대의 평범한 기독교인이었다.

모차르트는 교회 변화에 진심인 개혁적인 가톨릭 신도는 아니었다. 그렇다고 그가 비정치적인 사람은 아니었는데, 아마 계몽 군주 요제프 2세가 1780~1790년에 급진적인 교회 개혁을 이끌었다는 사실을 제대로 인식하지 못했던 것 같다. 요제프 2세는 종교적 관용에 관한 칙령을 선포하고 예수회를 해체하고 불필요한 축일을 없앴고 다른 많은 조치(그중 단연 돋보이는 건 새로운 장례 규정이었다)들을 통해 종교 생활을 '합리적인 수준'으로 축소했다. 모차르트도 공감할 만한 개혁이었으나 그는 자기 문제만으로도 버거웠다. 그는 이미 화려하고 사치스러운 교회음악에 부단히 맞서고 있었으며, 합리성과 유용성에 기반한 요제프주의는 그가 고민하는 작곡 영역에 별다른 도움이 되지는 않았다. 게다가 요제프주의에 대한 모차르트의 입장은 고용주를 향한 개인적인 적대감에 가려졌을 것이다. 대주교 콜로레도는 계몽주의에 경도된 고위 성직자로 황제의 가장 중요한 동반자였고, 그런 그를 모차르트는 끔찍할 정도로 싫어했다. 모차르트는 결국 가톨릭 계몽주의의 지지자일 수 없었고 그 문제에 큰 관심을 기울이지도 않았다.

모차르트는 (지금도 그렇게 드물지는 않은) 교회와 거리를 두되 교회에 적대적이지 않고 어느 정도 관심을 가진 계몽된 그리스도인이었는가? 그렇다면 종교에 헌신적이지 않은 그가 어떻게 레퀴엠처럼 강렬한 종교적 경험을 촉발하는 교회음악을 작곡할 수 있었을까? 그에게 깊은 종교적 진수가 내재해 있었던 걸까? 인생의 막바지에 다다랐을 때 그의 태도를 관찰해 보면, 삶의 궁극적인 질문과 확신에 대한 모차르트의 마음가짐에 한 발 더 다가갈 수 있을 것이다.

모차르트에게선 죽음에 대한 묘한 친밀감이 묻어나온다. 에두아르트 뫼리케의 소설 『프라하 여행길의 모차르트』에는 모차르트 음악을 들으며 불현듯 불길하고 갑작스러운 그의 마지막을 떠올리는 한 여인이 등장한다. "이 사람이 빠르게 그리고 막을 수 없이 자기 자신의 불꽃으로 생명을 불태운다는 것, 그가 발산하는 지나친 불꽃을 실제로 감당하지 못할 것이기 때문에 그가 이 땅에서 덧없이 떠도는 일시적인 현상에 불과할 수밖에 없다는 것이 그녀에게는 확실해졌고 아주 분명해졌다."

모차르트 자신도 편지에서 여러 차례 죽음에 관해 언급했는데, 비교적 의연한 태도를 보였다. 이 발언은 어떤 의미였을까? 어머니가 세상을 떠난 뒤인 1778년 7월 3일 그는 집안의 친한 친구인 아베 불링거에게 이런 편지를 썼다.

> 친구여, 나와 함께 슬퍼해 주세요! 오늘은 내 인생에서 가장 슬픈 날이에요. 편지를 쓰고 있는 지금은 밤 2시랍니다. 아무래도 당신에게 말하지 않을 수 없군요. 어머니, 나의 사랑하는 어머니는 이제 계시지 않습니다! 하느님께서 부르셨어요. 하느님께서 어머니를 원하셨어요. 저는 이 사실을 분명히 깨달았고, 그래서 하느님 뜻에 순종했어요. 하느님이 제게 어머니를 주셨고 이제 다시 거둬들이신 거예요. 제 마음은 지금이 아니라 훨씬 전부터 진정되었어요. 저는 하느님의 특별한 은혜로 침착하고 냉정하게 모든 걸 잘 견뎌왔어요. 위험을 감지했을 때, 하느님께 두 가지 소원을 빌었어요. 어머니께는 편안한 임종을, 그리고 제게는 힘과 용기를 달라고요. 사랑이 많으신 하느님은 내 소원을 들어주셨고 두 은혜를 최대한 내려주셨어요.

이 멋진 구절에는 어머니를 향한 사랑과 하나님에 대한 신뢰가 잘 표현되어 있다. 여기서 과연 무엇이 진심으로 마음에서 우러나오는 것이고, 무엇이 시류에 따른 종교적 관습에서 비롯된 것일까?

모차르트가 1787년 4월 4일 아버지에게 쓴 편지도 유명하다.

> 죽음은 우리 생의 최종 목표인지라, 저는 수년 동안 인간의 이 참되고 최선의 벗과 매우 가까워져 그 모습이 전혀 두렵지 않은 존재가 되면서 오히려 많은 평안과 위로를 받고 있습니다! 그리고 하느님께서 제게, 죽음이 진정한 행복의 열쇠라는 걸 알 기회를 다행스럽게 베풀어주신 데 감사하게 생각하고 있습니다.

이 진술에서 모차르트는 솔직한 자기 속내를 드러낸 것 같다. 죽음이 인생의 궁극적인 목표라는 이야기는 유명한 유대인 철학자 모제스 멘델스존의 글에서 인용한 것이다. 모차르트에게 그것은 단지 있어 보이게 하기 위한 어구, 심오한 척할 수 있는 공허한 문구에 불과한 것이었을까? 아니면 이 인용된 문구에 그의 깊은 진심이 담겨 있는 걸까?

세상을 떠나기 반년 전인 1791년 7월 7일, 모차르트는 부인 콘스탄체에게 다음과 같이 썼다. "당신에게 내 감정을 설명하기가 어렵소. 그것은 나를 아프게 하는 공허함과 갈망인데, 그 갈망은 절대 충족될 수 없고 멈춤 없이 계속되며 심지어 나날이 커지고 있다오." 이 갈망은 죽음을 향한 갈망이었을까? 그가 레퀴엠을 쓰면서 자신에게 가해지는 아픔을 느꼈을까? 알 수 없는 노릇이다. 모차르트가 무의식적으로라도 레퀴엠을 자기 죽음을 위한 미사곡으로 여겼다고 생각하기는 힘들다. 온갖 비판에도 불구하고 모차르트의 마지막 작품과 그의 이른 죽음을 연결하는 고리는 끊어내기가 어렵다. 우리는 모차르트의 레퀴엠을 들으면서 그의 죽음도 같이 듣는다. 어쩔 수가 없다. 존재론적 관심과 가능하다면 종교적 관심까지 증대시킬 수 있다면, 그렇게 들어도 괜찮지 않을까?

'디에스 이레' - 진노의 음악

모차르트의 레퀴엠을 듣는다고 할 때 단순히 그의 음악만을 듣는 게 아니다. 모차르트가 살아생전에 작곡을 온전히 끝낸 부분은 "주님, 저들에게 영원한 안식을 주소서"로 시작하는 입당송뿐이었다. 키리에와 '디에스 이레'로 시작하는 세쿠엔치아는 주요 선율만 적어놓았고, 세쿠엔치아의 슬픔에 찬 '라크리모사'는 여덟 마디까지 작곡한 상태였다. 그 부분에서 그의 육필악보는 중단되었다. 제자 쥐스마이어가 이 부분을 완성했고 나머지 부분—봉헌송, 상투스, 베네딕투스, 아뉴스 데이—를 새로 추가했다. 지금은 쥐스마이어의 것 말고도 더 많은 판본이 존재한다. 그러니 레퀴엠의 첫 부분만 집중적으로 다루는 게 바람직할 것 같다.

   레퀴엠은 느리게 질질 끄는 듯이 시작한다. 천천히 움직이는 행렬 속에서 합창과 오케스트라가 죽은 이들을 위해 신의 은총을 간구한다. 합창은 소프라노의 도움을 받아 점차 힘을 얻어 역동적인 긴박함을 띠다가 다시 잦아들더니 큰 고통을 겪기라도 한 듯 평화와 고요함을 찾고 비가를 내뱉는다. 여기서 중심을 이루는 선율은 모차르트가 헨델의 장송곡 모티브에서 따온 것이다. 모차르트의 작품에서 찾아보기 힘든 d단조로 인해 레퀴엠은 처음부터 그리스도의 변용과 놀라움을 넘나드는 어두운 분위기를 자아낸다. 악기 편성은 수수하면서 어두운 음색이 두드러진다. 독주 앙상블과 4성부 합창에 오케스트라가 합세한다. 오케스트라는 현악기, 오르간(바소 콘티누오), 팀파니, 바셋호른 둘, 바순 둘, 트럼펫 둘, 트롬본 셋으로 구성되어 있다. 모차르트가 구상한 악기 편성이 구체적으로 어떠했는지는 확실치 않지만, 플루트나 오보에 같은 고음의 목관악기가 빠져 있음을 알 수 있다. 바순과 바셋호른의 어두운 저음이 작품을 지배하며 음울하고 심각한 특성을 강화한다. 오케스트라도, 독주 성부도 이 진지한 분위기에 맞추며 받쳐주는 역할을 한다. 이들은 자신을 돋보이게 하지 않고 애도하며 기도하는 사람들의 합창을 지원하고 더 풍요롭게 만들어 준다.

그다음에 대단히 역동적인 현악기 리듬 위에서 강렬한 '키리에' 합창이 펼쳐진다. 이 곡은 전례 음악임에도 격정적이다. 오래된 교회 성가를 연상케 하면서도 특이할 정도로 격정적이며, 불안과 슬픔, 두려움과 공포 등의 어둡고 현란한 열정을 노골적으로 드러내고, 듣는 사람을 흥분하게 만드는 음악이다. 그러나 이 키리에는 장중하고 질풍노도처럼 들이닥칠 '디에스 이레'를 위한 준비 과정일 뿐이다. 세쿠엔치아의 첫 번째 곡인 '디에스 이레'는 강렬한 트레몰로, 바흐풍의 투르바 합창, 질주하는 현악기, 맹렬한 팀파니로 최후의 심판, 진노한 신, 파멸에 대한 경악과 공포를 거칠게 쏟아낸다. 짧지만, 그래서 더욱 두려운 곡이다.

> 진노의 날, 그날
> 온 천지가 잿더미가 되리라,
> 다윗과 시빌라가 예언한 대로.
>
> 온 마음은 공포로 찢어지리,
> 심판관이 당도하여
> 온갖 행실을 엄중히 저울질할 때.

그러고 나서 베이스, 테너, 알토, 소프라노가 차례대로 길게 이어지는 선율로 장중하게 탄식하며 노래하는데, 이때 최후의 날에 들릴 법한 독특한 선율의 트롬본과 부드러운 대화를 주고받는다. 이는 '디에스 이레'라는 거친 부르짖음 다음에 찾아온 놀라운 변화이다.

> 놀라운 나팔소리가
> 세상의 무덤 위에 울리며,
> 만인을 왕좌 앞으로 모으리라.

그러더니 다시 시끄러운 음향이 울려 퍼진다. 팀파니, 격렬한 현악기와 어우러진 바흐풍의 투르바 합창이 두려운 '위엄의 왕' 앞의 공포를 폭발시키더니 무릎을 꿇고 자비를 구하려는 듯 다시 조용히 잦아든다.

> 두렵기만 한 위엄의 왕이시여,
>
> 구원받아야 할 자를 대가 없이 구하는 분이시니,
>
> 나를 구하소서, 긍휼의 원천이시여.

슬픔에 가득 찬 솔로 앙상블의 '레코르다레'와 합창의 '콘푸타티스'가 이어지고, 마침내 '라크리모사'가 시작한다. 서서히 상승하고, 인간 무상의 잿더미에서 흐느끼며 고요하게 일어선다.

> 눈물 흘릴 그 날,
>
> 잿더미로부터 일어나
>
> 심판받을 죄인들.

모차르트의 레퀴엠은 여기서 끝이 난다. '라크리모사'는 채 2분도 안 되는 짧은 곡이지만 혼란스러운 레퀴엠의 중심을 차지한다. 레퀴엠은 듣는 사람에게 커다란 의문을 품게 한다. 어떻게 작곡가는 자신이 확신을 갖지 못한 신학적 텍스트로 강렬한 종교적 체험을 안겨주는 음악을 작곡할 수 있었을까? 모차르트는 대체 어떻게 '디에스 이레'에 드러나 있는 (트리엔트 공의회에서도 확정한) '하나님의 진노'에 관한 교리를 진실한 근대적인 종교 음악으로 구현해 낼 수 있었을까? 작곡가가 그 교리를 진심으로 받아들였을 리 없는데 말이다. 이 구절은 죽음이 '인생의 궁극적인 목표'라는 모차르트의 사고, 인간의 유한함을 태연하게 대하는 그의 태도, 창조주 신을 향한 그의 반쪽짜리 믿음과 관련이 있을 수 있다. 하지만 음악은 그렇지 않다. 그런데도 종교적 공포가 예술적으로 나무랄 데 없이 구현되고 두려움과 전율이 표출되었으며, 신이 위협적으로 다가온다. 성경적 믿음에 훨씬 더 충실한 바흐와 한번 비교해 보자. 바흐의 종교 음악에선 하나님의 진노를 거의 찾아볼 수 없으며 위로를 건네는 복음의 설파가 대부분이다. 어떻게 다른 이도 아닌 모차르트가 바흐보다 신앙의 어두운 면을 탁월하게 묘사할 수 있었을까? 어떻게 모차르트는 미학적 경험만이 아니라 종교적 체험까지 가능하도록 신앙을 음악적으로 구현할 수 있었을까? 이들 질문에 답하기는 어렵다. 작곡가가 이 역설을 둘러싼 해석의 가능성에 대해 어떠한 단서도 남기지 않았기 때문이다. 그렇다면 모차르트의 레퀴엠에 버금갈 만한 획기적이고 역설적인 작품을 창작한 다른 예술가의 경우와 비교해 보면, 좀 도움이 되지 않을까?

미켈란젤로 <최후의 심판>과의 비교

모차르트보다 250년이나 앞서 미켈란젤로 부오나로티(1475~1564)가 모차르트와 비슷한 작업을 맡게 되었다. 바티칸의 시스티나 성당 정면 제단 뒤쪽에 '진노의 날' 장면을 그리는 일이었다. 그보다 20년 전에 이미 성당 천장에 <천지창조>를 그린 다음이었다. 1532년에 의뢰를 받은 미켈란젤로는 1536~1541년에 <최후의 심판>을 완성했다. 그 역시 모차르트와 비슷한 모순을 안고 있었는데, 미켈란젤로는 예술 영역에서 천재였지만 교황청의 공식적인 교리나 신앙 체계와는 내면적으로

시스티나 성당 벽면에 그려진 미켈란젤로의 〈최후의 심판〉은
기독교 미술사에서 가장 거대한 작품 중 하나이다.

거리를 두었다. 그렇다고 모차르트처럼 그도 개혁주의자나 근대적인 무신론자는 아니었으며 가톨릭교회 안에서 살아가고 있었다. 주변 친구들을 통해 훨씬 더 인간적이고 신비로운 영성을 발견하기도 했는데, 그 중심에는 신의 은총에 대한 개인적인 믿음이 있었고 당시 지배적이던 선한 행위를 통한 경건과는 거리를 두었다. 그런데도 미켈란젤로는 〈최후의 심판〉에서 진심으로 동조하기 어려운 신의 진노라는 전통 교리를 현대적으로 인상 깊게 표현해 냈다.

〈최후의 심판〉은 정말이지 굉장한 그림이다. 아래쪽에는 죽은 자들의 부활이 그려져 있다. 그들은 고군분투하며 무덤에서 일어난다. 선택받은 자들은 천상으로 올라가거나 천사들에 의해 들어 올려진다. 반대로 저주받은 자들은 악마에게 이끌려 지옥으로 쫓겨난다. 이 승천과 추락의 뒤엉킴 가운데 순교자들과 사도들에 둘러싸여 심판하는 예수 그리스도가 있다. 벽화가 완성되자마자 벌거벗은 인물들이 문제가 되었다. 그러나 이는 표면적인 스캔들에 불과했고, 그보다는 인물들의 우람한 근육질 몸이 더 심각한 문제였다. 성경과 영성을 중시하는 사람들에게 이 그림에 담긴 종말의 신비는 조금도 중요하지 않았으며, 그저 나체를 드러낸 충격적인 사건으로만 다가왔을 뿐이다.

〈최후의 심판〉에는 죽은 자들이 무덤의 대리석 판에 얼마나 강렬하게 맞서고 있는지, 그들이 어떻게 소멸한 잿더미에서 일어나 다시 육체를 얻고 악마와 뱀에 맞서 싸우며 위로 올라가려고 처절하게 애쓰는지 전율이 느껴질 만큼 처절하게 묘사되어 있다. "눈물 흘릴 그 날, 잿더미로부터 일어나 심판받을 죄인들."

죽은 자들이 심판을 받기 위해 무덤에서 나온다.
미켈란젤로의 〈최후의 심판〉 왼편 아래쪽.

육체가 고스란히 드러난 어수선한 그림 속에서 특별한 음악성이 묻어난다. 모든 것이 움직임이고 리듬이다. 그림 아래쪽 중앙에 그려진 나팔들은 어쩌면 모차르트의 〈레퀴엠〉에 등장하는 것과 같은 것일 수 있다. 여기서 나팔수들은 묵시록적인 음악을 울리게 하려고 애를 쓰고 있다. 우람한 가슴은 터질 듯 부풀어 올랐고, 눈은 튀어나올 것만 같다. 그들의 음악은 죽은 자들을 깨우기 위한 것이다. 바로 아래 두 천사의 형상이 아래쪽을 향해 책을 들고 있는데, 왼쪽을 향한 작

신의 진노가 드러난 음악.
미켈란젤로의 〈최후의 심판〉 중앙 아래쪽.

은 책에는 선택받은 자들의 이름이, 오른쪽을 향한 큰 책에는 저주받은 자들의 이름이 적혀 있다. 나팔이 울리면, 그 소리가 무덤까지 파고들어 모든 피조물을 심판자의 보좌 앞으로 불러 모은다. 심판의 책이 펼쳐지면, 그 누구도 합당한 벌을 피해갈 수 없을 것이다.

회개하는 고독한 영혼.
미켈란젤로의 〈최후의 심판〉 중앙 아랫부분 오른쪽

종말의 순간을 그린 이 그림에서 유난히 두드러지는 한 인물이 있다. 그는 나팔수 그룹의 오른쪽 살짝 위편에 홀로 있으며 저주받은 불행한 사람들에서 떨어져 나와 있는 외로운 영혼이다. 뱀 한 마리가 그의 허벅지를 물었고, 두 명의 악마가 그를 아래로 끄집어내리려 한다. 그러나 그는 아무것도 하지 않는다. 자신을 방어하지도 않고, 예수 그리스도에게 호소하지도 않는다. 근육질의 몸이 무색하게 무방비 상태로 그저 웅크리고만 있다. 자신도 속해 있는 이 끔찍한 장면을 견디기 어려운 듯 한쪽 눈을 가리고 있다. (모차르트의 '디에스 이레'와 비슷하다. 사람들은 귀를 막고 싶으면서도 동시에 아무것도 놓치고 싶지 않아 한다.) 다른 눈으로는 공허함을 응시하고 있다. 아니, 어쩌면 관찰하고 있는 건지도 모른다. 그는 자신을 향해 질문을 던진다. 나는 무엇이고, 어느 쪽에 속할까? 나의 끝은 어찌 될 것인가?

한쪽 눈으로만 보는 사람에게는 이 그림에 그려진 행복의 약속이 보이지 않는다. 저 위에 있는 성자와 구원받은 자들은 그에게 신경도 안 쓰고, 그는 구원에 관심조차 없다. 그런 그에게 그리스도조차 다가가지 않는데, 여기서 그리스도는 사랑도, 연민도, 자비도 모르는 듯하나. 후회하는 영혼이 위를 쳐다보지도, 손을 들어 올리지도 않는 이유는 너무나 명백하다. 한쪽 눈으로만 보는 사람이 느끼는 건 오로지 하나뿐이다. 두려움, 진노한 하나님 앞에서의 공포이다.

> 진노의 날, 그날
> 온 천지가 잿더미가 되리라.
> 온 마음은 공포로 찢어지리,
> 심판관이 당도하여

온갖 행실을 엄중히 저울질할 때.

인본주의자이자 영성주의자인 미켈란젤로가 어떻게 이런 그림을 그릴 수 있었을까? 계몽된 가톨릭교도이자 프리메이슨 단원인 모차르트가 어떻게 그런 음악을 작곡할 수 있었을까? 그들은 "우리가 하느님의 진노에 대해 가르칠 게 아무것도 없다"라는 깨달음을 얻지 못했던 걸까? 두 대작에 내재한 모순을 진지하게 받아들이려면, 종교가 지닌 궁극적인 역설을 들여다봐야 한다. 복음주의 신학자 루돌프 오토(1869~1937)만큼 이를 적확하게 기술한 이는 없을 것이다. 그는 종교적 체험에는 두 가지 상반된 측면이 있다고 설명했다. 압도적이고 위압적인 '두려움(tremendum)'이 그 첫 번째다. 성스러운 것은 일단 두려움을 갖게 한다. 공포와 전율을 일으키며, 오싹하게 하는 신비를 드러낸다. 신성한 것은 모든 존재의 근원일 뿐 아니라 파멸을 의미하는 심연으로서 모습을 드러내기도 한다. 반면 두려움을 극복한 사람은 종교의 두 번째 측면을 체험하게 되는데, 이때 성스러운 것은 '매혹(fascinans)'으로 다가온다. 그것은 경탄, 자비, 황홀, 행복을 자아내는 신의 임재이다. 진정한 종교에는 이 두 가지, 두려움과 매혹이 다 있어야 한다. 두 축 중 하나라도 없으면, 종교를 지탱하는 기본적인 응력에 금이 간다. 종교의 어두운 면만을 설파하는 이들은 믿음을 가진 자들로부터 구원의 힘을 앗아간다. 반대로 종교의 밝은 면만을 보려는 이들은 아무리 좋은 의도라 하더라도 깊이와 진지함을 간과하게 된다. 따라서 오토는 이렇게 주장한다. "슐라이어마허나 리츨 같은 신학자들이 있긴 하지만, 기독교가 '신의 진노'에 대해 가르쳐야 한다고 확신한다."

미켈란젤로와 모차르트가 종교의 역설을 주장한 오토의 존재를 알았을 리 없지만, 두 사람은 이를 예술적으로 훌륭하게 구현해 냈다. 그것도 밝은 면으로 더 기울어진 그들의 기본 입장에 반하는 방향으로 말이다. 그들은 자신의 예술을 보고 듣는 관객들에게 종교의 양면을 드러냄으로써 새로운 느낌을 불러일으켰는데, 그것이 바로 경외감이다. 경외감은 바로 종교의 기본 감정이다. 미켈란젤로와 모차르트의 작품에서 나타난 잔혹함은 '신의 진노'가 종교적 경계에 놓인 사고임을 시사한다. 모차르트의 〈레퀴엠〉이 미완성이라는 우연한 사실을 통해 우리는 그 이면에 감추어진 의미를 발견하게 되었다. 인생과 신앙의 심연에 관해, 하나님의 절대적인 신비에 관해 신학적으로나 예술적으로 완전하고 완벽한 표상을 만들어낼 수는 없다. 따라서 이 위대한 시도는 미완성으로 남아야 마땅하다.

기톨릭 종교 음악의 테두리에서 벗어난 레퀴엠

레퀴엠으로 모차르트는 경계석을 세움과 동시에 그것을 뛰어넘었다. 그의 뒤를 바로 잇는 후계자는 없었을지 모르나, 그를 발판 삼아 레퀴엠을 더욱 발전시킨 작곡가들이 등장했다. 시도한 작곡가들이 모두 성공을 거두지는 못했지만, 개중에는 많은 인기를 누렸을 뿐 아니라 전근대적이고 가톨릭적인 레퀴엠에 새로운 가능성과 놀라운 시사점을 부여하여 20세기에 진혼곡이 새로운 음향으로 특색 있는 전성기를 맞이하도록 이바지한 이들이 있었다.

19세기의 대표적인 두 가톨릭 작곡가가 쓴 레퀴엠은 거의 잊히다시피 했다. 1848년 안톤 브루크너가 24세에 작곡한 초기작은 모차르트에게서 강한 영향을 받았으나 아직 독자적인 음악 언어를 발전시키지 못했다. 그보다는 1892년 성금요일에 독일 함부르크에서 모차르트의 레퀴엠과 함께 연주된 구스타프 말러의 〈테 데움〉이 더 주목할 만하다. 〈테 데움〉은 대규모의 진지한 종교 음악이며 벌써 연주회용 음악으로 넘어갔다. 프란츠 리스트 역시 1869년 58세의 나이에 레퀴엠을 작곡했지만, 특별한 성과를 거두지는 못했다.

일부 프로테스탄트 작곡가들이 가톨릭의 진혼 미사곡에 헌신했다는 사실이 그나마 작은 위로가 된다. 가령 로베르트 슈만은 세상을 떠나기 4년 전인 1852년 42세의 나이로 레퀴엠을 작곡했다. 의식 있는 프로테스탄트이자 낭만주의자로서 슈만은 상투적인 종파적 한계에 매몰되지 않고 반대파 전통의 보물에 관심을 가졌다. 그리고 일단 시도해 보았다. 많은 비평가가 그의 레퀴엠에서 드러난 영감의 부족과 작곡의 취약함을 지적했고 이를 이미 망가져 버린 육체적, 정신적 건강 탓으로 돌렸다. 반면 요하네스 브람스의 〈독일 레퀴엠〉은 그와는 질적으로 달랐고 파급력도 비교할 수 없을 정도로 달랐다. 다만 〈독일 레퀴엠〉은 장례 미사곡이 아니므로 이 장르의 역사에 속하지는 않는다. 이 작품에 관해서는 다음 장에서 설명하겠다.

더욱 흥미로운 것은 레퀴엠의 두 가지 발전 양상이다. 레퀴엠의 규모는 점점 더 커졌고, 교회를 떠나 콘서트홀 무대를 정복해 나갔다. 헨델의 오라토리오 경우와 비슷한데, 여기서도 원래 교회를 위해 쓰였던 음악이 세속화되는 과정이 엿보인다. 그렇다고 그 음악이 신성한 가치를 잃어버렸다는 의미는 아니다. 그 과정에서 일반적인 문화적 중요성을 획득하게 된 경우도 많았다. 엑토르 베를리오즈는 〈죽은 이를 위한 대미사〉를 선보였다. 1837년 파리 앵발리드 성당에서 초연된 이 음악은 알제리와의 전쟁에서 희생된 사람들을 추모하기 위한 것이었다. 제일 먼저 사람들의 눈과 귀를 사로잡는 건 이 진혼곡의 엄청난 규모였다. 80대가량의 관악기가 포함된 대규모 오케스트라에 210명이 넘는 합창단이 더해졌다. 베를리오즈가 악보에 명시한 숫자는 하한선에 불과했다. 때에 따라 그 규모는 두 배, 세 배로 늘어날 수 있었다. 이런 거대한 작품은 당연히 교회에서 연주되기 어려웠다.

주세페 베르디는 과거의 레퀴엠을 양적으로만이 아니라 질적으로도 한층 발전시킨 작곡가이다. 그의 기념비적인 〈진혼 미사곡〉은 1874년 61세의 나이에 시인 알레산드로 만초니의 사망 1주년을 기념하기 위해 작곡되었다. 이 작품은 사제복을 입은 오페라라고 불리기도 하는데, 이는 절대 비하가 아니다. 위대한 오페라 작곡가는 뛰어난 능력으로 진혼곡이라는 옛 형식에 새 생명을 불어넣고 교회 울타리를 뛰어넘는 데 성공했다. 비록 그가 신자는 아니었지만, 레퀴엠이 지닌 이례적이고 혼란스러운 종교적 의미를 감각적으로 섬세하게 이해하고 있음이 입증되었다. 그런 그의 감각은 무엇보다 '디에스 이레'에서 잘 드러났다. 베르디는 이 곡을 모차르트보다 더 극적으로 형상화했다. 진노는 화산처럼 폭발해서 청중들에게 거세게 쏟아진다. 두들겨대는 타악기, 휘몰아치는 현악기, 거칠게 뿜어대는 관악기, 질러대는 가수들의 소리가 어우러진 초월적인 폭풍이 밀려오며 세상의 대대적인 종말을 알린다. 듣다 보면, 어째서 미국 감독 프랜시스 포드 코폴라가 베트남전을 그린 영화 〈지옥의 묵시록〉에서 이 곡을 활용하지 않았는지 의문이 들 정도다. 영화에는 미군의 헬리콥터 부대가 기습적으로 베트남의 한 마을을 잔혹하게 공격하는 유명한 장면이 등장한다. 그 순간에 지휘관—결국은 감독—이 리하르트 바그너의 〈발퀴레의 기행〉을 울리게 했고, 이로써 악랄한 공격은 인간에 대한 끔찍한 경멸의 행위가 되어 버렸다. 베르디의 '디에스 이레' 역시 위력 면에서 이 장면과 잘 맞아떨어졌을 것 같다. 그래도 바그너의 곡이 미군 공격자의 관점에 더 잘 부합하기는 한다. 〈발퀴레의 기행〉은 잔혹한 범죄자를 위한 음악이다. 반면 베르디의 '디에스 이레'에는 폭력 피해자의 관점이 담겨 있다. 거기에는 피해받은 자의 공포, 저주받은 자의 절망, 고통받는 자의 아픔이 서려 있다(이 곡은 2015년 조지 밀러가 감독한 영화 〈매드 맥스: 분노의 도로〉 OST로 사용되었다). 어쩌면 이 인간애가 지금까지 베르디 레퀴엠이 모차르트 레퀴엠 다음으로 음악회의 고정적인 레퍼토리로 자리를 잡게 한 이유였는지도 모른다.

인류애와 전쟁 범죄는 20세기의 레퀴엠을 이끄는 핵심어이다. 1차, 무엇보다 2차 세계대전의 끔찍한 경험은 현대 작곡가들이 다시 레퀴엠이라는 전통 형식에 흥미를 갖게 했다. 그들은 무수한 사망자를 기억하고 반인도적인 범죄를 고발하고 평화와 화해를 기원하는 작품을 창작하고 싶었다. 그들에게 진혼곡은 현대의 불행하고 충격적인 경험을 담는 그릇임과 동시에 도덕적, 종교적 의미를 부여할 수 있는 수단이 되었다. 가장 두드러진 예가 대표적인 20세기 종교 음악으로 꼽히는 벤저민 브리튼의 〈전쟁 레퀴엠〉이다. 1962년 새로 건립된 코번트리 성당에서 초연된 〈전쟁 레퀴엠〉은 그 자체가 전쟁의 공포를 알리고 민족 간의 이해를 호소하기 위한 기념비다. 이 작품의 편성 또한 거대하다. 소프라노, 테너, 베이스 독창자들 이외에 대규모 혼성 합창단, 어린이 합창단, 실내 관현악단, 대 관현악단이 동원된다. 그러나 실제로는 음향이 그리 크지 않은 부드러운 곡이다. 가사는 1차 세계대전에서 희생된 영국 시인 윌프리드 오언의 시와 레퀴엠의 라틴어 텍스트(물론 '디에스 이레'도 포함되어 있음)가 통합되어 있다. 이 텍스트의 조합을 통해 최후 심판의 날, 종말론적 신의 진노가 대량학살과 세계 파괴라는 현세의 경험으로 전환되었다. 결국 브리튼의 레퀴엠은 죽은 이들만이 아니라 이 순간에 살아있는 사람들, 현재의 평화로운 세계를 위한 음악이다. 진노에 휩싸여 많은 인류를 파멸에 이르게 한 신을 노래한 원곡은 절대적인 비인간성을 드러낸 인간에 대한 현대곡이 되었다. 브리튼의 〈전쟁 레퀴엠〉은 아주 오래되고 낯선 형태의 종교 음악도 현대에서 새로운 절박함을 자아낼 수 있음을 보여준 놀라운 증거이다.

9
멘델스존과 계몽주의 프로테스탄티즘의 음악

펠릭스, 행운아?

한 사람이 온전한 음악가, 완벽한 교회음악가로 키워지려면 뭐가 필요할까? 어떤 전제조건이 충족되어야 하고, 그 외 뭐가 더 필요할까? 우선 그에게는 뛰어난 음악적 재능이 있어야 한다. 그 재능이 실현되려면, 어렸을 때부터 최고의 스승이 그를 이끌어줘야 한다. 스승은 그에게 음악의 기초와 이론, 실무를 가르치고 연주 방식을 설명하고 어떻게 연주 기술을 습득하는지 알려주고 단계별로 차근차근 발전해 나가는 과정을 옆에서 지켜본다. 그 과정에서 재능은 훈련이 뒷받침되어야 하고 거듭된 연습이 비로소 훌륭한 연주를 가능케 한다는 사실을 깨달아야 한다. 음악에 초점을 맞춘 생활 방식이 얼마나 중요한지도 일찍부터 계속해서 강조할 필요가 있다. 그런 다음에는 개발한 재능을 대중 앞에서 일찍 선보일 기회를 마련한다. 그렇다고 그를 서커스 동물처럼 이리저리 끌고 다니며 구경거리로 만들지는 말아야 한다. 안타까운 일이지만, 신동의 경력은 일찍 끝나고 마는 경우가 많다. 그의 교육과 공연은 보호된 환경에서 행해져야 하는데, 그러기 위해선 부모가 자식의 재능으로 돈을 벌겠다는 유혹에 빠져들지 않을 수 있도록 어느 정도 재력을 갖추고 있어야 한다. 부모는 자식에게 아무것도 요구하지 않으며 그가 원하는 것을 자유롭게 끌어줄 수 있어야 한다.

부모가 해야 할 일은 음악 교육에만 그치지 않는다. 폭넓은 교육의 길을 열어주는 것도 부모의 몫이다. 성장하는 아이는 다른 예술도 배우고 경험하고 다른 학문 분야에도 관심을 품고 탐구하며 음악과 거의 혹은 직접 관련이 없는 많은 다른 것을 존중하고 이해할 줄 알아야 한다. 특히 이 광범위한 일반 교육에는 음악사 교육도 포함되는데, 과거의 음악과 가까워지고 옛 대가들의 훌륭한 작품과 친숙해져야 좋은 음악가가 될 수 있기 때문이다. 자기만의 관점을 발전시켜 나가려면, 또 무엇이 필요할까? 광범위한 교육만으로는 영재가 좋은 음악가로 성장하여 자리 잡을 수 없다. 음악가가 안정적으로 생계를 꾸려가고 사회적으로 인정받고 원만한 동료 관계를 유지하려면, 제도와 강력하고 신뢰할 만한 기관, 조직적 장치가 필요하다. 이런 물질적, 사회적 기반 없이는 재능과 교육은 큰 힘과 영향력을 발휘할 수 없다. 그렇게 되면 음악가는 고립되고 가난에 시달리게 될 것이다. 음악가가 존속하려면, 자기 몫을 주장할 문화 정치적 힘과 실행력이 있어야 하고

빌헬름 헨젤이 그린 13세의 멘델스존(1822년).

사업성도 지켜져야 한다.

이것이 음악가가 예술가로서 충만한 삶을 영위하기 위한 전제조건들이다. 좋은 교회 음악가가 되려면 또 다른 자질을 개발해야 하는데, 종교적 음악성 내지는 음악적 종교성이다. 이는 그가 감정적이고 주관적인 관심사에 매몰되지 않고 깊이 사고할 수 있도록 정보를 줄 수 있어야 한다. 전문적인 신학 지식이 필요한 건 아니지만, 자신의 종교와 시대적 상황에 대한 신학적 고찰은 있어야 한다. 그리고 마지막으로 한 가지가 더 필요하다. 재능과 실기를 겸비한 음악가가 훌륭한 교회 음악가로 성장하려면, 그의 종교적 신념에 절박함이 더해져야 한다. 그의 신앙은 실존적 강렬함과 간절함이 뒷받침되어야 한다. 그래야 음악가 자신과 청중에게 감동을 주는 종교 음악이 탄생할 수 있다.

이것이 훌륭한 교회 음악가를 배출하는 데 핵심적인 요소들이다. 이 모든 조건이 갖춰진 음악가는 정말 극소수에 불과하다. 그 와중에 인생과 성공을 위한 조건이 완벽하게 충족된 음악가가 있었으니, 그가 바로 펠릭스 멘델스존 바르톨디이다.

펠릭스 멘델스존 바르톨디는 1809년 함부르크에서 태어났다. 그의 부모는 일찍 그에게서 특별한 음악적 재능을 발견하고는 이를 키워 주었다. 어머니 레아는 자랄 때부터 바흐 음악과 친밀한 사람이었고, 아버지 아브라함은 유명한 아버지의 아들로서 또 재능이 특출난 아들의 아버지로서 자신이 어떤 역할을 해야 하는지 정확히 알았다. 아브라함의 아버지이자 펠릭스의 할아버지인 모제스 멘델스존은 극심한 가난과 소외를 극복하고 열심히 노력해서 베를린에서 시대를 대표하는 인물이 되었다. 모제스 멘델스존은 독일의 나단, 당시 유대인을 대표하는 인물, 관용의 설파자, 널리 인정받는 현인이었다. 아들 아브라함은 역사적으로 그만한 지위를 갖지는 못했다. 그러나 부유한 은행가이자 고등 교육을 받은 시민으로서 그는 아내와 함께 아들 펠릭스가 훌륭하게 성장할 수 있는 음악적, 지적, 사회적, 경제적 조건을 마련했다.

펠릭스가 태어나고 얼마 있다가 가족은 베를린으로 이주했다. 그곳에서 그는 훌륭한 음악 스승을 만났다. 특히 카를 프리드리히 첼터의 수업이 의미가 깊었는데, 베를린 징아카데미 단장인 첼터는 프로이센 음악계에서 가장 영향력 있는 인물이었다. 한편 펠릭스는 부모 집에서 조기 음악 교육만 받았던 것은 아니다. 그곳은 그의 첫 무대이기도 했다. 화려하고 부유한 저택에서는 일요일마다 음악회가 열렸고, 거기서는 펠릭스 혼자서 혹은 검증된 음악가들과 함께 연주하는 그가 작곡한 음악을 들을 수 있었다. 게다가 그는 훔볼트의 교육 이상에 맞는 폭넓은 최상의 교육을 받았다. 언어, 수학, 자연과학, 역사, 종교, 문학, 회화예술 등 필요한 모든 분야와 예술 형식을 습득했다. 몇몇 영역에서는 평균 이상의 재능을 드러내기도 했다. 스케치와 회화가 그랬다. 그의 인생에는 음악 말고도 다른 대안이 많았던 셈이다. 펠릭스의 교육적 지평을 넓히는 데 스승만 도움을 준 건 아니다. 가족과 친구들도 많은 도움이 되었다. 그리고 영국, 스코틀랜드, 프랑스, 이탈리아를 둘러본 여행도 큰 도움이 되었다. 재능이 뛰어난 상류 시민 계층의 일원인 그에게는 교육과 자기 계발을 위한 모든 문이 열려 있었다. 그는 정말로 보기 드문 행운아였다. 한편 안타깝게도 그의 누나 파니에게는 그 많은 문이 여자라는 이유 하나만으로 굳게 닫혀 있었다.

부모 집 다음으로 그의 음악적 발전을 위해 중요한 장소는 베를린 징아카데미였다. 19세기는 동우회가 성행하던 시기였다. 음악 분야에서도 마찬가지였다. 시민들은 협회를 결성하여 직접 노래하고 음악을 했다. 연주 수준이 전문 오케스트라나 궁정 오케스트라에는 못 미쳤지만, 연주의 본질에 눈을 돌리게 했다. 가장 중요한 것은 함께하는 즐거움과 배움의 즐거움이었다. 이것은 교회음악에도 중대한 영향을 끼쳤다. 교회음악을 주도하는 집단은 이제 학생이나 성직자 합창단이 아니라 교회의 감독을 받지 않고 스스로 운영하는 합창 협회였다. 협회를 통해 마침내 여성들도 함께 음악을 할 수 있게 되었다. 이는 개별 작품들과 더불어 지금까지도 독일에 존재하는 19세기 교회음악의 유산이다. 남녀 시민, 아마추어 음악가, 직업 음악가가 함께 어우러진 합창 협회는 교회음악 작품의 명맥을 유지하기 위해 많은 애를 썼다. 그중에서 특히 베를린 징아카데미는 가장 오래된 혼성 합창단으로 수많은 다른 협회가 우러르는 모범적인 존재였다.

펠릭스 멘델스존은 이 징아카데미에서 가수와 지휘자로서 성장해 나갈 수 있었다. 그의 천재적 독창성이 처음 발휘된 것도 이곳에서였다. 요한 제바스티안 바흐의 〈마태 수난곡〉을 재발견해 낸 것이다. 그는 잊힌 옛 교회음악에 대해 남다른 관심을 품고 있었는데, 마침 그의 외가에서 바흐의 유산을 헌신적으로 돌보아왔다. 기본적으로 그 당시에는 역사 교육에 관한 관심과 흥미가 큰 편이었고, 그것은 음악, 특히 교회음악의 발전에 상당히 중요했다. 18세기까지는 주로 동시대의 작품들이 연주되었다. 연주와 작곡을 배우는 과정에서 과거의 대작들이 표본으로 여겨지기는 했지만, 정작 그 작품들의 폭과 깊이는 제대로 이해되지 못했다. 청중 앞에서 이 작품들을 선보일 기회도 없었다. 펠릭스 멘델스존은 예술의 역사에 깊이 빠져들었다. 19세기의 음악 발전은 잃어버린 옛 고전들을 망각의 늪에서 건져내고 여기에 새로운 생명을 불어넣는 것을 의미하기도 했다. 그는 위대한 역사적 작품에서 실마리를 얻어 (하지만 그것과는 확실히 구분되는) 중요한 작품들을 작곡했다. 근대에 들어와서 진보와 과거의 성찰이 서로 대립하는 게 아니라 상호의존적이라는 사실을 펠릭스 멘델스존만큼 명확하게 보여준 작곡가는 없는 것 같다. 만약 그가 바흐의 작품, 또 헨델과 하이든의 작품에 몰두하는 일이 없었다면, 그의 작품은 탄생하지도, 사람들의 이해를 얻지도 못했을 것이다. 음악사 교육에 대한 이 혁신적인 관점은 학문적인 문제나 이론적인 개념에만 머무르지 않고 살아있는 공연 관행이 자리를 잡게 했다. 이를 위해서는 징아카데미 같은 연주 단체가 필요했다.

펠릭스 멘델스존은 징아카데미와 더불어 최초의 획기적인 성공을 거두었다. 반면 그에게 쓰라린 패배의 아픔을 안겨준 것도 징아카데미였다. 1832년 그에 비해 재능은 뒤지지만, 그보다 나이는 더 많은 경쟁자가 첼터의 후임으로 선택되었다. 이 과정에서 음악적 쟁점은 아무런 역할도 하지 못했다. 아마 그 진짜 원인은 반유대적 정서였을 것이다. 이 부당함으로 인해 퇴짜맞은 사람은 큰 상처를 받았다. 그러나 그의 이력은 어떠한 해도 입지 않았다. 그 이듬해 펠릭스 멘델스존은 뒤셀도르프시의 음악 감독이 되었다. 2년 뒤에는 라이프치히 게반트하우스의 카펠마이스터가 되었다. 1835년은 그에게 또 다른 의미로 운명의 해였다. 아버지가 세상을 떠난 것이다. 이로써 그는 인생에서 가장 중요한 후원자이자 엄격한 스승을 잃었고, 이제 진정한 성인으로서 자신을 위한 독립적인 생활을 구축해야 했다. 멘델스존은 의식적으로 이를 기꺼이 해냈다. 방랑하는 보헤미안적 삶의 방식은 그의 것이 아니었다. 그는 훗날 토마스 만이 이상적이라고 내세운 시민 예술가로서 살아갔다. 펠릭스 멘델스존은 자리를 옮기기는 했으나 고정적인 직책에서 일했다. 아버지가 세상을 떠난 지 일 년 뒤에는 자신의 가족을 꾸렸다. 세실 장르노와 결혼해서 아이 다섯을 낳았다. 베를린에 잠시 머물렀다가 라이프치히로 돌아온 멘델스존은 1843년에 최초의 음악학교를 세웠다. 이는 근대 음악 제도의 역사에서 획기적인 사건이었다.

그의 재능, 교육, 사회적 지위, 제도적 지위를 고려해 볼 때, 펠릭스 멘델스존은 위대한 음악가가 될 운명이었다. 교회음악에서 중대한 성과를 이루기 위해선 종교에 관한 그만의 입장과 시각이 필요했다. 과연 펠릭스 멘델스존은 종교에 대해 어떤 생각을 지녔을까? 그의 경우 질문은 복수형이 되어야 맞을 것 같다. 그는 유대교와 기독교에 대해 어떻게 생각했을까? 이미 언급했듯이, 그의 할아버지는 유대교의 개혁가였다. 그의 아버지는 자신만이 아니라 자녀들까지 세례를 받게 했다. 유대교가 더는 미래가 없으며 가족의 발전을 저해한다고 판단했기 때문이다. 펠릭스는 형식적으로 세례만 받은 게 아니었다. 그는 개종과 세례를 위해 집중적인 교육을 받았으며 자기만의 확고한 신앙을 키워 나갔다. 종교적인 문제에서 그는 신중한 태도를 보였고, 작품에 'L. e. g. G.'(성공하게 하소서, 하나님) 혹은 'H. D. m.'(도와주소서) 같은 약어를 적어 넣을 정도로 진지했다. 그는 프로테스탄트 직업윤리에 따라 자신의 예술 활동을 일종의 예배로 이해했다. 그렇다고 기독교 신앙을 위해 유대 혈통을 부정할 생각은 처음부터 없었다. 세례를 받고 난 뒤, 그의 아버지는 유대인 성에 기독교적인 '바르톨디'를 추가하도록 했다. 그러나 펠릭스는 이 이름을 아주 드물게 사용했고 의식적으로 때로는 다소 고집스러울 정도로 '멘델스존'에 집착했다. 이로써 그는 이후 자신의 종교 음악에서 구현하고자 하는 바를 암시적으로 드러냈다. 기독교 개종은 그에게 유대교와의 완전한 결별을 의미하지는 않았다.

펠릭스 멘델스존의 종교성을 한 단어로 규정하려 한다면, '문화 프로테스탄트'가 적합하지 않을까 싶다. 이는 오랫동안 모욕적인 언사로 취급되던 표현이었는데, 신학자들은 전적인 믿음이 없는 동료들, 교회 교리와 전례에 거리를 두고 독립적으로 다른 곳에서—홀로, 가족 내에서, 세속적인 직업에서, 문화생활에서—신앙을 키워나가는 자들을 이렇게 불렀다. 펠릭스 멘델스존에게 '문화 프로테스탄티즘'은 기독교인으로 살아가는 적합한 형태였다. 기독교 신앙은 그에게 교회 전통을 순종적으로 받아들여 그대로 따르는 게 아니라 자신의 삶 속에서 신앙의 본질을 발견하고 개발해 나가려고 노력하는 것이었다. 그 과정에서 그는 예술가로서 자연스럽게 특별하고 창의적인 활동을 펼칠 기회를 얻었다. 그는 자신의 종교 음악을 통해 그의 신앙이 동시대성을 확보하게 했고 당시 문화가 기독교에 문호를 개방하는 데 성공했다. 그런 점에서 펠릭스 멘델스존은 문화 프로테스탄트의 가장 확실한 예다.

그의 삶에는 너무 많은 행운이 허락되었고, 그의 인생에는 성공을 위한 조건이 이미 충분히, 아니 과할 정도로 갖춰져 있었다. 그러나 거기에는 근원적인 고통과 아픔도 존재했다. 기독교가 다수를 차지하는 사회에서 유대인에 대한 뿌리 깊은 배척과 냉대, 경멸과 박해로 인한 것이었다. 이를 펠릭스 멘델스존이 직접 경험했는지, 그가 얼마나 큰 고통을 받았는지는 지금으로선 알 수가 없다. 그와 우리 사이에는 독일 나치즘의 유대인 말살이 자리하고 있다. 유대인에 대한 살인적인 적대감은 오랜 세월을 두고 발전을 거듭했으며 2차 세계대전이 발발하면서 이를 막아줄 모든 장애물이 사라져 버렸다. 그렇다고 유대인의 역사가 필연적으로 훗날의 대량학살로 이어지는 방향으로 발전했다고 이해해서는 안 된다. 세례받은 기독교인, 부유한 시민, 유럽의 스타 음악가였던 그가 배척당할 일은 많지 않았다. 그런데도 그는 유럽 내 유대인의 처지와 상황을 정확히 파악했고, (가령 징아카데미에서) 자신에 대한 우려와 거부를 몸소 겪기도 했다. 어쩌면 바로 그 때문에 그가 자신의 유대적 뿌리에 그렇게 집착한 것인지도 모른다. 어쨌든 유대 혈통은 그의 종교 음악이 추구하는 내용, 내적인 긴장감, 신앙적 특성에 어느 정도 나침반 역할을 했다.

재능, 교육, 사회적 위치, 제도적 지위, 종교, 모든 면에서 펠릭스 멘델스존은 세기의 인물이었다. 피아니스트와 오르가니스트로서 그는 누구에게도 뒤지지 않았다. 지휘자로서 그는 오케스트라와 합창단을 이끄는 리더십을 하나의 예술 형태로 승화시켰다. 또한 그는 세상을 떠난 잊힌 대가들의 명성을 되찾아 준 위대한 발굴자이고 영리하고 성공적인 음악 기획자였다. 그게 다가 아니다. 그는 상상력이 풍부하고 다재다능하며 개념적, 기술적으로 철저한 데다가 대단히 부지런한 작곡가였다.

안타깝게도 펠릭스 멘델스존 역시 모차르트처럼 너무 일찍 세상을 떴다. 마지막 몇 년은 불안과 과로로 채워졌다. 1868년에 친구 에두아르트 데브리엔트가 그를 회상하며 쓴 글에 의하면, 그는 "대단히 운이 좋고 재능이 뛰어났으며 많은 사랑과 존경을 한몸에 받았고 정신과 심성이 강했다." 또 "종교적 자아를 잃은 적도, 겸손과 겸허의 척도를 저버린 적도 없었고, 의무를 다하는 데 언제나 박차를 가했다." 펠릭스 멘델스존은 자신에게 휴식을 허용하지 않았다. 완전히 작곡에 빠져 살았고 한 작품이 끝나자마자 곧 다른 작품으로 옮겨가는 식이었다. 성공을 거두어도 그는 만족하거나 평온을 찾지 못했다. 그는 늘 업무, 여행, 작곡, 공연에 치여 살았다. 무엇이 그에게 그렇게 박차를 가하게 만들었을까? 그러다가 1847년 5월 14일, 그에게 최후의 일격이 가해졌다. 사랑하는 누이 파니가 죽음을 맞이한 것이다. 반년 뒤인 11월 4일 38세의 그는 두 차례의 뇌졸중으로 사망에 이르렀다. 전 유럽이 그의 죽음을 애도했다. 많은 행운을 간직했던 그는 크게 성공했지만, 그것은 너무 잠깐이었다. 풍요롭고 사랑받았던 그의 인생은 갑작스럽게 끝나 버렸다. 그가 살아서 누렸던 명성은 시들해졌다. 아니, 독일에서 사라져 버렸다. 리하르트 바그너의 공격을 필두로 음악계의 많은 반유대주의자가 바그너의 뒤를 따랐고, 결국 국가 사회주의자들이 펠릭스 멘델스존의 작품을 완전히 금지했다.

교회를 벗어난 교회음악

펠릭스 멘델스존은 종교 음악 작곡가로서 갈림길에 서 있었다. 교회음악 역사에서 지금까지 하나로 통합되었던 것이 이제는 분리되어야 할 때였다. 사실 '교회-음악'은 동떨어진 두 요소가 결합한 합성어이다. 종교를 다루던 음악이 교회 규정에 얽매이려 하지 않고 자유 예술로서 자기 권리를 주장하고 나서기 시작했다. 음악은 더는 전례의 순종적인 하인 노릇을 하려 들지 않았고, 이제 그럴 수도 없었다. 19세기 전반, 제례와 문화는 돌이킬 수 없는 분리의 길을 걷기 시작했다. 교회에는 예술적 빈곤과 문화적 축소를 의미하는 발전이었다. 공식적인 교회음악은 가령 '체칠리아 운동'(4장 참조)이라는 기치를 내걸고 아직 예술적 자유를 모르던 과거의 음악을 보존하는 것 외에 별다른 도리가 없었다. 이로써 교회음악은 현대화로 이어지는 연결고리를 놓쳐버렸다. 음악은 교회 기관과 점점 멀어지고 그에 따라 확실한 자유를 획득했다. 그렇다고 기독교와의 결별을 뜻하는 건 아니었다. 펠릭스 멘델스존은 교회와 분리된 음악으로 신앙의 사상과 감정을 더욱 강렬하게 표현하고 불러일으키게 했다. 듣는 사람들에게 완전히 새로운 방식으로 경건함과 신심을 유발하게 했다. 다만, 그 일이 정규 예배에서 이루어지지 않았을 뿐이다.

짧은 생애 동안 펠릭스 멘델스존은 다양하고 풍성한 종교 음악 작품을 썼다. 오르간곡, 모테트, 바흐에게서 영감을 받은 코랄 칸타타와 시편, 성가와 옛 이탈리아 대가들을 모델로 삼은 라틴어 찬송가, 헨델의 영향으로 만들어진 대규모 오라토리오 등이 있다. 이들이 교회음악의 위대한 고전들로부터 영향을 받은 건 분명하지만, 거기에는 독자적인 예술적 주장과 독창적인 프로그램이 분명하게 표현되었을 뿐만 아니라 그만의 목소리가 담겨 있다. 멘델스존은 이 모든 작품을 교회 측의 공식적인 의뢰 없이 작곡했다. 그는 자기 자신을 협소한 의미의 교회 음악가라고 여기지 않았다. 1835년에 쓴 편지에서 그는 자신에게 교회음악은 예술적인 선택도, 종교적인 선택도 아님을 분명히 밝혔다. "나로서는 교회 전례에서 자기 몫이 있는, 프로테스탄트 예배를 위한 진짜 교회음악을 생각하기가 쉽지 않다. 단순히 음악이 예배의 어느 지점에 개입해야 하는지를 몰라서가 아니라 그 지점을 전혀 상상할 수 없기 때문이다. 실제로 내가 아는 교회음악이라고는 교황청 예배당을 위한 오래된 이탈리아 음악뿐인데, 거기서는 음악이 반주와 보조 기능만을 하는, 초나 향처럼 부수적인 것에 불과하다." 그에게 종교 음악은 단순한 장식물이 아니라 그 자체가 중심이 되어야 했다. 베토벤의 〈장엄 미사〉가 제목처럼 미사곡이 아닌 것처럼, 예배라는 울타리를 뛰어넘은 것처럼, 멘델스존의 작품도 종교적 체험을 가능케 하는 음악회용 음악이어야 했다. 종교적인 것으로 여겨지고 그런 기능을 하는 음악이 반드시 예배나 교회에서만 연주되어야 하는 건 아니다. 개인 살롱이나 음악회장에서도 얼마든지 그런 음악이 울릴 수 있으며, 그러면 그곳은 음악을 통해 경건함이 감도는 장소로 탈바꿈하게 된다. 이로써 거룩한 행위와 거룩하지 못한 행위, 거룩한 공간과 그렇지 못한 공간, 신성한 예술과 세속적인 예술을 가르는 오랜 구분은 사라졌다. 신성한 음악은 굳이 성경 구절과 같은 종교적 주제를 갖지 않아도 되었다. 모든 음악, 심지어 순수한 기악도 종교적인 음악일 수 있었다. 그의 친구이자 신학자인 율리우스 슈브링이 1866년에 남긴 기록에 의하면, "언젠가 그(멘델스존)는 종교 음악이 다른 음악보다 우위에 있지 않으며 모든 음악은 그 나름대로 신의 영광을 위한 것임을 분명히 밝혔다."

종교 음악의 활동 반경이 교회 밖이고 그것의 종교적 특성이 전례나 성경적 내용을 근거로 삼지 않으며 순수한 음악 자체가 이미 종교적이라는 멘델스존의 생각은 신학자 프리드리히 슐라이어마허의 사고와 일맥상통한다. 부모 집에 손님으로 오곤 하던 슐라이어마허는 펠릭스 멘델스존에게 친숙한 인물이었다. 그가 직접 슐라이어마허에게 무엇을 배웠는지는 알 수 없지만, 두 사람 모두 징아카데미 회원이었다. 그보다 40세나 많은 슐라이어마허는 〈마태 수난곡〉의 복원 과정에 함께하지는 않았으나 관객으로 연주를 듣긴 했다. 펠릭스는 누이 파니와 함께 정기적으로 슐라이어마허의 예배에 참석했다. 베를린 사람들 대부분이 그를 찾았기 때문만은 아니다. 펠릭스가 1830년 로마에서 슈브링에게 쓴 편지에서 이 사실을 확인할 수 있는데, 그 편지에서는 슐라이어마허를 향한 경탄과 그에 대한 거리감이 기묘한 균형을 이루고 있다. "묘하게도 나는 슐라이어마허의 추종자가 되었답니다. 우리 의견이 서로 갈리는 일은 아마 거의 없을 겁니다. 끔찍하고 형편없는 설교를 듣게 되면, 차라리 슐라이어마허처럼 조용하고 분명한 어투로 말하면 좋겠다는 생각이 들곤 합니다. 그의 설교는 온갖 신성한 수려함에 싸여있지만, 모든 신도를 분노케 하는 무기력과 나른함도 함께 들어있지요." 멘델스존은 정말로 슐라이어마허의 추종자였을까? 그러려면 슐라이어마허 밑에서 진지하게 공부하거나 적어도 그의 주요작을 읽고 스스로 자신을 그의 제자로 여겨야 하지 않았을까. 어쩌면 그의 강의를 한 번쯤 들었을 수도 있고 진짜 슐라이어마허 제자인 친구 슈브링에게서 기본 사상 몇 가지를 배웠을 수도 있다. 실제로 그랬는지는 알 수 없다. 그러나 사상가와 예술가 사이의 개념적, 내용적 친밀감은 직접적인 영향을 통해서만 형성되는 건 아니다. 때로는 함께 살아가는 사회의 지적인 분위기를 통해 간접적으로, 의식적으로 혹은 무의식적으로 생겨나고 발전하기도 한다. 그리고 그렇게 형성된 것을 신학자는 용어로, 작곡가는 음향으로 포착해 내는 것이다.

슐라이어마허는 기본적으로 멘델스존의 견해와 아주 비슷한, 기독교 음악의 새로운 시각을 제시했다. 그에게 교회음악은 하나의 독립적인 장르가 아니라 모든 진지한 음악의 기본 바탕이었다. 음악을 무한한 것으로 이해했기에 그는 겉보기에 세속적인 교향곡에서도 신성함을 발견했다. 그가 보기엔 음악도 종교와 마찬가지로 무한의 의미와 감각을 지니고 있었다. 따라서 무한함이 음향의 형태로 발현된 모든 것에서 음악의 종교적 특성을 들을 수 있다는 것이다. 무한한 음악은 이제 더는 신성한 장소나 예배, 교회의 사명에 얽매일 필요가 없으며 어디에서나 자유롭게 울릴 수 있다. 무한의 음악은 완전히 자유로운 동시에 그 자체로 강한 종교성을 띠고 있다. 그것과 잘 만들어진 세속적인 오락 음악을 구분하는 것은, 예술적인 수준과 작곡가가 작곡하고 음악가가 연주하고 청중이 감상할 때 느끼는 감정의 강도이다. 멘델스존은 "깊은 진지함으로 가장 깊은 영혼에서 흘러나온 것만"을 자신의 작품으로 인정한다는 기준을 세웠는데, 이는 슐라이어마허의 생각과 같은 것이다. 두 사람은 종교와 음악이 인간의 의식 속에서 하나의 공통영역을 형성하고 있으며 그래서 그 둘이 서로 밀접하다고 보았다. 슐라이어마허에게 종교가 감정—단순히 감성적인 게 아닌 실존적이고 지적인 주관성—의 문제인 것처럼, 멘델스존에게도 고귀하고 종교적인 음악은 무엇보다 감정의 문제였다.

멘델스존은 1831년 데브리엔트에게 보내는 편지에서 이와 관련하여 선언적으로 기술했다. "외적인 것에 신경 쓰지 말고 솔직하게 내가 느끼는 대로 작곡해야겠다는 생각이 점점 더 깊어지고 있습니다. 작품을 쓸 때 마음에서 우러나오는 대로 하는 게 나의 의무를 다하는 길이라고 여겨집니다." 여기서 말하는 감정은 유약한 감성과는 반대되는 것으로서, 슐라이어마허가 1799년에 출간한 『종교론. 종교를 멸시하는 교양인을 위한 강연』에서 기술한 것처럼, 급진적인 예술, 혁신적인 종교, 낭만적인 아방가르드의 본질이다.

슐라이어마허처럼 멘델스존도 감정을 음악과 종교의 근원으로 보았다. 진정한 감정이 표현되는 곳에서는 예술과 종교가 서로 분리되지 않는다. 그런 까닭에 멘델스존은 1833년에 쓴 편지에서 "감정의 과잉은 없습니다"라고 적을 수 있었다. "그 말만으로는 충분하지 않을 수도 있지만, 사람들이 음악을 통해 맛보려는 온갖 감정의 동요와 혼란에는 과함이 있을 수가 없다. 왜냐하면 감정을 느끼는 사람은 자신이 감당할 수 있고 가능한 정도만 느끼기 때문이다. 사람이 죽으면, 죄악 속에 있지 않다. 느끼거나 믿는 것보다 더 확실한 건 없기 때문이다." 그의 음악에 삶을 부여하고 영향을 주는 감정은 믿음, 확실한 믿음의 또 다른 말이 되었다.

종교와 음악이 내적으로 밀접히 결합해 있으므로 음악이 교회라는 공간을 떠나도 그리스도적 특성을 잃지 않는다. 음악은 시민들의 일상문화 속에 정착할 수 있고, 그렇게 되어도 그 안에 품고 있는 신성함을 잃지 않을 것이다. 음악은 자유롭게 뻗어 나가면서도 결속을 포기하지 않는다. 오히려 그 반대이다. 음악이 자유로우면 자유로울수록 더 순수하고 더 종교적으로 된다. 어떻게 보면, 멘델스존과 슐라이어마허는 루터의 기본 사상을 받아들여 결론을 내린 듯하다. 음악 자체가 곧 믿음의 한 형태이다. 한편 루터는 음악을 신학에 종속된 것으로 보았는데, 이 종속성을 멘델스존과 슐라이어마허가 깨버렸다. 음악의 기독교적 특성을 결정짓는 것은, 성서의 가르침이나 신학적 진실, 교회의 기능이 아니라 강렬하고 진정한 무한의 느낌이다. 그러니 이런 음악을 교회음악이 아닌, 기독교 음악이라 불러야 맞는 것 같다.

현대적인 기독교 음악의 이 새로운 콘셉트는 일관되고 급진적이며 세련되고 수준 높다. 멘델스존에게서 놀라운 점은 그가 이 새로운 콘셉트로 작곡한 음악이 확보한 대중성이다. 현대적인 아방가르드 음악의 비극은 그것이 종교적이든 아니든 상관없이 예술적 진보를 통해 청중을 잃었다는 사실이다. 음악 예술로 여겨질 만한 동시대 음악을 즐기는 청중의 수는 점점 줄어들었다. 대다수가 교회나 음악회장에서 그저 오래된 고전이나 가벼운 음악을 즐겨 들었다.

그러나 멘델스존의 경우는 달랐다. 그는 개념적으로나 작곡적으로 진일보한 작품으로 광범위한 시민 계층을 파고들어 음악회장과 거실을 정복했고, 노래 협회와 민속 음악 축제를 열광에 빠지게 했다. 그 힘은 물론 그의 음악적 아이디어, 선율, 주제에서 비롯되었겠지만, 기본적으로는 자기 영혼의 무한함을 향한 섬세하고 깨어 있는 감각과 감정에 집중하는 그의 음악 신학적 콘셉트 덕분이다.

<엘리야>, 질투의 분노에서 침묵의 자비까지

펠릭스 멘델스존의 가장 유명한 종교 음악 작품은 앞서 언급한 콘셉트에 완전히 들어맞지는 않는다. 오라토리오 <엘리야>가 성경 이야기를 다루고 있기 때문이다. 멘델스존이 교회음악의 관습으로 한발 물러난 듯 보인다. 이 작품에서는 무한 감정의 순수한 매개체로서의 음악보다는 텍스트로 쓰인 성경 구절이 작품의 종교적 특성을 규정한다. 그러나 이러한 외형에 속으면 안 된다. 음악으로 형상화된 이야기를 성경에서 가져왔다고 해서 오라토리오가 저절로 종교 작품이 되는 건 아니다. 구약의 영웅담을 주제로 삼았고 그리스도적 신앙의 본질보다는 영국의 민족주의, 군국주의와 더 관련이 깊은 헨델의 오라토리오들을 떠올려 보라. 성서 이야기를 다룬 오라토리오가 기독교적 작품이 되려면, 재료로 쓰인 텍스트와 음악이 서로 잘 어우러져 신앙에 관한 실질적인 생각을 드러내고 그것을 사람들이 느낄 수 있어야 한다.

멘델스존의 유명한 오라토리오가 종교적 작품인 이유는 전면에 엘리야를 내세워서가 아니라 그 소재를 독창적으로 해석하여 음악 자체에서 기독교적 특성이 배어 나오도록 만들었기 때문이다. 〈엘리야〉로 멘델스존은 이 장르의 부흥에 크게 이바지했다.

19세기 초반 오라토리오는 쇠퇴를 경험해야 했다. 이전과 같은 교회 기능은 사라졌고, 이를 대신할 새로운 기능은 아직 찾지 못한 상태였다. 그런 와중에 노래 협회와 음악 축제가 생겨나기 시작했고, 이들의 존재가 오라토리오에 새로운 활력을 불어넣었다. 새로운 시민 합창단을 위해 오라토리오가 만들어졌다. 오라토리오는 감동적인 이야기를 들려주고 축제 분위기를 불러일으켰으며 정신을 고양하는 역할도 했다. 또 직업 음악가와 아마추어 음악가의 공동 작업을 가능케 했고, 규모가 큰 합창 그룹이 설 수 있는 큰 무대를 제공했다. 점차 오라토리오에 대한 수요가 늘어갔다. 1800~1914년 사이에 그런 작품이 대략 400개 정도는 탄생했다. 모든 작품이 다 살아남지는 못했고, 한두 번의 공연으로 끝나는 작품도 많았다. 헨델의 〈메시아〉와 〈이집트의 이스라엘인〉 같은 고전도 대단한 인기를 누렸는데, 멘델스존이 이 곡의 재발견에 결정적인 역할을 했다. 머지않아 멘델스존의 두 오라토리오가 시민적인 레퍼토리의 대표 주자가 된다. 〈사도 바울〉은 1836년에 처음으로 연주되었고, 그로부터 10년 뒤 〈엘리야〉의 초연이 이루어졌다. 3대 오라토리오의 정점이 될 세 번째 오라토리오는 끝내 완성되지 못했다. 멘델스존의 〈그리스도〉는 미완성으로 남겨졌다.

다름 아닌 엘리야 소재에 멘델스존이 관심을 가진 이유는 무엇이었을까? 그보다 앞서 바울이라는 소재를 선택한 이유는 쉽게 이해가 간다. 원래 열렬한 유대교도였던 사도 바울은 유대인의 뿌리를 저버리지 않고 기독교로 개종했고, 새로운 신앙을 이스라엘의 경계를 넘어 전 세계로 퍼뜨리는 데 일조했다. 유대인이면서 기독교도인 작곡가는 분명 그런 바울에게서 자기 정체성을 발견했을 것이다. 또한 멘델스존이 이후에 그리스도에 헌신하려 한 사실도 충분히 이해할 수 있다. 그런데 어둡고 수수께끼 같은 잔인한 예언자 엘리야는 대체 뭐란 말인가? 그와 관련된 이야기가 충분히 극적인 소재이기는 하나 거기에 동시대인들에게 종교적 의식을 고취하고 그들을 교화할 만한 무언가가 담겨 있는가?

멘델스존은 엘리야의 다소 충격적이면서도 매력적인 다름에, 이른바 암흑 낭만주의에 끌렸던 것 같다. 슈브링에게 보낸 편지에서 그는 다음과 같이 언급했다. "엘리야가 오늘날 우리에게 다시 필요한 진실로 참된 예언자가 아닌가 하는 생각이 듭니다. 그는 궁정의 무뢰한, 사회의 불량배, 더 나아가 거의 모든 세상에 맞설 만큼 의욕적이고 강하고 거칠고 격분하고 음울한 인물이지요. 그렇지만 그는 여전히 천사의 날개를 달고 있습니다." 그의 말 속에 이미 〈엘리야〉의 팽팽한 긴장감이 고스란히 드러나 있다. 오라토리오는 암울한 예언과 신의 진노로 시작하지만, 하나님에 대해 부드러우면서 조용한 신뢰를 향해 나아간다. 그것은 물론 기나긴 여정이다. 멘델스존에게도 힘든 과정이었다. 이 작품을 끝내는 데 10년이라는 긴 세월이 걸렸으니 말이다. 무엇보다 대본 작가와의 협업이 쉽지 않았다. 처음에는 외교관 친구인 카를

클링게만과 함께 시도했다. 그러다가 〈사도 바울〉에서 이미 함께 일한 바 있는 슈브링으로 바꾸었는데, 그와의 프로젝트도 중단되고 말았다. 마침 1846년에 열린 버밍엄 음악 축제에 초청받으면서 이 작품이 완성될 수 있었다.

멘델스존이 대본 작가와 어떻게든 합의를 보아야 하는 부분은 두 가지였다. 그중 하나가 오라토리오의 전반적인 성격이었다. 슈브링은 자극적인 이야기를 어느 정도 억제하고 완화하려는 편이었다. 그런 그에게 멘델스존은 이렇게 썼다. "극적인 요소와 관련해서 우리 사이에 여전히 견해 차이가 있는 것 같군요. 나는 '엘리야' 같은, 아니 구약에서 다루는 모든 주제에서는 극적인 요소가 있어야만 한다고 봅니다. 사람들은 살아있는 듯 생생하게 말하고 행동해야 하지요. 음으로 그려내는 밋밋한 그림이 아니라 구약의 모든 장에 적힌 그대로 생생한 세상이 만들어져야 합니다." 멘델스존은 진정한 드라마를 원했다. 그렇다고 그가 "성서적인 '발푸르기스의 밤'*을 그려내"거나 공포와 전율을 일으키는 것이 목적인 괴기 동화를 만들어낼 생각은 아니었다. 극적이고 입체적이고 생생한 순간은 보완과 확장을 거쳐 반성과 성찰, 내면화의 순간이 되어야 했다. 이를 위해 적절한 균형을 찾아내는 건 쉽지 않은 일이었다. 또 다른 하나는 결말에 대한 대본 작가와 작곡가의 서로 다른 입장이었다. 슈브링은 처음부터 구약의 예언자 엘리야에서 신약의 구세주 나사렛 예수로 이어지는, 즉 옛 이스라엘에서 기독

---

* '발푸르기스의 밤'은 4월 30일에서 5월 1일로 넘어가는 밤을 부르는 말로 유럽의 전통적인 축제 중 하나이다.

교로 넘어가는 결말을 생각했다. 반면 멘델스존은 오라토리오의 주인공에 충실하고 예수가 등장하기 이전의 상황을 존중하여 메시아의 등장을 암시하는 정도의 결말을 원했다. 이 문제 역시 잘 조정해서 적절한 결론을 내려야 했다.

이렇게 해서 탄생한 대본은 바흐의 오라토리오와 확연한 차이를 보였다. 두 사람이 함께 작업한 〈사도 바울〉과도 또 달랐다. 〈엘리야〉에는 레치타티보로 줄거리를 이끌어가는 해설자가 없었다. 성경 속 엘리야 이야기에서 기술된 모든 것은, 극 장면에서처럼 직접적인 대화로 처리되었다. 합창이 작품 전체를 좌지우지하거나 합창으로 인해 줄거리가 끊기게 되는 일도 더는 없었다. 종교적인 자유시를 활용하지도 않았다. 새로운 오라토리오는 극적인 자유로움을 누리면서도 성경 이야기(열왕기상 17~19장, 열왕기하 2장)에 더욱 밀착해 있었고, 여기에 예언자의 말과 시편 정도가 더해졌을 뿐이다. 이렇듯 성경에 집중했기에 이 오라토리오는 '거친' 구절이 포함된 바흐의 수난곡보다 덜 낯설게 보인다. 성경은 동시대의 어떤 시보다 문학적으로 우세하다. 이 모든 과정을 거쳐 결국 군더더기 없이 짜임새 있고 생생하면서도 언어적으로 정확한 대본이 탄생했다.

멘델스존과 대본 작가가 이해한 엘리야 이야기는 다음과 같다. 이야기는 바로 예언자의 저주로 시작한다. 갑자기 엘리야가 등장한다. 그가 어디에서 왔는지, 누가 그를 보냈는지는 모른다. 엘리야가 나타나서 선포한다. "내가 섬기는 주, 이스라엘의 하나님께서 살아계심을 두고 맹세하노니, 내가 다시 입을 열기까지 앞으로 몇 해 동안은 비는 커녕 이슬 한 방울도 내리지 않을 것이다." 닥쳐올 가뭄의 이유에 대해서는 말하지 않는다. 하나님의 결정이 그러했고, 그걸로 충분했다. 그러나 엘리야의 저주를 듣는 사람들은 그것이 무엇을 뜻하는지 알아차렸을 것이다. 그들은 당시 분열된 이스라엘의 북쪽 왕국에서 살고 있었다. 기원전 9세기 후반 이곳을 통치하던 왕 아합은 그의 왕국에 살던 페니키아와 가나안 사람들을 아우를 목적으로 티루스의 공주 이세벨을 아내로 삼았다. 그뿐만 아니라 그들이 숭배하는 신들까지 허용했다. 심지어 그는 수도인 사마리아에 페니키아와 가나안 최고의 신인 바알의 신전을 세우기까지 했다. 그로 인해 엘리야의 예언이 등장하게 된 것이다. 그의 이름에 이미 예언적인 콘셉트가 들어가 있다. 엘리야는 '야훼는 하나님이시다'라는 뜻이다. 유일한 신은 이스라엘 민족의 하나님뿐이다. 오직 이 신만 존재할 뿐이고, 엘리야는 그의 선지자이다. 이 유일신론을 관철하기 위해 무시무시한 가뭄이 선포되었다. 백성들은 이 말을 듣고 공포에 사로잡혀 도움을 청하며 탄식한다. 저주는 그 자체가 목적이 아니며 참회와 회개로 이어져야 한다. 백성들이 다시 하나님 곁으로 돌아오면, 야훼의 질투는 그치고 그의 진노도 가라앉을 것이다. 그 전에 일단 사람들을 피해야 했던 엘리야는 홀로 외로이 그릿 시냇가로 갔다. 그곳에서 까마귀들이 그를 보살펴 주었다. 까마귀들이 매일 그에게 빵과 고기를 가져다주었다. 그들이 바로 천사, 검은 천사였다. 야훼는 그를 위험에 홀로 두지 않았다. "그가 천사들에게 명해서서 네가 가는 길마다 너를 지키게 하실 것이니, 너의 발이 돌부리에 부딪히지 않게 천사들이 그들의 손으로 너를 붙들어 줄 것이다." 얼마 후 시냇물은 모두 말라버렸고, 엘리야는 다른 곳으로 가야 했다. 그는 사르밧이라는 마을로 갔고, 그곳에서 만난 과부가 그를 받아주고 그녀에게 있던 마지막 식량을 그에게 나눠 주었다. 놀랍게도 음식이 매일 새롭게 채워졌다. 궁핍과 가뭄, 굶주림이 지배하는 세상에서 그들은 필요한 만큼 가질 수 있었다. 그런데 과부의 하나뿐인 아들이 병들어 죽게 되었다. 엘리야에게는 흔들리지 않는 믿음이 있었다. 그는 하나님께 기도를 올렸고, 아이는 다시 살아났다. 그러자 과부는 자신의 집에 있던 이가 누구인지 깨달았다. "이제야 저는, 당신이 바로 하나님의 사람이라는 것과 당신이 하시는 말씀은 참으로 주님의 말씀이라는 것을 알았습니다." 하나님은 한 분이며 그가 곧 사랑이다. 따라서 사람들은 온 마음을 다해 그를, 오직 그만을 사랑해야 한다. 진정한 사랑은 배타적이기 때문이다. 예언자가 다른 신들에 맞서 싸우는 진짜 이유는 증오나 경멸, 배척이 아니라 깊은, 그래서 나눌 수 없는 사랑이다. "주님을 경외하며 주님의 명에 따라 사는 사람은 그 누구든 복을 받는다." 하나님을 경외한다는 것은 곧 그를, 오직 그만을 사랑한다는 뜻이다.

 땅이 바짝 메마른 상태로 3년의 세월이 흘러갔다. 이제 때가 되었다. 엘리야는 모습을 드러내고 아합 왕 앞에 섰다. 곧 비가 다시 내릴 것이다. 그에 앞서 엘리야는 한 가지 조건을 요구했다. 갈멜산으로 바알과 아세라의 모든 예언자를 모이게 했다. 야훼의 유일한 예언자인 엘리야는 그들과 대결을 벌인다. 양측은 각기 송아지 한 마리를 제물로 준비했다. 그러나 불은 지피지 않았다. 불은 하늘로부터 떨어질 것이고, 그러면 어느 쪽이 진정한 신께 기도한 것인지 밝혀질 것이기 때문이다. 바알의 예언자들이 애타게 기도를 올리자 엘리야는 그들의 신이 존재한다면 아마 자는 모양이라며 조롱했다. 이들의 헛된 시도가 끝난 뒤 엘리야는 짧은 기도를 올렸고, 불이 곧 그의 제물 위로 떨어졌다. "그가 주 하나님이시다! 그가 주 하나님이시다!" 이제 분명해졌다. 신은 오직 이스라엘의 야훼 한 분뿐이며 다른 신은 존재하지 않는다. 엘리야가 소리쳤다. "바알의 예언자들을 잡아라. 한 사람도 도망가게 해서는 안 된다." 엘리야는 450명의 바알 예언자들과 400명의 아세라 예언자들을 붙잡아 근처 강가로 가서 그들을 죽였다. 거의 천 명에 가까운 사람들을 자기 손으로 죽였다. 한편 오라토리오에서 이 장면은 등장하지 않으며, 엘리야의 독창이 질문을 던진다. "주의 말씀은 맹렬하게 타는 불 같고 바위를 부수는 망치 같지 않은가?" 그리고 그가 주장한다. "주 하나님은 공정한 심판관이시다." 뒤이어 나오는 아리아에서는 예언자가 아닌 하나님이 직접 말씀하시며 자신의 공정성에 괴로워한다. "나를 떠나서 그릇된 길로 간 자들은 반드시 망한다! 나를 거역한 자들은 패망할 것이다. 나로 인하여 속죄함을 받았으나 저들은 거짓말하였도다. 화 있으리라, 나를 버리는 자들!" 사람들이 그를 받아들이기만 하면, 하나님은 기꺼이 자비를 베푸실 것이다. 자신의 행복과 백성들의 기쁨을 위해서라도 영원히 화를 낼 수는 없을 것이다. 그리하여 가뭄, 굶주림, 싸움, 살육 끝에 마침내, 마침내 비가 내리게 했다. "감사하라, 주님의 자비, 그의 선하심은 영원하도다!"

그러나 엘리야는 다시 도망쳐야 했다. 여왕 이세벨이 복수를 원했고 그를 반대하도록 백성들을 선동했기 때문이다. 엘리야는 고독, 죽음의 공포, 유혹, 정화의 장소인 광야로 도주했고, 로뎀나무 아래로 갔다. "주님, 이제는 더 바랄 것이 없습니다. 나의 목숨을 거두어 주십시오. 나는 내 조상보다 조금도 나을 것이 없습니다. 나는 더 살기를 원하지 않습니다. 나의 나날은 헛되고 헛됩니다. 나는 이제까지 주 만군의 하나님만 열정적으로 섬겼습니다. 그러나 이스라엘 자손은 주님과 맺은 언약을 버리고 주님의 제단을 헐었으며 주님의 예언자들을 칼로 쳐서 죽였습니다. 이제 나만 홀로 남아 있는데, 그들은 내 목숨마저도 없애려고 찾고 있습니다. 이제 더 바랄 것이 없습니다!" 그러나 하나님은 다시 도움의 손길을 보내셨다. 천사들이 와서 그를 위로하고 먹을 걸 주고 격려했고 그가 하나님에 대한 확신과 믿음을 갖도록 노래했다. "잠잠히 주님을 바라고 주님만 애타게 찾아라. 네가 원하는 바를 네게 주시리라. 네 갈 길을 주님께 맡기고 주님만 의지하여라. 노여움을 버리고 격분을 가라앉혀라. 잠잠히 주님을 바라고 주님만 애타게 찾아라." 기적처럼 보살핌을 받은 엘리야는 40일을 밤낮으로 걸어 호렙산으로 갔다. 그곳에서는 마지막 시험, 마지막 계시가 그를 기다리고 있었다. 그가 동굴 안에 있을 때, 밖에 하나님이 친히 나타나셨다. "주께서 지나가셨다. 세찬 바람이 산을 쪼개고 바위를 부수었으나, 그 바람 속에 주님께서 계시지 않았다. 주께서 지나가셨다. 지진이 일고 바다가 일렁댔으나, 그 지진 속에 주님께서 계시지 않았다. 지진이 지나가고 난 뒤에 불이 났지만, 그 불 속에도 주님께서 계시지 않았다. 불이 난 뒤 부드럽고 조용한 소리가 들렸다. 조용한 소리 속에서 주님께서 다가오셨다." 하나님 자신은 가장 깊숙한 곳에 존재하신다. 바람, 지진, 불, 질투나 진노가 아닌 부드러운 침묵 속에 존재하신다. 하나님의 힘은 약함 속에서 강하다. 이 사실을 깨달았을 때, 엘리야의 예언자적 삶은 온전히 채워졌다. 이제 정말 충분하다. 더는 그가 할 일이 남아 있지 않았다. 그리하여 그는 하늘로 들려 올라갔다. "그다음 그대의 빛이 아침 먼동처럼 찬란하게 빛나리라. 그대의 몸은 빠르게 용솟음치리라. 주님의 영광이 그대에게 영원히 임하리라."

이게 엘리야 이야기다. 이를 기반으로 어떤 음악적 그림이 탄생할 수 있을까? 멘델스존은 음악적으로 엘리야를 어떻게 그려내고 엘리야에게 어떤 믿음을 노래하게 할까? 엘리야는 음량이 풍부하면서도 잔잔하고 엄숙한 베이스가 맡는다. 그는 강한 예언자의 면모를 보이긴 하지만 열렬한 열성분자는 아니다. 저주를 내릴 때도 거칠고 냉혹해 보이지 않는다. 심지어 바알의 예언자들과 다투고 참된 신앙과 거짓된 신앙 사이에서 싸움을 벌이고 생사를 다투는 와중에도 그는 증오에 가득 찬 근본주의와는 거리를 둔다. 그는 극도로 흥분한 순간에도 소리 지르지 않으며 자신과 자신의 믿음에 충실했다. 온갖 분노와 두려움 속에서도 그의 음성은 희한할 정도로 부드럽게 울린다. 그는 간절히 기도하고 야훼에게 절실하게 의지한다. 부드럽고 섬세하게, 그러나 감성적이지는 않게 하나뿐인 신을 선포한다. 그의 노래의 내적 리듬을 결정하는 것은 신의 진노에 대한 두려움이 아니라 인간의 숭배와 사랑의 대상이 되어야 할 유일신을 향한 경외감이다.

이런 엘리야에게는 온갖 극적인 상황에서도 동요하거나 흔들리지 않고 큰 평정심으로 긴장감을 이끌어가는 음악이 어울린다. 그 음악은 물 흐르듯 흘러간다. 선율은 오르락내리락하고 부풀어 올랐다 가라앉았다 하지만, 재주를 부리지는 않는다. 흥분이 끓어오르는 순간을 음악이 완화한다. 이는 예언자의 거칠고 모난 측면을 억지로 가다듬기 위한 장치가 아닌, 작곡가의 정당한 결정이었다. 엘리야가 저지른 살인을 노골적으로 그리지 않고 하나의 사건으로 다소 가볍게 취급하는 것은, 성경에 대한 건설적인 비판의 결과이며 성경의 기본 개념인 신의 사랑에서 출발해서 다른 성경적 주제인 신의 진노로 넘어가는, 즉 성경에 성경으로 맞서는 신앙적 결단의 결과이기도 하다. 멘델스존은 모든 극적인 순간을 충분히 즐기면서도 엘리야 이야기를 차분하고 인간적인 음악으로 바꾸어 놓았다. 이렇게 그는 부드럽고 조용한 믿음을 선포했다. 이것이 그의 신앙과 일치했고, 부드러운 음색에는 특별한 카리스마가 어려 있었다. 오라토리오에서 이 점이 가장 뚜렷하게 드러난 부분이 천사들의 합창이다. 비할 데 없이 섬세한 천사들의 합창은 조용히 파고들며 영혼에 위로와 신뢰를 선사한다. 엘리야의 하나님은 위로자이고, 천사들은 고요한 기쁨을 노래하며 평온한 침착함에서 감정을 끌어내는 복음의 사도이다. 그런 까닭에 이 천사들의 노래는 지금까지도 깊은 사랑을 받는 종교 음악곡으로 손꼽는다.

언뜻 잔인해 보이는 이 이야기는 기쁜 소식, 구약의 복음을 전한다. 게다가 고대 이스라엘의 유산을 저버리지 않으면서 기독교 신앙을 언급한다. 오라토리오에서 이 점이 명백하게 드러나는 부분은 둘이다. 그 첫 번째가 엘리야가 광야의 로뎀나무 아래에서 부르는 아리아 '이제 족합니다'이다. 이 아리아는 오라토리오의 가장 깊은 지점, 절망의 순간을 나타내는데, 그 안에는 희망찬 약속이 싹트고 있다. 어둡게 깔리는 첼로 음향과 낮은 성악 선율이 죽음에 대한 예언자의 공포를 그려낸다. 그 순간 엘리야는 백성이 자신에게 전혀 귀를 기울이지 않는데 절망하고 자신의 사명을 의심한다. 그러나 이 아리아에는 여전히 따스한 친밀감이 고동치고 있다. 아리아가 곧 엘리야의 기도인 까닭이다. 그는 자신을 버린 듯 보이지만 스스로 저버릴 수 없는 하나님을 향해 노래한다. 그의 노래는 귀 기울이는 사람들에게 앞으로 등장하고 생의 마지막 순간에 하나님을 향해 이렇게 말할 다른 예언자의 존재를 슬쩍 흘린다. "어찌하여 나를 버리시나이까?" 멘델스존은 엘리야의 아리아 '이제 족합니다'를 바흐의 〈요한 수난곡〉에서 하나님을 향해 부르는 아리아 '다 이루었도다'와 짝을 이루게끔 작곡함으로써 이런 해석이 가능하게 했다. 두 아리아는 같은 구조와 유사한 반주악기를 갖고 있다. 또 두 아리아는 각기 로뎀나무 아래와 십자가 위에서 하나님의 힘이 약함 속에서 강하다는 사실을 증언한다.

구약의 복음을 명백하게 들을 수 있는 또 다른 부분은 마지막 결말에 있다. 여기서는 엘리야의 승천이 구약의 예언자적 말로 암시되는데, 그것은 미래의 메시아를 예언하는 말이기도 하다. 그리하여 오라토리오를 듣는 기독교인들은 유대인을 배제하지 않으면서 마음으로 신약으로 이행을 준비할 기회를 얻게 되고 "한 사람이 한밤중에 깨어 일어나, 해 뜨는 곳에서 오리라" 같은 구절을 아직 출현하지 않은 유대 민족의 메시아와 연관시킬 수 있다. 이로써 멘델스존은 유대적 해석의 권리를 부인하지 않은 채 구약의 소재를 다룬 오라토리오에서 자신만의 독창적이고 계몽주의적인 프로테스탄트를 선포하는 놀라운 위업을 달성했다.

오라토리오의 상승과 추락

멘델스존의 〈엘리야〉는 유약함과 온화함 때문에 비난의 대상이 되기도 했다. 많은 사람이 바흐 음악에서 느꼈던 치열한 긴장감을 그리워했다. 사람들은 성경 이야기의 도발적이고 역설적인 측면이 사라졌다며 아쉬워했다. 그러면서 멘델스존의 '나자렛적 온화함'을 고발했다. 이 비난을 진지하게 받아들여야 하는데, 대체 이게 무슨 말인가? '나자렛파'는 19세기 전반 로마를 비롯해 빈, 뮌헨을 중심으로 활동하던 낭만주의 화가 집단을 가리킨다. 그들은 자신들의 그림으로 독일과 이탈리아 옛 거장들의 예술과 기독교 신앙에 새로운 생명을 불어넣고자 했다. 그럼 나자렛파 화가는 예언자 엘리야를 어떤 모습으로 그렸을까? 멘델스존처럼 그려냈을까? 아니면 그것과는 좀 다르게 그렸을까? 그림을 보면서 한번 확인해 보자. 1831년 페르디난트 올리비에라는 화가가 그린 〈광야의 엘리야〉라는 그림이다.

그림 속의 황야는 결코 황량하거나 비어있지 않다. 그것은 이상적인 정경이고 심지어 아름답기까지 하다. 어둑어둑해 보이는 앞쪽은 끔찍한 가뭄을 암시하고 있다. 머지않아 그릿 시냇가는 말라 버릴 것이다. 반면 뒤쪽은 밝고 화사하다. 하늘은 부드러운 푸른색으로 빛나고,

페르디난트 올리비에의 <광야의 엘리야> (1831년경)

나무에는 아직 잎들이 무성하다. 미래에 희망이 없는 것 같진 않다. 이 풍경을 마음에 들어 하는 사람도 있을 테고, 고요와 침묵을 원하는 이들은 이 그림에 한동안 젖어 들 것이다. 그림 가운데에 엘리야가 앉아 있다. 그는 전혀 피폐해 보이지 않는다. 그렇지만 공간을 압도하는 인물, 저주와 심판의 사자, 카리스마 넘치는 설교자, 고통에 몸부림치는 종교인의 모습은 아니다. 그는 그저 조용한 사람이고 고요함을 좋아하는 형제일 뿐이다. 엘리야는 그늘에 조용하고 차분하게 앉아 있다. 오른손으로 작은 무화과나무를 가리키고 있는데, 구약에서 무화과나무는 다가올 평화로운 나라의 상징이다. 거기서는 검이 쟁기와 보습, 낫이 되고 사람들은 포도나무와 무화과나무 아래에서 살며, 아무도 그들을 두렵게 하지 않을 것이다. 그의 왼손은 매일 그에게 빵을 가져다주는 까마귀를 향해 뻗어 있다. 광야에서 엘리야는 수동적으로 하나님의 은혜와 보살핌을 받고 있다. 헌신과 신뢰가 느껴지는 그림이다. 구약의 복음 구절 "그가 천사들에게 명하셔서 네가 가는 길마다 너를 지키게 할 것이다."를 떠올리게 한다.

올리비에의 그림과 멘델스존의 음악은 엘리야의 이미지를 비슷하게 담아냈다. 긴장감이 전혀 없지는 않지만, 격정적인 열정이나 격렬한 감정의 변화가 느껴지지는 않는다. 전반적으로 온화하고 우아하며, 영혼의 안식과 마음의 평화를 느끼게 한다. 이 점이 바로 부정적으로 평가되는 '나자렛파'의 특성인가? 종교적 키치와 영적인 감상주의가 그 안에 도사리고 있는 걸까? 그렇게 보고자 하는 사람들에게는 그렇게 비칠지도 모른다. 그렇다 해도 잘못 보거나 잘못 들은 건 없는지, 혹시 무언가 놓치지는 않았는지 자문해 볼 필요는 있다. 엘리야의 과격한 면모에만 집중하던 과거의 관점이 아니라 일반 신자들과 그들의 정서적 측면까지 고려한, 감정을 강조하는 신학의 정당한 권리를 외면하지는 않았는지도 물어보아야 한다. 또 누구나 공감할 수 있는 감정 예술의 마법을, 균형을 지향하는 종교적 감정 문화의 의미를 간과하지는 않았는지도 질문해야 한다. 계몽주의적 복음 신학이 뒷받침되어야 오래된 교회에서가 아니라 일반 시민들의 거실과 대도시의 살롱, 자유로운 음악 사회에서 울리는 음악이 탄생할 수 있다. 그것이야말로 깊은 의미의 가정 음악이고, 교회에 갇혀 있지 않은 사적이면서 동시에 공적인 기독교 예술이다.

〈엘리야〉가 처음 울려 퍼졌을 때, 청중은 뜨겁게 환호했다. 멘델스존은 버밍엄 음악 축제에 맞춰 (출판을 위해서는 아직 수정해야 할 부분이 많긴 했지만) 곡을 완성했고, 1846년 8월 26일 버밍엄 시청에서 자신의 지휘로 초연을 치를 수 있었다. 공연이 끝나자마자 그는 동생 파울에게 진행 상황을 알렸다. "내 작품 중에서 이 오라토리오만큼 첫 공연에서 성공을 거두고 음악가와 청중이 열광적인 반응을 보인 적은 없었어. 런던에서 열린 첫 연습 때부터 음악가들이 얼마나 즐겁게 노래하고 연주하는지 보였단다. 솔직하게 말하면, 공연에서까지 이러한 활력과 힘이 유지될 거라고는 미처 생각하지 못했어. 연주가 진행되는 3시간 반 내내 2000명의 사람과 대규모 오케스트라로 들어찬 대형 홀은 오로지 한 가지에만 집중했어. 청중에게선 숨소리 하나 들리지 않았고, 나는 오케스트라, 합창단, 오르간 군단을 이끌고 앞으로 뒤로 내가 가고 싶은 데로 갈 수 있었지. 젊은 영국 테너가 부르는 마지막 아리아가 너무나도 감미로워서 나는 거기 빠져들지 않고 제대로 지휘할 수 있도록 똑바로 정신 차려야 했어." 반면 소프라노는 감정을 지나치게 과장했던 모양이다. "모든 게 너무 귀엽고 너무 즐겁고 너무 우아한 반면, 순수함과 영혼이 실리지 않고 경솔해서 음악이 그저 사랑스러운 표현으로 전락하고 말았어. 지금 생각해도 화가 날 지경이야." 그러나 청중은 크게 개의치 않는 듯했고 영국식 자제력에서 벗어나 열광적인 환호를 보냈다.

영국과 미국에서 〈엘리야〉는 크게 성공했다. 반면 독일에서는 이 오라토리오는 물론이고 멘델스존의 작품 전체가 점점 더 어려운 상황에 놓이게 되었다. 1920년대 말부터 멘델스존의 작품은 독일에서 거의 연주되지 않았고, 나치 정권에서는 금지되었다. 그런데도 지휘자 빌헬름 푸르트벵글러는 1934년 2월 자신이 수장으로 있는 베를린 필하모닉과 과감하게 멘델스존 음악회를 열었다. 그 후 멘델스존 음악은 공적인 영역에서 완전히 밀려났다.

정확히 알려지진 않았지만, 그런 상황에서도 〈엘리야〉는 은밀하게 지속적인 영향력을 행사했다. 탄압받는 음악가와 배우들의 모임인 '유대인 문화 연맹'이 고통받는 동포를 위해 박해받는 거장들의 연극과 음악 작품을 공연했다. 그 자리에는 실연자로도 청중으로도 '아리아인'은 함께할 수 없었다. 이 '비밀 번외 공연'에서 가장 빈번하게 선보인 작품 중 하나가 오라토리오 〈엘리야〉였다. 전체가 연주되기도 했으나 대부분은 일부만 연주되었다. 1936년 올림픽이 치러지는 동안은 인종차별로 박해받던 사람들의 불안감이 그나마 조금 완화될 수 있었다. 그러나 올림픽이 끝나자마자 탄압의 강도는 다시 세졌다. '유대인 문화 연맹'도 이를 느꼈다. 그런데도 그들은 자신들의 예술적 사명에 충실했다. 1937년 3월 9일(아마도 이날이 마지막이었을 것이다) 문화 연맹은 박해받는 신앙을 수호하고 가난한 이들을 보호하고 과부와 고아를 보살피는 온화하고 위대한 예언자에 관한 이 오라토리오를 베를린 오라니엔부르거 슈트라세의 유대교 회당에서 연주했다. 회당은 마지막 자리까지 모두 채워졌다. 이에 관해서는 단 하나의 목격자 진술이 남아 있을 뿐이다.

더없이 소중한 자료인데 잘 알려지지 않았다. 때맞춰 미국에 이민한 독일 출신의 음악학자 알렉산더 L. 링거는 16세에 이 공연을 경험했다. 한 미공개 강연에서 그는 당시를 이렇게 회상했다. "여전히 젊은 칸토르 율리우스 페이사코비치가 육중한 바리톤 음성으로 시작을 알리는 레치타티보 '살아계신 주, 이스라엘의 하나님'을 불렀고, 그 자리에 모인 모든 사람은 역사적인 사건에 동참하는 듯한 느낌을 받았다. 소프라노가 화려한 '들어라, 이스라엘아'로 2부를 시작했을 때, 대다수가 감정을 억제할 수 없었다. 마침내 마지막 합창에서 '당신의 이름은 얼마나 위대한지'가 D장조 화음으로 전 좌석을 뒤흔들 정도로 강하게 끓어오를 때 그 누구도 움직이지 않았다. 지휘자 레오 코프, 독창자들, 합창단, 오케스트라는 모두 꼼짝 않고 침묵을 지켰고, 간혹 흐느끼는 소리만이 들려왔다. 머뭇대는 듯하더니 곧 결코 잊을 수 없는 이 날 저녁의 긴장과 두려움이 쏟아지는 박수갈채 속으로 녹아들었다. 깊이 감동한 십 대 소년은 마치 멘델스존이 살아 돌아온 듯한 느낌마저 받았다."

브람스의 레퀴엠, 새로운 위로

펠릭스 멘델스존 바르톨디에게는 제자나 직속 후계자가 없었다. 한편 그 시대에 영적인 음악을 자기만의 방식으로 구현해온 다른 작곡가가 있었는데, 그가 바로 요하네스 브람스다. 브람스는 멘델스존과는 전혀 다른 인간이고 역사도 달랐지만, 멘델스존처럼 19세기의 시민 예술가이고 계몽된 프로테스탄트였다. 그는 멘델스존보다 사반세기 늦은 1833년 함부르크에서 태어났고, 〈엘리야〉와 비슷한, 아니 그보다 더 일관성 있는 작품을 작곡함으로써 계몽주의 프로테스탄티즘 예술의 특성이 비판과 구조의 독특한 결합에 있음을 보여주었다. 그의 사고와 신앙에 음악적, 종교적, 신학적 전통이 중요한 척도가 됐지만, 브람스는 많은 낡은 것을 버리고 폐기했다. 비판은 그에게 언제나 개혁을 위한 자극제였다. 브람스는 전통의 비판적이고 구조적인 변형을 통해 새로운 신앙, 새로운 예술의 형태를 만들어냈다.

그 콘셉트가 가장 설득력 있게 혁신적으로 구현된 작품이 바로 〈독일 레퀴엠〉이다. 그런데 이 작품은 정말 레퀴엠이 맞는가? 〈독일 레퀴엠〉은 가톨릭의 진혼 미사곡과는 어떤 공통점도 없다. 가톨릭 전례 문구를 채택하거나 전통적인 음악 형식을 사용하지도 않았다. 무엇보다 브람스 레퀴엠은 예배를 위한 음악이 아니었고, 죽은 이들을 위해 기도하거나 신께 의로운 진노의 종식을 간구하는 음악도 아니었다. 진정한 레퀴엠을 형성하는 모든 요소가 빠져 있단 소리다. 그렇다면 〈독일 레퀴엠〉은 어째서 레퀴엠인 걸까? 그보다는 차라리 오라토리오라고 부르는 편이 낫지 않을까? 〈독일 레퀴엠〉은 교회나 콘서트홀 어디서든 연주될 수 있는 작품으로 오라토리오 장르의 형식과 언어를 기본 바탕으로 삼고 있다. 편성도 전형적으로 오라토리오적이고, 내용도 종교적인 주제를 다루고 있다. 한편 이 작품이 기존의 오라토리오와 다른 점은 성경 이야기가 등장하지 않는다는 것이다. 헨델의 〈메시아〉 역시 그러한데, '그리스도를 향한 믿음'이라는 함축적인 주제를 성경 텍스트의 자유로운 발췌와 조합을 통해 제시했다. 이와 마찬가지로 브람스의 레퀴엠은 주제를 품은 오라토리오이다.

그렇다면 브람스 레퀴엠의 주제는 과연 무엇일까? 그것은 죽음과 위안의 추구이다. 모든 인간이 죽는다는 것은 기정사실이고, 문제는 이 사실을 알면서 어떻게 살아가야 하는가이다. 그렇다고 이 주제가 브람스에게 구체적이고 유일한 계기로 작용하지는 않았다. 브람스는 이른 나이에 벌써 놀랍도록 실존적인 태도로 자기성찰에 임했다. 레퀴엠을 초연할 당시 그의 나이는 고작 35세에 불과했다.

주제를 파악하고 자신의 덧없는 삶을 둘러싼 절박한 질문에 대한 답을 찾기 위해 그는 구약과 신약의 구절들을 골라 논리에 따라 시적으로 아름답게 배열했다. 이 대본 작업을 그는 한 편지에서 아주 간략하게 이렇게 기술했다. "텍스트를 성경에서 짜깁기했다." 그러나 이는 그리 간단한 작업이 아니었다. 그의 대본은 기독교의 비판적이고 건설적인 변화가 어떤 모습이며 그것이 어떻게 성공할 수 있는지 모범적으로 보여주었다. 브람스는 신학자에게 어떤 조언도 구하지 않은 채 계몽된 프로테스탄트의 자긍심으로 스스로 설득되고 감응된 구절들을 선택했다. 한편 전통에서는 중요하게 여겨지며 심지어 구원에 훨씬 더 유익한 영향을 미친다고 얘기되는 많은 것을 과감하게 지나쳤다. 그렇다고 성경 콜라주를 통해 자신의 독창성이 두드러지게 할 심산은 아니었다. 오히려 그는 잘 알려진 구절에 의존했고, 교회력 연말에 예배를 위해 공식적으로 선보이는 성구집에서 따온 것이 많았다. 즉 브람스가 짜깁기한 텍스트는 원전의 충실함과 재구성이 혼합하여 탄생한 것이다. 내용상으로는 오로지 성경에서만 따왔고, 동시대의 시나 철학적 경구는 고려하지 않았다. '오직 성경으로(sola scriptura)'라는 기준에는 충실했지만, 텍스트 선택이 전적으로 그에게 달려있었다는 점에서 기존의 신학 전통과는 차이를 보였다.

〈독일 레퀴엠〉은 마태복음에 등장하는 산상수훈의 역설적인 약속으로 시작한다. "애통하는 자는 복이 있나니 하나님이 저들을 위로하실 것이다." 지금 반대의 상황에 있는 사람들이 복을 받고 진정한 행복을 누리게 될 거라는 말이다. 당장 눈앞에 보이는 건 아무것도 없지만, 깊은 슬픔 속에 생동하는 기쁨이 감춰져 있을 수 있다. 신성한 보살핌의 약속은 다른 이들보다 슬퍼하는 자들에게 먼저 주어진다. "눈물로 씨를 뿌리는 자는 기쁨으로 거두리로다. 울며 귀한 씨를 뿌리러 나가는 자는 정녕 기쁨으로 곡식더미를 안고 돌아오리로다." 고통은 풍성한 수확을 안겨주고 슬픔은 기쁨으로, 죽음은 삶으로 바뀔 것이다. 빛나는 약속을 믿고 피할 수 없는 일을 직시하며 그에 맞서야 한다. "모든 육체는 풀과 같고, 인류의 모든 영광은 풀꽃과 같도다. 풀은 마르고 꽃은 떨어지도다." 모든 생명이 그렇듯 인간에게도 끝이 있다. 이 점에서 그는 동물, 식물과 다를 바 없다. 그 때문에 인간은 자신의 이미지가 손상되고 자신이 세운 모든 계획이 무의미해 보일까 두려움을 갖게 될 수 있다. 인간은 사라진다. 이는 명백한 사실이다. 그러나 절반만 진실이다. "주님의 말씀은 세세토록 있도다." 인간의 유한성과 신의 영원성이 서로 마주하고 있다. 모든 존재의 경계에는 양면성이 있기 마련이다. 죽음은 인간의 경계이긴 하지만, 그 너머에 아무것도 없는 게 아니라 신의 말씀이 존재한다. "주님, 알려 주십시오. 내 인생의 끝이 언제인지, 내가 얼마나 더 살 수 있는지, 내 일생이 얼마나 덧없이 지나가는지 알게 하소서." 이를 인정하는 건 쓰라린 일이지만, 그것이 바로 삶의 지혜의 출발점이자 하나님의 영원하심을 믿는 믿음만이 줄 수 있는 위로의 전제조건이다.

신은 영원할 뿐만 아니라 큰 위로를 주는 존재이다. 신에게, 오지 그에게만 희망이 있다. 그가 나고 죽는 모든 걸 관장하기 때문이다. "의인들의 영혼은 주님의 손에 있어서 아무런 고통도 받지 않으리라." 그러나 주님의 손안에 있음이 정확히 어떤 의미인지는 밝히지 않았다. 하나님과 함께하는 영원한 삶은 제시되지 않았고, "죽음 이후의 삶"에 대한 어떤 언급도 없다. 오로지 아주 조심스럽고 순수하게 고요한 신을 향한 믿음이 선포될 뿐이다.

그러나 이 고요한 믿음 안에는 큰 갈망이 작용하고 있다. "만군의 주님, 주님이 계신 곳이 얼마나 사랑스러운지요. 내 영혼이 주님의 궁전 뜰을 그리워하고 사모합니다." 결국, 간절히 바라는 건 하나님과 영원히 함께하는 것이고, 그 바람은 헛되지 않을 것이다. "지금은 너희가 근심에 싸여있지만, 어머니가 그 자식을 위로하듯 내가 너희를 위로할 것이다." 어머니의 위로는 어떠한가? 어머니는 만병통치약을 건네거나 모든 슬픔을 한 번에 몰아내는 게 아니라 새로운 용기를 찾고 자식과 함께 삶에 맞서 나간다. "사실 우리에게는 이 땅 위에 영원한 도시가 없고, 우리는 장차 올 도시를 찾고 있다." 그렇다면 미래의 도시는 어디에 있는가? 이 역시 언급되지 않고 암시되기만 했다. 알려지기보다는 어렴풋하게 알아챌 뿐이다.

"보라, 내가 너희에게 비밀을 하나 말하노니, 우리는 잠드는 게 아니라 변화할 것이다. 그리하여 성경 말씀이 기록된 대로 이루어지리니, 죽음을 삼킬 것이다. 죽음아, 너의 독침이 어디에 있느냐?" 신을 향한 믿음과 그 비밀에 대한 믿음은 태어날 때부터 치명상을 입은 인간에게 고통을 덜어주며 현세에서 그들을 행복하게 해주고 자신의 삶을 받아들이고 의무를 다하도록 해주는 약이다. 따라서 고통, 두려움, 무의미함은 신뢰, 인내, 평온으로 흘러간다. "이제부터 주님 안에서 죽는 자들은 복이 있도다. 그렇다, 그들은 수고를 그치고 쉬리니 이는 그들이 행한 일이 그들을 따름이리라."

이 레퀴엠 오라토리오의 내용을 평가하는 것은 쉽지 않다. 게으른 자들은 텍스트에 포함되어 있지 않은 것으로 이 텍스트를 판단하려고 든다. 그렇게 함으로써 텍스트로 주어진 것에 대해 깊이 생각해 보는 수고를 들이지 않으려 한다. 격분한 신학자들은 브람스의 레퀴엠에 결정적인 것, 즉 심판의 날, 최후의 심판, 사후의 삶과 예수 그리스도의 죽음, 부활, 하나님의 아들로서의 그의 영생에 관한 전통적인 가르침이 빠져 있다고 비난한다. 정통 교리를 잣대로 브람스 텍스트를 평가했기에 빠진 부분만 눈에 들어온 것이다. 그들은 새로운 것, 즉 이 작품의 의도를 간과했다. 브람스에게 중요한 것은 교회의 가르침을 노래로 부르는 게 아니었다. 그보다는 자기 존재에 대한 해석과 위안을 찾는 것이 훨씬 더 중요했다. 따라서 브람스의 레퀴엠에서 추구하는 것은 진실이 무엇인가보다는 어떤 영향을 미치는가이다. 그는 신학보다는 영혼의 인도에 더 관심이 많았다.

이 지점에서 초보 신학자 브람스의 사고는 저명한 신학자의 견해와 맞닿아 있다. 프리드리히 슐라이어마허는 감동적인 설교에서 이와 유사한 방식으로 접근했다. 1829년 이미 노인이 된 슐라이어마허는 성홍열로 죽은 아홉 살짜리 아들 나다나엘을 매장해야 했다. 설교에서 그는 낡은 교리에 대한 자신의 고전적인 비판(8장을 참조할 것)을 되풀이하지는 않았으나 독단적인 교리를 향한 거부의 뜻은 분명히 밝혔다. 그것이 쓸모없다고 판단했기 때문이다. "엄격하고 철저한 사고가 지나치게 익숙해진 사람에게 이 이미지는 대답할 수 없는 수천 개의 질문을 남겨놓을 뿐이고 그렇게 되면 위로의 힘을 많이 잃게 된다." 신학적 가르침이 백번이라도 진실이지만 믿는 사람에게 위로를 줄 수 없다면, 그게 다 무슨 소용이겠는가?

브람스의 레퀴엠이 건네는 위로는 서툴고 소심하다. 여러 의혹에 시달리고 아직은 계속해서 의혹과 맞서야 하며 여전히 불안하다. 그런데도 그의 위로는 방향을 제시하고 두려움을 완화하고 신뢰를 만들어내고 평화를 주는 힘을 갖고 있다. 먼저 자신의 한계를 꿰뚫어 보는 통찰력을 가르친 다음, 신의 무한한 영생이 인간의 유한한 삶을 에워싸고 있음을 보여준다. 이 영생은 부활처럼 이 삶이 끝나야 경험할 수 있는 게 아니다. 현재에도 그것을 감지하고 포착할 수 있다. 영원에 대한 믿음은 위안이 암시적인 영광스러운 '사후'를 고집하지 않는다는 점에서 부활에 대한 믿음과는 구분된다. 오히려 영원의 믿음은 하나님의 무한성에 대한 감각을 지금 일깨워준다. 이 영원함을 깨달은 사람은 인생의 고통스러운 한계 앞에 절망하지 않으며 자신의 유한한 삶을 기꺼이 받아들일 수 있다.

이 훌륭한 메시지는 기독교적인가? 아니면 기독교적이지 않거나 기독교적인 것과는 다른가? 브람스의 레퀴엠을 듣는 사람이 이를 스스로 결정해야 한다. 우연이 아니었을 수도 있는데, 〈독일 레퀴엠〉의 초연은 '중요한 기독교의 축일'에 교회에서 이루어졌다. 1868년 4월 10일 성금요일에 브레멘 교회에서 이루어졌다. 그 뒤로 음악회장에서도 울려 퍼졌고, 브람스가 피아노 버전을 선보인 다음부터는 시민 계급의 거실에서도 연주되었다. 브람스의 레퀴엠에서 모범적으로 보여준 계몽주의 프로테스탄티즘은 기독교의 사적이고 개인적인 측면만이 아니라 공적이고 문화적인 측면도 제시했다.

그러니 브람스와 함께 마치 종교 음악이 교회를 완전히 떠나기라도 한 듯 공공연한 작별을 선언하지 않도록 조심해야 한다. 오히려 이 매력적인 양면성을 기독교의 특성으로 볼 수 있다. 그 특성은 오래된 낡은 이미지와 사고에서 벗어나 성서를 새로운 방향으로 끌어낸다. 신학자들의 신조나 독단적인 교의와는 거리를 두며, 스스로 기독교적 선함의 한 형태로 당당하게 이해한다. 교회를 벗어나지만, 좋은 기회가 생기면 언제든 다시 교회로 돌아가려고 한다.

10
토머스 앤드루 도르시와
아프로아메리칸 가스펠 음악

처음부터 다시

완전히 새롭게 시작하는 것은 인류의 오랜 꿈이다. 특히 시들어가는 문화적 말기에 접어들면, 오랫동안 존재하던 기존의 것을 약간만 변형하는 단순한 모방자가 아니라 처음부터 다시 시작해서 독창적이고 창의적인 진정한 창시자가 되고 싶은 열망이 살아난다. 긴 역사를 외면하고 그것이 남긴 놀라운 자원과 보물에 압도당하지 않은 채 처음부터 자기만의 방식으로 전체 역사를 새롭게 써나가기를 원한다. 그러나 이런 인류의 바람은 결코 실현될 수 없는 것이다.

만약 인생, 예술, 종교에서 그런 일이 일어난다면, 그야말로 기적이다. 기독교 음악에서 20세기는 말기에 해당하는데, 기적은 일어나지 않았다. 영광스러운 긴 역사를 뒤로한 기독교 음악은 변변치 않아 보이고, 미래도 매우 불확실하다. 그렇다고 해서 20세기에 훌륭하고 쓸 만한 음악이 전혀 등장하지 않았다는 의미는 아니다. 새로운 노래를 탄생시킨 일련의 기독교 노래운동도 있었고, 기독 청년 운동과 교회 총회를 위한 노래나 블루스풍의 미사, 떼제 성가처럼 교회가 시대에 맞게 민속 예술을 포용하려는 움직임도 존재했다. 그중 많은 것이 잊히고 사라졌지만, 보존되고 유지된 것도 많았다. 가령 요헨 클레퍼가 나치 독재하에 쓴 시와 디트리히 본회퍼의 〈선한 능력으로〉는 독일 고전 성가를 모아놓은 『성스러운 마법의 뿔피리: 대 독일 찬송가집』에 실려 있다. 정통 교회 음악가들이 아무리 인정하고 싶지 않아도 하찮은 뮤즈들에 의해 탄생하여 꾸준한 인기를 누려온 찬송들도 존재한다. 〈좋은 아침을 감사드립니다〉나 〈초원, 강가와 같은 주님의 사랑〉 같은 찬송가를 생각해 보라. 교회 합창음악의 작곡에 힘쓴 후고 디스틀러, 에른스트 페핑, 마르탱 프랑크처럼 고귀한 교회음악을 되살리기 위해 애쓴 음악가들도 있었다. 그렇다고는 해도 20세기 유럽에서는 올리비에 메시앙, 벤저민 브리튼, 아르보 페르트 같은 소수의 탁월한 작곡가가 남긴 작품을 제외하고는 탄성을 자아낼 만한 진정한 의미의 교회음악을 찾아보기는 힘들다. 어쩌면 이는 지나치게 성급한 판단이고 잘못된 주장일는지도 모른다.

한편 20세기에 교회음악의 새로운 시작이라 할 만한 것이 등장하기는 했다. 아쉽게도 유럽에서가 아니라 북아메리카에서였다. 바로 가스펠 음악이다. 초기 기독교 음악이 그랬던 것처럼, 가스펠도 처음에는 공적인 영역에서 주목받지 못했다. 종교적, 미학적으로 확립되지 못한 채 도시 하층민들의 열광적인 지지 속에서 생겨났다. 예배에서 싹을 틔워 교회음악의 독립적인 장르로 급성장한 것이다. 가스펠은 유럽의 교회음악이 거의 2천 년이나 걸렸던 발전 과정을 두 세대도 채 안 되어 돌파해 버렸다. 초대 기독교의 찬가처럼 사회적, 문화적으로 소외된 계층에서 시작한 이 음악은 보잘것없어 보이지만 영적으로는 충만했다. 아프로아메리칸 기독교의 예배와 음악은 차츰 확고한 형태를 갖춰 나갔으며, 서서히 노래의 정형이 확립되어 갔다. 처음에는 노래가 집단적이고 익명으로 창작되었는데, 곧 개인 작곡가와 연주자가 늘어났다. 과거에도, 새로운 시대에도 종교 음악은 절대 무시할 수 없는 교육적 힘을 발휘했다. 아프로아메리칸들은 가스펠로 읽기, 쓰기, 노래, 작곡을 배웠다. 연주 방식은 점점 더 전문화되어 갔다. 독자적인 제도와 수행 단체들이 생겨났는데, 그중 가장 중요한 것은 합창단이었다. 수도원 합창단, 프로테스탄트 학교 합창단, 19세기 시민 합창운동으로 이어지는 역사를 한번 돌이켜보라. 가스펠의 경우에는 문화적, 정치적 자아 발견과 자기주장이 훨씬 더 강력한 양상을 띠었다.

예술적 진보와 더불어 아프리카계 미국인 기독교도는 자연스레 구대륙의 교회 음악사 문제와 논쟁에 참여하게 되었다. 가령 성스러움에 대한 음악의 권리, '신성하지 않은' 악기의 사용, 다성음악, 선율과 리듬의 속성, 세속적 스타일의 영향을 둘러싼 논쟁 등이다. 헨델과 멘델스존의 오라토리오처럼 가스펠도 결국 예배를 벗어나 시민 계급의 문화와 오락이라는 더 넓은 세계로 나갔다. 이 탈출은 과연 배신일까? 해방일까? 혹은 성공일까? 아니면 이 모두에 해당할까? 기독교 음악의 역사 전체를 특징짓는 모든 주제와 쟁점은 매우 짧은 가스펠의 역사에서도 찾아볼 수 있다. 이것이 바로 노래 자체의 질을 따지기에 앞서 가스펠 음악이 역사적으로 중요한 이유이다.

이 음악에 새롭게 접근하기는 쉽지 않다. 이미 지나칠 정도로 상업화되어 곳곳에서 소비되고 있기 때문이다. 모두가 가스펠 음악을 안다고 하지만, 정작 사람들이 떠올리는 것은 언제나 〈오, 해피 데이〉, 〈성자들이 행진할 때〉, 〈산 위에 올라가서〉 같은 정형화된 서너 개의 값싼 유행가뿐이다. 이것들은 어느덧 잘못된 이유와 잘못된 스타일로 그릇된 사람 앞에서 그릇된 사람이 부르는 종교적 아첨꾼이자 사기꾼이 되어 버렸다. 그러나 오래된 음반을 기꺼이 파고드는 사람이라면, 그 안에서 놀라운 음악을 발견하게 될 것이다. 강렬한 비트와 잊을 수 없는 선율로 거칠게 내뿜는 '샤우팅(shouting)', 열정적인 탄성이 깃든 '모우닝(moaning)', 감미로운 '크루닝(crooning)' 창법으로 표현되는 감출 수 없는 힘과 숨길 수 없는 아름다움을 발견할 수 있다. 3분도 채 안 되는 작은 원석 진주 같은 이 노래들은 기독교 감정 전체를 품고 있으며 깊은 한탄, 넓은 신심, 높은 희망을 모두 아우르고 있다. 가스펠 송은 20세기의 시편이다. 가스펠 송은 단순하나 절대 간단하지 않고, 근본적이고 일반적이고 보편적이며 지극히 개인적이고 대단히 활기차다. 종교적인 배경에서 탄생한 것은 틀림없지만, 그 울타리를 뛰어넘어 빛을 발산하며 블루스, 컨트리, 재즈, 소울, 로큰롤, 알앤비 등 팝 음악의 거의 모든 장르에 영향을 미쳤다. 〈시스터 액트〉 같은 영화에 지레 놀라지만 않는다면, 가스펠 음악의 더 많은 새로운 면모를 발견할 수 있을 것이다.

노예제도, 내전, 인종차별

대표적인 가스펠 가수로 꼽히는 머핼리아 잭슨에 의하면, 위대한 종교 음악은 두 갈래의 뿌리를 지닌다. 그것은 고통과 신념이다. 종교 음악은 고뇌와 확신이라는 무한한 원천으로부터 동등하게 자양분을 공급받는다. 그렇다면 완전히 새로운 기독교 음악이 탄생하려면, 고통이 얼마나 깊고 신념이 얼마나 확고해야 할까? 미국으로 끌려간 아프리카 노예와 그 후손의 이야기는 인류가 신을 향해 부르짖으며 〈깊은 곳에서〉(시편 130)를 노래할 정도로 깊은 고통을 가늠할 만한 충분한 계기를 제공한다.

인간의 존엄성은 절대 침해될 수 없다는 생각을 당연하게 받아들이며 자라난 오늘날의 서유럽인은 인간이 물건처럼 취급되고 짐짝처럼 배로 운반되어 팔려나가고 도구나 동물처럼 사용된다는 게 어떤 의미인지 상상조차 할 수 없을 것이다. 노예들이 북아메리카에서 당한 모든 걸 설명하기에 '존엄'은 너무 고상하고 추상적인 단어이다. 노예들은 가장 힘든 일에 내몰렸고 비참한 가난 속에서 살아야 했으며, 그들에게는 자기 삶을 개척하고 자유롭게 이동하고 스스로 계발하고 직업을 선택하고 재산을 취득하고 가정을 꾸릴 기회조차 허락되지 않았다. 무엇보다 여성은 성적으로 자기 결정권을 가질 수 없었다.

비교적 민주적이었던 미합중국의 남부 주들은 18세기, 19세기 초만 해도 노예를 억압하는 독재 정권이 득세했다. 인권 선언문과 행복을 추구하는 기본 권리에서 한 집단만 임의로 배제되었는데, 이는 자기 이익을 극대화하기 위해서라는 단순한 이유 때문이었다. 그리하여 기독교적이면서도 탐욕과 폭력에 기반한 사회가 형성되기에 이르렀다. 노예해방은 1783년 영국의 식민 지배와 군주제로부터의 해방 이후로 미국이 이루어낸 두 번째 획기적인 성과였다. 사실 진보 세력은 이 문제에 별 관심이 없었다. 노예해방의 원동력이 된 것은 19세기 중반 비국교도들의 비정치적인 항의였는데, 처음에는 영국 내의 퀘이커 교도들이 주축이 되었고 그다음에는 신대륙의 각성한 목회자들이 중심이 되었다. 그들은 노예 중에서 영성을 가진 자들이 있음을 발견하고 현재 이들이 처한 상황을 바꿔야만 이들을 구원할 수 있다는 사실을 깨달았다. 하지만 각성한 목회자들의 경건한 헌신이 장기적인 정치 전략으로 이어지지는 못했다. 게다가 정작 주체가 되어야 할 노예들은 아무런 목소리도 내지 못했다.

치명적인 사실은 노예해방이 1861~1865년에 치러진 최초의 근대적인 전면전이라 여겨지는 내전을 통해 실현되었다는 점이다. 남북전쟁은 나라를 깊숙이 갈라놓았다. 1865년 내전은 종식되었지만, 그 후 해방된 자들의 상황은 좋아진 게 아니라 오히려 다른 식으로 악화했다. 노예들은 아무런 준비 없이 해방을 맞았고, 그들에겐 어떤 기회도 주어지지 않았다. 직장도, 주택도, 학교도, 의료 서비스도 없었다. 흑인 노예들은 백인이 다수를 차지하는 미국의 남부 사회에 편입될 수 없었고, 노예제도의 종말은 인종차별의 시작을 의미했다. 인종차별은 노예 폐지론을 둘러싼 미국 개신교 내의 논쟁에서 이미 싹트고 있었다. 도덕적 방어망이 필요했던 노예제 옹호론자들은 민족 우월주의에서 자신들의 입장을 위한 논거를 찾았다. 분노한 남부인들 사이에서 이를 따르는 많은 추종자가 생겨났고, 결과적으로 아프로아메리칸을 소외와 착취에 시달리는 소수 집단으로 만든 법규를 양산하기에 이르렀다. 1876년에 제정된 '짐 크로 법'*은 1964년이 되어서야 효력을 잃게 되었다. 더욱이 법적으로 불가능한 일들, 가령 성폭력이나 백인우월주의 집단인 쿠클럭스클랜(KKK)의 테러 같은 폭력 행위가 불법으로 자행되었으며, 이런 행위가 그냥 용인되는 경우도 허다했다. 남부인들이 군사적으로 패배했을지 모르나 이념적으로는 승리했다. 그들이 만들어낸 인종차별적 사회는 그로부터 100년이 지난 1960년대에 와서야 비로소 민권 운동을 통해 의심을 사기 시작했다.

간략하게나마 아프리카계 미국인들이 겪었던 고통의 근원을 살펴보았다. 그렇다면 가스펠 음악의 또 다른 원천인 기독교 신앙, 아프로아메리칸의 기독교 개종은 어떻게 이루어졌을까? 북아메리카 노예들이 기독교도가 되는 과정을 남부나 중부 아메리카 노예들의 기독교화 과정과 비교해 보면, 대략적인 윤곽이 그려질 것이다. 이들 사이에는 두 가지 차이점이 있다.

첫째, 북부에서는 새로운 기독교와 옛 아프리카 종교의 융합이 이

---

* 짐 크로 법은 공공장소에서 흑인과 백인의 분리와 차별을 규정한 법안으로 1876년에서 1965년까지 미국 남부 11개 주에서 시행되었다.

루어지지 않았다. 남미의 노예들은 자신들의 토박이 신들을 가톨릭 성인의 세계로 옮겨왔고 고향을 떠나오면서 종교의식도 유배지인 신대륙으로 가져왔다. 라틴 아메리카의 가톨릭, 브라질의 캉동블레, 쿠바의 산테리아, 아이티의 부두 같은 신앙이 그 증거이다. 북아메리카에서는 불가능한 일이었는데, 북미 노예들의 경우 문화 말살이 의도적으로 여러 단계를 거쳐 이루어졌기 때문이다. 북아메리카로 끌려온 노예들은 아프리카 내륙에서 붙잡혔고, 그 과정에서 가족, 부족이 뿔뿔이 흩어졌다. 그들은 해안에 설치된 집단 수용소로 내던져져 팔려나가기를 기다려야 했고, 북아메리카로 이송되어 구매자의 요구에 따라 팔려나갔다. 대규모 농장에서는 이미 적응한 나이든 노예들이 그들을 감독했다. 그들에게는 아프리카 유산이 금지되었으며 이를 어길 시에는 엄격한 처벌이 가해졌다. 자신들의 언어를 사용해서도 안 되고 자신들의 방식으로 제식을 치를 수도 없었다. 노예들의 문화, 언어, 종교는 조금도 존중되지 않았다. 고향에서 쫓겨나 고립될수록 그들은 쉽게 상품화되어 감금당하고 강제노동으로 내몰렸다. 고립된 개인이 다만 일부라도 문화유산을 지켜낼 가능성은 거의 없었다. 더군다나 신대륙으로 끌려간 노예들은 힘세고 건장한 젊은 남자들이었다. 여자나 노인과 비교해서 이들은 전통 보존에 덜 적합한 집단이었다. 그 결과, 아프리카 문화는 아프리카에 남겨졌고 종교도 마찬가지였다. 종교는 단순한 교리나 성상의 집합체가 아니라 사회와 문화 속에서 생생하게 살아 숨 쉬는 것이다. 가족과 부족이 뿔뿔이 흩어졌으므로 그들이 섬기던 신과 영혼, 그들이 지켜 오던 풍습과 기도는 의미를 잃었고, 그것들이 가진 사회적 임무와 삶 속에서의 역할도 설 자리를 잃고 말았다. 옛것은 이미 잃어버리고 사라졌다. 기독교 개종과 더불어 북아메리카 노예들은 처음부터 다시 시작해야 했다. 여기서 제기될 수 있는 중요한 질문은 아프리카 종교에서 일부라도 살아남은 게 있을까의 여부다. 이와 관련해서는 종교 음악, 영가와 가스펠에 관심을 가져볼 만한데, 그래도 이 질문에 대답하기는 어려울 것 같다.

라틴 아메리카와의 두 번째 차이점은 북미 노예들의 기독교화가 주춤거리며 진행되었다는 사실이다. 18세기 말까지 꽤 오랫동안 노예주들은 이 문제에 관심이 거의 없었다. 이런 상황에 변화를 안겨준 것이 2차 '대각성 운동'이었는데, 여기서 '각성'은 여러 차례 유행병처럼 미국을 휩쓴 기독교 부흥 운동을 가리키는 말이다. 1차 대각성 운동은 1740~1760년에 일어났고, 2차는 19세기 전반기 내내 계속되었으며, 19세기에서 20세기로 넘어가는 전환기에는 3차가 이어졌다. 개신교 측에서는 새로운 방식으로 사람들을 끌어모으고 개종시켜 새로운 교회 공동체를 구성하려고 했다. 여러 날 계속되는 축제를 통해 사람들을 불신과 죄의 늪에서 깨워내고 그들에게 강하고 뜨거운 믿음을 갖게 했다. 믿음의 각성에는 이중적인 의미가 담겨 있다. 먼저 개인은 자신의 죄와 신과 동떨어져 있는 자신을 통렬하고 고통스럽게 자각해야만 하고, 그다음에는 압도적이고 놀라운 전환 속에서 신이 내린 용서의 약속을 경험하고 하나님의 자녀이자 죄의 적병으로서 새로운 삶에 진입하게 된다. 사람들은 부흥 운동의 '캠프 집회'에서 지극히 개인적인 경건을 체험하게 되는데, 이는 차갑고 전통적인 교회 신앙이 아닌 자기만의 직접적이고 강렬한 신앙 체험을 의미했다. 신앙 부흥이 성공적으로 치러진 곳에서는 새로운 형태의 공동체가 형성되었다. 새로운 공동체에는 착실한 기독교인만이 아니라 믿음이 없는 자, 죄를 지은 자, 이방인, 심지어 노예까지 받아들여졌다. 부흥 운동의 물결은 관습적인 경계를 뛰어넘었고 (원하든 원하지 않든) 정치적 결과를 초래한 선교의 자극제가 되었다. 노예를 영혼이 구제받아야 할 사람으로서 인정한 사람들이 나서서 노예해방을 위해 헌신하기 시작했다. 노예 폐지론자인 퀘이커 교도를 비롯해 침례교와 감리교의 선교사들이 2차 대각성 운동 시기에 아프로아메리칸들에게 '새로운 날의 여명'을 안겨주려고 노력했다. 그들의 노력은 성공적이었다.

아프로아메리칸의 기독교화는 노예제가 폐지되고 19세기 후반 남부에서 인종차별이 시작되면서 또 다른 추진력을 얻게 되었다. 노예들은 이제 주인들이 다니던 백인 교회를 떠나 자신들의 독자적인 교회 공동체를 세워나갔다. 대부분이 침례교, 감리교, 장로교였다. 그들은 자신들의 공동체에서 신앙심을 가꾸고 심화시켜 나갔다. 설교를 통해 죄악으로부터의 구원과 새로운 삶을 향한 해방을 개인적으로 강렬하게 체험했다. 그 체험은 경건하고 종교적이었지만 언제나 정치적, 사회적 의미와 결합해 있었다. 신 앞에서 깊은 고통을 털어놓고 신의 음성을 직접 들었다고 느낀 자들, 자신이 물건이나 하급 인간이 아니라 신과 똑같은 형상을 지닌 보통 인간임을 믿음 속에서 체험한 자들은 이 깨달음을 자신의 영혼에만 접목하는 데 그치지 않고 적대적인 세상에서 자신이 처한 실제 상황을 파악하는 데까지 나아갔다. 결국 '구원'

과 '해방'이라는 단어는 자연스럽게 협소한 종교의 영역을 뛰어넘어 성장했다.

이는 성경을 이해하는 태도에도 그대로 반영되었다. 북아메리카의 개신교와 마찬가지로 아프로아메리칸 기독교도들은 철저하게 성경적이었다. 책에 초점을 맞춘 신앙은 아프리카계 미국인들에게 놀라운 경험이었을 것이다. 그들이 아직 노예 신분이었을 때, 그들 대부분은 읽고 쓰기를 배울 기회조차 가질 수 없었다. 해방된 이후에도 그들을 위한 문해 교육은 국가적으로 더디게 추진되었다. 그런 그들이 성경을 손에 쥐고 스스로 혹은 같이 읽고 해석할 수 있게 되었고, 더는 옛날처럼 주인의 중재가 없어도 그들이 스스로 믿음을 찾을 권리를 갖게 되었다. 동시에 보편적인 교육과 문화에 접근할 수 있는 거대한 문이 열렸다. 그 과정에서도 신앙 체험은 정치적, 사회적, 문화적 의미와 결합해 있었다. 이러한 양면성은 특히 아프로아메리칸 교회에서 즐겨 읽던 성경 구절에 명확히 드러나 있었다. 구약에 등장하는 해방 이야기들인데, 그중 대표적인 것이 이스라엘 민족이 이집트에서 노예로 살다가 모세에 의해 해방되고 오랜 세월 광야에서 떠돌다가 마침내 약속의 땅에 이르는 과정을 담은 출애굽기였다. 스스로 노예 신분으로 목적 없이 절망 속에서 살아왔고 오로지 자신들이 뿌리내릴 고향을 찾기만을 간절히 바라던 아프로아메리칸 기독교도들이 이 이야기를 어떻게 자신들의 현재와 미래가 담긴 이야기로 받아들이지 않을 수 있었겠는가? 교회가 그들의 미래 고향의 모습을 미리 엿볼 기회를 제공해 주었다. 그들에게 교회는 같은 운명과 믿음을 나눈 공동체였다. 그들은 그곳에서 서로를 보호하고 힘을 북돋우며 슬픔과 기쁨을 함께 나누고 조직을 이루어 함께 일하며 교육의 기회를 만들어나가고 문화를 이룩하고 정치적 이익을 공식화하고 같이 사업도 했다. 그들에겐 설교자라는 직업이 신분 상승을 위한 유일한 기회였다. 그들의 신앙은 매우 보수적이면서 철저히 성경적이고 내세의 구원을 지향했다. 아프로아메리칸들에게 기독교는 아편이라기보다는 자극제에 가까웠다.

　20세기 초에 위력을 발휘한 신앙의 새로운 방향은 아프로아메리칸 기독교와 그 음악에 중대한 영향을 끼쳤다. 19세기 중반 유럽에서는 감리교로부터 '성결 운동'이 발전했고, 그 이후에는 북아메리카에서 번성했다. 이 운동의 추종자들은 일반 신도들도 성인처럼 살아야 하고 그렇게 살 수 있다고 주장했다. 술, 담배, 도박, 춤, 혼외정사가 없는 삶을 살아야 한다고 했다. 깊이 교화된 그들은 '세상'과 분리된 채 '영'으로만 살아가기를 원했다. 이 성결 운동은 오순절 운동으로 이어졌는데, 오순절 운동은 1904~1907년에 로스앤젤레스의 '아주사 거리 교회'에서 시작되었다. 그곳의 목사 윌리엄 J. 시모어는 도덕적 선행을 통해서가 아니라 육체적이고 자발적인 열정의 순간에 교인들 스스로가 성령의 전달자임을 경험하게 했다. 이를 보고 들을 수 있는 징후가 '방언'인데, 방언은 예배에서 성령으로 충만한 사람들이 황홀 상태에서 중얼거리고 외치는 걸 말한다. 오순절 운동의 추종자는 빠르게 늘어갔다. 이 기독교 교단은 오늘날에도 '인종'의 경계를 넘어서서 가장 빠르게 성장하고 있다. 한 동시대 사람의 말이다. "남부 주 출신으로서 나는 예배에서 기적의 순간을 경험했는데, 내 옆에는 하나님의 흑인 성도가 앉아 있었고 나는 그와 함께 하나님을 경배하고 큰 식탁에서 함께 식사했고 어느 순간엔가 내 옆에 흑인 성도가 있다는 사실조차 잊어버렸다. 우리는 성령과 진리로 충만하여 사랑과 조화 속에서 하나님을 경배했다." 경계를 허무는 이 열정이 영원히 계속될 수는 없었다. 백인들은 '아주사 부흥 운동'을 떠나 하나님의 성회 같은 독자적인 교회를 설립했다. 반대로 아프로아메리칸들은 '거룩한 교회' 즉 오순절 성결 교회를 세웠는데, 이는 많은 독립적인 지역 단위로 분할된 대규모 조직으로 성장하게 된다.

흑인 영가와 가스펠 송

아프로아메리칸 교회의 음악은 한편으로는 부흥 운동의 찬송가에서, 또 다른 한편으로는 노예들의 영가에서 자양분을 공급받았다. 후자가 어떻게 생겨났는지는 정확히 말하기 어렵다. 영가를 기록하기 시작한 것도 내전이 끝난 다음부터였다. 초대 기독교 누래처럼, 영가는 억압받는 소수의 은밀한 예배에서 탄생했고 음지에 있는 종교적, 문화적 하층계급의 집단적인 열정을 통해 창조되었다. 아프리카인들의 기억이 영가에서 얼마나 새로운 형태를 취했는지도 알 수가 없다. 어쨌든 열광, 빙의, 방언, 춤과 도약, 손뼉치기와 손들기, 설교자의 부름과 회중의 응답 소리······. 이 모두는 아프리카인들에게 낯설지 않은 관행이었다. '대각성 운동'의 '캠프 집회'도 낯설지 않았다. 기원 문제를 어떻게 보든 새로운 스타일의 음악은 등장했다. 이 새로운 스타일의 가장 중요한 요소들은, 개별 성부와 합창이 번갈아 가며 부르는 '부름과 응답', 다양한 리듬 구조가 중첩된 폴리 리듬, 5음 음계의 사용, 장음계의 3음과 7음을 반음씩 낮춰서 만든 독특한 '블루 노트' 음계, 단순한 선율에 생동감을 불어넣고 더 자유로운, 때로는 '끈적끈적한' 음조를 만들어내는 글리산도와 멜리스마, 노래의 표현력이었다.

영가는 기본적으로 부흥 운동의 정신에서 많은 것을 취했는데, 깊은 죄의식, 내세의 구원을 향한 갈망, 용서에 대한 신성한 약속이 주는 기쁨, 예수를 향한 신심 같은 것들이다. 반면 영가가 지닌 직접성과 원시적인 단순성은 전혀 새로운 것이었다. 흑인 영가는 죽음에 강하게 집착했는데, 그도 그럴 것이 이 노래를 만들고 부르는 이들이 자신들의 삶이 아무런 가치도 없으며 언제나 위협받고 있음을 몸소 겪었기 때문이다. 따라서 구원과 하나님 안에서의 영생을 향한 간절한 열망은 죽음의 갈망처럼 받아들여질 수 있었다.

머지않아 이 무거운 짐을 내려놓으리.
머지않아 곧 이 무거운 짐을 내려놓으리.

죽음만이 해방을 안겨줄 것이고 하나님을 믿는 자들의 영원한 가치를 드러낼 것이다.

내려오소서, 내려오소서, 나의 주님,
나를 들어 올려 왕관을 쓰게 하소서.

다 함께 열광하는 순간에 영원한 행복을 감지할 수 있으며, 곧 그 행복을 경험하게 될 것이다.

> 나도 예복이 있고, 너도 예복이 있고,
> 하나님의 모든 자녀는 예복이 있네.
> 천국에 이르면 내 예복을 입고
> 하나님의 광활한 하늘을 가로질러 외치리.

이들 노래는 내세를 향한 강한 집착을 드러내면서도 의식적이든 무의식적이든 현세에 대한 정치적인 메시지를 품고 있다. 노예제의 부당함을 고발하고 권리를 박탈당한 사람들의 존엄성을 확인시켜 준다. 노예였다가 나중에 유명 작가가 된 프레더릭 더글러스는 이 같은 양면성을 정확히 집어냈다. "아직 노예였을 때 나는 다소 거칠고 일관성 없어 보이는 이 노래들의 깊은 의미를 잘 이해하지 못했다. 노래는 내가 도저히 이해할 수 없는 것들을 이야기하고 있었고, 그저 크고 길고 깊은 소리가 울려 나올 뿐이었다. 그런데 그 안에는 기도가 숨 쉬고 있었다. 영혼의 고뇌가 끓어오르고 가장 처절한 고통이 끓어올랐다. 하나하나의 음은 노예제를 반대하는 증거이고 고통의 사슬에서 벗어나기를 간청하며 신께 올리는 기도였다. 이 거친 음을 듣는 것은, 언제나 나를 우울하게 만들었고 내 마음을 슬픔으로 가득 채웠다. 이 노래들 덕분에 나는 노예제의 비인간적인 특성을 꿰뚫어 보게 되었다. 지금도 이 노래들이 여전히 나를 따라다니며 노예제에 대한 나의 증오를 심화시키고 속박당한 내 형제들을 향한 연민을 되살려준다."

흑인 영가가 지닌 인간적, 종교적 힘과 음악적 마법은 너무 강렬해서 은밀한 구석에 숨겨지질 않았다. 이를 세상에 처음 소개한 이들은 '피스크 주빌리 싱어스'였다. '피스크 주빌리 싱어스'는 흑인 영가와 힐링 음악의 원조라고 여겨지는 아카펠라 앙상블이다. 1909년에 이 앙상블이 녹음한 음반이 남아 있는데, 그 녹음을 들어보면 무엇보다 절제된 노래에 감탄하게 된다. 대부분이 농축된 선명한 솔로로 시작해서 합창으로 이어지고, 합창의 섬세한 조바꿈을 통해 깨끗한 화음이 만들어진다. 거칠지 않고 신바람이 덜 나는 듯한 이 스타일은 백인 청중을 고려한 탓일 수 있는데, 그렇다고 영혼의 깊은 고난과 믿음을 외면하진 않는다. '피스크 주빌리 싱어스'는 큰 성공을 거두었다. 1870년대부터 최초로 장거리 투어를 진행했고, 1873년에는 유럽과 영국에 초청되기도 했다. 그들은 빅토리아 여왕 앞에서 지금도 고전으로 여겨지는 〈가라, 모세〉, 〈스윙 로우〉, 〈주 예수께 조용히 나가〉 등을 불렀다. 여왕은 크게 감동했다고 한다. 귀가 있는 사람이라면, 그들의 노래가 아주 오래된 초대 교회의 직접적 신앙과 예술적 창의성을 떠올리게 하는 데 그치지 않는다는 것과 전혀 새로운 형태의 교회음악이 등장했음을 알아차렸을 것이다.

'피스크 주빌리 싱어스'가 투어를 치른 뒤 몇 년 후, 몇몇 진보적인 교회 역사가들이 하층민의 신앙에 관심을 두기 시작하면서 아프로아메리칸 노예와 그 후손의 노래 연구에도 힘이 실리게 되었다. 자유주의 신학자 에른스트 트뢸치는 영가를 접해본 적은 없었지만, 이 새로운 기독교 음악에 대한 정확한 논평으로 볼 수 있는 구절을 남겼다. 1911년에 그는 "독창적인 공동체를 형성하는 종교적 기반을 닦은 것은 하층계급의 업적"이라는 견해를 밝혔다. "여기에서만이 무너지지 않는 상상력, 단순한 생활, 복잡하지 않은 사고, 거친 힘, 절박한 필요가 결합하여 신성한 계시를 향한 절대적인 믿음과 순결한 헌신, 굳건한 확신이 형성될 수 있기 때문이다." 깊은 고통이 근저에 깔린 확신의 힘은 위대한 믿음의 노래를 만들어 낼 수 있었다.

아프로아메리칸 기독교인의 창의성은 기존의 찬송가를 바꾸는 능력에서도 입증되었다. 가장 대표적인 예가 〈어메이징 그레이스〉이다. 이 노래의 원작자는 흑인 노예가 아닌 영국 성공회 신부 존 뉴턴(1725~1807)이었다. 그는 오랫동안 믿음도, 도덕적 기준도, 시민으로서의 품위도, 직업적인 성공도 없이 절망적인 '죄인'의 삶을 살았다. 강제적으로 해군에서 복무한 그는 하급장교였다가 나중에 아프리카에서 북아메리카까지 운항하는 노예선의 선장이 되었다. 1749년에 만난 거센 폭풍우를 계기로, 뉴턴은 기독교인이 되었다. 하지만 노예선을 포기하지는 않았다. 그로부터 몇 년 뒤 그는 신학을 공부했고 성공회 사제로 서품을 받았다. 목회 활동을 하면서 찬송가 가사를 쓰기 시작했다. 지금은 그의 노래 대부분이 불리지 않는데, 1772, 1773년에 나온 〈어메이징 그레이스〉만은 잊히지 않고 있다. 과거가 의심스러운 지방의 성공회 사제가 쓴 이 찬송가는 거의 주목받지 못하다가 2차 '대각성' 운동 시기에 북아메리카에서 부흥 운동의 대 히트곡이 되었다. 특히 1절은 모르는 사람이 거의 없을 정도이다.

놀라운 은총이여, 그 소리 얼마나 감미로운가,
나 같은 몹쓸 놈을 구해 낸 소리!
한때 길을 잃었으나 이제는 찾았고,
한때 눈이 멀었으나 이제는 볼 수 있네.

이 노래는 부흥 운동 전체를 단 네 줄로 요약하는 위업을 달성했다. 하지만 여기에서 표현된 죄의식 속에 한때 노예 거래에 가담했던 작곡가의 죄책감이 담겨 있는지는 확실치 않다. 어쨌든 전 노예선 선장이 만든 찬송가가 수많은 아프로아메리칸 가수들에 의해 불렸다는 사실은 아름다운 역설이지 않은가. 그중에는 '더 블라인드 보이스 오브 알라바마' 같은 유명 앙상블을 비롯해 머핼리아 잭슨, 아레타 프랭클린 같은 여가수가 있었다. 게다가 이 찬송가는 20세기의 대표곡을 모아 놓은 『그레이트 아메리칸 송북』에도 올라있다. 〈어메이징 그레이스〉를 비롯해 부흥 운동의 노래들은 영가로서 살아남았다. 그렇지 않았다면 이들 노래는 이미 오래전에 꺼져버린 종교적 불꽃의 잔해이자 낯설고 경건한 히스테리의 잔재로 영원히 잊히고 말았을 것이다. 다행히 이 노래들은 지금도 여전히 영가로서 불리고 있고, 이미 오랜 역사가 되어버린 부흥 운동과는 아무 상관이 없는 사람들에게도 감동을 주고 있다. 그 안에는 아프로아메리칸 기독교의 종교적, 예술적 카리스마가 담겨 있다.

다른 누구도 아닌, 멸시와 핍박을 받던 노예와 그 후손이 현대의 가장 중요한 음악을 만들어냈다. 이는 역사가 정당하고 선한 것임을 입증하는 것 아니겠는가? '백인 우월주의', 백인이 우세하다는 터무니없는 미신이 폭력적인 거짓말에 불과한 것임을 보여주는 명백한 증거이다. 압제자와 폭력자가 남긴 건 아무것도 없다. 노래도, 시구도, 가락도 아무것도 남아 있지 않다.

도르시의 전향: 블루스에서 가스펠로

영가와 가스펠은 공동체적 작품이다. 이름 없는 많은 가수와 설교자, 소모임과 교구, 여성과 남성이 이 음악을 만들었다. 발전이 거듭될수록 이 음악의 공통 요소를 통합하여 새로운 형식과 방향을 제시하는 개인들이 많아졌다. 그들은 여전히 자신이 속한 '커뮤니티'의 일원이었고, 따라서 그들의 역사와 음악은 개인적이면서도 정형성을 띠었다. 토머스 앤드루 도르시의 경우도 마찬가지이다. 독보적이고 핵심적인 가스펠 음악가인 그의 인생에는 그가 속한 집단의 역사가 반영되어 있다.

토머스 앤드루 도르시는 1899년 7월 1일 조지아주의 작은 도시 빌라리카에서 태어났다. 아버지 토머스 매디슨 도르시는 설교자이자 농부였고, 어머니 에타는 집안과 아이들을 돌보며 음악을 가르치는 일을 했다. 가난하지만 평범한 가족이었고, 경건하고 음악적이었다. 부모는 일 년에 적어도 한 번은 성경을 통독했다. 식사 시간 전에 나누는 대화에도 성경에서 인용한 구절들이 자주 등장했다. 집안에서 음악활동도 활발히 이루어졌고, 놀랍게도 집에는 작은 오르간 한 대가 있었다. 1908년 토머스 도르시는 가족과 함께 좁고 답답한 세계를 떠나

노래하고 기도하고 설교하는 가스펠 음악의 창시자 토머스 앤드루 도르시

조지아주의 수도 애틀랜타로 이주했다. 1919년에는 시카고로 가면서 더 큰 발걸음을 내디뎠다. 이로써 그는 1차 세계대전 이후 많은 아프리카계 미국인이 걸었던 행보를 따라갔다. 그들은 남부의 억압, 폭력, 절망, 궁핍, 공포, 증오에서 도망쳐 나와 북부와 중서부의 거대 산업도시로 행복을 찾아 나섰다. 1920년대와 1930년대의 이 광범위한 국내 이주는 새로운 사회적 긴장을 불러왔다. 미국 흑인 소설가 제임스 볼드윈의 말에 따르면, 북부가 남부보다 나을 건 없었지만 더 많은 걸 약속했다. 그러나 약속이 이행되는 경우는 드물었고, 설령 그렇게 된다 해도 거기에는 많은 희생이 뒤따랐다. 아프리카계 미국인 이주민들

은 전혀 새로운 곳에서 자신의 삶을 재구성하고 방향을 바꾸어야 했다. 그들은 이제 익숙한 가족의 품과 보호막이 되어 주던 교회 공동체를 떠나 도시민이 되었고, 그곳에는 아는 이가 아무도 없었다. 그들은 궁핍한 집에서 살며 힘든 일을 해야 했고, 뉴욕, 시카고, 디트로이트 같은 커나가는 대도시에서 자기 자리를 찾아야 했다. 이 거대한 이주는 상당수의 사람에게 남부에서 겪은 인종차별과 비슷한 트라우마를 남겼지만, 개중에는 예기치 못한 기회를 얻는 사람들도 있었다.

어린 토머스 도르시에게 시골에서 도시로의 이주는 힘든 일이었다. 도르시는 애틀랜타에서 학교를 중퇴했고 외로움을 느꼈으며, 교회와의 밀착된 관계도 끊어졌다. 이제 그에게 남은 거라고는 음악밖에 없었다. 그는 자유로운 시간과 대도시의 이점을 십분 활용하여 영화관, 극장, 나이트클럽을 돌아다녔고, 현지의 음악 현장과 가까워지려고 노력했다. 거기서 보고 들은 걸 집에서 연습하거나 기회가 있을 때마다 클럽, 파티, 유곽에서 이를 흉내내곤 했다. 그곳은 말하자면 그를 독창적인 블루스 피아니스트로 키워낸 '음악학교'였다. 그는 블루스, 래그타임, 재즈 같은 다양한 스타일에서 영감을 얻었고 여러 밴드와 싱어송라이터를 만났으며, 여러 가지 실험을 하고 독자적인 그룹을 만들었다. 그 속에서 그는 어려운 연예계에서 처신하는 방법, 치열한 경쟁에서 살아남는 법을 배워나갔다. 토머스 도르시는 애틀랜타에서 성공을 거두었다. 그 후 더 큰 경쟁이 지배하는 시카고에서 활동을 이어나갔고 마침내 놀라운 경지에 오르게 되었다. 물론 그에 따르는 대가는 치러야 했지만 말이다. 낮에는 생계를 위해 닥치는 대로 일했고, 밤에는 평판이 좋지 않은 업소에서 연주해야 했다. 그러다가 피아니스트, 작곡가, 밴드 리더로서 자리를 잡게 되었고, '조지아 톰'이라는 예명으로 히트곡을 내놓으면서 정점에 도달했다. 그는 1928년 블루스 가수 탐파 레드와 외설적인 가사의 〈그게 그렇게 꽉 껴요〉를 녹음했는데, 이 노래는 자그마치 700만 장 이상이나 팔려나갔다. 전부 해서 도르시는 400곡이 넘는 블루스와 재즈 노래를 작곡했다.

그의 경력은 쉼 없이 계속되었다. 도르시의 마음속에서는 음악적 즐거움, 성공을 위한 야망과 건강 문제로 실존 위기에 처해 더욱 절실해진 종교적 갈망이 팽팽하게 갈등을 일으키고 있었다. 이 문제는 두 번의 신앙 체험을 통해 해결된다. 첫 번째 체험은 1921년 시카고 침례교회 예배를 방문했다가 겪었다. 갑작스러운 열망에 사로잡힌 그는 삶의 방향을 완전히 바꾸고 "하나님의 왕국에서 훌륭한 가수와 일꾼"이 되겠다고 결심했다. 이듬해에 그의 첫 종교곡인 〈거기에 가지 못하면〉을 썼다. 흔히 충동적인 회심이 그렇듯, 그의 결심도 오래가지는 않았다. 도르시는 여전히 블루스 음악에 머무르며 연예 활동을 이어갔다. 그러나 외적인 성공이 내적 갈등을 잠재우지는 못했다. 희한하게도 1928년 성공이 절정에 달했을 때 심각한 우울증이 그를 덮쳤다. 두 번째 회심을 통해 그는 우울증에서 벗어날 수 있었다. 이번에는 이 체험을 치유와 소명으로 받아들였고, 이제부터는 온전히 기독교 음악만을 위해 헌신하리라 마음먹었다. 그때를 회상하며 그는 이렇게 말했다. "무슨 일이 일어났는지 말로 설명하기는 어렵다. 몇 년 전에도 분명 난 기독교인이었고 교회에도 다녔다. 그런데 지금은 그때보다 훨씬 더 진지하게 하나님을 생각하게 되었다. 절대 잊을 수 없는데, H. H. 헤일리 목사가 상냥하고 낮은 목소리로 내게 '도르시 형제님, 당신이 이렇게 비참해 하고 슬퍼할 이유가 없어요. 주님께서는 당신을 위해 수없이 많은 것을 행할 것이고 당신을 죽게 내버려 두지 않을 것이니까요.'라고 말했다." 큰 위로를 받은 도르시는 다른 노래를 쓰기 시작했다. "그것은 토요일 밤에 파티에서 연주하던 블루스 노래가 아니라 희망과 믿음의 노래, 가스펠 송이었다. 그것이 내 인생의 전환점이 되었다."

도르시 인생의 전환점은 아프로아메리칸 기독교 음악에 새로운 방향을 제시했다. 이를 이해하기 위해서는 먼저 그 당시 흑인 교회에서 일어난 근본적인 변화부터 살펴보아야 한다. 대도시에서는 아프리카계 미국인 중산층이 형성되었다. 그들의 교회는 안정적인 침례교 공동체에 뿌리를 두고 있었다. 예배는 규율에 따라 진행되었으며, 교인들은 즉흥적이고 신체적인 반응을 꺼렸다. 소리 지르고 발 구르고 손뼉치고 울고 웃는 행위는 이교도적이며 극복해야 할 노예들의 유산이라고 여겨졌다. 이 공동체에서 추구하는 이상은 교육, 시민 질서, 직업 상승이었고, 그것이 예배와 음악을 규정했다. '아프리카적'으로 들리는 것은 목회자들에 의해 반대되었고 '정치적 개선'이라는 명목 아래 길들이고 다듬어졌다. 옛날 영가의 기록화 작업도 그중 하나였다. 문맹에서 벗어난 신도들은 1921년에 출판된 『가스펠 펄스』나 1927년 미국 침례교 협의회가 출간한 『승리의 영가』 같은 찬송가집을 보며 노래를 부를 수 있게 되었는데, 잘 훈련된 성가대가 예배 음악의 많은 부분을 책임졌고 옛 성가들을 수준 높은 편곡으로 들려주었다. 이에 일반 신도들은 소외감을 느낄 수 있었다.

이 때문에 적잖은 사람들이 다른 교회를 찾아 나섰다. 도약에 성공하여 중산층을 형성한 사람들, 자유롭고 자발적이며 열정적인 예배를 원하는 사람들, 남부에서 온 새로운 이민자들이 '그리스도 안에 있는 하나님 교회'처럼 오순절 운동과 성결 운동을 표방하는 공동체로 합류했다. 여기서는 예의, 교육, 신분 상승에 중요한 가치를 두지 않았으며, 기독교 본연의 모습, 거룩한 열정, 경건한 황홀경을 중요시했다. 이른바 '상가 교회'로 사람들이 모여들었다. 그들은 비어있는 가게를 빌리고 적당한 집기로 꾸며 공동체 공간과 예배 공간으로 만들었다. 남부 출신의 많은 노동자 이주민과 난민에게 이 상가 교회는 타지에서 찾은 고향 같은 존재가 되었다. 그들은 서로를 잘 알고 서로에게 힘이 되어 주는 친숙하고 작은 공동체의 일원이었고, 시골 남부의 전통을 당당하게 지킬 수 있었다. 또 옛 노래만이 아니라 새 노래도 눈치 보지 않고 마음껏 열정적으로 부를 수 있었다.

'상가 성결 교회'의 생활에 대한 최고의 묘사는 1953년에 출간된 제임스 볼드윈의 소설 『산 위에서 말하라』에서 찾을 수 있다. 1930년대 할렘의 오순절 교회에서 행해진 예배를 묘사한 장면이다. "일요일 아침 예배는 엘리사 형제가 피아노 앞에 앉아 목을 가다듬는 것으로 시작했다. 교회는 사람들로 가득 찼고, 하얀 옷을 차려입은 자매들은 머리를 꼿꼿이 세운 채 푸른색 양복을 입은 형제들은 머리를 뒤로 젖힌 채 기다렸다. 이윽고 엘리사가 노래를 시작하니 모두가 따라 불렀고, 손뼉을 치고 손을 들어 올리고 탬버린을 쳤다. 그들은 〈구주의 십자가 보혈로〉, 〈예수여, 날 구원한 당신을 잊지 않으리〉, 〈주여, 이 길을 가는 동안 내 손을 잡아주소서〉를 불렀다. 그들은 온 힘을 다해 노래했고 기쁨에 넘쳐 손뼉을 쳤다. 지금도 존(소설 속 십 대 주인공)은 성도들의 환희를 마주할 때마다 충격과 놀라움을 느낀다. 그들의 노래가 그 순간 하나님의 현존을 믿도록 만든다. 아니, 이제는 믿음의 문제가 아니다. 노래가 하나님의 현존을 현실로 만들었기 때문이다. 존이 비록 신도들이 느끼는 기쁨을 자기 안에서 느낄 수는 없었지만, 그 기쁨이 그들에겐 생명의 빵과 같다는 사실을 의심하지는 않았다. 사람들의 표정과 목소리, 신체의 리듬, 숨 쉬는 공기 속에 무언가가 있었다. 마치 성령이 공기를 가르며 움직이는 듯했다. 존이 지켜보는 사이에 그 힘이 남자인지 여자인지는 확실치 않으나 누군가를 쓰러뜨렸다. 쓰러진 이들은 소리를 질렀다. 말이 아닌 긴 비명이었다. 그러고는 날개처럼 팔을 펼치더니 다시 비명을 지르기 시작했다. 누군가가 의자를 밀어 그들을 위해 자리를 만들어 주었다. 리듬이 멈추고 노래는 중단되고, 발을 구르고 손뼉을 치는 소리만 들려왔다. 잠시 후 누군가가 또 비명을 질렀고 누군가는 격렬한 몸짓을 했고, 다시 탬버린이 울리기 시작했고 목소리가 다시 높아졌다. 음악은 불꽃처럼, 홍수처럼 다시 솟아올랐다. 교회는 그 안에서 역사하는 모든 권능으로 부풀어 오른 듯했고, 하나님의 권능은 성전을 뒤흔들어 놓았다."

예배는 경이로우면서도 충격적이었고, 성령은 힘을 지녔으며 강력한 카리스마로 사람들을 휘어잡았다. 이는 좋은 결과와 나쁜 결과를 동시에 초래했다. 우선 강렬한 신앙 체험은 개인을 고독에서 벗어나게 하고 자기 존엄성을 확신시켜주고 언젠가 모든 고난과 불의가 하나님에 의해 사라질 것이라는 강한 희망을 품게 했다. 따라서 개인은 교회 공동체를 전적으로 믿고 의지하게 되었다. 이제 사람들은 폭력, 중독, 범죄가 없는 더 나은 삶을 영위하고 빈민가 한복판에서도 명예롭고 평화롭게 살아갈 이유를 찾았다. 남편과 아버지가 이렇게 거룩한 삶으로 전향하면, 여자와 아이들에게도 좋은 일이었다. 그러나 이러한 신앙 안에도 그 나름의 심연은 존재했다. 의인과 죄인이 완전히 분리되리라는 저세상에 대한 개념이 폭력적인 상상과 집착으로 응집하고, 사람들을 철저하게 구원받은 자와 저주받은 자로 갈라놓는 부작용으로 나타났다. 그뿐만 아니라 자유로운 의사 결정을 허용하지 못하고 육체의 즐거움을 느긋하게 대하지 못하는 완고한 도덕성으로 이어졌다. 겉보기엔 내적, 외적으로 철저하고 엄격한 신앙처럼 보일 수 있었지만, 그 이면에는 목회자의 권력과 (특히 애정이나 돈 문제에서) 경건한 위선이 도사리고 있었다.

은총의 축복에 경탄하는 순간과 죄와 저주의 폭력에 경악하는 순간을 말끔히 분리하기는 힘들다. 그 순간들이 함께 뒤섞여 있기 때문이다. 강렬한 행복감과 전율케 하는 감정은 신앙 속에 서로 맞물려 있으며, 그것이야말로 놀라운 음악적 창의력의 원천이다. 초반에는 이 창의력이 어디를 향해 퍼져가고 흘러가는지 예측할 수 없었다. '성결운동'의 찬송가와 블루스의 선율, 리듬이 결합한 것은 필연이었는지도 모른다. 그렇다 해도 놀라운 일이었다. 처음에 블루스는 음악 스타일이라기보다는 분위기, 노래에 덧입혀진 삶의 감정이었다. 블루스는 다

듣여지지 않은 날것의 감정을 그대로 표현하고 불러올 수 있었다. 처절한 폭력 속에서 탄생했기에 그 안에는 무거운 슬픔이 거친 선율, 꾸밈없이 내지르는 후두음, 탄식과 외침, 길게 늘어지는 리듬으로 표현되어 있었다. 여기에 어두운 기타, 강타하는 하몬드 오르간이 반주로 곁들여지기도 했다. 게다가 블루스는 빠른 속도를 낼 수도 있었는데, 강렬한 비트로 춤추고 싶은 열망을 일깨우거나 삶에 대한 열정을 발산하고 사랑으로 유혹할 수 있었다. 바로 그 때문에 '성도'들은 오랫동안 블루스와 주요 악기인 기타를 악마의 도구이자 속세의 음악이라고 여겼다. 기본적으로 블루스는 고통과 사랑의 노래였다. 따라서 술집 음악과 신성한 교회음악을 엄밀히 구분할 수 없었다. 혼란스러워하며 거부하는 성도들도 있었지만, 대다수는 영가와 블루스에서 자양분을 공급받아 생겨난 새로운 가스펠 음악에 자석처럼 끌렸다. 남부 농촌의 옛 노래가 북부 도시에서 새로운 보금자리를 발견하고 그에 맞는 적절한 형태를 찾게 된 것도, 이 결합을 통해서였다. 새로운 영적인 음악의 흡입력은 강했고, 결국 1930년대에는 '상가 성결 교회'민이 아니라 아프로아메리칸 중산층의 '주류 교회'까지 아우르게 되었다. 이는 갈등을 촉발했다. 지금으로선 가스펠 음악이 아프리카계 미국인 내부의 심각한 문화 충돌의 방아쇠가 되었다는 사실을 이해하기가 어렵다. 예배에서 억제되지 않은 육체와 자발적인 관능이 두드러지고 하류층 기독교도들이 자기 목소리를 내며 자신들을 표현할 기회가 생기자 문명화된 예배를 신봉하는 중산층 기독교도들은 위협을 느꼈다. 침례교의 많은 목회자가 가스펠의 힘을 지지하려고 했다. 그러나 새로운 종류의 '경쾌한 음악'을 향한 신도들의 갈망을 꺾을 수는 없었다. 마침내 그들은 가스펠 음악을 위해 교회 문을 열어야 했다.

한 가지 덧붙이자면, 가스펠의 승리가 '대공황' 시기에 이루어졌다는 사실을 기억해야 한다. 빈곤의 파도가 남부 지역과 북부 도시를 휩쓸고 수많은 사람이 곤궁에 빠져 피난처를 찾을 때, 가스펠 음악이 대중을 사로잡았다. '상가 교회'와 '주류 교회'를 넘어 자신이 교회 공동체에 속하지 않는다고 느끼는 수많은 사람까지 사로잡았다.

<귀하신 주님>

신도와 목회자, 성가대와 앙상블, 가수와 작곡가 등 수많은 사람이 가스펠의 승리에 이바지했다. 특히 토머스 도르시의 공헌이 돋보이는데, 그는 내면적으로 이 음악의 두 갈래 원천을 하나로 결합하는 데 성공했다. 그는 가장 이상적인 가스펠 작곡가였다. 도르시는 초기 오락 산업의 모든 조류를 섭렵하며 성장한 입증된 블루스 전문가였고, 아프로아메리칸의 부흥 운동에 깊은 감명을 받은 기독교도였다. 이 두 갈래는 서로 보완하고 때로는 서로를 배척하며 오랫동안 영향을 주고받았다. 그 갈등과 분화는 도르시를 견딜 수 없는 지경으로 몰아갔다. 그런 그가 마음의 평화와 삶의 명확한 방향을 찾은 것은, 블루스와 영가의 내적 관련성을 밝히고 인위적이고 도덕적인 경계를 극복하는 데 성공하여 블루스의 특성을 품은 찬송가를 쓰고 연주하게 되면서부터였다. 그는 <어떻게 해야 하죠?>, <변화가 올 때까지 기다리리>, <구세주

를 본다면〉, 〈(사랑의 요람으로) 나를 흔들어〉, 〈골짜기에 평화〉 같은 노래들을 썼다.

도르시의 명망은 단순히 음악적 독창성, 피아니스트와 밴드 리더로서의 노련함, 신학적 판단력에서 기인한 것만은 아니다. 종교적, 음악적 '쇼맨십'에 대한 이해도 남달랐다. 그는 재기 넘치는 작곡가이자 설교자, 연주자, 합창 지휘자였다. 노래는 자신이 탁월한 안목으로 선택한 여가수들이 부르게 했다. 그가 가수를 고르는 기준은 '절규'와 '비명'을 제대로 구현할 수 있는가였다. 그는 완벽하고 잘 훈련되고 성숙한 목소리에는 관심이 없었고 자신의 노래를 비명처럼 내지를 수 있는 가수, '할렐루야'와 '아멘'으로 회중을 울고 포효하게 할 수 있는 가수를 원했다. 그의 거친 '발 구르기 음악'은 목회자나 옛 교회 음악가들이 보기에 의심스러웠다. 그런데도 도르시는 온갖 저항을 이겨내고 '조지아 톰'에서 '가스펠 음악의 대부'로 탈바꿈하는 데 성공했다. 사람들의 마음을 사로잡은 그의 음악 때문만은 아니었다. '교회 정치적'으로 능한 그의 자질 덕분이기도 했다. 그는 광대하고 다채로운 아프로아메리칸 교회문화의 세계에 자신의 음악이 영원히 정착하도록 도움을 줄 수 있는 제도를 직접 만들었다. 바로 가스펠 합창단이었다. 그는 '커뮤니티 합창단'과 대규모의 합창단 모임을 조직했다. 1930년대 초반, 그는 시카고에서 두 개의 침례교 합창단, 즉 '필그림 침례교회'와 '에벤에셀 침례교회' 합창단의 음악 감독이 되었다. 이 둘은 전국적인 합창운동의 구심점이 되었고, 마침내 '전국 가스펠 성가대 및 합창단 협의회'가 출범하기에 이르렀다. 초대 회장은 당연히 도르시였다. 그

협의회와 많은 가스펠 합창단의 중요성은 아무리 강조해도 지나치지 않는다. 그것들은 새로운 음악의 예술적, 사회적 기반이 되었을 뿐만 아니라 그 이상의 의미를 지녔다. 물론 교회 음악사에서 처음 있는 일은 아니었다. 빈민가의 청소년들에게 가스펠 합창단의 의미는 18세기 라이프치히의 가난한 소년들에게 토마스 합창단이 갖는 의미와 비슷했다. 그들에게 합창단은 교육, 문화, 신분 상승을 위한 유일한 관문이었다.

도르시는 자본주의 경제의 새로운 수단을 활용할 줄 알았다. 자신의 노래를 확신시키기 위해 그는 노래를 낱장으로 인쇄해서 10~15센트씩 받고 팔았다. 이미 종교개혁 시기에 이러한 방식이 획기적인 성공을 거두었다는 사실을 그가 알고 있었을까? 아마 아닐 것이다. 그의 관심은 노래를 대중에게 전파하고 동시에 작곡에 대한 저작권을 확보하는 데 쏠려 있었다. 그는 곧 기존의 음악 산업이 자신을 대하는 방식에 불만을 품게 되었고, 독자적으로 가스펠 출판사를 설립했다. '도르시 하우스 오브 뮤직'이 이 분야에서 최초의 출판사였다. 초기의 다른 많은 가스펠 음악가처럼 그 역시 광범위한 투어를 진행했고, 당시 새로운 매체인 레코드와 라디오를 적극적으로 활용했다. 새로운 매체 덕에 노래는 교회에서 벗어나 재생기기를 갖춘 공공 영역과 개인 집으로 진출하게 되었고, 그곳에서는 새로운 형태의 청취 공동체가 생겨났다. 처음에는 아프로아메리칸에 의한 아프로아메리칸을 위한 음악으로서 틈새시장을 파고들었다. 말하자면 '인종 음악'이었다. 이런 상황이 그리 오래가지는 않았는데, 한 번도 '상가 교회'에 발을 들이거나 근처에 가본 적이 없는 백인들이 라디오를 통해 이 음악을 알게 되고 그 매력에 빠져들었다.

1940년대에는 가스펠 음악이 아프로아메리칸 교회문화의 좁은 틀에서 벗어나 대중음악의 큰물로 진출했다. 토머스 도르시는 다가올 다음 단계를 감지했을 것이다. '성결 교회' 안에서만 노래를 부르던 많은 여가수가 라디오, 나이트클럽, 음악회장, 심지어 텔레비전 프로그램에 출연하게 되었고, 이러한 변화는 그들의 인생에 큰 전환점이 되었다. 그들은 보호받던 '공동체'의 울타리를 뛰어넘었고, 밖에서 만났으면 인사를 건네거나 자신들을 동등한 시민으로 대해 주지 않았을 청중 앞에서 노래를 불렀다. 많은 가스펠 음악가에게 이는 승리를 의미했고, 적어도 만족감을 느낄 수 있었다. 게다가 영적인 노래로 많은 돈을 벌어들일 기회까지 주어졌다. 이 기회를 놓치지 않으려는 이들을 어느 누가 비난할 수 있겠는가? 2차 세계대전 시기와 그 직후에 가스펠 음악은 대중문화의 중심으로 부상하면서 '황금기'를 맞이했다. 이로써 가스펠은 19세기의 유럽 교회음악이 교회를 벗어나 시민 문화 세계에 안착한 것과 같은 대업을 이룩할 수 있었다. 이는 성공적이었고 자신들의 기독교 음악을 사회 전체에 퍼트리는 기회가 되었다. 반면 거기에는 독실한 '성도들'이 예리한 감각으로 감지한 위험이 도사리고 있었다. 가스펠 역시 하나의 상품, 일반적인 시장 및 유행 메커니즘과 자의적인 '쇼 비즈니스'에 종속되어 영적인 본질과 예술적인 진정성을 위협받는 세속적인 오락물로 전락했다. 이처럼 승리가 모호하다고 해서 가스펠 음악이 차라리 그냥 빈민가에 머물렀기를 바랐어야 할까? 그랬다면, 많은 노래가 문화유산이 되지 못한 채 오래전에 잊히고 말았을 것이다.

도르시는 수없이 많은 가스펠 송을 작곡했다. 그중 가장 유명한 노래가 〈귀하신 주님, 내 손 잡아주소서〉인데, 그의 인생에서 가장 불행한 순간에 탄생했다. 1925년 그는 사랑하는 연인 네티 하퍼와 결혼했다. 그로부터 7년 뒤 아내는 마침내 두 사람의 아이를 가졌다. 때마침 도르시는 투어 중이었고 시간에 맞춰 그녀 곁으로 돌아올 수 없었다. 아내는 1932년 8월 26일 아이를 낳았고 곧 세상을 뜨고 말았다. 아이도 그다음 날 사망했다. 절망에 빠진 도르시는 어느 날 피아노 앞에 앉아 무심코 오래된 노래 한두 곡을 연주했다. 그런 다음에 옛날 침례교 찬송가 〈내 주님 지신 십자가〉의 모티브로 즉흥연주를 하다가 갑자기 가사가 떠올라 피아노로 연주하며 노래를 불렀다. 절망과 고통 속에서 새로운 노래가 탄생했다.

귀하신 주님, 내 손 잡아주소서,
날 인도하시고 내가 설 수 있게 도와주소서.
내가 힘들고 약하고 홀로 있을 때,
폭풍우와 밤을 헤치고
빛으로 날 인도하소서.
내 손 잡아주소서, 귀하신 주님,
집으로 날 인도하소서.
내가 가는 길이 어두워질 때,

> 귀하신 주님, 가까이 머무소서.
>
> 내 빛이 거의 사라질 때,
>
> 내 외침을, 내 부름을 들어주소서.
>
> 쓰러지지 않게 내 손 잡아주소서.
>
> 내 손 잡아주소서, 귀하신 주님, 집으로 날 인도하소서.
>
> 어둠이 닥쳐오고
>
> 밤이 다가오고
>
> 그날이 지나가고 끝나갈 때,
>
> 내가 서 있는 강가에서 내 발을 인도하고 손을 잡아주소서.
>
> 내 손 잡아주소서, 귀하신 주님, 집으로 날 인도하소서.

그것은 길게 늘어지는 탄식의 노래로 도르시는 모음을 길게 늘였다. 리듬은 주저하듯 끌려가면서 슬픔과 고독을 확산시킨다. 목소리는 더 많은 선율을 찾아내려는 듯 모음에서 모음으로, 단어에서 단어로 더듬어가며 찾고 있다. 노래라기보다는 하소연과 탄식에 가까운 가사는, 구약의 시편처럼, 인간의 고통을 드러내고 표현하고 있다. 한번은 도르시가 '에벤에셀 침례교회'에서 자신의 절망과 믿음이 담긴 가스펠, 〈네 갈 길 주님께 맡기고〉를 선보였다. 그때 일어난 일이다. "사람들은 어쩔 줄 몰라 했다. 정신을 놔 버린 것 같았다. 교회를 뒤흔들어 놓았다. 여기저기서 비명이 터져 나왔다." 이 노래가 불러온 감동과 흥분을 어떻게 설명해야 할까? 소리 높인 주장 따위는 없었고 모든 걸 직접 체험해야 했다. 신앙은 설파되거나 위로부터 전해지는 게 아니다. 소리 없이 생겨나서 확고해진다. 이제 믿음은 더는 성경 구절이나 교회의 가르침, 기존의 경건함에 집착하지 않는다. 날것 그대로 자신을 드러내며 상실과 신뢰를 몸소 체험하게 한다. 이 완전한 무장해제를 통해 가스펠 음악이 힘을 얻는 것이다.

토머스 도르시는 긴 삶을 살았고, 1993년 1월 23일 93세의 나이로 세상을 떠났다.

위대한 여가수들, 로제타 타프와 머핼리아 잭슨

가스펠은 두 가지 면에서 해방의 프로젝트였다. 아프리카계 미국인의 해방을 촉진했을 뿐만 아니라 가스펠이 곧 여성 운동이었다. 가스펠은 여성이 함께 일구어낸 기독교 최초의 음악이었다. 이것이 바로 가스펠만의 독특한 특성이다.

아프로아메리칸 교회에서 여성은 언제나 결정적인 역할을 해왔다. 공동체의 공식적인 지도와 사역은 남성의 손에 맡겨졌지만, 여성의 참여와 헌신이 없었더라면 이들 교회는 살아남지 못했을 것이다. 노예 시대와 이후 인종차별 시대에는 안정적인 가족관계의 구축이 힘들었다. 이때 가족을 하나로 묶은 이들이 바로 어머니고 할머니였다. 그뿐이 아니다. 그들은 자진해서 교회 공동체까지 떠안았다. 특히 '성결 교회'에서 그들의 영향력은 막강했다. 그곳에서는 여성이 다수를 차지했으며 기존 교회에서보다 더 독립적인 활동을 펼쳤다. 이 점이 오순절

시스터 로제타 타프는 음악적으로나 종교적으로
아프로아메리칸 성결 운동 속에서 성장했고,
세속적인 가요계에서 성공을 거둔 1세대 가스펠 가수 중 한 명이다.
그녀의 강렬한 노래와 힘찬 기타 연주는 로큰롤 형성에
영향을 주었다. 이 사진은 1938년 무렵
럭키 밀린더 오케스트라와의 음악회 장면을 찍은 것이다.

과 성결 운동의 또 다른 '초기 기독교적' 특성이었다. 사실 초대 교회 공동체에는 여성 선지자가 존재했는데, 바울과 다른 사도들이 등장하면서 여성은 자기 목소리를 잃게 되었다. 그러나 성결 교회의 자매들은 침묵하지 않았다. 그들에게 설교는 허락되지 않았으나 다양한 방식으로 예배에서 목소리를 냈다. 그들은 '부름과 응답'으로 설교자와의 대화를 이끌었고, 큰 소리로 기도하고 간증했으며 노래를 불렀다. 교회 밖에서도 그들의 음성을 들을 수 있었다. 여성은 선교 사역에서 큰 비율을 차지했다. 이웃에게 다가가 양심에 호소했고, 예배나 부흥회에 사람들을 초대했고, 혼잡한 길모퉁이에서 설교하고 노래를 불렀고, 이 마을에서 저 마을로, 이 도시에서 저 도시로 쉼 없이 전국을 돌아다녔다. 이런 공개적인 활동, 특히 여행은 여성 '부흥 사역자들'에게 상당한 위험과 엄청난 노력을 수반하는 것이었다. 그들이 얼마나 대단한 용기와 믿음, 신념을 지녔고 자신들의 일에 얼마나 큰 만족감과 자부심을 느꼈는지는 추측만 할 수 있을 뿐이다.

'성결 교회'의 탁월한 가스펠 가수였던 시스터 로제타 타프도 선교 음악가로 시작했다. 어렸을 때부터 그녀는 어머니 케이티 벨 누빈을 따라 예배에도 가고 '거리 설교'와 투어에도 따라다녔다. 그녀에게는 특별한 종교적 쇼맨십이 있었고, 신자는 물론이고 비신자들도 그녀의 노래와 기타 연주에 매료되었다. 처음에 '성도들'은 기타를 블루스의 악기라고 의심했지만, 곧 선교를 위해 이보다 더 매력적이고 적합한 악기가 없음을 깨달았다. 시스터 로제타 타프는 어쿠스틱 기타를 연주하다가 나중에 훨씬 더 강력한 전자 기타로 바꾸었다. 그녀의 연주와 노래에서는 '그리스도 안에 있는 하나님 교회'의 설교자가 도저히 따라잡을 수 없는 신앙의 힘이 뿜어 나왔다.

시스터 로제타 타프는 신성한 음악에서 세속적인 오락 음악으로의 전향을 감행한 최초의 가수였다. 첫 번째 남편과 이혼 후 그녀는 제약이 많은 선교사의 삶에서 벗어났다. 1938년 10월 13일, 그녀는 뉴욕의 전설적인 코튼 클럽 무대에 올랐다. 가스펠 음악 역사에 길이 남을 만한 날이었다. 교회음악은 이제 세상의 음악회장을 정복했다. 수많은 백인 청중이 그녀에게 마음을 빼앗겼다. 이를 수치스러운 배신이고 가슴 아픈 손실이라고 여기는 신도들도 많았다. 독실한 선교사였던 어머니는 변함없이 그녀 편이었다. 시스터 로제타 타프는 언론과 음악계에 센세이션을 일으켰다. 후반기 그녀의 공연 모습을 본 사람은 나이 지긋한 부인이 얼마나 전자 기타를 멋지게 연주하며 그녀의 노래로 청중에게 환호를 자아내는지 알 수 있다. 게다가 척 베리, 엘비스 프레슬리, 조니 캐시가 누구에게서 영감을 얻었는지도 확실해진다. 시스터 로제다 다프기 비로 로큰롤이었다. 그녀와 비교하면, 롤링스톤즈는 아직 풋내기 어린아이에 불과하다. 그녀는 스타로서 화려한 삶을 살았고 끊임없이 순회공연을 했고 엄청난 돈을 벌었으며, 그 돈을 낭비하거나 사람들에게 나눠주기도 했고 터무니없는 짓을 벌이기도 했다. 스포츠 경기장에서 수천 명의 팬이 지켜보는 가운데 세 번째 남편과 결혼식을 올렸는데, 그로 인해 그녀는 행복도, 건강도 잃게 되었다. 그런 와중에도 음악과 신앙만큼은 착실히 지켰다. 마지막 영상에는 잃어버렸다가 되찾은 가스펠의 딸이 코펜하겐 음악회에서 마지막 노래를 부르는 모습이 담겨 있다. 어머니를 잃은 슬픔으로 가득 찬 그녀는 어쩌면 곧 다가올 자기 죽음을 예견하고 있었을지도 모른다. 시스터 로제타 타프가 부른 노래는 다름 아닌 토머스 도르시의 〈귀하신 주님, 내 손 잡아주소서〉였다.

탁월한 가스펠 가수들은 단순히 음악의 해석자가 아니었다. 그 이상이었다. 유럽의 다른 고전 음악과는 달리 가스펠 송은 완성된 작품이 아니었다. 모든 것이 다 기록되어 있어서 그에 따라 연주하고 해석하기만 하면 되는 게 아니었다. 재즈의 '스탠더드'처럼, 가스펠 송은 연주 순간에 완전한 형상을 갖추게 되는 일종의 패턴에 가까웠다. 그저 느슨한 구조물로 여기에 각기 다른 편곡, 악기 편성, 개인의 가창이 더해져야 했다. 따라서 위대한 가스펠 가수는 언제나 공동 작곡가 대접을 받아야 한다. 토머스 도르시가 여가수를 선택하기 위해 그렇게 심혈을 기울인 확실한 이유가 있었다. 그는 맨 처음으로 샐리 마틴을 찾아냈고 그다음으로 자신의 음악회와 투어를 위해 윌리 메이 포드 스미스를 발굴했다. 그리고 가장 탁월한 가스펠 가수이자 아프로아메리칸 음악의 어머니인 머핼리아 잭슨을 만났다. 머핼리아 잭슨은 '가스펠의 대부'에게 없어서는 안 되는 존재이며 그에 필적할 만한 '대모'가 되었다.

1911년 뉴올리언스에서 태어난 머핼리아 잭슨은 어려서부터 아프로아메리칸 음악의 가장 중요하고 다양한 경향을 받아들이며 성장했다. 가족이 다니던 침례교 교회에서 부흥 운동의 고전적인 찬송가를 접했고, 이웃 성결 교회에서는 영가와 무아경에 빠져서 내는 '샤우팅'

가스펠 운동은 여성이 함께 주도한 유일한 교회음악 운동이었다.
그중 대표적인 가수가 머핼리아 잭슨이다.
이 사진은 1967년 콘서트장에서 찍은 것이다.

을 들었다. "그곳 사람들에게는 성가대도, 오르간도 없었다. 그들은 드럼, 심벌즈, 탬버린, 트라이앵글을 사용했다. 모든 사람이 노래를 부르면서 손뼉을 쳤고 발을 굴렀다. 온몸으로 노래했다. 그들에게는 노예시절부터 지켜온 비트, 리듬이 있었고, 그들의 음악은 강하고 극적이었다. 그 음악을 들을 때마다 내 눈에는 언제나 눈물이 차올랐다." 그에 비하면 그녀가 속한 교회의 성가대가 부르는 노래는 차갑고 생기

없어 보였다. 그녀는 교파를 바꾸는 대신에 성결교의 '비트'를 자신의 침례교로 가져갔다. 한편 음악적 열정을 그녀가 '성결교'를 통해서만 배운 건 아니었다. 연예계에서 활동하는 친척들을 통해 금지된 블루스와 재즈의 매력에 빠져들 기회가 주어졌다. 16세가 되던 1927년에 그녀 역시 다른 흑인들처럼 북쪽으로 이주했고, 이후 시카고에서 가스펠 가수로서 자리를 잡았다. 1930년대 중반에 토머스 도르시가 처음으로 그녀를 솔리스트로 선택했다. 이때부터 14년간의 협업이 시작되었다. 처음에는 블루스 가수로 활동할 생각도 있었지만, 나중에는 의식적으로 가스펠에 집중했다. "블루스는 절망의 노래이고, 가스펠은 희망의 노래이다. 가스펠 송을 부르면 잘못된 모든 것이 치유되는 듯한 느낌이 든다."

머핼리아 잭슨은 대단한 가수였다. 그러나 지금도 인터넷에서 볼 수 있는 영상에서는 조금도 그런 인상을 풍기지 않는다. 그녀는 교회를 뒤흔들 정도로 과도하게 고함을 쳐댔고, 그래서 질서를 중히 여기는 몇몇 침례교회는 그녀를 들이려 하지 않았다. 거기서는 그런 그녀가 너무 열정적이고 지나치게 관능적이고 유쾌하며 과할 정도로 상스러워 보였다. 그녀는 오순절 교회의 설교자처럼 포효하며 소리쳤고, 아이를 잃은 어머니처럼 통곡하며 울부짖었고, 막 사랑에 빠진 사람처럼 환호했다. 그녀의 방대한 레퍼토리 중에서 두 개의 노래가 두드러지는데, 〈어메이징 그레이스〉와 〈귀하신 주님, 내 손 잡아주소서〉이다. 2차 세계대전 이후 발매한 앨범은 놀라운 성공을 거두었고, 머핼리아 잭슨은 시스터 로제타 타프보다 더 유명한 슈퍼스타가 되었다.

자기 이름을 내건 텔레비전 쇼도 하고 유럽 투어도 했다. 자신을 상품화함으로써 많은 옛 아프로아메리칸 팬들의 비난을 사기도 했지만, 종교적 신념과 정치적 신의를 저버리지는 않았다. 1960년대에는 민권 운동을 대변하는 목소리가 되었다. 머핼리아 잭슨은 마틴 루터 킹이 25만 명의 군중 앞에서 '나에겐 꿈이 있다'는 연설을 한 1963년의 역사적인 '워싱턴 평화 행진'에서 고전적인 저항 노래들을 불렀다. 5년 뒤 마틴 루터 킹이 살해당하고 치러진 1968년 4월 9일 장례식에서는 킹이 생전에 좋아하던 〈귀하신 주님, 내 손 잡아주소서〉를 불렀다. 가스펠 음악의 가장 가슴 아프고 가장 빛나는 이 순간은 영상으로 남아 있다. 짧고 흔들리고 흐릿한 영상에서 머핼리아 잭슨이 부르는 〈귀하신 주님, 내 손 잡아주소서〉를 듣고 눈물이 나지 않는다면, 그는 분명 심장이 없는 사람일 것이다.

메이비스 스테이플스, 늙지 않는 음악

머핼리아 잭슨은 1972년에 세상을 떠났다. 이것으로 가스펠 음악의 역사도 끝났다고 생각하는 사람도 있을 것이다. 가스펠과 함께 성장한 아레사 프랭클린, 샘 쿡, 레이 찰스 같은 많은 음악가와 여가수가 소울 음악으로 방향을 틀었다. 가스펠이 소울, 펑크, 로큰롤, 알앤비 같은 새로운 대중음악 장르에 영향을 준 사실을 지나치게 강조할 필요는 없겠지만, 가스펠 음악은 이제 자기 역할을 다한 듯 보였다.

그런데 가스펠이 1960년대부터 전 세계를 휩쓸기 시작했다. 심지어 독일에도 뿌리를 내렸다. 『기독교 찬송가집』에 독일어 버전의 〈어서 모두에게 전해 주세요〉와 〈쿰바야 나의 주님〉이 수록되었다. 이 노래들은 어린이 예배를 넘어서서 일반적인 성가로 발전했다. 게다가 개신교 내부에서는 본격적인 가스펠 합창운동이 일어났다. 최근 조사에 의하면, 2013년에는 대략 십만 명의 가수가 3000개의 가스펠 합창단에 소속되어 있었다고 한다. 아니, 여가수라고 하는 편이 더 정확할 것 같다. 여성이 차지하는 비율이 80퍼센트나 되었기 때문이다. 합창단의 평균 나이는 42살로 고전적인 성가대보다 확실히 젊었다. 가스펠 합창단에 대한 취향은 갈릴 수 있지만, 분명한 사실은 그 덕에 더 많은 젊은이와 비신앙인이 교회를 찾게 되었다는 점이다. 여기서 놀라운 건 교단의 구성이었다. 가스펠이 미국 교단의 형제들에 의해 생겨나긴 했지만, 독일에서는 자유 교회 신도들의 비율이 절반을 넘지 않았고 가스펠을 부르는 이들은 각 주 소속의 개신교 신자들이었다. 그들에게는 가스펠이 표방하는 신학과 신앙이 매우 낯설었을 텐데도 말이다.

그럼 성공을 거둔 가스펠은 역사의 무대에서 사라졌을까? 아니다. 가스펠 음악은 부활의 강렬한 의지를 불태우며 여러 차례 놀라운 부활의 순간을 맛보았다. 최근의 부활은 위대한 여가수와 관련이 깊었다. 메이비스 스테이플스는 1939년 시카고에서 태어났고, 1950년대에 가스펠 가족 밴드인 '스테이플 싱어스'의 일원으로 활동을 시작했다. 아버지의 감독 아래 그녀와 자매들은 '신의 가장 위대한 히트곡 제조기'라 불릴 정도로 엄청난 인기를 누렸다. 그렇다고 그들의 성공이 얄팍한 상업화나 예술 매각과 관련이 있는 건 아니었다. 오히려 스테이플 싱어스는 민속적 특성을 종교적 진지함, 정치적 저항과 독창적인 방식으로 결합해 냈다. 최근 한 인터뷰에서 메이비스 스테이플스는 다음과 같이 회상했다. "킹 박사가 우리에게 그의 집회에서 노래를 불러 달라고 요청했어요. 〈내가 왜 이런 대접을 받아야 하나요〉는 그가 좋아하는 노래였지요. 경찰이 우리를 무자비하게 구타했고, 그래도 우리는 끝내 두려움에 굴복하지 않았어요. 마침내 변화가 생겼지요. 식당, 화장실, 수도꼭지에서 '백인 전용', '흑인 전용'이라는 간판이 제거되었답니다. 그때까지 우리는 곳곳에서, 주로 후방에서 최선을 다했어요. 스테이플 싱어스는 노래로 변화를 일으키고자 했답니다. 아버지는 언제나 싱어송라이터들에게 우리를 위해 곡을 쓰려면 최소한 신문 머리기사는 읽으라고 말했어요." 이 음악의 정치적 힘은 2007년 메이비스 스테이플스가 기타리스트 라이 쿠더와 녹음한 음반에서도 조금도 줄지 않았다. 〈절대 되돌아가지 않으리〉는 고전적인 저항 노래들을 새롭게 재해석한 앨범이었다. 그에 앞서 그녀를 솔로 가수로 내세우려는 시도가 있었는데, 이는 성공하지 못했다. 1990년대 프린스가 그녀를 펑크 스타로 만들기 위해 발매한 두 장의 앨범은 음악적으로 잘못된 것이었다.

  메이비스 스테이플스는 정통 가스펠 가수로서 최근 몇 년 사이에 다시 인기를 얻었다. 제프 트위디가 그녀에게 큰 도움이 되었다. 현재 가장 흥미로운 록 밴드 중 하나인 '윌코'의 보컬이자 음악적 리더인 트위디는 역사의식이 투철한 음악가였고 파묻힌 문헌을 재발굴하여 옛 노래를 새로운 스타일의 현대곡으로 바꾸었다. 두 사람은 함께 두 장의 앨범, 〈넌 혼자가 아니야〉(2010)와 〈참 포도나무〉(2013)를 발매했다. 이 공동 작업에 대해 메이비스 스테이플스는 이렇게 묘사했다. "트위디는 내게 언제나 요즘 사람들이 '스테이플 싱어스'의 여과되지 않은 생생한 소울을 갈망하고 있다고 말했어요. 그는 나를 다시 내 뿌리로 되돌려 놓았지요. 새로운 앨범에 실린 노래 대부분은 내가 어렸을 때부터 알던 것들이랍니다. 미시시피에서 할머니가 내게 불러주었고 매주 일요일 교회에서 목청껏 부르던 노래들이지요. 내가 트위디에게 자주 하던 말이 있었어요. '대체 이런 노래를 어디서 찾아냈어요? 노예시대에 쓰인 것들인데, 당신은 이제 이걸 젊은이들에게 팔 작정이군요.'"

1939년생 아프로아메리칸 가스펠 여가수와 그녀보다 무려 28살이나 어린 유럽계 미국인 인디 록 싱어송라이터의 협업은 대단히 유익한 결과를 낳았다. 앨범이 잘 팔려나간 건 물론이고 위대한 예술, 이 시대를 위한 살아있는 가스펠이 등장했다. 메이비스 스테이플스는 솔직하게 고백했다. "할 수만 있다면, 남은 인생을 트위디하고 함께 일하고 싶어요. 그는 내 이야기, 내 음악을 파고들었고 나 자신보다 나를 더 잘 아는 것 같아요."

두 앨범에 실린 많은 가스펠 송 중에서 하나를 꼽기란 어려운 일이다. 아쉽게도 〈귀하신 주님, 내 손 잡아주소서〉는 없다. 영국 저널리스트이자 시인, 정치가인 윌리엄 아서 던컬리가 존 옥센햄이라는 예명으로 1908년에 쓴 가사에 기반한 노래가 특별한 감동과 평안을 안겨준다. 스테이플스와 트위디의 버젼에서는 가사를 약간 바꾸었다. 트위디의 기타가 고요하고 부드럽게 흔들리듯 연주하는 동안 스테이플스가 꿈꾸듯 조용히 노래한다.

> 그리스도 안에 동서나 남북이 있으랴.
> 안팎으로 하나의 위대한 사랑뿐이네.
> 진실한 마음은 어디에나 있지만, 귀먹고 눈먼 이들도 있네.
> 사방에서 잃어버린 영혼이 찾을 수 없는 하나의 선율을 노래하네.
>
> 손 맞잡고 믿음을 갖고,
> 인종이 무엇이든
> 내 아버지와 그 아들을 섬기는 자,
> 모두 나와 한 형제라네.
>
> 그리스도 안에 동과 서,
> 흑과 백이 있으랴.
> 오직 하나의 위대한 사랑뿐,
> 증오도 그 사랑을 가를 수 없으리.
>
> 적을 용서하라,
> 우리는 모두 하나의 가족이라네.

스테이플스와 트위디가 들려주는 이 노래를 통해 수많은 경계를 넘어서는 화해의 메시지가 단순히 선포되고 주장되는 것이 아니라 음악적 형식으로 구현되었다. 이것은 가스펠의 역사가 아직 끝나지 않았음을 말해 주는 많은 예 중 하나일 뿐이다. 이 음악은 많은 문화적, 종교적 격변을 겪으면서도 꾸준히 살아남았고 사람들에게 이름처럼 '기쁜 소식'을 전하고 있다.

나오는 말

기독교 음악의 역사가 2천 년이나 흐른 지금, 미래에 대해서 의문이 생길 수 있다. 무언가 새로운 것이 더 등장할까? 아니면 오페라처럼 교회음악에도 더는 추가할 게 없으며, 그냥 역사 유산을 보존하는 책임과 기쁨에 만족해야 할까? 이 질문은 두 가지 관점에서 접근할 필요가 있다. 세계적 관점에서 기독교를 바라보면, 그 생명력에 놀라움을 금할 수가 없다. 기독교는 전 세계적으로 빠르게 성장하고 있다. 유럽 교단의 영향력에서 벗어나 새로운 표현과 공동체 형식을 모색하는 중이다. 특히 오순절 주의는 남아메리카, 아프리카, 동아시아의 많은 부분을 점령했다. 강하고 열정적인 신앙을 기반으로 한 오순절 주의는 성결 운동의 전통에 서 있으며, 가스펠 음악의 전통과도 맥이 닿아 있다. 게다가 가스펠은 각 지역의 음악 전통, 글로벌 팝 문화와도 결합했다. 이를 통해 어떤 새로운 기독교 음악이 탄생할지 유럽에서는 알 수 없다. 앞으로의 발전 가능성에 대해서는 아직 예측하기가 어렵다.

한편 시선을 독일과 북유럽으로 제한한다면, 좀 다른 그림이 그려질 수 있다. 이곳에는 아직도 좋은 오르간을 갖추고 있는 교회들이 많고, 전문 교육을 마친 교회 음악가들이 비교적 좋은 대우를 받으며 활동하고 있으며, 이들 교회 음악가와 대부분 자원봉사로 헌신하는 많은 연주자, 합창단이 예배와 다양한 음악회에서 음악을 선보이고 있다. 그러나 이것은 점차 줄어들 것이다. 그렇다면 이러한 변화에 어떻게 합리적으로 대처해 나가야 할까? 그보다 더 흥미로운 질문은 유럽 기독교 음악의 내적 조건에 관한 것이다. 여기서는 신앙도 급격히 변화하고 있다. 신앙은 점점 미약해지고 더 머뭇거리고 어떤 새로운 형태를 취할지 분명하지 않은 상태에서 전통 형식을 버리고 있다. 이렇게 변화하는 신앙에 적합한 음악은 과연 무엇일까? 이것은 오직 성령만이 답할 수 있는 심오한 질문이다. 현대 기독교 음악을 구현하려면, 새로운 오순절의 기적이 필요해 보인다.

2012년 라이프치히에서는 성대한 기념 축제가 열렸다. 토마스 합창단의 800주년을 기념하는 축제였다. 한 해 동안 중요한 교회 축일에 축제 곡들이 연주되었다. 요한 제바스티안 바흐의 〈크리스마스 오라토리오〉를 제외하고는 모두가 800주년을 기념하기 위해 현대 작곡가들이 새로 작곡한 신작이었다. 게오르크 크리스토프 빌리가 작곡한 〈성 토마스의 부활절 음악〉이 있었고, 종교개혁 기념일에는 스위스 목사 쿠르트 마르티의 가사에 곡을 붙인 하인츠 홀리거의 모테트가 연주되었다. 성탄절에는 브렛 딘의 〈수태고지〉가, 주현절에는 전통에 깊이 뿌리를 둔 크시슈토프 펜데레츠키의 〈미사 브레비스〉가 초연되었다. 가장 큰 성공과 놀라움을 안겨준 작품은 오순절에 선보인 한스 베르너 헨체의 〈바람에〉였다. 1926년에 태어나 이탈리아에서 살았고 스스로 무신론자라고 선언했으며 수십 년 동안 이탈리아 공산당과 관련을 맺어온 대표적인 독일의 현대음악 작곡가가 교회음악을 작곡하리라고는 전혀 예상하지 못했다.

〈바람에〉는 헨체와 그보다 나이가 한참 어린 크리스티안 레네르트의 협업을 통해 탄생했다. 레네르트는 보기 드물게 이중적인 삶을 영위하는 인물이었는데, 신학과 종교학을 연구하는 학자이자 작센주 교회의 목사이면서 동시에 탁월한 시인이자 수필가였다. 예전에 그는 작곡가 헨체를 위해 이미 오페라와 청소년 오페라 대본을 쓴 적이 있었다. 이번 협업에서는 새로운 주제를 찾아내야 했다. "헨체는 노쇠하고 건강에 심각한 문제가 있어 보였지만, 놀라운 수용력과 무한한 창조력의 소유자였다……. 그는 확고한 무신론자였지만, 그를 깊이 알아갈수록 그가 종교에 관해 질문도 많이 하고 열려 있는 태도를 보인다는 사실을 깨닫게 되었다. 그가 나를 찾았을 때, 그는 이미 자신이 신학자에게 대본 요청을 한다는 사실을 분명히 인지하고 있었다. 미사여구나 공식적인 종교적 표현, 한정적인 교회언어는 되도록 사용하지 말아야 했다. 그는 신학에 관해 많은 이야기를 했는데, 신에 관한 자기 생각을 피력할 때마다 '우리가 아는 한 신은 존재하지 않는다'라는 말로 시작했다. 그러고는 열린 자세로 의구심을 품은 채 복잡한 신학 문제를 파고들었다."

두 사람의 공동 작업은 주로 텍스트에 관한 것이었다. "처음에 작곡가가 중요하게 생각한 것은 특정한 문학적 어조였다. 헨체는 언어에서 출발해서 작곡했고 음악 속에서 언제나 언어에 자리를 내주었다. 그는 비판적이고 깨어 있는 경외심을 품고 텍스트에 접근했다. 내가 언제나 좋은 종이 위에 일정한 크기로 텍스트를 깨끗하게 적어서 건네기를 바랐다. 그에게 텍스트는 마치 액자에 끼운 그림 같았다. 말하자면 현실과 동떨어진 별도의 영역이었다. 그는 텍스트를 읽고 또 읽었다. 그리고 질문을 거듭했고, 나한테 전화해서 개별 단어의 의미를 파고들었다…… 난 누가 제자들이고 무엇 때문에 그들이 제자가 되었는지 설명해야 했다. 복음사가인 누가와 사도행전의 구조에 관해서도 이야기해야 했다. 그는 문학, 신학, 역사 등 다방면으로 깊이 해석한 오순절 이야기를 듣고 싶어 했다. 우리의 대화는 마치 비종교적인 공간에서 신학적 사고를 펼쳐 나가는 언어 학회 같았다."

레네르트는 헨체와의 대화를 바탕으로 대본을 써나갔다. 성경의 오순절 이야기를 따라가며 지금의 신앙에 맞게끔 현대적으로 탐구했다. 그 과정에서 시적이며 사려 깊은 그의 모습이 두드러졌다. "내 대본은 내용상 서로 연결된 일련의 시로 구성되어 있다. 대략 2000년 전에 일어난 하나의 영적인 사건을 따라가는데, 그 사건은 말로 다 담아낼 수 없으며 '이해'라는 단어를 사용하기 어려울 뿐만 아니라 사람들이 보통 하는 것처럼 내용을 자신의 언어로 재구성해 내기도 힘들다. 나는 어떤 신학적, 개념적 성찰보다 시적인 논쟁이 텍스트 속으로 더 깊이 파고드는 새로운 경험을 했다."

헨체와 레네르트의 오순절 칸타타는 처음부터 기적을 동경시키지 않았다. 처음에는 의심이 자리하고 있다. 예수가 사라지고 난 뒤 남겨진 열 한 명의 제자는 혼란스러워하며 애가를 부른다. 불협화음이 두드러지는 합창을 관악기와 휘몰아치는 타악기가 반주한다. 세상에서 희망이 사라졌고 공허하며, 이제 신은 어디에도 없다. 믿음으로 채워졌던 곳은 텅 비었고, 나만 홀로 내던져졌다.

> 그대, 나의 하늘, 심연의 거울이여.

제자들은 "해골의 장소를 뒤덮은 먼지 속을 뒤지고 있다." 예수는 돌아가셨고 사라지셨다. 돌, 그루터기, 먼지와 "잔해 속의 비탄"만이 남아 있다. 바르톨로메오가 탄식한다.

> 여기에는 생명이 없는 것만 있네,
> 생명이 없는 것만 눈에 띄네⋯⋯

도마는 한숨 짓는다.

> 그리스도는 하나의 관념이었네,
> 존재했다가 사라져 버렸네.
> 가 버렸네, 가 버렸네, 끝났네.

그러더니 신앙 체험의 행복한 기억이 불현듯 피어오른 듯 짤막하고 아름다운 합창으로 "예수, 나의 기쁨"이 달콤하고 부드럽게 울리는가 싶더니 이내 다시 사라진다.

이것이 믿음의 현주소이다. 적어도 레네르트가 보기에는 그렇다. "많은 종교인이 되돌아보고 과거의 흔적을 따라가고 있는 듯한 느낌을 받는다. 무언가 빠져 있고, 있는 듯하면서도 없다. 무언가가 빠져 있기에 모든 게 열려 있다. 그것이 바로 희망의 이유이다. 그 흔적은 언제든 신이 등장할 수 있는 지점이다. 중요한 것은 신의 부재와 신을 향한 기다림이다. 그것은 탈종교적이면서 동시에 탈세속적인 우리 시대에도 중요하다."

그 때문에 비탄과 의구심을 노래하는 구절들은 거칠면서도 감동이 깃들어 있다. 그리고 긍정의 합창이 울리는 지점의 음악은 엄격하면서도 비딱하고 리듬의 부조화가 두드러진다.

> 평화를 너희에게 남겨 주노라. 내 평화를 너희에게 주노라.
> 내가 주는 평화는 세상이 주는 것과 같지 않으니,
> 너희는 마음에 근심하지 말고 두려워하지도 말지어다.

믿음과 불신은 하나이다. 이 둘은 함께 어우러져 노래하고 춤추고 쭉 뻗고 고통을 드러내고 다시 추스른다. 그러면서 옛것이 다시 살아나고 새로운 무언가가 등장하리라는 희망을 포기하지 않는다. 몽롱한 듯하면서도 확실하게 대본과 음악이 시간을 이어준다. 세속적인 오늘과 성경에 충실했던 과거의 순간과 멋진 그리스도 찬가가 울리던 어제를 서로 연결해 준다. 이제 중세의 찬가 〈오소서, 창조주 성령이여〉로 칸타타의 두 번째 부분이 시작된다.

> 오소서, 창조주 성령이여,
> 사람들의 영혼을 찾아오셔서
> 은혜로 가득 채워주소서,
> 그들은 당신의 창조물입니다.

한 평론가는 "제자들의 비탄이 짤막한 드라마처럼 집중적으로 표현된 다음에 갑자기 4성부 아카펠라가 중세의 오순절 찬가 〈오소서, 창조주 성령이여〉를 시작하는 이 부분이 곡 전체에서 가장 멋지고 감동적인 순간"이라고 했다. "머뭇거리며 조용하게 겁먹은 듯 조심스럽게 더듬거리는 움직임 속엔 묘한 부드러운 경쾌함과 3도의 축복받은 성스러움이 깃들어 있다. 곧 환하게 성령이 쏟아져 내릴 여명의 순간을 떠올리게 한다."

그런 다음 마침내 간절히 바라던 기적이 뒤따른다. 이를 표현하기 위해 대본 작가는 새로 쓰지 않고 성경 구절을 그대로 가져왔다.

> 갑자기 하늘에서 세찬 바람이 부는 듯한 소리가 들려오더니 그들이 앉아 있던 온 집안을 가득 채웠다. 그러자 혀 같은 것들이 나타나 불길처럼 갈라지며 각 사람 위에 내렸다. (사도행전 2:2~3, 공동번역)

레네르트는 불꽃처럼 치솟는 성령을 재현하려고 노력했다. "누가는 말로 형용하기 어려운 것을 언어로 표현해야 하는 과제에 직면했고, 이를 위해 '불길'과 '혀'라는 이미지를 사용했다. 나도 그렇게 했다. 텍스트는 활활 타올라 쪼개진다. 통사론도 가차 없이 쪼개지고 한없이 거친데, 타오르는 불 때문이다. 문장이 토막 나고 복잡한 단어가 형성되는데, 가까이 갈 수 없을 정도로 모든 것이 촘촘하다. 마치 뜨거운 불과 같다. 다 타고 재만 남았다. 믿었던 것이 재로 변했고, 말로 표현되던 것이 잿더미가 되어 버렸다."

"새로운 믿음은 확신을 무너뜨리고 위로와 파괴의 면을 동시에 지닌 불가해한 신을 불러오게 만든 불바다를 통과했다. 추론하기도, 논거를 대기도 힘든 현상이다. 여기에서의 신은 양면적이다. 선회하는 불이자 재의 신이다!"

불의 정령과 재의 신. 오순절의 기적은 단순히 확신이 아닌 믿음과 불신의 생동감 넘치는 긴장감으로 이어지고, 이는 오래된 성경의 이미지에서 새로운 상징성을 찾아낸다. 칸타타는 성령의 상징인 비둘기에 관한 노래로 마무리된다.

> 비둘기는 깨어나려 하고, 날개는
> 돌풍에 사로잡혀 오래 쉴 수가 없네.
> 두려움, 떨림, 박동을 견딘 채,
> 밤이 지나고 또다시 낮이 오면,
> 낯선 미소처럼 깃털을 품고 있네.

그저 소리일 뿐이었나,

소리내기 전의 숨결이었나,

자신의 비행을 알리려는 새의 숨결인가?

암석 위로 새벽이 밝아오고, 비둘기의 날갯짓은

뼈가 받쳐주고 있어 오래 쉴 수가 없네.

깨어나려는 바스락 소리만 있으면 된다네,

한 번의 날갯짓, 바람, 단 한 번의 숨결.

레네르트는 다음과 같이 덧붙였다. "이 작품의 마지막 곡에 '코랄'이라는 부제를 붙였으며 그런 식으로 작업했다. 코랄은 성령의 이미지인 비둘기에 관한 것으로 그 상징은 감각을 회복해서 다시 반향을 일으키려 한다. 마치 아침의 순간, 창조가 이루어지는 순간의 분위기를 연상케 한다. 동이 터 오고 있으나 아직은 아무것도 보이지 않는다. 사물은 막 떠오르는 푸르스름한 광선에 휘감겨 있고 나중에 우리에게 친숙하게 현실로 불리는 윤곽을 드러낼 것이다. 그것은 새로운 세계의 여명이기도 하다. 이미 존재하지만 아직은 숨겨져 있다. 새는 아직 자고 있지만, 곧 깨어나 날아오를 것이다."

이 음악이 처음으로 연주되던 2012년 오순절 주말 아침도 그랬을 것이다. 헨체는 공연을 위해 이탈리아에서 왔다. 그의 작품이 교회에서 초연된 건 그때가 처음이었고, 그는 행복감을 느꼈을 것이다. 레네르트에게 〈바람에〉는 "특별한 의미를 지닌 영적 음악이었다. 그것은 음악적 아름다움과 인간성을 매개로 멀게만 느껴지던 오순절 사건에 생동감을 불어 넣었고, 위안을 얻을 수 있는 친밀한 것으로 살려냈다. 마지막 마디는 고요한 광채가 채워주고 있다. 한스 베르너 헨체가 현세에서 간절히 바라던 다른 세계의 숨결, 궁핍과 범죄가 자리할 곳이 없는 완벽한 세상의 숨결이라고 말하고 싶다." 초연을 치른 지 5개월 만에 한스 베르너 헨체는 세상을 떠났다. 신문 비평에서는 이 칸타타에서 음향으로 옮겨진 오순절의 기억을 보았노라고 했다.

아무도 미래를 내다볼 수는 없다. 그러나 헨체와 레네르트의 오순절 칸타타가 우리에게 한 가지 사실만큼은 확인시켜 주었다. 작곡가와 대본 작가가 성경 구절을 파고들어 시적으로 탐구하고 오래된 교회음악 작품 속에서 그 흔적을 발견하려고 애쓰고 오늘날 믿음의 가능성을 드러내고 그에 적합한 현대적인 음조를 찾아내는 데 성공한다면, 교회음악의 오순절 축제는 끝나지 않을 것이다. 기독교 음악이 세상의 모든 경계—민족과 국가, 종교와 교단, 언어와 양식, 성스러운 것과 속된 것, 교회와 문화, 내세와 현세, 믿음과 의심의 경계—를 극복한다면, 여전히 변함없이 중대한 문화적, 종교적 힘을 발휘할 수 있을 것이다. 이것이야말로 교회음악의 오랜 역사에서 우리가 얻을 수 있는 교훈 아니겠는가.

참고문헌

1. 고대 이스라엘과 고대 교회의 잃어버린 기원

Braun, Joachim: Die Musikkultur Altisraels/Palästinas. Studien zu archäologischen, schriftlichen und vergleichenden Quellen, Freiburg und Göttingen 1999.

Erinnerungsorte des Christentums, hg. von Christoph Markschies und Hubert Wolf, München 2010.

Hartenstein, Friedhelm: «Wacht auf, Harfe und Leier, ich will wecken das Morgenrot (Psalm 57,9) – Musikinstrumente als Medien des Gotteskontakts im Alten Orient und im Alten Testament, in: Musik, Tanz und Gott. Tonspuren durch das Alte Testament, hg. von Michaela Geier und Rainer Kessler, Stuttgart 2007, 101–127.

Jaschinski, Eckhard: Kleine Geschichte der Kirchenmusik, Freiburg 2004 (2. Auflage).

McKinnon, James W.: Frühchristliche Musik, in: Musik in Geschichte und Gegenwart Bd. III (2. Auflage), Kassel 1995, 907–929.

Musik in biblischer Zeit und orientalisches Musikerbe, hg. von Thomas Staubli, Fribourg 2007.

Schaub, Stefan: Erlebnis Musik. Eine kleine Musikgeschichte, München 2010 (7. Auflage).

Zentren der Kirchenmusik, hg. von Matthias Schneider und Beate Bugenhagen, Laaber 2011.

2. 그레고리오 성가와 중세 교회

Eggebrecht, Hans Heinrich: Musik im Abendland. Prozesse und Stationen vom Mittelalter bis zur Gegenwart, München und Zürich 1991.

Ehrenforth, Karl Heinrich: Geschichte der musikalischen Bildung. Eine Kultur-, Sozial-und Ideengeschichte in 40 Stationen von den antiken Hochkulturen bis zur Gegenwart, Mainz 2005.

Klöckner, Stefan: Handbuch Gregorianik. Einführung in die Geschichte, Theorie und Praxis des Gregorianischen Chorals, Regensburg 2010 (2. Auflage).

Lateinische Hymnen, hg. von Alex Stock, Frankfurt/Main 2012.

Smits van Waesberghe, Joseph: Musikerziehung. Lehre und Theorie im Mittelalter, Musikgeschichte in Bildern Bd. 3, 3. Lieferung, hg. von Heinrich Besseler und Werner Bachmann, Leipzig 1986.

3. 루터와 종교개혁의 회중 찬송

Blume, Friedrich: Geschichte der evangelischen Kirchenmusik, Kassel 1965 (2. Auflage).

Davon ich singen und sagen will. Die Evangelischen und ihre Lieder, hg. von Peter Bubmann und Konrad Klek, Leipzig 2012.

Geistliches Wunderhorn. Große deutsche Kirchenlieder, hg. von Hermann Kurzke u. a., München 2001.

Geschichte der Kirchenmusik in 4 Bänden, hg. von Wolfgang Hochstein und Christoph Kummacher, Bd. I: Von den Anfängen bis zum Reformationsjahrhundert, Laaber 2011.

Henkys, Jürgen: Singender und gesungener Glaube, Göttingen 1999.

Kaufmann, Thomas: Geschichte der Reformation, Frankfurt/Main 2009.

Mager, Inge: Lied und Reformation. Beobachtungen zur reformatorischen Singbewegung in norddeutschen Städten, in: Das protestantische Kirchenlied im 16. und 17. Jahrhundert. Text-, musik- und theologiegeschichtliche Probleme, hg. von Alfred Dürr und Walther Killy, Wiesbaden 1986, 25–38.

Mahrenholz, Christian: Musicologica et Liturgica. Gesammelte Aufsätze, Kassel 1960.

Moser, Hans-Joachim: Die evangelische Kirchenmusik in Deutschland, Berlin– Darmstadt 1954.

Preuß, Hans: Martin Luther. Der Künstler, Gütersloh 1931.

Salmen, Walter: Musikleben im 16. Jahrhundert, Musikgeschichte in Bildern Bd. 3, 9. Lieferung, Leipzig 1983 (2. Auflage).

Söhngen, Oskar: Theologie der Musik, Kassel 1967.

Wagner Oettinger, Rebecca: Music as Propaganda in the German Reformation, Aldershot 2007.

Weil sie die Seelen fröhlich macht. Protestantische Musikkultur seit Martin Luther, hg. von Cordula Timm-Hartmann, Halle 2012.

4. 팔레스트리나와 가톨릭 종교개혁의 다성음악

Basiswissen Kirchenmusik, 4 Bde., hg. von Hans-Jürgen Kaiser und Barbara Lange, Lf.-Echterdingen 2009.

Fellerer, Karl Gustav: Palestrina, Regensburg 1930. –: Palestrina-Studien, Baden-Baden 1982.

Geschichte der katholischen Kirchenmusik, 2 Bde., hg. von Karl Gustav Fellerer, Kassel 1939.

Gregor-Dellin: Heinrich Schütz. Sein Leben, sein Werk, seine Zeit, München und Zürich 1984.

Haböck, Franz: Die Kastraten und ihre Gesangskunst. Eine gesangsphysiologische, kultur- und musikhistorische Studie, Berlin und Leipzig 1927.

Hammerstein, Reinhold: Art. «Caecilia», in: Die Musik in Geschichte und Gegenwart Bd. 2, Kassel 1995, 309–317.

Heinemann, Michael: Giovanni Pierluigi da Palestrina und seine Zeit, Laaber 1994.

Jungmann, Josef Andreas: Missarum Sollemnia. Eine genetische Erklärung der römischen

Messe, 2 Bde., Freiburg 2003 (Nachdruck der 5. Auflage).

Moser, Hans-Joachim: Heinrich Schütz. Sein Leben und Werk, Kassel und Basel 1954.

Musik im Gottesdienst. Ein Handbuch zur Grundausbildung in der katholischen

Kirchenmusik, 2 Bde., hg. von Hans Musch, Regensburg 1983.

Palestrina zwischen Démontage und Rettung, in: Musik-Konzepte 86, hg. von Heinz-Klaus Metzger und Rainer Riehn, München 1994.

Ranke, Leopold von: Die römischen Päpste in den letzten vier Jahrhunderten, Frankfurt/Main 1957 (zuerst 1836).

Schlötterer, Reinhold: Der Komponist Palestrina. Grundlagen, Erscheinungsweisen und Bedeutung seiner Musik, Augsburg 2002.

Ursprung, Otto: Die katholische Kirchenmusik, Wiesbaden(2. Auflage).

5. 오르간, 영원의 악기

Beckmann, Klaus: Die norddeutsche Schule, Mainz 2005.

Edler, Arnfried: Geschichte der Klavier- und Orgelmusik, in Verbindung mit

Siegfried Mauser, 3 Bde., Laaber 1997ff.

Fellerer, Karl Gustav: Orgel und Orgelmusik. Ihre Geschichte, Augsburg 1929.

Snyder, Kerala J.: Dieterich Buxtehude. Leben, Werk, Aufführungspraxis, Kassel 2007.

6. 바흐, 시간의 중심

Bach Handbuch, hg. von Konrad Küster, Kassel 1999.

Bachs Kantaten. Das Handbuch, hg. von Reinmar Emans und Sven Hiemke, 2 Bde., Laaber 2012.

Blumenberg, Hans: Matthäuspassion, Frankfurt/Main 1988.

Dürr, Alfred: Johann Sebastian Bach. Die Kantaten, Kassel 1971.

Eulenberger, Klaus: «Am Abend kam die Taube wieder». Eine musikalisch-theologische Einführung in J. S. Bachs Matthäuspassion, in: Praktische Theologie Heft 3-4, 2004.

Gardiner, John Eliot: Music in the Castle of Heaven. A Portrait of Johann Sebastian Bach, London 2013.

Geck, Martin: Die Wiederentdeckung der Matthäuspassion im 19. Jahrhundert. Die zeitgenössischen Dokumente und ihre ideengeschichtliche Deutung, Regensburg 1967.

____: Bach. Leben und Werk, Reinbek 2000.

____: «Denn alles findet bei Bach statt». Erforschtes und Erfahrenes, Stuttgart 2000.

Hildesheimer, Wolfgang: Der ferne Bach. Eine Rede, Frankfurt/Main 1985.

Platen, Emil: Die Matthäus-Passion von Johann Sebastian Bach. Entstehung, Werkbeschreibung, Rezeption, München 1991.

Schmidt, Johann Michael: Die Matthäus-Passion von Johann Sebastian Bach. Zur Geschichte ihrer religiösen und politischen Wahrnehmung und Wirkung, Stuttgart 2013.

Schröder, Dorothea: Johann Sebastian Bach, München 2012.

Wolff, Christoph: Johann Sebastian Bach, Frankfurt/Main 2000.

7. 헨델과 교회를 벗어난 종교 음악

Georg Friedrich Händel und seine Zeit, hg. von Siegbert Rampe, Laaber 2009.

Händel-Handbuch, hg. von Hans Joachim Marx, 6 Bde., Laaber 2008ff.

Long, Kenneth R.: The Music of the English Church, London 1991.

Ott, Karl Heinz: Tumult und Grazie. Über Georg Friedrich Händel, Hamburg 2008.

Routley, Eric: A Short History of English Church Music, London 1997.

Schröder, Dorothea: Georg Friedrich Händel, München 2008.

Waczkar, Andreas: Georg Friedrich Händel. Der Messias, Kassel 2008.

Weber, William: The 1784 Handel Commemoration, in: Journal of British Studies 28 (1989), 43–69.

8. 모차르트와 레퀴엠의 예술

Braunbehrens, Volkmar: Mozart in Wien, München 1986.

Chase, Robert: Dies Irae. A Guide to Requiem Music, Oxford 2003.

Geck, Martin: Mozart. Eine Biographie, Reinbek 2007.

Hildesheimer, Wolfgang: Mozart, Frankfurt/Main 1993.

Konrad, Ulrich: Wolfgang Amadé Mozart. Leben, Musik, Werkbestand, Kassel 2005.

Mozarts Kirchenmusik, Lieder und Chormusik. Das Mozart-Handbuch Bd. 4, hg. von Thomas Hochradner und Günther Massenkeil, Laaber 2006.

Mozarts Welt und Nachwelt. Das Mozart-Handbuch Bd. 5, hg. von Claudia Maria Knispel und Gernot Gruber, Laaber 2009.

Otto, Rudolf: Das Heilige. Über das Irrationale in der Idee des Göttlichen und sein Verhältnis zum Rationalen, München 1979.

Requiem. Wolfgang Amadeus Mozart 1791/1991. Ausstellung der Musiksammlung der Österreichischen Nationalbibliothek, hg. von Günter Brosche u. a., Graz 1991.

Ritschl, Albrecht: Unterricht in der christlichen Religion, Tübingen 2002.

Rosen, David: Verdi, Requiem, Cambridge 1995.

Schleiermacher, Friedrich: Dogmatische Predigten der Reifezeit, hg. von Emanuel Hirsch, Berlin 1969.

Die Sixtinische Kapelle. Das Jüngste Gericht, hg. von Sandro Chierici, Zürich und Düsseldorf 1997.

Wolff, Christoph: Mozarts Requiem. Geschichte, Musik, Dokumente, Partitur des Fragments, München 1991.

9. 멘델스존과 계몽주의 프로테스탄티즘의 음악

Botstein, Leon: Mendelssohn and the Jews, in: Musical Quarterly 82 (1998), 210–219.

Briefwechsel zwischen Felix Mendelssohn Bartholdy und Julius Schubring. Zugleich ein Beitrag zur Geschichte und Theorie des Oratoriums, hg. von Julius Schubring, Leipzig 1892.

Eichhorn, Andreas: Felix Mendelssohn Bartholdy, München 2008.

___: Felix Mendelssohn Bartholdy. Elias, Kassel, 2005.

Erne, Thomas: 200 Jahre Mendelssohn Bartholdy – ein protestantischer Glücksfall, in: International Journal for Practical Theology 14 (2010), 86–101.

Hirsch, Lily E.: A Jewish Orchestra in Nazi Germany. Musical Politics and the Berlin Jewish Culture League, Michigan 2010.

Konold, Wulf: Felix Mendelssohn Bartholdy und seine Zeit, Laaber 1984.

Ringer, Alexander L.: unveröffentlichtes Manuskript eines Vortrags über Louis Lewandowski bei einer Konferenz am Jewish Theological Seminary in New York City, Herbst 1997, dankenswerterweise bereitgestellt durch die University of Illinois Archives.

Ruddies, Hartmut: Felix Mendelssohn Bartholdy als Protestant, in: Hamburger Mendelssohn-Vorträge, hg. von Hans Joachim Marx, Hamburg 2003, 61–80.

Todd, R. Larry: Felix Mendelssohn Bartholdy. Sein Leben – seine Musik, Stuttgart 2008.

10. 토머스 앤드루 도르시와 아프로아메리칸 가스펠 음악

Ahrens, Petra-Angela: Begeisterung durch Gospelsingen, Hannover 2009.

Baldwin, James: Go Tell It on the Mountain, London 2001.

Doering, Teddy: Gospel. Musik der Guten Nachricht und Musik der Hoffnung, Neukirchen-Vluyn 1999.

Fischer, Jonathan: Warum wird Soul auf der ganzen Welt verstanden? Interview mit Mavis Staples, Frankfurter Allgemeine Zeitung vom 28.8.2013.

Frazier, E. Franklin: The Negro Church in America, New York 1963.

Harris, Michael W.: The Rise of Gospel Blues. The Music of Thomas Andrew Dorsey in the Urban Church, New York 1992.

Jackson, Jeremia A.: Singing in My Soul. Black Gospel Music in a Secular Age, London 2004.

Noll, Mark A.: A History of Christianity in the United States and Canada, Grand Rapids 1992.

Schwarzes Amerika. Eine Geschichte der Sklaverei, hg. von Jochen Meissner u. a., München 2008.

Troeltsch, Ernst: Die Soziallehren der christlichen Kirchen und Gruppen, 3. Neudruck der Ausgabe von 1922, Aalen 1977.

나오는 말

800 Jahre Thomana. Die Festmusiken, Leipzig 2013.

Rennicke, Rafael: Hans Werner Henzes «An den Wind». Hoffnungshauch wider die

Wüstenwelt, Frankfurter Allgemeine Zeitung vom 29. Mai 2012

이미지 출처

26쪽 Photograph by Rama, Wikimedia Commons, Cc-by-sa-2.0-fr

42쪽 akg-images/Pirozzi

56, 90, 105, 124, 132, 212/213쪽 akg-images

61쪽 Civico Museo Bibliografico Musicale, Bologna/©Luisa Ricciarini/Leemage/The Bridgeman Art Library

66쪽 picryl.com/media/martianus-capella-grammaire-fleury-10b1c2

159쪽 akg-images/Stefan Diller

173쪽 Wikipedia.org/Meister_des_Bartholom

185쪽 The Royal Collection © 2014 Her Majesty Queen Elizabeth II/The Bridgeman Art Library

190쪽 Winfried Englhardt/Heinrich Grautstück/Wilhelm Kreklow

199쪽 Wikipedia/An-d

206쪽 Wikipedia/Johann_Sebastian_Bach

218쪽 alamy.com/thomanerchor-st-thomas-choir-of-leipzig

259쪽 alamy.com/george frederick handel

263쪽 alamy.com/riot-at-covent-garden-theatre

289쪽 Österreichische Nationalbibliothek Wien, Musiksammlung, Mus. Hs.17.561b, fol. 87v

308, 310, 311, 312쪽 akg-images/MPortfolio/Electa

323쪽 alamy.com/felix-mendelssohn-bartholdy

351쪽 Elijah is nourished by and angel/Gustave Dore

384쪽 The Washington Post/Getty Images

399쪽 alamy.com/sister-rosetta-tharpe

403쪽 akg-images/Binder

색인

가드너, 존 엘리엇 Gardiner, John Eliot 253
가브리엘리, 조반니 Gabrieli, Giovanni 165
가인 (아벨의 형) Kain 27
게르하르트, 파울 Gerhardt, Paul 125, 127, 167, 235
괴테, 요한 볼프강 폰 Goethe, Johann Wolfgang von 205
구노, 샤를 Gounod, Charles 175
구스타프손, 라르스 Gustafsson, Lars 209
귀도 다레초 Guido d'Arezzo 60
그레고리오 13세, 교황 Gregor XIII., Papst 157
그로스게바우어, 테오필루스 Großgebauer, Theophilus 183
길망, 알렉상드르 Guilmant, Alexandre 199
나사렛 예수 Jesus von Nazareth 16, 43-44, 54, 78, 80, 86, 95, 106-18, 110, 183, 211-213, 223-226, 232-239, 240-243, 270-272, 288, 313
네리, 필립보 Neri, Filippo 168
노이마르크, 게오르크 Neumark, Georg 126
누가 (복음사가) Lukas 224, 230, 414
뉴턴, 존 Newton, John 381
니메체크, 프란츠 크사버 Niemetschek, Franz Xaver 296
니콜라이, 필리프 Nicolai, Philipp 125
다윗 (이스라엘의 왕) David, König von Israel 29-30, 33, 35, 47, 119, 174
대(大) 그레고리오 1세, 교황 Gregor I. der Große, Papst 57
대(大) 바실리우스 Basilius der Große 47
더글러스, 프레더릭 Douglass, Frederick 379
던컬리, 윌리엄 아서 Dunkerley, Willam Arthur 408
데브리엔트, 에두아르트 Devrient, Eduard 331
데프레, 조스캥 Desprez, Josquin 143
도르시, 에타 Dorsey, Etta 383
도르시, 토머스 매디슨 Dorsey, Thomas Madison 383
도르시, 토머스 앤드루 Dorsey, Thomas Andrew 365-383
도마 (사도) Thomas 415

뒤페, 기욤 Dufay, Guillaume 142
드로이젠, 요한 구스타프 Droysen, Johann Gustav 248
드보라 (여성 예언자) Deborah 28
디스틀러, 후고 Distler, Hugo 366
딘, 브렛 Dean, Brett 412
라멕 (므드사엘의 아들) Lamech (Sohn des Metuschaël 27
랑케, 레오폴트 폰 Ranke, Leopold von 131
레거, 막스 Reger, Max 200
레네르트, 크리스티안 Lehnert, Christian 413
레드, 탐파 Red, Tampa 386
레비, 사라 Levy, Sarah 245
로마의 체칠리아 Cäcilie von Rom 155, 172-178
로크, 존 Locke, John 290
로테르담의 에라스무스 Erasmus von Rotterdam 142
루빌리아크, 루이 프랑수아 Roubiliac, Louis François 259
루디, 마르틴 Luther, Martin 49, 86-88, 90, 94, 104, 143, 165, 167, 211, 284
루트비히(루이) 1세, 경건왕, 황제 Ludwig der Fromme, Kaiser 58
리게티, 죄르지 Ligeti, György 200
리스트, 요한 Rist, Johann 167
리스트, 프란츠 Liszt, Franz 316
리츨, 알브레히트 Ritschl, Albrecht 291
리히텐베르크, 게오르크 크리스토프 Lichtenberg, Georg Christoph 201-204
링거, 알렉산더 라이폴트 Ringer, Alexander Leipold 355
마가 (복음사가) Markus 229
마르첼로 2세, 교황 Marcellus II., Papst 130-131, 135, 158
마르탱, 프랑크 Marcellus II., Papst 366
마르티, 쿠르트 Marti, Kurt 412
마리아 (예수의 어머니) Maria 121, 148
마태 (복음사가) Matthäus 210, 229
마틴, 샐리 Martin, Sallie 402
만, 토마스 Mann, Thomas 28, 161, 196, 328
만초니, 알레산드로 Manzoni, Alessandro 317
말러, 구스타프 Mahler, Gustav 316
메시앙, 올리비에 Messiaen, Olivier 188
메츠의 크로데강 Chrodegang von Metz 55
멘델스존 바르톨디, 레아 Mendelssohn Bartholdy, Lea 324
멘델스존 바르톨디, 아브라함 Mendelssohn Bartholdy, Abraham 324

멘델스존 바르톨디, 파니 Mendelssohn
　　Bartholdy, Fanny 245-246, 248, 325,
　　331, 334
멘델스존 바르톨디, 파울 Mendelssohn
　　Bartholdy, Paul 353
멘델스존 바르톨디, 펠릭스
　　Mendelssohn Bartholdy, Felix 356
멘델스존, 모제스 Mendelssohn, Moses
　　302, 324
모레스키, 알레산드로 Moreschi,
　　Alessandro 162
모세 Mose 30, 380
모차르트, 볼프강 아마데우스 Mozart,
　　Wolfgang Amadeus 208, 283-319,
　　331
모차르트, 콘스탄체 Mozart, Constanze
　　296
뫼리케, 에두아르트 Mörike, Eduard 300
미리암 (여성 예언자) Mirjam 28
미켈란젤로 Michelangelo 307-312,
　　314-315
밀라노의 암브로시우스 Ambrosius von
　　Mailand 48-49, 211
밀턴, 존 Ambrosius von Mailand 283
바그너, 리하르트 Wagner, Richard 318,
　　331
바르톨로메오 (사도) Bartholomäus 173
바오로 4세, 교황 Paul IV., Papst 153

바오로 6세, 교황 Paul VI., Papst 292
바울 (사도) Paulus 44-45, 76, 339-342,
　　400
바흐, 요한 제바스티안 Bach, Johann
　　Sebastian 138, 165, 169, 198, 205-
　　253, 257-258, 262, 268-272, 276-280,
　　285, 307, 326-327, 332, 342, 349-
　　350, 412
발제크 슈투파흐, 프란츠 폰 (백작)
　　Walsegg-Stuppach, Franz Graf von
　　296
발터, 요한 Walter, Johann 90, 94, 103,
　　113-116, 122, 167, 211
버니, 찰스 Burney, Charles 279
버드, 윌리엄 Byrd, William 261
베드로 (사도) Petrus 230, 233
베로네세, 파올로 Veronese, Paolo 159
베르디, 주세페 Verdi, Giuseppe 317-318
베를리오즈, 엑토르 Berlioz, Hector 317
베리, 척 Berry, Chuck 401
베토벤, 루트비히 판 Beethoven, Ludwig
　　van 298
벨 누빈, 케이티 Bell Nubin, Katie 400
보드리 드 브루괴유(보드리 드 돌)
　　Baudri de Bourgueil 180
보로메오, 카를로 (추기경) Borromeo,
　　Carlo 133
본디오 빌라도 Pontius Pilatus 230

본회퍼, 디트리히 Bonhoeffer, Dietrich 366
볼드윈, 제임스 Baldwin, James 388
부겐하겐, 요하네스 Bugenhagen, Johannes 195
북스테후데, 디트리히 Buxtehude, Dietrich 191, 195-198, 201, 215, 258
불링거, 아베 Bullinger, Abbé 301
브람스, 요하네스 Brahms, Johannes 316, 356-357, 360-362
브루크너, 안톤 Bruckner, Anton 316
브리튼, 벤저민 Britten, Benjamin 176-177, 319, 366
비오 4세, 교황 Pius IV., Papst 131
비오 5세, 교황 Pius V., Papst 145
빅토리아, 영국 여왕 Victoria, Königin von England 380
빌러, 게오르크 크리스토프 Biler, Gerog Christoph 412
빌립 (사도) Philippus 16-17
사발, 조르디 Savall, Jordi 40
사울 (이스라엘의 왕) Saul 29-30, 264
살로몬, 바베테 Salomon, Babette 245
살리에리, 안토니오 Salieri, Antonio 296
샤이트, 사무엘 Scheidt, Samuel 167
샤인, 요한 헤르만 Schein, Johann Hermann 167
세비야의 이시도르 Isidor von Sevilla 21

소(小) 플리니우스 Plinius der Jüngere 41
솔로몬 (이스라엘의 왕) Salomo 30
쉬츠, 하인리히 Schütz, Heinrich 165-167, 211, 252
슈니트거, 아르프 Schnitger, Arp 186-187, 199
슈만, 로베르트 Schumann, Robert 316
슈바이처, 알베르트 Schweitzer, Albert 187
슈브링, 율리우스 Schubring, Julius 334-335, 340-341
슈페, 프리드리히 Spee, Friedrich 126
슐라이어마허, 프리드리히 Schleiermacher, Friedrich 248, 273, 290-292, 314, 334-337, 361
스테이플스, 메이비스 Staples, Mavis 405-409
스테파노 2세, 교황 Stephan II., Papst 53
시모어, 윌리엄 조지프 Seymour, William Joseph 379
시므온 (예언자) Simeon 224-226
아가차리, 아고스티노 Agazzari, Agostino 131
아론 (모세의 형) Aaron 28
아리우스 (사제) Arius 48
아모스 (예언자) Amos 32
아우구스트 2세, 강건왕, 작센 공국의

제후 August II, der Starke, Kurfürst
von Sachsen 208
아인하르트 (카를 대제의 전기 작가)
Einhard 63
아폴론 Apoll 259
아프로디테 Aphrodite 177
아합 (이스라엘의 왕) Ahab 343-344
알렉산드리아의 클레멘스 Clemens von
Alexandria 48
알퀸 (투르의 수도원장) Alkuin 58
야곱 (이스라엘의 시조) Jokob 198
얀, 한스 헤니 Jahnn, Hans Henny 187
에카르트, 요하네스 Eccard, Johannes
167
엘리야 (예언자) Elias 238, 338-354, 356
오든, 위스턴 휴 Auden, Wystan Hugh
176
오를란도 디 라소 Orlando di Lasso 164
오언, 윌프리드 Owen, Wilfried 319
오케겜, 요하네스 Oeckeghem, Johannes
142
오토, 루돌프 Otto, Rudolf 314
옥센햄, 존 (윌리엄 아서 던컬리의 예
명) Oxenham, John siehe Dunkerley,
William Arthur 408
올리비에, 페르디난트 Olivier, Ferdinand
350
요제프 2세, 황제 Joseph II., Kaiser 295,
299
요하네스 디아코누스(요하네스 히모니
데스) Johannes Diaconus
(Hymmonides) 55
요한 (복음사가) Johannes 131, 230
요한 22세, 교황 Johannes XXII., Papst
141
유발 Jubal 27
유스티나, 로마의 황후 Justina, röm.
Kaiserin 48
이사야 (예언자) Jesaja 31-32, 268-269,
276
장르노, 세실 Jeanrenaud, Cécilie 328
잭슨, 머핼리아 Jackson, Mahalia 369,
382, 398, 402-405
제넨스, 찰스 Jennens, Charles 267
조지아, 톰 (토머스 앤드루 도르시의
예명) Georgia, Tom siehe Dorsey,
Thomas Andrew 386, 393
존스, 퀸시 Jones, Quincy 273
쥐스마이어, 프란츠 크사버 Süßmayr,
Franz Xaver 296, 303
질버만, 고트프리트 Silbermann,
Andreas 186
질버만, 안드레아스 Silbermann, Andreas
187
찰스 1세 (영국 왕) Charles I 204
찰스, 레이 Charles, Ray 405

첼터, 카를 프리드리히 Zelter, Carl Friedrich 246, 325

츠바이크, 슈테판 Zweig, Stefan 294

츠빙글리, 울리히 Zwingli, Ulrich 116-118, 121, 149

카를 대제(샤를마뉴 대제), 황제 Karl der Große, Kaiser 58, 59, 63, 114

카를(샤를) 2세, 대머리왕, 황제 Karl II., der Kahle, Kaiser 59

카를로만 (피핀의 아들) Karlmann (Sohn Pippins) 53

카바이에 콜, 아리스티드 Cavaillé-Coll, Aristide 199

칼뱅, 장 Calvin, Jean 118-120, 149, 168, 182

캐시, 조니 Cash, Johnny 401

코폴라, 프랜시스 포드 Coppola, Francis Ford 318

코프, 레오 Kopf, Leo 355

콘스탄티노스 5세 (코프로니모스), 동로마 제국 황제 Konstantin V. (Kopronymos), oström. Kaiser 179

콜로레도, 히에로니무스 폰 Colloredo, Hieronymus von 297

쿠더, 라이 Cooder, Ry 407

쿡, 샘 Cooke, Sam 405

크라나흐, 루카스 (아버지) Cranach, Lucas d. Ä. 211

크롬웰, 올리버 Cromwell, Oliver 204

크리소스토무스, 요하네스 Chrysostomus, Johannes 48

클라우디우스, 마티아스 Claudius, Matthias 126

클라이스트, 하인리히 폰 Kleist, Heinrich von 175-176

클레퍼, 요헨 Klepper, Jochen 366

클링게만, 카를 Klingemann, Karl 340

킹, 마틴 루터 King, Martin Luther 405

타프, 로제타 Tharpe, Rosetta 398-404

테르슈테겐, 게르하르트 Tersteegen, Gerhard 126

텔레만, 게오르크 필리프 Telemann, Georg Philipp 215

트라야누스, 로마의 황제 Trajan, röm. Kaiser 41

트뢸치, 에른스트 Troeltsch, Ernst 380

트위디, 제프 Tweedy, Jeff 407-409

티루스의 이세벨 Isebel von Tyros 343

틸리히, 폴 Tillich, Paul 255

파른하겐, 라헬 Varnhagen, Rahel 248

팔레스트리나, 조반니 피에를루이지 다 Palestrina, Giovanni Pierluigi da 130-135

퍼셀, 헨리 Purcell, Henry 176, 261

페르트, 아르보 Pärt, Arvo 366

페이사코비치, 율리우스 Peissachovitsch,

Julius 355
페핑, 에른스트 Pepping, Ernst 366
펜데레츠키, 크시슈토프 Penderecki, Krzysztof 412
포드 스미스, 윌리 메이 Ford Smith, Willie Mae 402
푸르트벵글러, 빌헬름 Frutwägler, Wilhelm 354
프랑크, 세자르 Franck, César 200
프랑크, 한스 Frank, Hans 133
프랭클린, 아레사 Franklin, Aretha 405
프레슬리, 엘비스 Presley, Elvis 401
프레토리우스, 미하엘 Praetorius, Michael 167
프리드리히 3세, 현자, 작센 선제후 Friedrich III., der Weise, Kurfürst von Sachsen 113
플레밍, 파울 Fleming, Paul 167, 202
피츠너, 한스 Pfitzner, Hans 133, 176
피칸더 (하인리치, 크리스티안 프리드리히) Picander siehe Heinrici, Christian Friedrich 230, 239, 241
피핀 3세, 소(小) 피핀, 프랑크 왕국의 왕 Pippin III., der Jüngere, König der Franken 179
하우스만, 엘리아스 고틀로프 Haußmann, Elias Gottlob 207
하이네, 하인리히 Heine, Heinrich 90, 201, 248
하이든, 요제프 Haydn, Joseph 282-283, 285, 327
하인리치, 크리스티안 프리드리히 Heinrici, Christian Friedrich 230
하인츠, 홀리거 Holliger, Heinz 412
하퍼, 네티 Harper, Nettie 396
헤겔, 게오르크 빌헬름 프리드리히 Hegel, Georg Wilhelm Friedrich 248
헤르더, 요한 고트프리트 Herder, Johann Gottfried 127
헤일리, H. H. Haley, H. H. 387
헨델, 게오르크 프리드리히 Händel, Georg Friedrich 176, 257-285, 304, 327, 332, 338-339, 357, 367
헨리 8세 (영국 왕) Heinrich VIII 260
헨젤, 빌헬름 Hensel, Wilhelm 323
헨체, 한스 베르너 Henze, Hans Werner 413-414, 419-420
호프만, E. T. A. Hoffmann, E. T. A. 155
휘스, 휘호 판데르 Goes, Hugo van der 185
히포의 아우구스티누스 Augustinus von Hippo 48
힐데스하이머, 볼프강 Hildesheimer, Wolfgang 293

GOTTES KLÄNGE

Originally Published in Deutsch under the title
GOTTES KLÄNGE
by Johann Hinrich Claussen
ISBN 978-3-406-66685-1

© Verlag C. H. Beck oHG, München 2015
All rights reserved.

Korean translation Copyright ⓒ 2024 by GoodSeed Publishing Company,
This Korean Edition was published by arrangement with C. H. Beck Verlag,
Munchen through BRUECKE Agency

신을 위한 음악

초판 1쇄 발행　　　2024년 3월 30일

지은이	요한 힌리히 클라우센
옮긴이	홍은정
펴낸이	신은철
펴낸곳	좋은씨앗
출판등록	제4-385호(1999. 12. 21)
주소	서울시 서초구 바우뫼로 156(MJ 빌딩) 402호
주문전화	(02)2057-3041 주문팩스 / (02)2057-3042
이메일	good-seed21@hanmail.net
페이스북	facebook.com/goodseedbook

ISBN 978-89-5874-399-6 03230

이 한국어판의 저작권은 브뤼케 에이전시를 통해 C.H.Beck Verlag, München과 독점 계약한 도서출판 좋은씨앗에 있습니다. 신저작권법에 의하여 한국 내에서 보호받는 저작물이므로 무단전재와 무단복제를 금합니다.